Schriftenreihe des Instituts für Ethik und Moraltheologie an der Phil.-Theol. Hochschule Benedikt XVI. Heiligenkreuz

hrsg. von Prof. DDr. Herbert Pribyl

Band 2

Be&Be

Heiligenkreuz 2010

Herbert Pribyl (Hg.)

Terrorismus - eine apokalyptische Bedrohung?

Das Phänomen „Terrorismus" in interdisziplinärer Sicht

Be&Be-Verlag, Heiligenkreuz 2010
ISBN 978-3-902694-21-8

Schriftenreihe des Instituts für Ethik und Moraltheologie an der Phil.-Theol. Hochschule Benedikt XVI. Heiligenkreuz, Band 2

Bibliografische Information der Deutschen Nationalbibliothek: Die Deutsche Nationalbibliothek verzeichnet diese Publikation in der deutschen Nationalbibliografie; detaillierte bibliografische Daten sind im Internet über http://dnb.d-nb.de abrufbar.

Gedruckt mit Unterstützung des Österreichischen Bundesministeriums für Wissenschaft und Forschung in Wien

Layout & Cover: AugstenGrafik, www.augsten.at
Druck: www.EuroPB.eu

Be&Be

Vertrieb: Klosterladen Stift Heiligenkreuz
A-2532 Heiligenkreuz im Wienerwald
Tel. +43-2258-8703-143
E-Mail: klosterladen@stift-heiligenkreuz.at

Information: www.hochschule-heiligenkreuz.at

Herbert Pribyl (Hg.)

Terrorismus - eine apokalyptische Bedrohung?

Das Phänomen „Terrorismus“ in interdisziplinärer Sicht

Schriftenreihe des Instituts für Ethik und Moraltheologie an der Phil.-Theol. Hochschule Benedikt XVI. Heiligenkreuz

Band 2

Be&Be

Heiligenkreuz 2010

Inhaltsverzeichnis

Vorwort des Herausgebers 7

Einleitung 9
VON HERBERT PRIBYL

Was ist Terrorismus?
Philosophische Annäherungen an einen vielfältigen Begriff 19
VON JOHANNES GRAF
1. Einleitung 19
2. Terrorismus als aktuelle Bedrohung 20
3. Elemente terroristischer Akte 21
4. Staatsterrorismus 25
5. Terrorismus als apokalyptische Bedrohung 28

Vernunft als Gegenkraft zum Terrorismus* 31
VON ERWIN BADER
1. Soll man sich mit Terrorismus beschäftigen? 31
2. Terrorismus, Ethik und Vernunft 32
3. Was ist das Grundproblem des Terrors? 34
4. Terrorismus und die Öffentlichkeit 36
5. Kann man den Terrorismus verstehen? 39
6. Vom Krieg zum Terrorismus 41
7. Ursachen des Terrorismus in unseren Tagen 42
8. Selbstmordattentate schufen eine neue Dimension des Terrorismus 45
9. Abgrenzungskriterien des Terrorismus 48
10. Welche Möglichkeiten der Terrorismusbekämpfung gibt es? 49
11. Mit Vernunft gegen den Terror 51
12. Terror und / oder Dialog 54

Terrorismus - Der schillernde Totentanz der Postmoderne
Eine philosophische Untersuchung 57
VON DENIS BOREL
Einleitung 57
1. Annäherungsversuche 58
2. Klassisches Menschenbild versus Menschenbild des Terrorismus 62
3. Terrorismus als Abart der Theodizee 72
4. Integration des Terrorismus in die Theologie der Geschichte 75

5. Philosophische Bekämpfung des Terrorismus: Terrorismus als Chimäre zwischen Narrenschiff und Antiutopie ... 80
6. Terrorismus als Totentanz ... 82
7. Abschließende Erwägung ... 83

Weltreligionen und Gewalt ... 85
VON JAKOB MITTERHÖFER
1. Religion auf dem Prüfstand ... 86
2. Religion und Gewalt ... 89
3. Die Antwort der Religionen ... 92
4. Das Versprechen der Weltreligionen ... 97

Der Islam, der religiöse Text und die Autorität
Von der Selbstermächtigung zum Terrorismus ... 99
VON JÖRN THIELMANN
1. Der Absolutheitsanspruch des Islam ... 101
2. Zu Gewalt in Koran und Sunna: Dschihād als schillernder Begriff ... 102
3. Probleme der Koranexegese ... 105
4. Zum Nährboden von Gewalt in muslimischen Gesellschaften ... 106
5. Erklärungsmodelle für religiös-motivierte oder religiös-legimierte Gewalt ... 110
6. Zusammenfassung ... 116

Die Entgrenzung der Gewalt
Sozialethische Anmerkungen zum Terrorismus ... 121
VON MANFRED SPIEKER
1. Erscheinungsformen des Terrorismus ... 121
2. Wurzeln des Terrorismus ... 124
3. Abwehr des Terrorismus ... 129

Verweigerung von Pluralismus und abstrahierende Traumwelt
Unfrisierte Gedanken zu geistigen Wurzeln des Terrorismus aus sozialethischer Perspektive ... 137
VON LEOPOLD NEUHOLD
1. Hinführung ... 137
2. Was ist Terrorismus? Kurze Hinweise ... 138
3. „Wir haben kein Gewissen, wir sind das Gewissen" ... 141
4. Isaiah Berlin über Pluralismus und verweigerte Vielfalt ... 144
5. Terror aus abstrakter Traumwelt ... 154
6. Schlussgedanken ... 160

Terrorismus als Problem der christlichen Soziallehre ... 163
von Herbert Pribyl
Einleitung ... 163
1. Aussagen des katholischen Lehramtes zum Terrorismus ... 164
2. Zur Tötung unschuldigen menschlichen Lebens ... 166
3. Terrorismus und die Lehre vom „gerechten" Krieg ... 168
4. Sozialethisches Resümee ... 173

Moraltheologische Überlegungen zum „Krieg gegen den Terrorismus" ... 177
von Josef Spindelböck
1. Begriffliche Klärungen ... 177
2. Ethische Beurteilung des Terrorismus ... 181
3. Sittlich legitime Wege zur Überwindung von Gewalt und Terror ... 185
4. Kriterien für einen sittlich legitimen militärischen Einsatz im Kampf gegen den Terrorismus ... 188
5. Die Beachtung einer Moral der Mittel im Kampf gegen den Terrorismus ... 193
6. „Tyrannenmord" im „Krieg gegen den Terrorismus"? ... 195

Terrorismus aus politologischer Sicht ... 199
von Anton Pelinka
1. Bei einer sozial-, speziell politikwissenschaftlichen Analyse des Diskurses rund um den Terrorismus bedarf es, zur Vermeidung von Missverständnissen, einiger Klarstellungen: ... 199
2. Der Begriff Terror und Terrorismus hat durch die faktische (nicht im Rahmen der verfassungsrechtlichen Bestimmungen erfolgende) „Kriegserklärung" der USA an „den Terror" (2001) einen besonderen Stellenwert in der Analyse internationaler Beziehungen gefunden. ... 205
3. Der Begriff des Terrors erfährt dabei auch eine propagandistischen Instrumentierung ... 208
4. Die Notwendigkeit der Analyse des Terrorismus umfasst auch die Notwendigkeit der Analyse seiner Voraussetzungen. ... 209
5. Hobbes oder Kant? ... 210

Terrorismus - Versuch einer Verortung im Zusammenhang von Politik und Gewalt ... 213
von Stefan Lakonig
1. Vom schillernden Wort zur Suche nach einem Begriff ... 213
2. Ein etymologischer Versuch ... 213
3. Politik und Ordnung ... 214
4. Ordnungskonflikte: Friede und Krieg ... 218
5. Von der regulären Gewalt zum Gewaltverzicht ... 221

6. Irreguläre Gewalt als Ergänzung der regulären 227
7. Auf dem Weg zum Terrorismus: Eine kleine Geschichte der irregulären Gewalt 229
8. Der moderne Terrorismus: irreguläre Gewalt als Selbstzweck 241
9. Begründung des Terrorismus 244
10. Kann Terror und Gegen-Gewalt erfolgreich sein? 254
11. Krieg gegen den Terror 256
12. Überwindung des Terrorismus 259

Terrorismus aus US-Perspektive
Überzogene Reaktionen auf eine unberechenbare Bedrohung 263
von Bernhard Adamec
1. Terroristische Strategien 264
2. Grundlagen 265
3. Zivile Freiheiten in einer Ära des Massenterrorismus 268
4. Versteckte Kosten der Landessicherheit 270
5. Kostenanalyse des Terrorismus 271
6. Überzogen 273
7. Verteidigungsbudget 275
8. Zusammenfassung 275

Transnationaler Terrorismus und Internationale Beziehungen 279
von Peter Mayer
1. Neue internationale Beziehungen - alte Internationale Beziehungen? 279
2. Mission (bereits) erfüllt? 280
3. Warum ein Paradigmenwechsel nicht zu erwarten war… 284
4. …und warum er vielleicht gar nicht angebracht war 285

9/11 und die Auswirkungen auf die Terrorismusbekämpfung
Die Sicht eines Praktikers 291
von Peter Gridling
1. Was wollen Terroristen eigentlich? 291
2. Die Reaktion des Westens auf 9/11 293
3. Al Qaeda - Ziele und Strategie 295
4. Die terroristische Bedrohung Europas 296
5. Terrorismusbekämpfung in Österreich 297
6. Das Bundesamt für Verfassungsschutz und Terrorismusbekämpfung (BVT) 298
7. Schlussfolgerungen 301

Autorenverzeichnis 303

Vorwort des Herausgebers

Dem Thema „Terrorismus - eine apokalyptische Bedrohung?“ widmete sich eine interdisziplinäre Tagung an der Phil.-Theol. Hochschule Benedikt XVI. Heiligenkreuz. Veranstaltet und organisiert wurde die Tagung im März 2009 vom Institut für Ethik und Moraltheologie unter der Leitung des Herausgebers.

Als Referenten konnten international bekannte Wissenschafter aber auch Praktiker gewonnen werden, deren ausgearbeitete Tagungsbeitrage nun vorliegen. Ihre Vorträge werden in diesem mit ergänzenden Beiträgen von zusätzlichen Experten erweiterten Berichtsband publiziert.

In der vorliegenden Publikation zeigen namhafte Wissenschafter und Praktiker auf dem Gebiet der Politikwissenschaft, der Soziologie und Philosophie, der Religionswissenschaft und Theologie, der Sozialethik und der Terrorismusbekämpfung den Einfluss des transnationalen Terrorismus auf Gesellschaft, Staat und internationale Ordnung in Einzeluntersuchungen auf. Allen Autoren bin ich für ihren Beitrag zu großem Dank verpflichtet.

Die redaktionellen Arbeiten für die Drucklegung wurden vom Institut für Ethik und Moraltheologie an der Phil.-Theol. Hochschule Benedikt XVI. Heiligenkreuz geleistet. Die Hervorhebungen im Text stammen von den Verfassern. Auch liegt die inhaltliche Verantwortung für die einzelnen Beiträge ausschließlich bei den Autoren. Es kann darum zu Wiederholungen kommen, doch Wichtiges darf auch öfters gesagt werden.

Dem Österreichischen Bundesministerium für Wissenschaft und Forschung danke ich für die Bewilligung eines Druckkostenbeitrages. Auch bin ich dem Bankhaus Schelhammer&Schattera, vertreten durch Herrn Generaldirektor KR Helmut Jonas, für die Subventionierung der Drucklegung zu großem Dank verpflichtet. Mein Dank für eine Subvention gilt auch der Superiorenkonferenz der männlichen Ordensgemeinschaften Österreichs, namentlich Herrn Probst Mag. Maximilian Fürnsinn CanReg und Herrn Generalsekretär Pater Eberhard Rauch SDS.

Dem Be&Be-Verlag, besonders dessen Leiter und Rektor der Phil.-Theol. Hochschule Benedikt XVI.. Heiligenkreuz, Hochschprofessor Pater Dr. Karl Wallner OCist, danke ich für die Aufnahme dieser Publikation in das Verlagsprogramm.

Wien, im März 2010 *Herbert Pribyl*

Einleitung

von Herbert Pribyl

Terrorismus ist ein erschütterndes und vielschichtiges Phänomen unserer Zeit. Diesem Phänomen wird in der vorliegenden Publikation aus interdisziplinärer Sicht nachgegangen. Der *erste Abschnitt* der Publikation widmet sich dem Terrorismus aus philosophischer und religionswissenschaftlicher Sicht.

Einleitend fragt der Philosoph und Naturrechtler Johannes Graf danach, was denn Terrorismus eigentlich sei? Er kommt zu dem Ergebnis, dass Terrorakte gezielte Akte extremer Gewalt sind, die bei der jeweiligen Zielgruppe Angst und Schrecken (lateinisch „terreo“) hervorrufen sollen. Das Ziel des Terroraktes ist das Erzeugen von Angst durch die Entfaltung einer möglichst starken Wirkung. Darum wählen Terroristen auch Ziele, deren Zerstörung einen großen Symbolcharakter haben. Für Graf ist damit der Terrorismus eine Kommunikationsstrategie. Abschließend stellt der Autor fest, dass der Terrorismus tatsächlich das Potential zu einer apokalyptischen Bedrohung für die Erde hat. Primär dann, wenn eine terroristische Gruppe in den Besitz von Atomwaffen gelangt.

Im folgenden Beitrag sieht der Sozialphilosoph Erwin Bader die Vernunft als eine Gegenkraft zum Terrorismus. Er vertritt die These, dass der Terrorismus mit Vernunft und Verstand betrachtet, entblättert werden kann. Es bedarf darum für Bader einer neuen Vernunft, die die Überlegungen der Vernunft gegen die Unvernunft sichtbar zum Ausdruck bringen kann. Als Philosophen geht es Bader um das Wesen des Terrorismus. Dieses besteht für ihn in der extremen Entfremdung im Umgang mit den Mitmenschen und der Missachtung der Menschenwürde. Terrorismus ist so gesehen das Symptom eines gravierenden Problems der gesamten Weltsituation. Bader kommt zu dem Ergebnis, dass Terror als solcher vernünftig betrachtet eigentlich machtlos ist, auch wenn er die Vernunft zeitweise lähmt. Sollte es aber möglich sein, Terroristen allmählich auf die unvernünftige Inkonsequenz ihrer Position hinzuweisen, dann bestünde die Möglichkeit, diese zur Besinnung zu bringen. Für Bader ist das Prinzip, das den Terrorismus nachhaltig besiegen kann, eine Art kommunikativer Vernunft mit Transzendenzbezug.

Der Philosoph und Fundamentaltheologe Denis Borel sieht in seinem Beitrag den Terrorismus als schillernden Totentanz der Postmoderne. Grundsätzlich macht der Terrorismus in allem, was ihn ausmacht, die klassische Dimension der Personhaftigkeit zunichte. Denn Anthropologie und Tod werden umgedeutet, ethische und politische Ziele werden missbraucht. Im kulturellen Diskurs täuscht der Terrorismus eine anthropologische Gestalt vor, verkörpert durch die ersten zwei Eigenschaften des Bewusstseins und der Wirkmacht. Terroristisch ist demnach ein Angriff, der sich der Gewalt bewusst bedient. Wirkmächtig ist jener im Sinne der Zerstörung. Ideell versteht sich der Terrorismus als postmodernes „Narrenschiff", da er ein politisches Zusammenleben inszeniert, bei dem die Gewalt und das Prinzip des eigenen Nutzens über das Gemeinwohl gestellt werden. Der Terrorismus spielt mit dem Tod, wie im Mittelalter der Totentanz. Borel kommt zu dem Ergebnis, dass das Verständnis des Terrorismus als schillernde Abart des Totentanzes imstande wäre, eine müde gewordene Zivilisation dazu zu bewegen, Maßnahmen der Solidarität der Nationen als Gegenvorschlag zu entwerfen.

Im folgenden Beitrag, behandelt der Religionswissenschaftler und Theologe Jakob Mitterhöfer grundlegend das Thema „Weltreligionen und Gewalt". Er geht davon aus, dass Religion die wichtigste Komponente aller Gesellschaften ist und auch bleibt. Selbst wenn Gesellschaften versuchen, die Religion zu verdrängen, erwacht diese immer wieder zu neuen Leben. Mitterhöfer stellt fest, dass es heute eine große Toleranz der Gleichgültigen in Bezug auf Religion gibt. Diese soll ersetzt werden durch eine Toleranz der Liebe zu einem gemeinsamen Grund. Alle Religionen sind in ihrer Tiefe und Mitte miteinander verbunden. Nur so kann das Zusammenleben der Religionen bestimmt werden. Wenn aber eine Religion es zulässt, dass sie in Konflikte hineingezogen wird, verliert sie an Glaubwürdigkeit und riskiert ihre eigene Mitte. Dann kann Religion auch Quelle für Fanatismus und Verderben werden und der Schritt zum Terrorismus ist nicht weit. Für Mitterhöfer ist die Religion jedoch nie die einzige Ursache für Krieg und Terror. Wenn Religion ohne Skrupel missbraucht wird, dann dient sie auch zur Rechtfertigung von Gewalt und Terror. Wird schließlich Terror mit Hoffnungen verknüpft, welche über das Leben hinausreichen, kann er eskalieren und jede Gewalt rechtfertigen. Darum muss sich Religion mit den jeweiligen Abirrungen (Gewalt) auseinandersetzen und aus ihrer tiefsten Mitte darauf antworten. Jede Religion muss sich bewusst sein, dass sie allen Menschen nur aus ihrer mystischen Mitte und ohne Gewalt begegnen darf.

Den ersten Abschnitt abschließend, behandelt der Islamwissenschaftler Jörn Thielmann den Islam mit seinen religiösen Texten im Kontext einer möglichen Selbstermächtigung zu Gewalt und Terrorismus. Der Autor stellt fest, dass es Texte in den entscheidenden Quellen Koran und Sunna gibt, die Gewalt legitimieren und sogar fordern. Aber es gibt auch in diesen Quellen Texte, die zu Gewaltlosigkeit aufrufen. Ihre Kontextualisierung und Historisierung könne viele Problemstellen jedoch auflösen. Entscheidend ist das jeweilige Verständnis vom Charakter des Koran: unerschaffenes ewiges Gotteswort oder Gottes Wort und erschaffen in der Zeit. Eine Reduktion terroristische Akte auf Religion oder religiöse Texte greift zum Verstehen aber prinzipiell zu kurz. Allerdings ist auch das Heranziehen sozio-ökonomischer und politischer Analysen nicht hinreichend, wenn Gewaltakte explizit islamisch legitimiert werden. Der Ausschluss des Religiösen aus einem generellen Deutungsanspruch und seine Wahrnehmung als irrational bei gleichzeitiger Deutung der Gewalt als „kulturell" - sei es als öffentliche Tugend, Nihilismus oder Apokalypse –, um dem Unfassbaren „Sinn" zu verleihen, verhindern sozialwissenschaftliche Deutungen, die in soziologische Theorien und Modelle eingebettet sind. Tielmann scheint es dagegen sinnvoll, terroristische Gewaltakte als performative Akte zu verstehen, die sich selbst in einer Hermeneutik der Tat deuten und gedeutet werden müssen. So lassen sich auch religiöse Legitimierungen in rationale Deutungssysteme integrieren. Ziel muss es sein, die bei islamistischen Terroristen wie bei ihren Gegnern zu beobachtende Reduktion auf eine Geschichte, einen „Monomythos", in „Polymythie", in vielfältiges Erzählen aufzulösen, die ein tolerantes Nebeneinander vieler Weltdeutungen und Welterzählungen zulässt.

Der *zweite Abschnitt* behandelt das Thema „Terrorismus" aus sozialethischer und theologischer Sicht. Der Sozialethiker und Politologe Manfred Spieker sieht im Terrorismus eine Entgrenzung der Gewalt. Er geht von der These aus, dass die Geschichte des Terrorismus im 19. Jahrhundert mit der Erfindung des Dynamits und dem Aufkommen der Massenpresse begann. Damit nennt er auch die Instrumente, derer sich Terroristen bedienen, um ihre Ziele zu erreichen: die tödliche Gewalt des Sprengstoffes und die über das unmittelbare Ziel hinausreichende Wirkung des terroristischen Anschlags durch die Massenmedien. Der religiös motivierte Terrorismus beginnt für Spieker Anfang der 80er Jahre des vergangenen Jahrhunderts, also mit der Ermordung des ägyptischen Präsidenten Anwar El Sadat. Der religiöse Terrorismus unterscheidet sich von frühen Formen des Terrorismus auch dadurch, dass sich die

Terroristen selbst zur Waffe machen. Sie vernichten ihr eigenes Leben, um möglichst viele Unschuldige zu töten und möglichst breite Aufmerksamkeit zu erzielen. Grundsätzlich hat für Spieker der religiöse Terrorismus mit Armut, Arbeitslosigkeit oder Unterdrückung wenig zu tun. Terrorismus ist eine Form des Vernichtungskrieges, dem mit polizeilichen und strafrechtlichen Mittel allein nicht beizukommen ist. Er kommt zu dem Schluss, dass der begrenzte Einsatz von Gewalt im Kampf gegen den Terrorismus notwendig ist, um eine Entgrenzung der Gewalt zu verhindern. Um jedoch an die Wurzeln des religiösen Terrorismus zu gelangen, ist aber mehr notwendig als ein Krieg gegen den Terrorismus. Denn dieser ist ein Phänomen der Kultur des Todes. Dem gegenüber bedarf es einer Kultur des Lebens, die auch Auswirkungen auf die Abwehr des Terrorismus hätte.

Im folgenden Beitrag behandelt der Sozialethiker Leopold Neuhold die geistigen Wurzeln des Terrorismus. Es geht ihm um das Aufzeigen der geistigen Konzepte, die hinter dem Terrorismus stehen. Im Verbreiten von Angst und Schrecken, der Zeichen für die herbeigezwungene Apokalypse, aber auch im Anwenden von Mitteln zur Erreichung dieses Zustandes, liegen Wesenszüge des Terrorismus. Auch in der „Schließung" des Menschen durch Betonung von Teilwahrheiten und ihrer Verabsolutierung mit der damit fälschlich in Anspruch genommenen Berechtigung, den Menschen über diese Teilwahrheiten zu beherrschen, liegt ein weiterer wesentlicher Zug des Terrorismus. Der letztlich nicht identifizierte Widerspruch, was in der durch die Ideologie beschränkten Wahrnehmung begründet ist, wird von Terroristen als Legitimierung ihres Tuns aufgefasst. Für Neuhold sind darum Ideologien ein wesentliches Instrument terroristischer Mobilmachung. Für ihn leben die Terroristen in einer abstrakten Traumwelt. Der Terrorist muss blind werden für die durch Terrorakte hervorgerufenen konkreten Leiden der Menschen, um der abstrakten Idee zum Durchbruch zu verhelfen. Konkrete Menschen werden im Namen der großen Abstraktion für das System genommen und damit werden Gewalttaten an ihnen gerechtfertigt. Die abstrakt endgültige Gerechtigkeit als solche ganz zu konkretisieren bedeutet, Terror aus der Traumwelt zu schaffen. Neuhold schließt mit der Feststellung, dass Wahnsinnig nicht derjenige ist, der seinen Verstand verloren hat, sondern der, der nur noch das besitzt, was er für seinen Verstand hält. Das kann auch der geistige Ertrag der „Terror-Zelle" sein.

Der folgende Beitrag stammt vom Herausgeber dieser Publikation und behandelt den Terrorismus als Problem der christlichen Soziallehre. Dabei geht es ihm primär um die sittliche Begründung der Nichtrechtfertigung des Terrorismus durch die christliche Soziallehre. Diese Begründung stützt sich einerseits auf das absolute Verbot der Tötung unschuldigen Lebens und der alten Lehre vom „gerechten" Krieg, angewendet auf den Terrorismus. Die bellum-iustum-Lehre ist eine Lehre, die mit allgemein einsichtigen Kriterien arbeitet. Sie setzt zu ihrem Verständnis nicht erst den Glauben voraus, sondern argumentiert naturrechtlich. Der Herausgeber kommt zu dem Ergebnis, dass die Tötung unschuldiger Menschen durch terroristische Akte, auch wenn sie nur in Kauf genommen und nicht intendiert sind, immer Mord und darum sittlich absolut zu verurteilen ist. Auch die Anwendung der bellum-iustum-Lehre auf den Terrorismus erlaubt den Schluss, dass es sich dabei um ungerechte und unerlaubte Gewalt handelt, die sich nicht als Freiheitskrieg ausgeben kann.

Den zweiten Abschnitt beschließt ein Beitrag des Ethikers und Moraltheologen Josef Spindelböck. In seinem Beitrag stellt er moraltheologische Überlegungen zum Krieg gegen den Terrorismus an. Der Krieg gegen den Terrorismus soll aus der Perspektive der natürlichen Vernunft und der menschlichen Erfahrung, also naturrechtlich, aber auch nach der Vorgabe der göttlichen Offenbarung sittlich bewertet werden. Unter dem Begriff „Krieg gegen den Terrorismus" versteht Spindelböck einen entschiedenen und beharrlichen Kampf gegen den Terrorismus. Denn dieser ist in sich schlecht und ein sittliches Übel. Diese Beurteilung entspricht auch der Lehrverkündigung der katholischen Kirche in Übereinstimmung mit der Auffassung der meisten anderen Religionen. Es geht dem Terrorismus nur um die Durchsetzung der eigenen Ziele, auch mit sittlich schlechten Mitteln. Er stellt ein wirkliches Verbrechen gegen die Menschheit dar, insofern er auf den Terror als politische und wirtschaftliche Strategie zurückgreift. Um nun der Spirale von Gewalt und Gegengewalt zu entkommen, ist eine umfassende Strategie der Bekämpfung des Terrorismus notwendig. Die Verteidigung gegen den Terrorismus muss sich jedoch bei der Wahl sowohl der Ziele wie auch der Mittel an moralische und rechtliche Regeln halten. Nach Spindelböck muss die Antwort auf den Terrorismus grundsätzlich eine zweifache sein: eine sicherheitsstaatliche durch vollziehende Organe wie Polizei und Militär, aber auch eine auf die tieferen Ursachen und Anliegen zielende, um der propagandistischen Funktion des Terrorismus entgegenzuwirken. Nur durch eine blinde militärische Bekämpfung kann der Terrorismus nicht überwunden werden. Letztlich kann nur eine weltweit zu verwirklichende „Zivilisation der Liebe“ die Antwort gegen den Terror und seine Ursprungsbedingungen sein. In der Bekämpfung des Terrorismus bedarf es auch der Beachtung einer Moral der Mittel. Diese verlangt den unbedingten Ausschluss in sich schlechter Mittel, sowohl in der kriegerischen Auseinandersetzung als auch in jeder Form des Kampfes gegen den Terrorismus. Bei dem Spezialproblem der gezielten Tötung eines Terroristen kommt Spindelböck abschließend zu dem Schluss, dass diese in Anlehnung an die Theorie des Tyrannenmordes nur dann eine sittlich diskutable Lösung darstellt, wenn es sich um eine Notwehraktion handelt, da von der betreffenden Person eine unmittelbare Gefahr ausgeht und diese auf andere Weise nicht neutralisiert werden kann.

Der *dritte Abschnitt* der vorliegenden Publikation behandelt den Terrorismus aus politikwissenschaftlicher Sicht. Anton Pelinka sieht als Politologe einleitend die absolute Gewissheit der eigenen Überzeugung als Grundlage des Terrorismus. Eine absolute Gewissheit wird jedoch nur dann zu einem terroristischen Potential, wenn sie sich auf alle gesellschaftlichen Bereiche bezieht. Denn jede absolute Gewissheit kann, durch Verweigerung eines Minimums an Pluralismus und damit des Respekts vor den Gewissheiten anderer Menschen, zum Terrorismus führen. Terroristische Gewalt ist für Pelinka substaatlich und sie ist antistaatlich. Staatliche Gewalt ist für ihn nicht sinnvoll mit dem Begriff „Terror“ zu erfassen. Terror ist auch als Begriff nicht sinnvoll für Handlungen, die ohne Bezug zur politischen Ordnung substaatlich gesetzt werden. Für den Autor erfährt der Begriff des Terrors auch eine propagandistische Instrumentalisierung. Pelinka kommt zu dem Schluss, dass der Kampf gegen den Terrorismus eine Vernetzung und Verdichtung von Staatlichkeit voraussetzt. Herausgefordert durch den aktuellen Terrorismus ist eine Gemeinschaft von Staaten, die sich allerdings erst in Ansätzen als Gemeinschaft versteht. Denn der staatliche Leviathan ist, will er wirksam sein, ein transnationaler.

Der Politologe Stefan Lakonig versucht im folgenden Beitrag, den Terrorismus im Zusammenhang von Politik und Gewalt zu verorten. Lakonig sieht einleitend im Terrorismus ein politisches Mittel der Anti-Moderne. In der Folge entfaltet er den Begriff „Terrorismus“ ausführlich im Zusammenhang mit seinem Verständnis von Politik und grenzt ihn gegen andere Formen politischer Gewalt und gegenüber dem Krieg ab. Nach einer geschichtlichen Darstellung des Terrors kommt der Autor zum modernen Terrorismus. Die entscheidende Qualität des modernen Terrorismus sieht er darin, dass die ganze Menschheit zum möglichen Ziel terroristischer Aktivitäten geworden ist. Lakonig stellt fest, dass es sich beim modernen Terrorismus auch nicht um einen Konflikt zwischen Religionen handelt, sondern um einen Konflikt zwischen Moderne und Anti-Moderne. Der Kampf zwischen Moderne und Anti-Moderne ist ein Kampf zwischen Ideen. Lakonig kommt in seinen weiteren Überlegungen zum Terrorismus zu dem Schluss, dass es keine absolute Rechtfertigung des Terrorismus geben kann. Denn Gewalt, die in einem unerträglichen Maß die Würde und die Freiheit des Menschen verletzt, ist nicht nur objektives, sondern auch absolutes Unrecht. Nur eine Wissenschaft, die sich über Wesen und Würde des Menschen im Klaren ist, kann angemessen auf die Bedrohungen des Terrorismus reagieren. Es bedarf einer Welt, die der Kultur des Todes einer Kultur des Lebens entgegen setzt.

Der *vierte und letzte Abschnitt* behandelt die internationale Sicht und Dimension des Terrorismus und seiner Bekämpfung. Einleitend behandelt der Philosoph Bernhard Adamec die US-Perspektive des Terrorismus. Der Autor geht davon aus, dass es viele Sichtweisen gibt, um die öffentlichen Reaktionen auf die Anschläge von 9 / 11 zu erklären und die meisten rechtfertigen auch die massiven zusätzlichen Ausgaben für Heimatsicherheit und Landesverteidigung. Es wird mit psychologischen oder ideologischen Argumenten zu erklären versucht, warum die Einschränkung von Freiheit sinnvoll und notwendig ist. Für Adamec ist es offensichtlich, dass die Bürger der Vereinigten Staaten wichtige volkswirtschaftliche Grundsätze außer Acht lassen, wenn es um die nationale Verteidigung geht. Denn es gibt nichtbeabsichtigte Folgeerscheinungen, wenn zuviel Steuergeld ausgegeben wird. Das Preissystem wird gestört und es findet in jedem Fall eine Umverteilung von Wohlstand statt, da das Geld in die Hände jener gelegt wird, die Teil der Terrorismusindustrie sind. Die zur Verfügung stehenden Zahlen und Daten zeigen deutlich die massive Überreaktion der Vereinigten Staaten auf die Gefahr eines erneuten terroristischen Anschlags. Die Konsequenzen sind fatal und noch nicht absehbar. Rechte, die über 200 Jahre für selbstverständlich gehalten wurden, können nun einfach von der Politik eingeschränkt oder aufgehoben werden und es scheint beinahe keine Obergrenze zu geben, was die Ausgaben für die Landesverteidigung betrifft. Adamec kommt zu dem Schluss, dass die Reaktionen der Vereinigten Staaten von Amerika auf die unberechenbare Bedrohung des Terrorismus in Summe überzogen sind. Der einzige Weg, wie man den Kampf gegen den Terrorismus wirklich gewinnen kann, ist zur Normalität zurück zu kehren.

Im folgenden Beitrag analysiert der Politologe Peter Mayer den transnationalen Terrorismus und seine Bedeutung für die Internationalen Beziehungen. Mayer stellt einleitend fest, dass trotz des Neuem und Unerhörtem, das in der Folge des 11. Septembers 2001 zutage trat, in der politikwissenschaftlichen Teildisziplin „Internationale Beziehungen" ein Paradigmenwechsel ausgeblieben ist. Nach wie vor dominieren dieselben theoretischen Zugänge das Feld: Realisten untersuchen die Auswirkungen der internationalen Machtverteilung auf die Stabilität des internationalen Systems, Liberale und Institutionalisten forschen über die friedens- und kooperationsförderlichen Effekte von Demokratie und internationalen Institutionen, und Konstruktivisten analysieren die Bedeutung immaterieller Strukturen wie Weltanschauungen, Normen und Identitäten für die internationalen Beziehungen. Mayer kommt zu dem Schluss, dass die Forscher über die internationalen Beziehungen letztlich gut daran getan haben, auf den 11. September und seine Folgen vergleichsweise konservativ zu reagieren. Denn gerade dem Realismus ist immer wieder vorgehalten worden, ein pessimistisches Bild der internationalen Politik zu zeichnen, das Gefahr läuft, zu einer „self-fulfilling prophecy" zu werden. Eine ähnliche Gefahr bestand und besteht aber auch angesichts des transnationalen Terrorismus und des „Krieges", der gegen ihn geführt wird. Die Wissenschaft ist gut beraten, wenn sie die revolutionäre und zu Extremen neigende Rhetorik der beteiligten Parteien nicht gedankenlos übernimmt und die Visionen, mit deren Hilfe Anhänger mobilisiert und Reihen geschlossen werden, nicht voreilig zu Tatsachen über die neue Weltpolitik erklärt.

Der letzte Beitrag der vorliegenden Publikation stammt von Peter Gridling, Direktor des Bundesamtes für Verfassungsschutz und Terrorismusbekämpfung der Republik Österreich. Gridling hält einleitend fest, dass die Reaktion der USA auf den 11. September 2001 und die Solidarität der freien Welt zu massiven Änderungen in der internationalen Terrorbekämpfungspolitik führten, die rückblickend durchaus kritisch beleuchtet werden können. Unter dem Eindruck der kollabierenden Zwillingstürme und der aggressiven politischen Sprache, wurden zahlreiche Maßnahmen getroffen, die sich einschränkend auf die Werte und Freiheiten des Westens auswirken. Diese Gegebenheiten haben sich bis zur Gegenwart nicht normalisiert sondern sie polarisieren weiter. Gleichzeitig verhindern sie aber auch eine sachliche Diskussion über notwendige Anpassungen aufgrund gesellschaftlicher oder technischer Veränderungen. Gridling stellt fest, dass Terrorismusbekämpfung keine rein polizeiliche oder justizielle Angelegenheit ist. Sie ist eine gesamtgesellschaftliche

Angelegenheit die die unterschiedlichsten Teile der Gesellschaft involvieren und auf einer rechtstaatlichen Grundlage basieren muss. Es bedarf einer klugen Politik im Umgang mit der Sache um einerseits klar Position zu beziehen und mit starker Hand dort durchzugreifen wo es nötig ist, aber andererseits auch jene politischen Anpassungen durchzuführen, die einen gesellschaftliche Ausgleich zulassen und die moderaten Kräfte des Konflikts in einen Dialog bringen. Um dies sicherzustellen, sind klare politische Aufgabenzuweisungen vorzunehmen und ein passendes Instrumentarium zu schaffen, welches eine effektive Terrorismusbekämpfung zulässt. Ausführlich geht Gridling auch auf die Terrorismusbekämpfung in Österreich ein. Er stellt fest, dass Österreich, wie manche andere europäische Staaten, vom Terrorismus derzeit nicht direkt betroffen ist. Österreich beteiligt sich aber aktiv an internationalen Projekten und pflegt einen intensiven Informationsaustausch mit inländischen und ausländischen Partnern. Die Fortführung und der Ausbau des interkulturellen Dialogs mit anderen Ländern und Gesellschaften hat höchste Priorität in Österreich. Kombiniert mit dem Abschluss von sicherheitspolitischen Kooperationsverträgen mit den Nachbarstaaten sowie anderen ausgewählten Ländern, erhöht dies die innere Sicherheit Österreichs. Gridling stellt abschließend fest, dass innerhalb der österreichischen Exekutive dem Bundesamt für Verfassungsschutz und Terrorismusbekämpfung (BVT) besondere Bedeutung zukommt. Es obliegen ihm die Abwehr und Bekämpfung von Bedrohungen die den Staat betreffen. Dazu zählen insbesondere sämtliche Formen des politischen Extremismus, des Terrorismus, der nachrichtendienstlichen Bedrohung, die Bekämpfung der Verbreitung von Massenvernichtungswaffen sowie Maßnahmen gegen den illegalen internationalen Handel mit Waffen, Munition und Sprengstoffen. Grundsätzlich hält Gridling fest, dass Terrorismus eine menschenverachtende Form von Kriminalität ist und als solche auf klaren rechtlichen Grundlagen zu bekämpfen ist.

Die Beiträge dieses Bandes spannen einen weiten Bogen von der philosophischen und religionswissenschaftlichen Grundlegung bis hin zu konkreten politikwissenschaftlichen Beurteilungen, auch im internationalen Kontext, und enden bei der Terrorismusbekämpfung aus der Sicht eines Praktikers. Damit soll versucht werden, dass Phänomen „Terrorismus" möglichst umfassend und interdisziplinär zu erfassen und mögliche Problemlösungsansätze herauszuarbeiten.

Was ist Terrorismus?

Philosophische Annäherungen an einen vielfältigen Begriff

von Johannes Graf

1. Einleitung

Auch unsere postmoderne, säkulare Epoche kommt, so scheint es, nicht ohne apokalyptische Vorstellungen aus. Der Begriff „Apokalypse“, wörtlich übersetzt „Offenbarung“, hat seinen Ursprung in der jüdisch-christlichen Überlieferung und meint die in der Bibel offenbarten Ereignisse, weltweite Plagen und große Not, die dem endgültigen Kommen Gottes vorangehen. Mittlerweile ist der Begriff „Apokalypse“ auch außerhalb des religiösen Kontextes zu finden und bezeichnet in seiner weitesten Bedeutung ein katastrophales Weltende. Wie die säkulare Apokalypse konkret aussieht, hängt sehr vom jeweiligen Zeitgeist ab und unterliegt daher einem ständigen Wandel.

In historischen Zeiträumen betrachtet, sind fünfundzwanzig Jahre eine kurze Zeit. Dennoch hat sich das, was als apokalyptische Bedrohung wahrgenommen wurde, in diesem Zeitraum stark verändert. Mitte der achtziger Jahre des letzten Jahrhunderts wäre kaum jemand auf die Idee gekommen, Terrorismus in diesem Zusammenhang zu diskutieren. Wer damals von einer apokalyptischen Bedrohung sprach, dachte wohl in erster Linie an den drohenden Nuklearkrieg der Supermächte. Dieser wurde zwar als „Gleichgewicht des Schreckens“, englisch „balance of terror“ bezeichnet, doch ist damit etwas anderes gemeint als Terrorismus.

Nur wenige Jahre später hatte sich die Situation schnell und gründlich geändert. Nach dem überraschenden Zusammenbruch der kommunistischen Regime in Mittel- und Osteuropa einschließlich der Sowjetunion und der langsamen Öffnung Chinas gegenüber dem Westen schien eine neue Epoche des Friedens und der Zusammenarbeit der Völker möglich. Der amerikanische Politologe Francis Fukuyama sah, Hegels Geschichtsphilosophie vor dem Hintergrund aktueller Ereignisse interpretierend, gar ein „Ende der Geschichte“[1] erreicht. Demokratie und Marktwirtschaft seien weltweit auf dem Vormarsch und hätten sich als ideale Staats- beziehungsweise Wirtschaftsform schlechthin erwiesen. Sie seien das Ziel, auf das eine von Fukuyama unterstellte historische Entwicklung zulaufe. Präsident George Bush Sr. hoffte auf eine „Neue Weltordnung“ freier Staaten, die im Rahmen der Vereinten Nationen die wenigen noch verbliebenen aggressiven Regime in die Schranken weisen würden, die den Weltfrieden bedrohten. Der Krieg am Persischen Golf 1990 / 91 wurde zum paradigmatischen Beispiel, als eine von den USA geführte Koalition, ausgestattet mit UN-Mandat Kuwait von der irakischen Besatzung befreite. Diese Vorgehensweise sollte allerdings die Ausnahme bleiben, wie etwa der im Sommer 1991 beginnende Krieg im sich auflösenden Jugoslawien zeigte.

2. Terrorismus als aktuelle Bedrohung

Nur wenige sahen in den neunziger Jahren den Terrorismus als kommende Bedrohung. Einer von ihnen war Rick Rescorla[2], Sicherheitschef der Investmentbank Morgan Stanley Dean Witter, die im New Yorker World Trade Center dreißig Stockwerke gemietet hatte. In einem Interview[3] bezeichnete er 1998 den Terrorismus als den Krieg, auf den man sich vorbereiten müsse. Die weltweite Präsenz der USA als selbsternannter „Weltpolizist“, die Unterstützung korrupter Diktatoren aus wirtschaftlichen Gründen habe in vielen Ländern Hass erzeugt, der irgendwann auf den Urheber zurückfallen würde. Mit militärischen Mitteln seien die USA nicht zu besiegen, aber Terroristen seien in der Lage, konventionelle Truppen in die Knie zu zwingen. Rescorla wusste, wovon er sprach. Zunächst im Dienst britischer, später US-amerikanischer Streitkräfte hatte er Aufstände und Partisanenkriege in Zypern, Rhodesien und Vietnam als Frontsoldat erlebt und war mehrmals ausgezeichnet worden. Bereits 1990 hatte er die New York Port Authority, Eigentümerin des World Trade Center, vor einem möglichen Anschlag mit einer Autobombe

---

1 Fukuyama, Francis: *The End of History or the Last Man*. The Free Press, New York 1992. Deutsch: *Das Ende der Geschichte*. Kindler, München 1992. Fukuyama veröffentliche den Kerngedanken des Buches erstmals 1989 in der Zeitschrift „*The National Interest*“ unter dem Titel „*The End of History?*“.

2 Zum Leben Rescorlas siehe Stewart, James B.: *Heart of a Soldier*. Simon & Schuster, New York 2002.

3 Das Interview ist im Internet unter der Adresse http://www.atom.com / funny_videos / voice_prophet / abrufbar.

in der ungesicherten Tiefgarage gewarnt. Am 26. Februar 1993 zeigte sich, dass Rescorlas Warnung berechtigt gewesen war. Eine Autobombe islamistischer Terroristen tötete 6 Menschen und verletzte 1.000 weitere. Die Sicherheitslücke in der Tiefgarage wurde daraufhin zwar geschlossen, aber Rescorla war sich sicher, die Terroristen würden es erneut versuchen. Den nächsten Angriff erwartete er aus der Luft, mit einem gekaperten Frachtflugzeug voll chemischer oder biologischer Kampfstoffe. Das World Trade Center war aus mehreren Gründen ein ideales Ziel für Anschläge. Es war das Symbol des amerikanischen Kapitalismus schlechthin. Seine Zwillingstürme waren eines der bekanntesten Gebäude der Welt, sie prägten das Stadtbild Manhattans und waren aus der Luft selbst aus großer Entfernung leicht erkennbar. Rick Rescorla starb am 11. September 2001 in den Trümmern des einstürzenden World Trade Center. Vorher hatte er 2.700 Mitarbeiter seines Unternehmens nach einem von ihm entwickelten und unter seiner Aufsicht eingeübten Evakuierungsplan gerettet. Nur neun Angestellte von Morgan Stanley überlebten den Anschlag nicht.

3. Elemente terroristischer Akte

Aus dem Gesagten lassen sich einige wesentliche Elemente terroristischer Akte erkennen.

Terrorakte sind gezielte Akte extremer Gewalt, die bei der Zielgruppe Angst und Schrecken hervorrufen sollen. Das Wort „Terror" hat seine Wurzel im lateinischen Wort für Schrecken. Aber nicht jeder Schrecken ist Terror. Naturkatastrophen, wilde Tiere, Unfälle und Krankheiten können Menschen Angst machen, aber man spricht in diesen Fällen nicht von Terrorismus.

Das Ziel des Terroraktes ist das Erzeugen von Angst. Der Gewaltakt wird so gewählt, dass er eine möglichst starke psychologische Wirkung entfaltet. Die Anschläge vom 11. September 2001 zeigen das. Die USA sollten in ihrem wirtschaftlichen Zentrum, symbolisiert durch das World Trade Center, ebenso getroffen werden wie in ihrer militärischen Stärke, wofür das Pentagon steht. Das vierte Flugzeug, abgestürzt in der Nähe von Pittsburgh, sollte wahrscheinlich eines der politischen Zentren der USA treffen, vermutlich das Kapitol, Sitz der amerikanischen Legislative.

Diese Beispiele illustrieren ein weiteres Merkmal des Terrorismus. Der Terrorist wählt Ziele, deren Zerstörung Symbolcharakter hat. Es geht ihm nicht nur um Zerstörung. Der Terrorakt vermittelt eine Botschaft. Terrorismus ist eine Kommunikationsstrategie. Das gewählte Ziel spielt dabei eine wesentliche Rolle. Die Bombenanschläge islamistischer Terroristen in Madrid vom 11. März 2004 wurden auf Züge und den Bahnhof verübt. Damit sollte zum Ausdruck gebracht werden, dass jeder Spanier ein potentielles Ziel von Terroranschlägen ist, so lange die spanische Armee im Irak präsent ist. Die Anschläge wurden nur wenige Tage vor den Parlamentswahlen durchgeführt. Die Regierung beschuldigte die baskische Terrororganisation ETA[4], doch in kurzer Zeit stellte sich heraus, dass die Täter aus dem Kreis islamistischer Gruppen kamen. Die Anschläge und die irreführende Informationspolitik der Regierung brachten der regierenden Volkspartei eine überraschende Wahlniederlage bei. Die an die Macht gekommenen Sozialisten zogen wie im Wahlkampf versprochen die spanischen Truppen aus dem Irak ab. Die Botschaft der Terroristen war bei der Bevölkerung angekommen und verstanden worden.

Die Botschaft, die ein Terrorist transportieren will, ergibt sich schon aus dem Anschlag selbst. Sie wird oft durch Bekennerschreiben oder, in letzter Zeit häufiger, durch Bekennervideos verdeutlicht. In diesen Dokumenten übernehmen Terroristen die Verantwortung für den Anschlag, rechtfertigen ihn und geben Forderungen bekannt.

Auch Gewaltverbrechen können eine Botschaft vermitteln, die Angst hervorrufen soll. Ein Mord kann aus Rache geschehen und zur Abschreckung besonders grausam durchgeführt werden. Die Mafia oder Drogenkartelle sind für Verbrechen dieser Art bekannt, wenn zum Beispiel Zeugen ausgeschaltet und potentielle Zeugen eingeschüchtert werden sollen. Zum Wesen des Terroraktes gehört der politische Kontext, der beim reinen Verbrechen fehlt. Der Terrorist hat eine politische Agenda, er will das politische System verändern.

Er ist nicht bereit, die herrschende politische Situation anzuerkennen, weil diese ihm oder anderen bestimmte Rechte nicht gewährt oder Pflichten auferlegt. Die kommunistische Rote Armee Fraktion (RAF) sah im Deutschland der siebziger und achtziger Jahre einen repressiven, kapitalistischen Staat, dessen national-sozialistische Vergangenheit immer noch nachwirke. Mit friedlichen Mitteln sei eine Veränderung nicht herbeizuführen. Daher bleibt dem

4 Die Abkürzung steht für „Euskadi Ta Askatasuna", baskisch für „Baskenland und Freiheit".

Terroristen nur mehr die Möglichkeit der Gewalt, die er als Gegenwehr gegen eine gewalttätige Staatsmacht rechtfertigt. Ein Beispiel für den Weg in die terroristische Gewalt beschreibt der ehemalige Herausgeber der „Frankfurter Allgemeinen Zeitung", Joachim Fest, in einem Portrait von Ulrike Meinhof[5]. Fest war Meinhof, damals Journalistin der linksradikalen Zeitschrift „konkret", während der sechziger Jahre immer wieder begegnet und hatte die kontroversen Diskussionen mit ihr geschätzt. Sie vermutete unter der demokratischen Oberfläche der Bundesrepublik Deutschland den „alten vertrauten KZ-Staat" und hoffte auf das „Aufstehen der Massen", die endlich „Gegengewalt" mobilisieren würden. Doch dies geschah nicht und Fest bemerkte Meinhofs wachsende Resignation und Unduldsamkeit. In einem Gespräch behauptete sie, die Schreibmaschine sei eben keine Waffe und mit Gedanken könne man nichts ausrichten. Folglich blieben nur mehr die Waffen. Bald darauf kam sie mit Andreas Baader und Gudrun Ensslin, Angehörigen der sogenannten „Ersten Generation" der RAF in Kontakt und nahm an deren Terroraktionen teil. In ihrem ideologisch verdrehten Weltbild habe sie, analysiert Joachim Fest, der Konsequenz letztlich nicht entkommen können, für das als richtig Erkannte alles einsetzen zu dürfen und sogar zu müssen.

Eine vergleichbare moralische Gewissheit ist auch legitimen Widerstandsbewegungen eigen. Deren Abgrenzung von Terrororganisationen wird daher schwierig bleiben und nur von einem moralischen Standpunkt aus möglich sein. Aus Sicht der traditionellen Naturrechtslehre[6] ist man selbst einer ungerechten Regierung gegenüber zunächst zum Gehorsam verpflichtet. Politische Unruhen, Aufstand und Bürgerkrieg führen sehr oft dazu, dass sich kleine, gewaltsame, radikale Gruppen durchsetzen und ein bestehendes Übel nur durch ein anderes, vielleicht sogar noch größeres ersetzt wird. In Fällen des Machtmissbrauches durch die legitime Regierung gibt es zunächst ein naturgegebenes Recht auf passiven Widerstand, das heißt auf Gehorsamsverweigerung. Nur wenn das Gemeinwohl und seine höchsten Güter, wie die wesentlichen Freiheiten der Bürger schwerster Bedrohung durch den Missbrauch der Staatsgewalt unmittelbar ausgesetzt sind und alle anderen Möglichkeiten

---

5 Fest, Joachim: Die Verzweiflung des Gedankens: Extempore über Ulrike Meinhof. In: Ders.: Begegnungen. Über nahe und ferne Freunde. Rowohlt, Reinbek b. Hamburg 2004. S. 249-270.

6 Messner, Johannes: *Das Naturrecht. Handbuch der Gesellschaftsethik, Staatsethik und Wirtschaftsethik*. Tyrolia. Innsbruck, Wien, München. 5., neubearbeitete, erweiterte Auflage 1966, S. 796-802.

der Abwehr ausgeschlossen sind, ist aktiver Widerstand gerechtfertigt. Allerdings ist eine Maßnahme des aktiven Widerstandes nur dann erlaubt, wenn durch sie eine Verbesserung der Lage der unterdrückten Bevölkerung erreicht wird. Die traditionelle Naturrechtslehre sieht darin aber kein Angriffsrecht auf staatliche Strukturen, sondern ein Notwehrrecht der Bürger gegen einen ungerechtfertigten Angriff staatlicher Institutionen. Das Recht auf Verteidigung schließt auch die Tötung des Angreifers nicht aus, falls keine andere Möglichkeit der Abwehr besteht. Diese Rechtfertigung würden auch Terroristen für sich in Anspruch nehmen. Das traditionelle Naturrecht sieht allerdings die Beschränkung der Abwehr auf den Angreifer vor. Terroristen unterwerfen sich diesem Gebot in der Regel nicht. Terroranschläge in öffentlichen Verkehrsmitteln oder auf öffentlichen Plätzen töten nicht gezielt, sondern willkürlich zufällig anwesende Personen. Auch die Entführung und spätere Ermordung des deutschen Arbeitgeberpräsidenten Hanns Martin Schleyer durch die Rote Armee Fraktion im Jahr 1977 und ähnliche Aktionen dieser Gruppe lassen sich nicht als Abwehrmaßnahme im Sinne des traditionellen Naturrechts rechtfertigen. Von keinem der Opfer dieser Anschläge ging eine physische Bedrohung aus. Die Verbreitung von Angst und Schrecken und die Verachtung des menschlichen Lebens sind wesentliche Merkmale terroristischer Aktionen, die mit dem traditionellen Naturrecht unvereinbar sind.

Das Verlangen nach politischer Veränderung haben Terrorismus und Partisanenkrieg[7] gemeinsam. Aktionen von Partisanen zielen darauf ab, Gebiete zu kontrollieren, die einem militärisch meist überlegenen Gegner abgerungen werden sollen. Zu den dabei angewendeten Mitteln können auch Einschüchterung und Ermordung von Zivilisten zählen, die zumindest im Verdacht stehen, mit der Gegenseite zu kollaborieren. Diese Maßnahmen sind Terrorakten ähnlich und eine Abgrenzung ist nicht immer in letzter Konsequenz möglich. Ziel der Partisanen ist es, die Zivilbevölkerung auf die eigene Seite zu bringen, notfalls mittels Zwangsmaßnahmen. Auf diese Weise soll der Einfluss der militärisch stärkeren Gegenseite in diesen Gebieten indirekt reduziert werden. Partisanen sind auf die Unterstützung der Zivilbevölkerung angewiesen, um erfolgreich zu sein. Bei Terrorakten steht nicht die Gewinnung von Raum im Vordergrund, sondern sie zielen primär auf das Denken und Empfinden. Terroristen können ihre Ziele daher ohne Hilfe der Bevölkerung erreichen. Doch der Übergang ist fließend. Organisationen wie die Irish Republican

7 Partisanenkrieg und Guerillakrieg werden synonym verwendet.

Army (IRA) oder die kurdische PKK[8] sind sowohl mit Terrorakten als auch mit Aktionen des Partisanenkrieges bekannt geworden. Auch der Vietkong wandte in Vietnam beide Taktiken letztlich mit Erfolg an. Die Streitkräfte der Vereinigten Staaten gewannen zwar jede mittlere und große Schlacht des Vietnamkrieges, aber das war letztlich irrelevant. Wendepunkt war die Tet-Offensive des Vietkong und der Nordvietnamesischen Armee. Sie brachte den Angreifern zwar eine empfindliche militärische Niederlage, aber einen Sieg auf psychologischer und politischer Ebene. Es war für die amerikanische Öffentlichkeit ein Schock, dass der Gegner, eine Armee der dritten Welt und Partisanen, trotz jahrelanger Präsenz hunderttausender US-Soldaten Angriffe im ganzen Land durchführen konnte und selbst die amerikanische Botschaft in Saigon unter Beschuss kam. Der US-Regierung unter Präsident Lyndon B. Johnson gelang es ab diesem Zeitpunkt immer weniger, die Bevölkerung von der Notwendigkeit eines militärischen Engagements in Vietnam zu überzeugen. Johnson wurde derart unbeliebt, dass er 1968 nicht zur Wiederwahl antrat.

Ein Beispiel für die hohe Effizienz von Terrorakten ist der Anschlag von Beirut 1983, als zwei Autobomben ca. 300 amerikanische und französische Soldaten töteten. Diese waren Teil einer multinationalen Friedenstruppe, die den Bürgerkrieg im Libanon beenden sollte. Die Anschläge wurden mit Lastwagen voller Sprengmittel verübt, die direkt in die Quartiere der Soldaten fuhren und dort explodierten. Mit etwas Sprengstoff, zwei Lastwägen und zwei Selbstmordattentätern war es gelungen, die ca. 5.000 Mann starke Friedenstruppe, darunter Soldaten der Supermächte USA, Frankreich und Großbritannien, zum Abzug zu bewegen.

4. Staatsterrorismus

Im gegenwärtigen Verständnis sind Terroristen nicht Angehörige staatlicher Exekutivorgane. Sie verüben ihre Attentate nicht im direkten Auftrag einer Regierung, sondern bekämpfen diese auf unkonventionelle Weise. In der ursprünglichen Bedeutung war das anders. Der neuzeitliche Terrorismusbegriff hat - wie so viele Begriffe moderner Politik - seinen Ursprung in der französischen Revolution. Zunächst wurde „terreur“ ausschließlich negativ verstanden; das Wort bezeichnete den erlebten Schrecken, den die Androhung oder

8 Die Abkürzung steht für „Partiya Karkerên Kurdistan“, kurdisch für „Kurdische Arbeiterpartei“.

Ausübung von Gewalt verursachte. Die Jakobiner besetzten den Begriff während ihrer Regierung 1793 / 94 erstmals positiv. Propagierung und Ausübung von Terror wurde als Antwort auf den selbst empfundenen Schrecken unter dem Ancien Regime gerechtfertigt. Systematische Verfolgung, Inhaftierung und Hinrichtung nur vage definierter „Revolutionsfeinde" wurden mit den universalen humanitären Zielen der siegreichen Revolution legitimiert. Darunter fiel auch die Ausschaltung der politsch gemäßigteren Girondisten. Nach dem Sturz der Jakobinerdiktatur wurde deren Regierungszeit rückblickend als „regne de la terreur", als Terrorherrschaft bezeichnet. Bald tauchten die Neologismen „terrorisme" und „terroriste" auf, die wenig später in der Übersetzung „Terrorismus" und „Terrorist" im Deutschen geläufig wurden.[9] Im Rahmen dieser Bedeutung ist „Terror" eine Methode der Regierung, um die Bevölkerung in Angst und Schrecken zu versetzen und auf diese Weise ihre Herrschaft zu sichern.

Im Revolutionsjahr 1948 / 49 verlor der Begriff „Terror" seinen historischen Bezug zur Jakobinerherrschaft und wurde erstmals zur Bezeichnung von Gewaltakten revolutionärer Gruppen verwendet. „Terrorismus" blieb aber fast immer negativ besetzt. Nur im zaristischen Russland bezeichneten sich politische Organisationen selbst als „terroristisch". Die bekannteste dieser Gruppen ist die „Narodnaja Volja" (Volkswille), zu der Vladimir Lenins Bruder Alexander Uljanow angehörte und die 1881 Zar Alexander II. in St. Petersburg ermordete. In der zweiten Hälfte des 19. Jahrhunderts wurde an Stelle des Begriffs „Terrorismus" häufig Bezeichnungen wie „Anarchismus" oder „Nihilismus" verwendet.[10]

In der ersten Hälfte des zwanzigsten Jahrhunderts wurde Terror für die Schreckensherrschaft der totalitären Systeme des National-Sozialismus und des Kommunismus verwendet. Die intensivste Phase stalinistischer Säuberungen in den Jahren 1934-38 wird, bezugnehmend auf die Jakobinerherrschaft, als der „Große Terror"[11] bezeichnet. Beide totalitären Systeme weisen, bei

---

9 van den Heuvel, G. Art. *Terror.* In: Ritter, J. et. al. (Hrsg.) *Historisches Wörterbuch der Philosophie.* Bd. 10. Wiss. Buchgesellschaft Darmstadt 1998. Sp. 1022 f.

10 Walther, Rudolf: *Terror, Terrorismus.* In: Brunner, Otto / Conze, Werner / Koselleck, Reinhardt (Hrsg.): *Geschichtliche Grundbegriffe.* Bd. 6. Klett Cotta, Stuttgart 1990. S. 385 ff.

11 Conquest, Robert: *The Great Terror.* A Reassessment. Macmillan, London 1968. Dieses Buch popularisierte die Bezeichnung „Großer Terror" für die stalinistischen Säuberungen.

allen Unterschieden, doch Gemeinsamkeiten in der Unterdrückung und Einschüchterung der Bevölkerung auf, die charakteristisch für Staatsterrorismus sind. Hannah Arendt sieht „das eigentliche Wesen totalitärer Herrschaft" im Terrorismus.[12] Die herrschende Partei will alle Lebensbereiche bestimmen und macht auch vor der Privatsphäre nicht halt. Die Opposition wird grausam unterdrückt. Willkürliche Verhaftungen, Inhaftierung ohne Prozess, weit verbreitetes Spitzelwesen, Belohnung von Denunzianten durch die Behörden schaffen ein Klima der Angst und des Misstrauens in der Bevölkerung, das Gedanken an Opposition gar nicht aufkommen lassen soll. Auch der Staatsterrorismus verfolgt mit der Sicherung der Herrschaft ein politisches Ziel. Ihm stehen grundsätzlich alle Mittel der staatlichen Gewalt zur Verfügung. Polizeiliche Sondereinheiten wie die Gestapo[13] beziehungsweise die sowjetische Tscheka[14] wurden als politische Polizei mit weitgehender Handlungsfreiheit eingerichtet. Wer auch nur in den Verdacht politischer Opposition geriet, konnte in den Konzentrationslagern beziehungsweise dem „Archipel Gulag" verschwinden. Ein weiteres Element staatlichen Terrors sind Schauprozesse. Es handelt sich dabei um öffentliche Gerichtsverfahren, deren Ziel aber nicht die Feststellung von Schuld oder Unschuld des Angeklagten ist. Dessen Verurteilung steht bereits vor Prozessbeginn fest. Geständnisse werden häufig erpresst oder der Angeklagte wird dazu gebracht, sich im Prozess selbst bestimmter Vergehen zu bezichtigen. Ziel des pseudojuristischen Verfahrens ist, die Öffentlichkeit über die Gründe der Verurteilung zu informieren und auf diesem Weg Regimekritiker abzuschrecken. Schauprozesse werden daher oft als Medienspektakel inszeniert, in denen die Angeklagten erniedrigt und bloßgestellt werden. Bekannte Beispiele sind die Schauprozesse während der stalinistischen Säuberungen, in denen ehemalige Kampfgefährten Stalins verurteilt wurden oder die Prozesse gegen die Angehörigen der Widerstandsgruppe „Weiße Rose" vor dem national-sozialistischen Volksgerichtshof, dessen vorsitzender Richter Roland Freisler sich in Schimpftiraden gegen die Angeklagten erging und diese kaum zu Wort kommen ließ.

---

12 Arendt, Hannah: *Ideologie und Terror*. In: Piper, Klaus (Hrsg.): *Offener Horizont. Festschrift für Karl Jaspers*. Piper. München 1953. S. 236.

13 Abkürzung für „Geheime Staatspolizei", die politische Polizei im national-sozialistischen Deutschland.

14 Eigentlich „VeTscheKa", Abkürzung für „Vserossijskaja Tschreswytschainaja Komissija po borbe s Kontrrewoljuziej, spekuljaziej i sabotaschem", russisch für „Allrussische außerordentliche Kommission zur Bekämpfung von Konterrevolution, Spekulation und Sabotage". Vorgängerorganisation des KGB.

Staatsterrorismus und der Terrorismus radikaler Gruppen sind die Brennpunkte der Ellipse, die das Begriffsfeld „Terrorismus“ bildet. Die beiden Spielarten sind nicht immer scharf voneinander abgrenzbar, es gibt Übergangs- und Zwischenformen wie den erwähnten Partisanenkrieg. Terroristen werden häufig von Geheimdiensten logistisch, finanziell und organisatorisch unterstützt, um andere Staaten zu destabilisieren. Das Leben des zur Legende gewordenen Terroristen Carlos zeigt viele Verbindungen zwischen staatlichen Institutionen und Terrororganisationen. Die ihm gewährte Unterstützung reicht von der einfachen Duldung seiner Person bis zur Anwerbung seiner Dienste. 1949 in Venezuela als Ilich Ramirez Sanchez geboren wurde er zu Beginn der siebziger Jahre von der „Volksfront zur Befreiung Palästinas“ (PFLP) in Jordanien ausgebildet. In deren Auftrag verübte er 1973 einen Anschlag auf die OPEC Konferenz in Wien, bei dem drei Personen getötet und 60 Geiseln genommen wurden. Carlos wurde aus der PFLP ausgeschlossen, weil er angeblich Teile des für die OPEC-Geiseln bezahlten Lösegeldes unterschlagen hatte. Er ging daraufhin nach Bagdad, später nach Aden, wo er seine eigene Gruppe gründen konnte, die vor allem in Frankreich Terroranschläge verübte. Er war mit dem Ministerium für Staatssicherheit der DDR ebenso in Kontakt wie mit der rumänischen Securitate, die ihn für Aufträge anheuerte. Später lebte er in Budapest, musste Ungarn aber auf Druck westlicher Staaten verlassen und fand in Damaskus Zuflucht. Die syrische Regierung zwang ihn allerdings, seine Aktivitäten einzustellen. 1991 musste er Syrien verlassen und zog nach Karthoum. Amerikanische und französische Geheimdienste bemühten sich um seine Auslieferung. 1994 wurde er in Karthoum an französische Polizisten übergeben. 1997 in Paris verurteilt, verbüßt er eine lebenslange Haftstrafe in einem französischen Gefängnis.

5. Terrorismus als apokalyptische Bedrohung

Terrorismus hat tatsächlich das Potential zur apokalyptischen Bedrohung. Durch die heute zur Verfügung stehenden Möglichkeiten technischer Überwachung und deren Vernetzung ist es für Staaten leichter möglich, eine Bevölkerung zu kontrollieren und bei Bedarf jene einzuschüchtern, die man der Opposition verdächtigt. Es mag auf den ersten Blick paradox wirken, aber gerade die Maßnahmen, die von staatlichen Institutionen zur Abwehr des Terrorismus ergriffen werden, können theoretisch auch zur Terrorisierung der eigenen Bevölkerung verwendet werden. Hier ist vor allem an die Überwachung von Telefonen, E-Mail-Verkehr und elektronischem Zahlungsverkehr zu denken, weiters der Einsatz von Videokameras in öffentlichen Gebäuden und Verkehrsmitteln sowie auf Straßen und Plätzen. Mittels elektronischer Bildanalyse können nicht nur Autokennzeichen gelesen, sondern auch Personen identifiziert werden. Die dabei gewonnen Daten können gespeichert und vernetzt werden. Je mehr Überwachungsrechte staatliche Institutionen haben, desto mehr Möglichkeiten des Missbrauches gibt es. Eine neue Dimension hat sich durch Internetseiten wie Facebook oder MySpace eröffnet, über die soziale Netzwerke gebildet werden können. Die Nutzer sind auf diesem Weg mit Freunden in Kontakt und tauschen persönliche Informationen aus. Sollten Behörden Zugriff auf diese Daten erhalten, wäre das ein ideales Überwachungsinstrument, mit dem auch die politische Gesinnung der Nutzer leicht erfasst werden kann. Niemand kann garantieren, dass wir weiterhin in einem Rechtsstaat leben werden. Sollte wieder einmal ein totalitäres System errichtet werden, sind viele Werkzeuge zur Unterdrückung schon vorhanden.

Apokalyptische Bedrohungen gibt es auch von Seiten der anderen Spielart des Terrorismus. Ein mögliches Szenario könnte so aussehen. Nach dem Abzug ausländischer Truppen aus Afghanistan kommt dort eine islamistische Regierung an die Macht. Ausgehend von Afghanistan wird Pakistan destabilisiert und dort befindliche islamistische Gruppen bekommen pakistanische Atomwaffen in die Hand. In gewisser Weise schließt sich dann der Kreis dieser Überlegungen, denn erneut gibt es eine apokalyptische Bedrohung durch Nuklearwaffen. Allerdings gibt es einen nicht zu unterschätzenden Unterschied. Die kommunistischen Machthaber der Sowjetunion glaubten nicht an ein Jenseits und waren auf eine bewohnbare Welt angewiesen, um ihre Utopie eines idealen kommunistischen Gemeinwesens verwirklichen zu können. Die atomare Abschreckung war für sie tatsächlich eine fundamentale Bedrohung. Für islamistische Terroristen gilt das nicht. Sie finden ihr letztes Ziel in wie auch immer gearteten Vorstellungen eines jenseitigen Paradieses. Das irdische Leben ist ihnen nur Durchgangsstadium. Ihre Hemmschwelle gegenüber einem Einsatz von Atomwaffen wird vermutlich niedriger sein.

Vernunft als Gegenkraft zum Terrorismus[1]

von Erwin Bader

1. Soll man sich mit Terrorismus beschäftigen?

Der Terrorismus ist es ein grundsätzlich unschönes Thema. Wer beschäftigt sich denn schon gerne mit jenen Dingen, die uns bedrohen? Die Ästhetik des Hässlichen, Bösen und Destruktiven in der Vergangenheit und in unserer Zeit ist ein neues Thema, welches ich hier aber nicht anschneiden will. Nicht zu Unrecht sagten schon die Denker der Antike: Was ich lange betrachte, dem werde ich ähnlich. Deshalb empfahlen und praktizierten sie die Betrachtung ihrer Götterfiguren, ähnlich wie die östlichen Weisheitslehren die Betrachtung von Mandalas und die christliche Ikonographie die Betrachtung von Heiligenviten empfahl: Jeder Mensch strebt danach, edel zu werden, und er wird es, wenn er wirklich bewusst danach strebt. Betrachte bewusst das, wonach du strebst, damit du dein Ziel nicht aus den Augen verlierst, sonst wirst dem ähnlich, was du gedankenlos betrachtest.

Umgekehrt haben die Kampftruppen Adolf Hitlers Filme mit Szenen der Grausamkeit betrachten müssen, um für die Realität des Kampfes seelisch gerüstet zu sein.

Drittens könnte diese Beschäftigung auch gefährlich sein: Gefährlich nicht nur für die Seele, welcher diese harte Auseinandersetzung nicht wohl bekommen könnte, sondern auch gefährlich für die physische Gesundheit der Einzelperson und der Gesellschaft, weil dabei gesellschaftliche Kräfte zum Vorschein kommen könnten, welche dem Terror huldigen, sich aber in die Hörerschaft mischen und einen harmlosen Eindruck machen.

Der gewichtigste Grund, warum sich heute - dennoch - viele Autoren mit dem Terrorismus beschäftigen[2], scheint wohl zu sein, weil es sich um ein so virulentes und verbreitetes Phänomen handelt. Ratsam ist die Beschäftigung

1 Erstveröffentlichung unter: Terror und Terrorismus als Thema. in: Erwin Bader (Hg.): Terrorismus - Eine Herausforderung unserer Zeit, P. Lang-Verlag, Frankfurt-Wien 2007.

2 Literaturauswahl zum Thema Terrorismus: Benjamin R. Barber: Fear's Empire: War, Terrorism, and Democracy, NY 2003; Ellen Bos (Hrsg.): Neue Bedrohung Terrorismus. Der 11. September 2001 und die Folgen, Münster 2003; Henryk M. Broder u. Hans-Eckhard

auch, weil wir uns dann weniger vor ihm fürchten, wenn wir wissen, worum es sich handelt. Es wäre zwar wünschenswert, dass es den Terror nicht gäbe, aber das Ignorieren macht ihn nicht schwächer, sondern unberechenbarer. Wenn es aber zur Konfrontation kommt, treten Furcht und Angst auf, und diese allein sind schlechte Ratgeber, sie verwirren den Verstand. Mit Wissenschaft, also Vernunft und Verstand betrachtet kann der Terrorismus aber entblättert werden. Es geschieht wie bei einem Menschen im Fieberdelirium, der anstatt der realen Dinge in seiner Umgebung überall beängstigende Bilder wahrzunehmen scheint. Er kann aber dann Klarheit erlangen, wenn er die realen Gegenstände näher untersucht und erkennt, was und wie sie wirklich sind.

2. Terrorismus, Ethik und Vernunft

Terrorismus wird in demokratischen Gesellschaften als moralisch verwerflich abgelehnt - und dennoch wird er nicht so schnell verschwinden. Das moralische Urteil selber kann sogar dadurch den Begriff verschwommen machen, dass er dazu verleitet, den Begriff nach der subjektiven Brauchbarkeit rhetorisch und willkürlich zu verwenden und damit zu verzerren. Exakte Begriffsbildung und Abgrenzung ist daher notwendig. Auch wenn der Großteil der Bevölkerung die ethische Ablehnung des Terrorismus teilt, so genügt eine kleine Gruppe, die sich noch dazu von der Masse der Bevölkerung abgrenzt, dass der Terror weiter existiert.

Hinter dem Terror steht stets ein gewisser Anspruch auf - wenn auch nur partielle, temporäre - Herrschaft durch Angst. Die bewusste Verletzung von Menschen ist zumindest nach der theoretischen Selbsteinschätzung des Terroristen gar nicht als Hauptzweck des Handelns zu sehen, sondern nur als Mittel zum Zweck, womit die ethischen Bedenken neutralisiert werden. Es geht um die Angstmache, und diese dient wieder zum Zweck der Durchsetzung der eigenen (angeblich den Terror rechtfertigenden) Ziele, zum Beispiel

---

Segner (Red.): Terror. Der Krieg des 21. Jahrhundert, Hamburg 2004; Peter Fuchs: Das System „Terror“. Versuch über eine kommunikative Eskalation der Moderne, Bielefeld 2004; Mark A. Gabriel: Islam und Terrorismus. Was der Koran wirklich über Christentum, Gewalt und die Ziele des Djihad lehrt, 2004; Walter Laqueur: Krieg dem Westen. Terrorismus im 21. Jahrhundert, Berlin 2003; Herfried Münkler: Die neuen Kriege. Rowohlt, Reinbek bei Hamburg 2002; Maurice Merleau-Ponty: Humanismus und Terror, Frankfurt am Main 1990; Jessica Stern: Terror in the Name of God. Why Religious Militants Kill, NY 2003; Peter Waldmann: Terrorismus und Bürgerkrieg. Der Staat in Bedrängnis, München 2003.

der eigenen Herrschaft. Psychoanalytisch kann freilich diese theoretische Selbstrechtfertigung als Rationalisierung von primär bestehenden Verletzungs- und Tötungsabsichten gedeutet werden. Aber im Sinne der Psychologie sollte dennoch im Umgang mit Terroristen zunächst einmal der Fall angenommen werden, Verletzung und Tötung seien eher mittelbar als unmittelbar intendiert. Es gilt, nicht nur die Moral, sondern auch die wertfreie Vernunft heranzuziehen, denn nur so kann dem Terrorismus erfolgreich das Wasser abgegraben werden.

Terror ist eigentlich zunächst ein Mittel der Diktatur, als Staatsterror. Terroristen verweisen gerne auf das angeblich große Unrecht der angegriffenen Staaten und Gesellschaften, welches angeblich schlimmer als das der Terroristen sei. Aber es gibt zweifellos auch den spontanen Terror von unten, eben nicht nur als Gegenwehr gegen Staatsterror, etwa unter Ausnützung der Toleranz eines Systems, um Aufmerksamkeit zu erregen und damit Erfolg zu haben. Terrorismus und Staatsterror haben zwar einiges gemeinsam, aber sie unterscheiden sich in einem wichtigen Punkt: Der Staatsterror will das System (wenn auch mit ungeeigneten Mitteln) *stabilisieren*, Terroristen von unten wollen hingegen das System *destabilisieren*. Die Mittel sind ähnlich. Aber wie steht es mit dem Erfolg? Die Stabilisierung durch Gewalt gelingt oberflächlich betrachtet, führt aber zur Lähmung der Gesellschaft. Die Destabilisierung durch Terrorismus gelingt zwar teilweise, aber manchmal wird der Staat als Gegenreaktion sogar weniger demokratisch oder diktatorischer. Werden also die Ziele auf diesen Wegen erreicht?

Staatsterror scheint nicht nur geschichtlich betrachtet einige Zeit erfolgreich gewesen zu sein, sondern auch bis in unsere aufgeklärte Zeit. Antike Tyranneien waren damit erfolgreich, aber auch im 20. Jahrhundert haben Hitler und Stalin die Gegner systematisch ausgeschaltet und das Land so eingeschüchtert, dass niemand mehr zu widerstehen wagte. Hitler wurde von außen gestürzt, aber auch Stalin wurde entthront, zwar langsamer und schrittweise aber schließlich doch. Der Schaden war freilich jedes Mal sehr groß. Freilich ist der selbst erlittene und angerichtete Schaden bei der Beseitigung von Diktatoren durch militärische Angriffe von außen manchmal auch nicht zu unterschätzen, etwa im Irak.

Dass Terror, ob von oben oder von unten, abzulehnen ist, darin besteht heute nicht nur in den westlichen Staaten ein Konsens des öffentlichen Bewusstseins, und eigentlich ist es nur eine schmale Schicht der Bevölkerung einiger Staaten, die anderer Meinung ist. Freilich ist diese schmale Schicht von Sympathisanten des Terrors in machen Ländern und zu manchen Zeiten beängstigend einflussreich. Daher ist es notwendig, das allgemeine Bewusstsein der Ablehnung des Terrors auf internationaler Ebene mit allen Mitteln zu fördern. Dazu gehört freilich auch die Vorbildwirkung. Gleich wichtig ist aber eine effektive Aufklärung und Mobilisierung der Bevölkerung gegen den Terror, weil sonst gerade jene Staaten, welche sich um Abstinenz von Terror bemühen, erst recht zu einer Zielscheibe des Terrors werden können, weil sie als wehrlos gegen den Terror angesehen werden. Tatsache ist, dass Demokratien, so wenig innenpolitische Motive vielleicht auch bestehen, Terror entstehen zu lassen, gerade durch den Terror besonders verwundbar sind.

Aber was hilft die Ablehnung des Terrors, wenn er doch ausgeübt wird? Zunächst sollten Wege gefunden werden, ein Land zu einem weniger attraktiven Ziel für den Terror zu machen. Der weitere Schritt scheint zu sein, den Terroristen den Weg zur Vernunft zu ebnen.

3. Was ist das Grundproblem des Terrors?

Norberto Bobbio stellte in seinem Buch „Das Zeitalter der Menschenrechte"[3] die Frage, warum die Toleranz so schwer durchgesetzt werden kann, ohne die Toleranz selbst dabei zu verraten. Der Terrorist fordert nämlich Toleranz, um sie zu missbrauchen. Die freiheitliche Demokratie besitzt relativ offene Landesgrenzen und die Bewegungsfreiheit ist auch innerhalb des Landes gegeben; daneben gibt es illegale Einwanderungen, die aufgrund der Freiheiten schwer festzustellen sind. Um die Demokratie aber nicht missbrauchen zu lassen, benötigen auch die liberalen Demokratien teils strenge Schutzmaßnahmen, was man das Prinzip der streitbaren Demokratie nennt. Der Terrorist macht auf diesen Widerspruch aufmerksam und behauptet überspitzt, dass die Toleranz nichts als Maske der Demokratie sei und hinter der Toleranz angeblich immer bloß Gewalt stecke. Es zeigt sich ja tatsächlich immer wieder, dass selbst der noch so Tolerante und Friedenswillige unter Umständen zur Gewalt greift. Diese Tatsache ist es, für welche *Herbert Marcuse*[4] den Begriff der „repressiven Toleranz" geprägt hat.

---

3 Norberto Bobbio: Das Zeitalter der Menschenrechte. Ist Toleranz durchsetzbar? Aus d. Ital. von Ulrich Hausmann, Berlin 2002.

4 Herbert Marcuse, Repressive Tolerance (1965), in: Robert Paul Wolff, Barrington Moore, jr. und Herbert Marcuse: A Critique of Pure Tolerance, Boston 1969; S. 95-137.

Was gegen den Terror hilft, ist die Vernunft, wobei die Ethik zwar ein Teil der Vernunft ist, aber gerade in diesem Fall nicht die wichtigste Grundlage möglicher Gegenmaßnahmen. Das Grundproblem ist so gesehen, dass Terror, wenngleich er einem Mangel an Vernunft entspringt, nichtsdestoweniger den Täter und die dahinter stehende Organisation allzu oft zu gewissem Erfolg führt, und zwar auf verschiedenen Ebenen, wenngleich dieser Erfolg nur oberflächlich ist. Nicht bloß dass der Terror unliebsame Personen erfolgreich beseitigt, was der Terror ja mit anderen Gewaltmethoden gemeinsam hat; besonders problematisch ist vielmehr der Erfolg des Terror, der vor allem in der großen Aufmerksamkeit besteht, die ihm geschenkt wird. Den Terroristen gelingt es unzweifelhaft, sich in den Mittelpunkt der Aufmerksamkeit zu stellen. Dies lässt freilich folgenden provokanten Schluss zu: Wenn der Terrorist aus Mangel an Vernunft handeln und doch Erfolg haben, weil sie die Aufmerksamkeit der Öffentlichkeit erhalten, was sie anstreben, dann darf man feststellen, dass auch die Öffentlichkeit selber an einem Mangel an Vernunft leidet.

Johan Galtung unterscheidet bekanntlich zwischen struktureller Gewalt und personaler Gewalt[5]. Strukturelle Gewalt wird von Staaten und Gesellschaften ausgeübt, personale Gewalt auch bzw. weitaus häufiger von Privatpersonen als von Amtsinhabern. Personale Gewalt wird in der Öffentlichkeit aber mehr abgelehnt. Strukturelle Gewalt scheint eher legitim zu sein, wie ja auch *Thomas Hobbes* in seiner Theorie dem Staat die Aufgabe zuteilte, allein Gewalt (aller Art) zu üben, damit die Privatpersonen sich nicht gegenseitig sozusagen zerfleischen wie wilde Wölfe. Im Staat herrsche freilich eher die Furcht vor der Gewalt als die nackte Gewalt, und dies hielt Hobbes bereits für Vernunft. *Henry Spencer* wieder meinte, die Furcht, von der er sagte, sie sei der Ursprung der Religion, verderbe die Vernunft.

Toleranz allein ist nicht genug, um dem Terrorismus beizukommen, wie später noch gezeigt werden wird, aber ohne Toleranz ist die Demokratie verloren. Wessen es bedarf, ist eine neue Vernunft, nicht nur die alte Aufgeklärtheit, sondern eine neue Abgeklärtheit, die trotz Terrorismus nicht den Verstand verliert und die Überlegenheit der Vernunft gegen die Unvernunft sichtbar zum Ausdruck bringen kann. Dies ist derzeit noch nicht der Fall.

---

5 Johan Galtung: Strukturelle Gewalt. Beiträge zur Friedens- und Konfliktforschung, Reinbek bei Hamburg 1975.

4. Terrorismus und die Öffentlichkeit

Terror, das aus dem Lateinischen stammende Wort bedeutet in seiner Übersetzung: Schreck(en), Schrecknis, Schreckensnachricht. Es kommt auch auf die Nachricht des Schreckens an und auf das Erschrecken durch die Nachricht, damit der Terror seine Wirkung erzielt. Terror ist eine Methode der Inszenierung und Mythologisierung, die sich die Öffentlichkeit zunutze macht. Solange die Aufgeregtheit über die Gelassenheit herrscht, wird der herrschen, der die Aufgeregtheit am besten lebt oder auch nur mimt. Terror vermittelt Aufregung und verlangt nach Aufmerksamkeit und die Medien richten sich nach den Wünschen der Mehrheit, die Aufregung suchen. Mediale Informationspflicht sollte durch keine Sensationsgier verfälscht werden, es gilt, sine ira et studio den Tatsachen ins Auge zu sehen und die Verhältnisse nicht absichtlich oder unabsichtlich plakativ, aber ebenso wenig beschwichtigend zu schildern. Wie sich dies mit dem freien Markt der Medien verträgt, muss wohl erst herausgefunden werden, denn derzeit ist die durch Medien vermittelte öffentliche Meinung - ohne es zu wissen - der nützliche Idiot des Terrorismus, ohne den er sein Ziel weitgehend verfehlen würde.

Der theoretische Hintergrund für die Reaktion der Öffentlichkeit auf den Terrorismus ist auch vor dem Hintergrund der Tatsache zu sehen, dass ein großer Teil der menschlichen Gesellschaft ursprünglich auf Gewalt gesetzt hat - und sich der Lernprozess, wonach dies nicht der rechte Weg sei, weder in den machtmäßig oberen noch in den unteren Schichten der Gesellschaft lückenlos durchgesetzt hat; nicht zuletzt rechnet der Terrorismus daher auch mit einer öffentlich nicht eingestandenen Faszination seiner grausamen Taten. Der archaische Mensch der Urzeiten glaubte ja noch, wer einen anderen Menschen tötet, sei von den Göttern bevorzugt, ein Ausnahmemensch, denn er besitze Macht über andere und Mut, etwas zu tun, wovor andere zurückscheuen; warum würde er denn so handeln, wäre er nicht ein Werkzeug der Götter, die ihm die Macht dazu verliehen. Auch religiös-sektiererischen Terrorgruppen glauben, durch Morde ihre eigene Gottesnähe demonstrieren zu können.

Der Terrorismus scheint eine Art Regression zu sein, gegen welche freilich auch Machthaber von Staaten nicht immer immun waren. Der Übergang vom Terroristen zum Tyrannen war oft gegeben. Was einen Attila oder Dschingis Khan und andere vor allem groß machte, war die Härte, mit der sie gegen Ungehorsame aus den eigenen Reihen ebenso wie gegen äußere Feinde vorgingen. Der von ihnen verbreitete Glaube, ihr Volk sei durch ihn von den

Göttern berufen, die Welt zu beherrschen, fand seine Bestätigung in der erfolgreichen Gründung und steten Vergrößerung des Reiches. Der archaische Mensch verlangt nach Macht, die auf Gewalt beruht, aber er hofft auf Güte des Mächtigen, besonders jeweils dem einzelnen Untertan gegenüber, wenn auch nicht den Feinden gegenüber. Der innere Mensch verlangt zwar den Frieden. *Dschingis Khan*[6] appellierte aber erfolgreich an den archaischen Menschen und schuf das größte Reich, das je eine Person in der Geschichte schuf, er gründete das größte Reich, das je bestand, wenn auch nicht lange in dieser Größe. Die geforderte Moral bestand primär aus Gehorsam, wie die des Sklaven gegenüber dem Herrn.

Dasselbe Motiv der Gefolgschaft spielte durch die ganze Geschichte bis hin zu Hitler und Stalin eine wichtige Rolle und das Ende dieser Haltung ist noch nicht erreicht. Eine heimliche, unbewusste Faszination des Gewalttäters ist bis heute ein nicht bewältigtes Problem. Die Welt der Kinofilme zeigt, wie gewaltbereit die Tiefenschicht der (oder vieler) Menschen ist, welche angeblich ihre fiktiven Gewalttaten braucht, um nicht reale Gewalttaten zu begehen - so behaupten wenigstens diejenigen, welche davon profitieren. Vielleicht braucht aber der Gewaltgott Moloch in den Herzen vieler Menschen stets neue (wenigstens fiktive) Opfer, um immer noch mächtiger über die Seelen zu werden.

Das Unbewusste ist vermutlich weniger friedlich als uns lieb ist. *C. G. Jung* spricht von der Identifikation des Opfers mit dem Täter, der hinter dem eigenen Schmerz dessen Triumph im Sieg über ihn miterlebe, während der Täter zwar auch den Schmerz des Opfers miterlebe, aber doch gesiegt habe. Was begeistert bis heute so wie der Sieg? Wenn jemand ein „Looser" ist, ein Verlierer, dann wenden sich die Leute von ihm ab, wenn er aber siegt, wird er der Liebling vieler, dann spielt auch das Wie keine so wichtige Rolle mehr. Was beeinflusst das Urteil der Geschichte mehr: Die Ethik oder der Sieg? Kriegsverbrechen haben im nachträglichen Urteil der Öffentlichkeit oft nur die Verlierer begangen. Bedeutend ist für die Medien, was Aufmerksamkeit erregt.

6 Aufschlussreich ist die zeitgenössische Beurteilung des von *Dschingis Khan* gegründeten Reiches durch den ersten und einzigen Europäer, der das aufstrebende Mongolenreich und dessen Hof im fernen Karakorum im Zuge einer abenteuerlichen Reise selbst besucht hat: Johannes von Plano Carpini, Kunde von den Mongolen, 1245-1247; übers. v. Felicitas Schmieder, Sigmaringen 1997.

Gewalt erregt immer weit mehr Aufmerksamkeit als Friede. Die herkömmliche Geschichtsschreibung scheint über nichts besonderes zu berichten außer über Kriege und Gewalttaten, so dass man den Eindruck haben könnte, dauerhafter Friede sei zu langweilig, um gewürdigt zu werden. Medien müssen überleben, sie brauchen die Öffentlichkeit, also könne ihnen nicht die Aufgabe der Erziehung der Menschen zum Guten zufallen, denn dann wäre jenes Medium, das damit beginne, das erste, das ohne Leser dastünde. Es gab einmal eine Heftreihe „Das Gute. Mappe der Menschlichkeit"[7], ein kleines Blatt - dem Umfang und der Verbreitung nach –, das nur positive Meldungen aufnahm, und dieses überlebte nur schwer, freilich ausschließlich durch Sponsoren.

Gewisse Reste des archaischen Denkens finden sich in der Gesellschaft bis heute, ohne der Öffentlichkeit bewusst zu werden. Es scheint wohl auch in unserer Zeit so zu sein, dass in weiten Kreisen der Welt Terror und Gewalt gegenüber Toleranz und demokratischer Freiheit als die angeblich erfolgversprechendere, wenn auch nicht grundsätzlich bevorzugte Perspektive dasteht. Die veröffentlichte Meinung hat zur Folge, dass jeder Bericht über Terrormaßnahmen in den Medien den Erfolg der Terroristen zu bestätigen scheint, denn ihre Namen und ihre Anliegen finden allmählich mehr und mehr Gehör.

Die Medien bauen auf dem Bedürfnis der Öffentlichkeit nach Empörung, von der *Karl Marx* nicht ohne Spott ausdrückt, sie sei eigentlich „Sentimentalität. Sie ist der spezifische Ausdruck des ohnmächtigen Widerwillens des Philisters. Er empört sich beim Gedanken des Atheismus, Terrorismus, Kommunismus, Königsmordes etc."[8] Diese Ohnmacht und der Widerwillen gegen den Terrorismus ist in der Realität freilich eingehüllt einerseits in Angst und andererseits in ein moralisches Überlegenheitsgefühl, was Marx spöttisch als die Haltung des Philisters bezeichnet. Obwohl er kritisch darüber zu stehen scheint, war er selbst nicht frei davon.

7 Der Wiener Pädagoge und Sozialdemokrat *Alois Jalkotzy*, 1892 - 1987, gab die Heftreihe „Das Gute. Mappe der Menschlichkeit" ab den 50er Jahren bis ins hohe Alter heraus.

8 Karl Marx: Die deutsche Ideologie, in: Marx-Engels-Werke Berlin (Ost) 1973, Bd. 3, S. 281.

5. Kann man den Terrorismus verstehen?

Mit Terroristen wird nicht verhandelt so heißt es immer wieder - und die Folge ist allzu oft, dass die Opfer des Terrorismus ihre eigenen Waffen der Gegenwehr denen des Terrorismus angleichen, anstatt den Dialog[9], also die Waffe der Vernunft, dem gegenüber endlich zur Geltung kommen zu lassen. Dialog erfordert Mitgefühl, aber mit Terroristen Mitgefühl zu haben, die selber keines zeigen, ist zweifellos ziemlich viel verlangt. Wenigstens empfiehlt es sich zu versuchen, dessen ungeachtet den Terrorismus soweit möglich zu verstehen.[10] Dies impliziert zwar vorab, auch die Anliegen, die der Terrorismus verficht, ernst zu nehmen, aber es wäre falsch, sich darauf isoliert festlegen zu lassen. Verstehen meint in der Philosophie, den Sinn, also die hinter den Dingen stehende Bedeutung von etwas durch Interpretation zu erfassen. Der Philosophie geht es stets um das Eigentliche, das Wesen von allem, also auch hier um das Wesen des Terrorismus.

Vorweg kann man sagen: Der Terrorismus ist buchstäblich eine blutende Wunde im Kommunikationssystem der Menschheit: die Entfremdung im Umgang mit Mitmenschen im Extrem und die Missachtung der Menschenwürde.

Der Terrorist lehnt auch das bestehende staatliche Gewaltmonopol apodiktisch ab und maßt sich an, dass die von ihm vertretene Organisation bzw. er selber mehr zur Gewalt berechtigt sei als der Staat. *Thomas Hobbes* rechtfertigte die Gewalt des Staates, der seiner Meinung nach gemäß einer fiktiven Übereinkunft aller Betroffenen die Gewalt allein besitzt, weil sonst alle gegen alle kämpfen würden. *Carl Schmitt* nannte den konkreten Staat einen sterblichen Gott, weil er im Urteil der Menschen der Macht Gottes gleiche, bloß dass er nicht unsterblich sei. Gerade die radikale Gotteskrieger glauben daher, die Macht zu töten wieder der Partei Gottes (Hisbollah[11] heißt übersetzt: Partei

---

9 Joachim Israel: Martin Buber, Dialogphilosophie in Theorie und Praxis, Berlin 1995; Franz Scharl: Weg(-ung) im Denken Ferdinand Ebners. Ein Reise-Bericht von einer Zwischen-Station und vom sich an-bahnenden Ein- / Durch-Hören, -Blicken … Frankfurt am Main / Wien 1997; Rüdiger Bubner [Hrsg.]: Dialog als Methode, mit Beitr. von Karl-Otto Apel u. a., Göttingen 1972.

10 Martina Emme: "Der Versuch, den Feind zu verstehen". Ein pädagogischer Beitrag zur moralisch-politischen Dimension von Empathie und Dialog, Frankfurt am Main 1996.

11 Karin Kneissl: Hizbollah - Libanesische Widerstandsbewegung, islamische Terrorgruppe oder bloß eine politische Partei? Eine Untersuchung der schiitischen Massenbewegung Hizbollah im libanesischen und regionalen Kontext, Wien: Landesverteidigungsakademie 2002.

Gottes) zuerkennen zu können und in deren Namen, das heißt für sie zugleich im Namen Gottes, am unmittelbaren Gewaltmonopol Gottes teil zu haben. Freilich gibt und gab es auch nichtreligiös verbrämte Arten des Terrorismus.

Den Terrorismus zu verstehen kann freilich nicht bedeuten, ihn als bloße Reaktion auf die Gesellschaft zu verharmlosen, aber legitim ist zumindest die Hypothese, den Terrorismus gewissermaßen als ein Symptom des Zustandes der ganzen Gesellschaft zu sehen. Freilich wäre die Erklärung des Terrorismus als unvermeidliche Folge des Kapitalismus zu einfach. Man stellt aber immer wieder fest, dass Terroristen ihre eigene Position gar nicht als Terror, die Gegenseite aber als terroristisch interpretieren. Daher bedarf es eines *Abgrenzungskriteriums*, auf das später zurückgekommen wird. Hier geht es einmal um einen Versuch, das zutiefst Unverständliche soweit möglich doch ins Verstehen einzugliedern.

Der Terror kann in diesem Sinn gesehen werden als

- Symptom des Mangels an aufrichtiger Kommunikation und insofern Zuspitzung des Zustandes der gesamten Gesellschaft;
- Mangel an Klarheit des Denkens nicht nur der Täter, sondern auch im Bereich ihres Umfelds und wohl auch ihrer Widersachern - auf Kosten unschuldiger Opfer;
- Reaktion auf die Verkehrtheit des Blickes der Medien: Die Öffentlichkeit scheint sich eher für die Brutalität der Täter als für die bedauernswerte Lage der Opfer interessieren zu wollen;
- Ausdruck der Verzweiflung: Verzweiflung ist das Versinken im Zweifel am Sinn von allem, sie ist die Herrschaft der Angst, auch der Angst vor einer möglicherweise noch größeren Angst. Terror ist Herrschaft der Angst anstatt Herrschaft der Zuversicht.

Der Grazer Sozialphilosoph *Amadeo Silva-Tarouca*, ein profilierter Denker der Nachkriegszeit, entwickelte - im Rückblick auf Jahrzehnte der gestörten Kommunikation und der Kriege - eine interessante Philosophie, in welcher er der Logik der Angst eine Logik der Zuversicht entgegenstellte.[12] Diese philosophische Position hilft, das Phänomen des Terror besser zu beleuchten. Auch in Bezug auf den sogenannten Krieg gegen den Terror gilt noch heute die Mahnung von Papst *Johannes Paul II.* vor einer falschen Logik: „Aber der Krieg kann

12 Silva-Tarouca, Amadeo: Die Logik der Angst, Innsbruck / Wien [u. a.] 1953.

ohne Sieger und Besiegte im Selbstmord der Menschheit enden, und deshalb muss man die Logik, die dazu führt, radikal zurückweisen, nämlich die Idee, dass der Kampf zur Vernichtung des Feindes, die Gegnerschaft und der Krieg zur Entwicklung und zum Fortschritt der Geschichte beitragen."[13]

6. Vom Krieg zum Terrorismus

In Abwandlung von Clausewitz, der bekanntlich meinte, dass der Krieg die Fortsetzung der Politik mit anderen Mittel sei, könnte man sagen, der Terror ist die Fortsetzung des Krieges mit anderen Mitteln. Man kann freilich hinzufügen: Nur eine falsche Art von Politik sieht ihre legitime Fortsetzung im Krieg, und gerade diese falsche Politik führt letztlich auch zum Terrorismus. Prüfen wir also zuerst einmal die Frage: Was ist ein Krieg - nach Clausewitz? *Carl Philipp Gottlieb von Clausewitz* sagte: „Der Krieg ist ein Akt der Gewalt, um den Gegner zur Erfüllung unseres Willens zu zwingen."[14] Er sieht den Krieg also als Akt der Gewalt, um einen Gegner zur Erfüllung „unseres" Willens zu zwingen. Dieser archaische Standpunkt sieht freilich die Menschheit in zwei Teile gespaltet: Wir und die anderen, also die Feinde. Die Meinung, dass es eine einheitliche Menschheit gibt, kennt er dabei noch nicht.

Erstmals in der Geschichte des Abendlandes wurde der Krieg aus christlicher Sicht als im Grunde grundsätzlich für verwerflich angesehen. Speziell *Augustinus* sagte, dass jeder Krieg ein Übel, gegen den Willen Gottes gerichtet und Anlass zur Trauer ist. Es gibt, wie er meinte, so gesehen keinen gerechten Krieg, sondern nur einen gerechten Frieden, wenngleich er die Menschen seiner Zeit durch seine Anknüpfung an die Idee vom „gerechten Krieg" nach *Cicero* wenigstens schrittweise bessern will. Auch ein sogenannter gerechter Krieg, also eine legitime Selbstverteidigung, ist in sich ungerecht, was klar wird, sobald man denselben Krieg für sich betrachtet und ihn in Bezug auf die den Krieg bedingende Seite beurteilt. Die Art des Zusammenlegens von Völkern, wie sie der Sittlichkeit entspricht, ist nach Augustinus einzig der Friede - und diesen sieht er als das eigentliche Naturgesetz, weil alle menschliche gesellschaftliche Beziehung, aus der Leben entsteht, den Frieden voraussetzt.

---

13 Enzyklika *Centesimus annus*, Kap. 18, wiedergegeben in: Erwin Bader: Christliche Sozialreform, Beiträge zur Sozialphilosophie in einer veränderten Welt, mit einem Vorwort von Norbert Leser und dem Text der neuen Sozialenzyklika, Wien 1991, S. 163-208; S. 175.

14 Carl von Clausewitz, Vom Kriege. Hinterlassenes Werk. Ungekürzter Text, Frankfurt / M. (u. a.) 1980, S. 17.

Die katholische Friedensorganisation *Pax Christi* begrüßte in diesem Sinne in einer schriftlichen Stellungnahme die theologische Grundorientierung des Friedenswortes der deutschen Bischöfe im Oktober 2000, dass Gewalt als Realität in dieser Welt durch Gewaltfreiheit überwunden werden kann und Gewaltanwendung immer ein schwerwiegendes Übel ist."[15] Der früheren (missverständlichen) Lehre vom gerechten Krieg wurde nun das Leitbild vom „gerechten Frieden" gegenüber gestellt.

Albert Einstein[16], *Karl Jaspers*[17], *Mahatma Gandhi*[18], der *Dalai Lama*[19], viele Päpste wie *Johannes XXIII.*[20] und *Johannes Paul II.*, die Friedensnobelpreisträgerin *Bertha von Suttner*[21] und viele andere haben dies erkannt und darüber unermüdlich gesprochen, aber es blieb bis heute ungehört. Da wir dem Krieg bisher noch immer kein Ende setzen konnten, sehen wir uns heute mit dem Terrorismus konfrontiert.

7. Ursachen des Terrorismus in unseren Tagen

Die Tatsache, dass gerade in unserer Zeit eine so starke Verbreitung des Terrorismus auszeichnet, hängt wohl mit einer bestimmten entwicklungsmäßigen Phase unserer Weltgesellschaft zusammen. Wir sprechen von der Globalisierung und müssen feststellen, dass die Welt zu einer Einheit zusammenwächst, dass aber jede Tendenz zur Einheit auch einen gleichsam beherrschenden und vereinnahmenden Anteil besitzt und deshalb vielfach auch als Provokation empfunden wird. Globalisierung wird bisweilen als Gegnerschaft erlebt. Die an der Harward Universities Kennedy's School of Government lehrende Terrorismus-Forscherin *Jessica Stern* zitiert einen von ihr interviewten Moslem:

---

15 pax-christi-Homepage vom 27. 11. 2000, s. a.: http: / / www.paxchristi.de / news.pr.01e9d11b2ba40000 / index.html vom 12. 6. 2006

16 Albert Einstein, Warum Krieg?

http: / / www.sozialistische-klassiker.org / Einstein / Einstein02.pdf

17 Karl Jaspers, Die Atombombe und die Zukunft des Menschen. München / Zürich 1957.

18 Wennemar Scherrer: Den Frieden leben lernen. Der Sarvodaya-Weg *Mahatma Gandhis*. Ein Beitrag zur Friedensarbeit und Friedenserziehung, München (u. a.) 1984.

19 Dalai Lama: Botschaft des Friedens; zsgest. und bearb. von Maruschi Magyarosy, Eurasburg: PARAM-Verlag 1991.

20 Johannes XXIII.: Pacem in terris. Über den Frieden unter allen Völkern in Wahrheit, Gerechtigkeit, Liebe und Freiheit. (Enzyklika), Recklinghausen 1963.

21 Brigitte Hamann: Bertha von Suttner - Ein Leben für den Frieden, München 2002.

„ ‚Globalization is similar to what the British did when they established the East India Company,' he says. ‚They established a company as a pretext for occupying the land.' „[22]

Es gab in früheren Zeiten viele Rechtfertigungsmodelle von Kriegen. Das älteste war das der körperlichen und moralischen Ertüchtigung, am längsten hielt sich die Rechtfertigung als Mittel der Bildung von Großstaaten bis hin zu Weltreichen und Kolonialmächten. Die Gewalt war beim Staat monopolisiert und der Staat durfte grundsätzlich Gewalt nach innen und außen üben. Nach 1945 war die Welt längst verteilt und Kriege hatten nicht nur ihre letzte Rechtfertigung große Reiche zu bilden, verloren, sondern auch ihre Verharmlosung als Mittel der Ertüchtigung. Die Überzeugung von der Notwendigkeit des Friedens und Ablehnung von Kriegen war Jahrzehnte unbestrittenes Gemeingut der zivilisierten Welt. Dazwischen gab es zwar immer wieder Kriege und auch terroristische Gewalt von unten, die aber allgemein als Betriebsunfälle angesehen wurden.

Der Terrorismus ist eine massive Bedrohung, aber wohl auch ein Symptom einer globalen Situation, auch wenn dieses Symptom sich offenbar in unterschiedlichen Ländern unterschiedlich stark entwickelt hat. In unserer gegenwärtigen von der Globalisierung gekennzeichneten Weltsituation ergeben sich folgende Ansätze zur Erklärung des Terrorismus:

1. Eine der Ursachen des Terrorismus ist sicherlich die globale wirtschaftliche Ungerechtigkeit.
2. Dazu kommt die Enttäuschung vieler Menschen in der Dritten Welt, wo eine nicht einlösbare Erwartung des Glücks durch westliche Lebensweisen und Technik, freie Wirtschaft und vermehrten Konsum herrscht, wodurch sich gewisse Schichten zunehmend als Globalisierungsverlierer sehen.
3. Zusätzlich entsteht ein Widerspruch zwischen der technisch-wirtschaftlichen Vereinheitlichung in eine nicht klar definierte einheitliche Weltordnung und den unterschiedlichen Kulturtraditionen. Der Globalisierung ist eine Tendenz zur Vereinheitlichung zu eigen, welche mit der Vielfalt der Kulturen im Widerspruch zu stehen scheint.

---

22 Jessica Stern: Terror in the Name of God. Why Religious Militants Kill, NY 2003, S. 120.

4. Wenngleich die Globalisierung eigentlich vor allem einen Investitionsschub in Ländern der (ehemaligen) Dritten Welt auslöste, provoziert sie aber Gegenkräfte, welche in einer einheitlicher werdenden Welt nach realisierbaren Artikulationsmöglichkeiten sucht und diese in einer neuen, unscharf als „fundamentalistisch" bezeichneten Interpretation der Religionen zu finden versucht.

5. Das mangelnde Verständnis über die Grenzen der unterschiedlichen Religionen und Kulturen hinweg fördert die Opposition gewisser fundamentalistischer Kreise gegenüber der westlichen Welt und deren Werte.

6. Trotz gewisser Tendenzen zur Abkoppelung vom Westen gibt es einen Einfluss der - nicht mehr allein aus dem Westen kommenden - Filme mit deren Scheinwelten auf das Denken der Menschen, welche eine Entfremdung zwischen Menschen fördern; gegen die Bedrohung durch feindliche Wesen bietet sich das alte Stereotyp von Gewalt und Krieg als angeblich optimale Problemlösung an.

7. Im Internet grassieren manche gefährliche Seiten mit den extremsten Formen von Rechtsextremismus und Kriegsübungen bis hin zu Kinderpornographie und Kannibalismus und Computerspiele erleichtern die Einübung einer Gefühlskälte bei zunächst fiktiven Angriffen auf feindliche Wesen. (Die Terroristen des 11. September haben ihre Angriffsflüge auf das World Trade Center an Computersimulatoren geübt.)

8. Die Bereitschaft zum Terrorismus wird schließlich durch Aussichtslosigkeit vieler junger Menschen zu befriedigenden Berufskarrieren gefördert.

9. Gesellschaftsgruppen, welche den Terrorismus zwar ablehnen, aber Verständnis für ihn zeigen, erleichtern den Übergang zwischen Legalität und Illegalität.

10. Da immer öfter auch das Wirtschaftsleben oder andere Bereiche des zivilen Lebens als Krieg dargestellt werden, verschwindet schließlich die Grenzziehung zwischen legalem und illegalem Verhalten.

11. Es droht eine Überhandnahme von Pessimismus bezüglich der nächsten Zukunft. Von No-future im Kleinen zum Ausdruck der zerstörerischen Wut auf die Welt ist der Schritt nicht mehr allzu groß.
12. Die Kontraste zwischen arm und reich nehmen überall zu, vor allem in den orientalischen Ländern, aber auch zunehmend in Europa.
13. In vielen Gebieten organisieren ideologisch radikale Gruppen Hilfsdienste für Arme und verbreiten ungehindert Bereitschaft für Gewalt.

Der Terror ist das Symptom eines gravierenden Problems der gesamten globalen Weltsituation und nicht nur ein separates kleines Nebenproblem.

8. Selbstmordattentate schufen eine neue Dimension des Terrorismus

Es scheint zweifelhaft, dass der Terrorismus im Westen als Aufforderung an die demokratische Welt für militärische Muskelspiele zu verstehen ist, seit es Selbstmordattentate gibt und daher nicht mehr genügt, den Terroristen die militärische Überlegenheit spüren zu lassen. Die Selbstmordattentate zeigen, dass die Drohung mit Gegengewalt die gewaltbereiten Kreise nicht unbedingt einschüchtern kann. Denn wie sollte auch jemand mit einer Todesdrohung daran gehindert werden, sich selbst das Leben zu nehmen? Man spricht vom Mut der Verzweiflung, obwohl der Begriff nicht ganz korrekt zu sein scheint. Zwar findet man geschichtlich viele Vorläufer von Selbstmordattentaten, doch ist wohl unbestreitbar, dass es in unserer Periode zu einer in der Geschichte nie da gewesenen Anhäufung von Selbstmordattentaten kam.

Offensichtlich muss der Grad der Verzweiflung besonders groß sein, wenn jemand zu einem Selbstmordattentat[23] bereit ist. Aber aus wissenschaftlicher Perspektive kann man feststellen, dass der Versuch, Verzweiflung allein als Reaktion auf tragische äußere Umständen zu erklären, zu kurz greift. Schon Sören Kierkegaard hatte Verzweiflung unter anderem damit erklärt, dass jemand verzweifelt er selbst sein will - oder auch verzweifelt nicht er selbst sein will. Verzweiflung hänge, so begründete er dies, eigentlich mit Sünde und Unglauben an Gott zusammen, weil der Mensch die Verbindung zwischen

23 Vgl. u. a.: Christoph Reuter: Mein Leben ist eine Waffe. Selbstmordattentäter - Psychogramm eines Phänomens, München 2002.

Diesseits und Jenseits, die seine ganze Existenz in ein rätselhaftes Spannungsverhältnis versetze, nicht bewältige. Karl Marx empfahl andererseits sogar, die ausgebeuteten Menschen in ihrem eigenen Interesse geplant zur Verzweiflung kommen zu lassen, damit sie endlich bereit seien, sich revolutionär zu befreien. Dazu sei es seiner Meinung nach gut, meinte er weiter, den religiösen Glauben zu zerstören, damit die Menschen, befreit von dieser angeblichen Täuschung, endlich als „ent-täuschte" Menschen handelten.

Der islamische Terrorismus versteht sich als religiös, der europäische Terrorismus war dagegen eher antireligiös, aber selbst er hatte (preudo-)religiöse Wurzeln. Er ist nämlich durch die Säkularisierung sektiererischer pseudochristlicher Ideen gefördert worden, welche durch die von adventistischen Bewegungen im Jahr 1844 stark verbreitete Naherwartung eines Gottesreiches oder einer Schlacht von Harmageddon ausgelöst wurde. Auch Marx und vor allem Engels waren von diesem Fieber stark ergriffen. Engels forderte, „dass wir ... unser Leben fröhlich einsetzen in den letzten, *heiligen Krieg*, dem das *Tausendjährige Reich* der Freiheit folgt ... Lasst uns kämpfen und bluten ... Der Tag ... der Völkerschlacht naht heran, und der Sieg muss unser sein!"[24] Der Ausführende dieses Kampfes, meinte er, sollte der Kommunismus sein, und wie mir scheint, hat der islamische Fundamentalismus danach in ganz ähnlicher Weise sich selbst als Träger der Rolle des Ausführenden verstanden. Wir sollten also auch die säkular-chiliastische Variante der Ideologisierung des Terrorismus ernst nehmen, um ihren inneren Widerspruch aufzuzeigen.

Terrorismus riskiert wie auch jedes Soldatentum immer auch den eigenen Tod. Aber während der klassische Soldat auch die, wenngleich gefährliche, Variante der Befehlsverweigerung bis hin zur Fahnenflucht grundsätzlich in Betracht ziehen könnte, wird in der neueren Zeit mit mehr Fanatismus gekämpft. In gewisser Hinsicht ist der Terrorist ein fanatisch Glaubender, auch wenn sein Glaube kein religiöser sein sollte und auch wenn man mit Johannes Paul II. sagen muss, dass der wahre Glaube an Gott die Vorstellung generell verbietet, jemals im Namen Gottes zu töten. Terroristen haben einen Glauben, der sie zu Furchtbarem treibt, aber sie haben keinen religiösen Glauben im Sinne eines spirituellen Verständnisses von Religion, sondern einem fundamentalistischen, also primär politisch-ideologischen Glauben.

24 Marx-Engels-Werke, Berlin (Ost) 1973, Ergänzungsband 2, S. 220 f.

Der militante und gewaltbereite Fanatismus ist so gesehen eher eine (quasi-)-religiöse Ideologie als ein religiöser Glaube. Dies gilt auch für den islamistischen Extremismus, wenngleich hier die Grenzen zwischen Extremismus und Orthodoxie, gemessen an der Häufigkeit von Terroranschlägen, durchlässiger zu sein scheinen als bei anderen Religionen.

Der Zusammenstoß der Religionen, der nach *Samuel Huntington* die gegenwärtige gewaltbereite Situation erklären soll[25], ist dazu nicht wirklich in der Lage, weil in Wirklichkeit gerade heute die geographische Abgrenzung von großen eher einheitlich geprägten Kulturräumen und kleineren Mischgebieten immer weniger zutrifft. Der zunehmende Dialog der Religionen entschärft wiederum die Gefahr von Konfrontationen eher in den säkularen, westlichen Ländern als anderswo. Trotz Globalisierung ist die Situation in manchen Ländern für Außenstehende freilich immer noch schwer verständlich. Umso drastischer wirkt sich bisweilen die Konfrontation zwischen moderner Lebensweise und kultureller Tradition aus, vor allem, wenn die Religion die Aufgabe einer Gesamterklärung von Phänomenen übernehmen soll, die nicht aus dieser Religionen ableitbar sind. Abgrenzung, Rückwendung und Ablehnung der Neuerungen (außer jenen, die man selbst nicht mehr entbehren möchte) scheint die Folge zu sein.

Die von der Globalisierung hervorgerufene Frustration des sich politisch verstehenden, geographisch oft noch relativ geschlossenen Islam, speziell sofern er fundamentalistisch interpretiert wird, scheint aufgrund des nicht zurückgenommenen Machtanspruchs besonders schwer zu wiegen. So gesehen ist es zwar logisch betrachtet absurd, aber soziologisch als vermeintlicher Selbstschutzstrategie verständlich, dass jene Religion, welche die Selbsttötung (weniger die Fremdtötung) viel strenger verbietet als die meisten anderen Religionen, neuerdings so viele Selbstmordattentäter hervorbringt und mittels einer offenbar ideologischen Verleugnung des Suizidcharakters rechtfertigt.

25 Huntington, Samuel P.: Der Kampf der Kulturen. Die Neugestaltung der Weltpolitik im 21. Jahrhundert (= The clash of civilizations, übers. v. Holger Fliessbach), 6. Auflage, München / Wien 1997.

9. Abgrenzungskriterien des Terrorismus

Man muss leider feststellen, dass der Terrorismus nicht etwas unzweideutig von der übrigen Weltgesellschaft Abgrenzbares ist. Die Abgrenzung zwischen Terrorismus und aggressiven Mechanismen im Bereich der alltäglichen Gesellschaft erinnert etwa an die von Psychiatern diskutierte Abgrenzung zwischen krankhaften psychischen Erscheinungen und Störungen im Normalbereich.

Terror kommt vom Verbum terreo. Die Bedeutung von terreo - Übersetzung: zittern, (er)schrecken, ängstigen, (auf)scheuchen, (ver)jagen; abschrecken. Auch Abschreckung ist eine Form des Terror. Wenn die große Politik meint, durch Abschreckung herrschen zu können, dann wehrt sich die kleine Politik möglicherweise durch Maßnahmen des Terror. Manche sagen daher, der Terror sei die Waffe der Kleinen und Schwachen, der Unterentwickelten, und meinen, die kapitalistische Wirtschaft allein sei sozusagen schuld am Terrorismus. In vielen Ländern, etwa in Lateinamerika, sieht man jedoch, dass der Großteil der Armen kaum aktiven Anteil am Terror hat, sondern höchstens passiv davon betroffen ist. Eine bloß wirtschaftliche Begründung des Terrorismus aufgrund der Unzufriedenheit anzunehmen greift daher zu kurz. Vor allem wären damit die Grenzen zwischen Befreiungskämpfen und Terrorismus, welche in der Realität oft tatsächlich fließend sind, nicht einmal mehr theoretisch und grundsätzlich festzulegen.

1. Im Vordergrund des Terrorismus steht die Androhung oder Anwendung von meist brutaler Gewalt. Dies unterscheidet den Terrorismus von einem zivilen, rechtlich geregeltem politischen Verhalten, aber das Kriterium wird bisweilen auch auf Formen militanten Verhaltens angewandt, welche zum Unterschied vom Terrorismus toleriert werden.

2. Die Gewalt wird durch ein dahinter stehendes Ziel gerechtfertigt. Durch die Verknüpfung mit einem politischen, moralischen oder religiösen Ziel ist der Unterschied zur bloß kriminellen Gewalt gegeben, wenngleich jedenfalls die Einschätzung eines kriminellen Charakters auch bei Terrorakten angewendet werden muss. Terroristen wollen mittels ihrer Gewaltakte eine bestimmte Botschaft verbreiten und auf sich und ihr Ziel bzw. ein damit zusammenhängendes Anliegen aufmerksam machen.

3. Während im klassischen Kriegsfall auch heute in der Regel vom Völkerrecht ausgegangen wird, welches den Krieg grundsätzlich verbietet, aber im Fall des Selbstschutzes bei Angriffen angemessene Gegenmaßnahmen erlauben kann, sind Terrorakte a priori heimtückische, überfallsartige Angriffe.

4. Wesentlich ist außerdem folgender Aspekt: Da der Terrorismus die offene Konfrontation mit Regierungstruppen und Sicherheitsbehörden eher scheut, richtet sich die Gewalttat bewusst und ausdrücklich nicht nur gegen eine als feindlich geltende bewaffnete (also wehrhafte und selbst militärisch angreifende) Gegnerpartei, sondern auch gegen Nichtkombattanten, also willkürlich gegen unbeteiligte und zivile Personengruppen oder Institutionen.

5. Terrororganisationen vertreten radikale Ideologien, die, falls bzw. sobald sie gewisse Gebiete unter Kontrolle haben oder die Macht im Staate übernehmen, die Freiheit der Menschen einschränken.

6. Terrorismus unterscheidet sich auch von dem mit ihm verwandten Staatsterror, da der Staatsterror eine nicht nur verwerfliche, sondern auch auf Dauer verkehrte Methode zur *Stabilisierung* der Ordnung anwendet, während der Terrorismus eine *Destabilisierung,* die Auflösung der Ordnung und Erzeugung eines Chaos anstrebt, was - über die verwerfliche Methode hinaus - in sich verderblich ist. Da die gesellschaftliche Ordnung und die Ordnung der Gedanken sich wechselseitig verursachen und Vernunft nicht ohne Ordnung der Gedanken möglich ist, ist die Zerstörung durch den Terrorismus besonders tiefgreifend.

10. Welche Möglichkeiten der Terrorismusbekämpfung gibt es?

Die Terrorismusbekämpfung kennt präventive und repressive Maßnahmen.

Direkt präventiv ist der physische Schutz gefährdeter Objekte und Personen, generell präventiv ist die geheimdienstliche Informationsbeschaffungen und gegebenenfalls Infiltration von Terrorgruppen. Kontrollen und Präsenz der Sicherheitskräfte sowie die gute Ausbildung von Sicherheitsbehörden und Antiterroreinheiten mit entsprechenden Befugnissen wird es Terroristen schwerer machen, Anschläge auszuführen.

Ein besonders schwieriges Kapitel ist der Versuch von Terroristen, etwa durch Geiselnahme die Erpressung von Zielen zu versuchen speziell durch die Androhung, sonst die Geiseln zu töten. Terroristen bauen dabei auf der friedliebenden Mentalität von zivilisierten Nichtterroristen einschließlich der bekämpften (feindlichen) Vertreter von Staat und Institution. Hier gilt die Regel, sich nicht von Terroristen erpressen zu lassen, von welcher aber bisweilen aus Humanitätsgründen doch auch abgegangen wurde. Solche Entscheidungen zu fällen ist wohl mit das Schwierigste für Entscheidungsträger von Staat und Gesellschaft.

Besonders wichtig als präventive Maßnahme ist es, dass Staaten mit der Bevölkerung und Öffentlichkeit in guter Beziehung stehen, damit keine Entfremdung solchen Ausmaßes entstehen kann, dass Terrorakte im eigenen Land vorbereitet werden können. Man sagt, soziale Gerechtigkeit sei ein guter Sicherheitsfaktor, was nur dann zutrifft, wenn nicht seitens der Terroristen die Verhältnisse per se so ungerecht empfunden werden, dass keine materielle Abhilfe mehr möglich ist. Daher ist auch Öffentlichkeitsarbeit auf mehreren Ebenen vonnöten. Einerseits muss verhindert werden, dass sich Terroristen in einem Umfeld von potentiellen Sympathisanten breit machen können und mit deren wenigstens teilweisen Akzeptanz rechnen können. Andererseits ist es notwendig, dass in der Öffentlichkeit eine Sensibilität für die wesentlichen Unterschiede der Auffassungen bestehen, so dass auch das teilweise Verständnis für terroristische Gewaltakte außer jeder Diskussion stehen sollte.

Nicht nur nach Kriegen, sondern auch als vorbeugende Maßnahme gegen Terrorismus sind vertrauensbildende Maßnahmen zu setzen. Auch gemäßigte Sympathisanten oder gar Anhänger von Terrorgruppen könnten lernen, Vertrauen in ihre Gegner zu erlernen. Angesichts der häufigen Verständigungsbarrieren zwischen Kulturen und Religionen sind ein möglicher und immer wichtigerer Weg zur Unterstützung von vertrauensbildenden Maßnahmen Dialoge der Religionen.

Zur Bekämpfung des Terrors gilt es auch, jenen Aspekt in der Öffentlichkeit stärker zu berücksichtigen, den *Johann Baptist Metz* die „Autorität des Leidens" nennt.[26] Das Leidensgedächtnis der Menschheit ist für ihn universal

26 Metz, Johann Baptist (Hrsg.): Compassion. Weltprogramm des Christentums. Soziale Verantwortung lernen, Freiburg im Breisgau / Wien 2000; ders., in Zsarb. mit Johann Reikerstorfer: *Memoria passionis*. Ein provozierendes Gedächtnis in pluralistischer Gesellschaft, Freiburg / Wien 2006.

und begründet eine Autorität der Leidenden. Erst in der Empfänglichkeit für das Leid der anderen konstituiert sich für ihn das moralische Gewissen, und was für die Menschen der Glaube an Gott und die Stimme dieses Gewissens ist, ist für ihn mit der Reaktion auf fremdes Leid auf sein Wesen gekommen.

Die besten repressiven Maßnahmen sind gute und klare Strafgesetze sowie deren konsequente, zielbewusste Anwenden. Terrorakte verstoßen so gut wie immer gegen Gesetze und die gut funktionierende Rechtsstaat einschließlich seiner Exekutivorgane und womöglich auch das internationale Recht sollten die wichtigste Stütze im Kampf gegen den Terror sein. Im Falle von Anschlägen sollte die Exekutive, unterstützt von der Öffentlichkeit (Medien) so vorgehen, dass die innerstaatliche und internationale Solidarität die den Opfern des Terrors nicht nachlässt oder durch überzogene Maßnahmen kippt.

11. Mit Vernunft gegen den Terror

Gewalt gegen Terror ist der falsche Weg, er ist so weit möglich zu meiden. Denn Gewalt provoziert neuen Terror - man spricht von der Spirale der Gewalt - und bestätigt Terroristen in ihrer irrigen Auffassung, dass erstens die Gegner böse und aggressiv seien und zweitens der Terror die höchste Form der Auseinandersetzung seien, die auch die Gegenseite nicht unterlassen könne. Alle anderen Wege sind in der Konfrontation mit Terror dem der Gewalt vorzuziehen. Gewalt nährt neue Gewalt und der Krieg hilft nicht zur Beseitigung des Krieges; die Lösung liegt immer nur außerhalb der Logik des Krieges. Schon die Griechen sagten, gemäß einem Zitat eines ungenannten Autors der Antike bei *Immanuel Kant*: „Der Krieg ist darin schlimm, dass er mehr böse Leute macht, als er deren wegnimmt.“[27] Gemäß dieser uralten Erfahrung bewirkt, auf heute angewandt, die gewaltsame Beseitigung eines Terroristen in der Regel, dass noch mehr Terroristen auftauchen.

Friede entsteht in der Regel eher durch friedliche Mittel. Allein ein echter Friede in sozialer und allgemeiner Gerechtigkeit ist schon ein guter Schutz gegen Terror, aber es ist doch nicht genug. Auch der friedlichste Staat kann Zielscheibe des Terrorismus werden. Daher bedarf es weiterer Mittel und Methoden, um der Gefahr des Terrorismus vorzubeugen. Da der Terrorismus auf die Faszination der Angst baut, gilt es, diese zu entzaubern. Das beste Mittel zur Entzauberung des Terror ist eine gewisse rationale Abklärung. Das heißt,

27 Immanuel Kant: Zum ewigen Frieden. Ein philosophischer Entwurf, Stuttgart 1983, S. 45.

es gilt die realen Umstände und Bedingungen nüchtern zu betrachten, frei von Obsessionen und Mythen, soweit dies gelingen kann. Übrigens sollte nicht nur die Angst vor dem Terror sondern auch die oft rational nicht eingestandene Sympathie und Faszination des Terror vernunftmäßig abgeklärt werden.

Terror als solcher ist vernünftig betrachtet machtlos. Denn der Terror selbst kann nur zerstören, aber nichts von sich aus produktiv hervorbringen. Das Wort Macht kommt bekanntlich von „machen“: Macht ist die Fähigkeit, etwas produktiv hervorzubringen, und soziale Macht, um die es bei der Verwendung des Begriffes Macht in der Regel geht, ist dieselbe - von vielen Personen stammende, gebündelte - Fähigkeit in Bezug auf Tätigkeiten, die ein soziales Gebilde (Gruppe, Partei, Staat etc.) voraussetzen. Macht bedeutet zunächst die personale Fähigkeit, zu wissen was man will und den Willen auch gegen Widerstand durchzusetzen. Soziale Macht entsteht, sobald Tätigkeiten zu verrichten sind, die Kooperation voraussetzen. Aus dieser Sicht betrachtet ist es theoretisch keineswegs die Regel, dass Macht einseitig sei, also die eine Seite die wollende und zwingende, die andere aber die unterdrückte und ausführende sei. Die Macht bleibt (eigentlich) immer beim Volk, sagte zu recht *Hanna Arendt*. Der Terror aber will zugleich gegen die Macht protestieren, durch die er sich verletzt sieht, und selbst Macht durch noch gezieltere Verletzung gewinnen. Dies ist der problematische Schlüssel des Terrorismus. Er zerstört und tötet aber nicht nur, sondern er lähmt sogar außerdem den Verstand - den der von ihm Unterworfenen, was er beabsichtigt, aber auch den eigenen, was er nicht zur Kenntnis nehmen will und kann.

Der Terrorist und der vom Terror Schockierte bilden eine Gemeinschaft der Lähmung der Vernunft. Die Lösung liegt außerhalb des Terrors, aber auch außerhalb des durch den Terror hervorgerufenen Schocks. Es gibt freilich auch manchmal Momente, wo die Unvernunft eines Zustandes durch eine Extremsituation, wie sie in der Not und eventuell auch durch den Terror hervorgerufen wird, besser durchschaut werden kann, aber selbst dies geschieht nur außerhalb der durch den Schock selbst hervorgebrachten Lähmung. Meist ist es ein Anstoß von außen, der die Lösung findet und bewusst macht und es bedarf - über den direkten Schaden hinaus - einer mühsamen Aufarbeitung der seelischen Schäden, welche durch den Terror angerichtet wurden.

Der einzelne Terrorist baut möglicherweise darauf, dass gerade sein Terroranschlag eine ausnahmemäßige Reaktion hervorrufen wird und dass somit die Lösung, die er sich wünscht, hervorgerufen wird. Aber weil die erwartete

Wirkung meist nicht zutrifft, wird der Terror immer wieder wiederholt[28], stets in der Hoffnung, nun werde der Verstand seiner Gegner endlich einsetzen und er werde sich ganz nach seinen Wünschen und Vorstellungen (oder Idealen) verhalten. Aber der vergisst erstens, dass die Angst den Verstand außer Kraft setzt und die von ihm hervorgerufene Provokation eher das Gegenteil dessen bewirkt, was er damit zu bewirken beabsichtigt. Zweitens vergisst er, dass er mit der Hoffnung auf die Autorität des Verstandes in seiner eigenen Überzeugung inkonsequent ist: In der Frage, ob der Verstand auf der Gegenseite vorherrscht oder nicht, ist der Terrorist ebenso gespalten wie letztlich auch in der Frage, ob seine eigene Vorgangsweise wirklich die rechte sei. Sollte es möglich sein, allmählich Terroristen auf die Inkonsequenz der eigenen Position hinzuweisen, dann kann man den Terroristen unter Umständen auch zur Besinnung bringen.

Man kann es nämlich so sehen, dass der Terrorist gerade das Gegenteil eines vernünftigen Handelns zu erreichen versucht: Die Provokation zielt darauf ab, die dem Gegner zugeschriebene Unvernunft durch die Provokation deutlich hervor treten zu lassen und ihn somit moralisch an den Pranger zu stellen. Die RAF-Terroristen wollten *expressis verbis* weniger, wenn überhaupt an die Vernunft appellieren, sondern die Unvernunft des Systems offen legen. Sie hatten eigentlich die These *Herbert Marcuses* von der „repressiven Toleranz“ auf ihrer Seite und gewisse Kreise - bis hin zum Philosophen *Jean Paul Sartre* - hegten daher tatsächlich Sympathien mit ihnen und ihren Zielen. Es ist eine negativ-utopische, zutiefst pessimistische These, dass selbst dort, wo angeblich Vernunft herrscht, in Wirklichkeit letztlich bloß Gewalt herrsche. Im Falle der Terrorbekämpfung ist es zwar nicht zu vermeiden, dass gewisse Maßnahmen die Rechte der Bürger beeinträchtigen. Aber dieser konsequente Pessimismus gegenüber der Kraft der Vernunft widerspricht sich selbst, denn letztlich handelt der Terrorist ja in der Hoffnung auf eine Verbesserung und nicht auf eine für ihn noch schlechtere Situation. Das würde aber voraussetzen, dass sein Gegner doch nicht so durch und durch böse ist, wie er ihn bloßstellen will, sondern eigentlich doch von Vernunft geleitet ist. Der Terrorist baut also darauf, dass sich das angefeindete System als böse demaskiert - aber auch, dass es sich letztlich doch als vernünftig entpuppt. Die Vernunft ist hier also die Lösung und das Ziel der Kommunikation.

---

28 Eine weiteres Erklärungsmuster für solche Wiederholung wäre freilich auch der von der Tiefenpsychologie beschriebene Wiederholungszwang; vgl. Sigmund Freud: Jenseits des Lustprinzips, Leipzig / Wien / Zürich 1920.

> „Terror kämpft gegen Windmühlenflügel und ist in dieser Hinsicht eine evidente Donquichotterie. Das System muss deswegen [...] eine ‚Umwegigkeit' inszenieren, die im Effekt über eskalierende Attacken gegen unschuldige Körper (und Dinge) Resonanz in der Gesellschaft produziert, das dann mit Hilfe des Kopplungsfavoriten der Massenmedien, die - zur Beobachtung gezwungen - eine unkontrollierbare Streuung dieser Beobachtung erzwingen"[29]

Erfahrungsgemäß sind Terroristen für Vernunftgründe kaum zugänglich, aber sie haben im Hintergrund Vordenker, die ihnen die Ideen geben, und auf diese ideelle Ebene und deren Akzeptanz oder Nichtakzeptanz in der Bevölkerung bei der Terrorbekämpfung mehr viel gelegen als man meint. Es kommt freilich darauf an, wie früh oder spät sich die Vernunft im Volk gegenüber der Gewalt, Angst, Hysterie und Unvernunft Gehör verschaffen kann. Was bedeutet in diesem Zusammenhang aber „Vernunft"? Nach *Martin Buber* ist der Ursprung aller Konflikte zwischen Menschen, „dass ich nicht sage, was ich meine, und dass ich nicht tue, was ich sage." Vernunft impliziert also Aufrichtigkeit. Dialog schafft Verständigung und das Fehlen der Verständigung führt zu Krieg und Gewalt, auch zum Terror. Dialog heißt Verständigung durch (=dia) die Vernunft (=logos). Wenn man Terrorismus als höchstgradige Störung der Verständigung und Dialog als Weg der Verständigung versteht, dann ist die Vernunft das Mittel und Dialog der Weg zur aufrichtigen Verständigung und somit auch zur erfolgreichen und nachhaltigen Demontage des Terrorismus.

12. Terror und / oder Dialog

Gewiss gehört zum Dialog ebenso, dass ungerechte Strukturen, welche im Dialog aufgedeckt werden, auch möglichst beseitigt werden, wie der frühere Papst *Johannes Paul II.* sagte: „Kein Friede ohne Gerechtigkeit." Dies ist ein Kernsatz der katholischen Soziallehre, dass es keinen dauerhaften Frieden geben kann, wenn nicht eine Ordnung geschaffen wird, in der die Würde und die Grundrechte aller Menschen geachtet werden. Aber der Papst geht noch einen Schritt weiter: „Keine Gerechtigkeit ohne Vergebung". Die menschliche Gerechtigkeit, so schreibt er, ist den Grenzen und Egoismen von Personen und Gruppen ausgesetzt und bleibt deshalb immer zerbrechlich und

---

29 Peter Fuchs: Das System „Terror". Versuch über eine kommunikative Eskalation der Moderne. Bielefeld, 2004, S. 87.

unvollkommen. Man sieht, dass der menschlichen Vernunft zur Erkennbarkeit der Gerechtigkeit Grenzen gesetzt sind. Wahrer Friede ist nur daher möglich, wenn die Menschen zur Vergebung bereit sind.[30]

Nur so wird der Teufelskreis von Rache und Vergeltung, von Schlag und Gegenschlag aufgebrochen; nur so kann es gelingen, das Böse durch das Gute zu überwinden (vgl. Röm 12,21). Nur die Vergebung, so sagt der Papst, kann die in den Herzen blutenden Wunden heilen und die gestörten menschlichen Beziehungen in der Tiefe wiederherstellen. Eine „Ethik und Kultur des Vergebens" ist ein Gebot der praktischen Vernunft, nicht nur bei der Überwindung von Kriegen, sondern auch jener des Terrorismus. Er wäre nicht realistisch, der Gesellschaft ein Übermaß an Vergebungsbereitschaft abzuverlangen, das sowohl ihre Fähigkeit übersteigt, als auch der Gerechtigkeit nicht entspräche; wenngleich Nietzsche dies hoffte: „Denn *dass der Mensch erlöst werde von der Rache*: das ist mir die Brücke zur höchsten Hoffnung und ein Regenbogen nach langen Unwettern."[31] Ja, es wäre gut, den archaischen Rachegedanken in die Requisitenkammer der Geschichte zu verlegen, um ein neues Denken zu beginnen und jenes Denken zu beenden, von dem *Friedrich Nietzsche* sagte: „Der Geist der Rache: meine Freunde, das war bisher der Menschen bestes Nachdenken; und wo Leid war, da sollte immer Strafe sein."[32]

Wie legitim staatliche Gewalt als durch die Vernunft legitimiertes Mittel zur Reduzierung von Gewalt auch ist und wie inkongruent auch legitime Gewalt der Staaten und illegitime Gewalt der Terroristen aus rechtlicher Sicht[33] sind: Allein die Denkkategorien von Bestrafung und Vergeltung sind nicht geeignet, zur Abkehr der Terroristen von der Gewalt beizutragen, da diese sich ja selber für legitimiert halten, Strafe und Rache anzuwenden. Gegengewalt gegen der Terrorismus als zentrales Prinzip und Grundlage der Terrorbekämpfung kann die Verkettung der Unvernunft noch nicht durchbrechen. Das Prinzip, das den Terrorismus nachhaltig besiegen kann, ist eine Art kommunikativer Vernunft (*Habermas*)[34], doch, nicht nur im Sinne der Dialogphilosophie,

---

30 Vgl. die Botschaft von Papst Johannes Paul II. zum Weltfriedenstag am 1. Januar 2002: „Kein Friede ohne Gerechtigkeit, keine Gerechtigkeit ohne Vergebung", insbes. Abs. 3.

31 Friedrich Nietzsche: Also sprach Zarathustra; Nietzsche-Werke Bd. 2, S. 357.

32 A. a. O., S. 395.

33 R. G. Frey und Christopher Morris (Hrsg.): Violence, Terrorism and Justice, New York 1991.

34 Vgl. Anne Créau: Kommunikative Vernunft als „entmystifiziertes Schicksal". Denkmotive des frühen *Hegel* in der Theorie von *Jürgen Habermas*, Frankfurt / M.1991.

durchaus mit Transzendenzbezug, denn Gott ist der Inbegriff der Vernunft und speziell auch der Beziehung[35]. So abgeklärt sollte unsere Vernunft sein, dass sie sich nicht bloß gegen den Terror leidenschaftlich auflehnt, sondern ihn, von dem sie eigentlich bedroht werden sollte, möglichst klar durchschaut und dies auch - vergleichsweise in Ruhe - öffentlich darlegt.

35 Vgl. dazu u. a.: Peter Zimmerling: Gott in Gemeinschaft. *Zinzendorfs* Trinitätslehre, Gießen / Basel 1991.

Terrorismus - Der schillernde Totentanz der Postmoderne

Eine philosophische Untersuchung

von Denis Borel

Einleitung

Nach den Terrorattentaten vom 11. September 2001 erschien am 30.11.2001 in der französischen Tageszeitung Le Monde eine inzwischen berühmt gewordene Kolumne von Jean Baudrillard; gleichsam in einer Lobrede auf den Terrorismus, stellte der Autor dar, wie der Terrorismus mit *Hybris* allen Kategorien der philosophischen Vernunft trotzt: Er verträgt keine Definition, keine Verwurzelung in einer geoffenbarten Identität, keine dem Menschen würdige Zielgerichtetheit, keine dem Zweck des Gemeinwohls dienende Zielsetzung. Tatsache ist dennoch: durch seine potentielle anonyme Zerstörungskraft flößt das Gespenst des Terrorismus durch die terroristischen Taten allen Bürgern Angst ein. Im Zeitalter der Globalisierung bleibt der Terror ein heißes, schwer zu bekämpfendes Politicum. Im politischen Diskurs tritt er als Harpyie auf, als Monster der griechischen Antike, dargestellt als Vogel mit Menschenkopf, als frei schwebendes Wesen, das dennoch unverkennbar die Züge des Menschen trägt.

1992 dichtete F. Fukuyama in seinem Buch *The End of History and the Last Man* die fabelhafte Utopie, dass mit dem Anfang der Demokratie die Weltordnung endgültig auf die Demokratie hinstrebte. Nach der Etablierung der Demokratie gäbe es, so Fukuyama, keine Geschichte mehr, die Welt sei nicht mehr postmodern, sondern post-historisch.

„What we may be witnessing is not just the end of the Cold War, or the passing of a particular period of post-war history, but the end of history as such: that is, the end point of mankind's ideological evolution and the universalization of Western liberal democracy as the final form of human government"[1].

Diese Schlagzeilen aus der politischen Philosophie werden durch die Fakten des Terrorismus immer neu eklatant konterkariert. Theoretiker des Terrorismus, wie etwa Baudrillard, der 2001 gleichsam die akademische Provokation des Erasmus aus dem *Lob der Torheit* (1511) aufgriff, wagen es dennoch, die postmoderne Lobrede auf den Terrorismus fortzuschreiben. Mit 9 / 11 „haben wir es sogar mit einem absoluten Ereignis zu tun, mit der „Mutter" aller Ereignisse, mit einem reinen Ereignis, das alle nie stattgefundenen Ereignisse in sich vereint"[2].

1. Annäherungsversuche

1.1. Historische Annäherung

Das Wort „Terrorismus" leitet sich historisch von der französischen „Terreur" ab, die unter der Leitung des Nationalkonventes vom 5. September 1793 bis zum 27. Juli 1794, dem Sturz von Robespierre, im Zuge der französischen Revolution stattfand. Am 10. August 1792 wird der Tuilerienpalast, die Residenz von König Ludwig XVI. von aufständischen Bevölkerungsteilen mit Unterstützung der revolutionären Stadtregierung von Paris gestürmt. König Ludwig XVI. wurde zur Flucht in das Gebäude der Nationalversammlung gezwungen und die französische Monarchie vorläufig gestürzt. Der Nationalkonvent wurde von „allen Bürgern" über 21 Jahren gewählt. Durch die politischen Umstände wählten nur 630 000 Männer aus 7 Millionen Wahlberechtigten: über 90 % Wahlberechtigte enthielten sich der Stimme. Fast alle Männer, die gewählt wurden, entstammten dem Bürgertum; tatsächlich wurden nur Revolutionäre gewählt, die Anhänger der Opposition wurden verhindert. Am 3. September 1792 verfasste die Kommune von Paris ein Rundschreiben, das an alle Städte Frankreichs geschickt wurde. Dieses rief die Bevölkerung auf, nach dem Pariser Beispiel ihre Gegner zu schlachten[3]. Leider trug der Brief den Siegel der Staatskanzlei, von Danton in seinem Amt als Justizminister approbiert. Der Konvent wurde durch ein Dekret des Parlaments ins Leben gerufen

1 „The End of History?" in: The National Interest 16 (Summer 1989), 3-18, hier 4; vgl. The End of History and the Last Man, Free Press, New York, 1992.

2 Der Geist des Terrorismus, Wien, 22003, 11.

3 „Circulaire adressée par la Commune de Paris aux communes de France" in: Le livre noir de la Révolution française, Paris, 2008, 757-758.

und tagte zum ersten Mal am 20. September 1792. Die Besonderheit dieses Nationalkonventes war folgende: Obwohl er eine legislative Versammlung war, übernahm er bald die exekutive Gewalt und vertraute sie seinen eigenen Mitgliedern an, die auf die Jagd nach Volksfeinden gingen.

Mit der Terreur war der „Staatsterrorismus" im Blutbad der Revolution und mit einer höchst fragwürdigen Legitimität geboren. 500.000 Verhaftungen und etwa 300.000 Beschränkungen des Wohnorts wurden vollzogen, 30.000 bis 40.000 Menschen wurden Opfer dieses Abschnitts der französischen Geschichte. Bereits 1789 wird in den Wörterbüchern der Terrorismus als „Anwendung von systematischer Gewalt zugunsten politischer Zwecke" verstanden. Hinsichtlich des Staatsterrorismus verzeichnet das XIX. Jahrhundert eine relative Stabilität, die sich zweipolig entfaltet: einerseits erfolgte das Ende von zwei politischen Imperien im Balkanbereich mit dem Niedergang des ottomanischen Reiches und der österreichischen Monarchie. Andererseits hat sich der Terrorismus an der Grenze zwischen dem osmanischen Reich und dem österreichischen Reich ab 1870 als nationalistische Bewegung entfaltet. Erst 1917 flammt der eigentliche Staatsterrorismus in Russland auf nationaler Ebene wieder auf.

1.2. Anthropologische Annäherung

In ihrem Streben nach einer überzeitlichen Ordnung in den Dingen und der Wahrheit, der Schönheit und dem Guten zugewandt, steht die Philosophie dem Terrorismus in seinen wechselnden Erscheinungsformen fern. Zwei Strömungen der philosophischen Auslegung des Terrorismus haben sich durchgesetzt: eine faktische, die 9 / 11 vorausgeht, und die spekulative Auseinandersetzung mit dem Phänomen danach.

Bereits 1946 zeigt A. Camus das Paradoxon theoretischen Nachdenkens über den Terrorismus auf: „Um aus diesem Terror herauszukommen, sollte einer nachdenken und gemäß seinen Überlegungen handeln können. Der Terror bietet aber kein passendes Klima für das Nachdenken"[4]. Terror steht der Überzeugung[5] diametral entgegengesetzt: er entsteht aus der Selbstaufgabe des Menschen an die Geschichte, die ihm die Rückbesinnung auf die Schön-

4 „Le siècle de la peur" (Artikel vom 19.11.1946 erschienen in der Zeitschrift Combats), zitiert hier aus Réflexions sur le terrorisme, Paris, 2002, 58.

5 „Ein Mensch, den man nicht zu überzeugen vermag, weckt Angst", ibid., 57.

heit der Welt und der Gesichter versperrt[6]. Die Auswirkung des Terrorismus besteht darin, die Macht des anderen zu zerstören und seiner Seele Schaden zuzufügen[7]. Utopisch[8] wäre die doch plausible Ansicht, die Gewalt gehöre nicht zum faktischen Dasein des Menschen. Allerdings gestaltet sich das politische Verhalten angesichts des Terrors nicht einfach: entweder erliegt der Mensch dem Terror, ohne darauf zu antworten, oder er bekämpft ihn mit einem anderen Terror[9]. Politisch ließe sich die Gewalt nur dann rechtfertigen, um dem Terror Einhalt zu gebieten: theoretisch wäre sie lediglich als außergewöhnlich einzustufen und *praktisch* begrenzt anzuwenden[10].

Als Vorläufer der Exegeten von 9 / 11 finden sich Theoretiker des Terrorismus, die ihn nach der Vernunft untersuchen, sowohl auf symbolischer als auch auf politischer Ebene. *Auf symbolischer Ebene* vertritt R.Girard bereits 1972[11] die kulturelle Grundannahme, die Gewalt gehöre zum Wesen der Zivilisation und müsse durch Sakralisierung der Opferung exorziert werden. Der Sündenbock ermöglicht die Ritualiserung der Gewalt, wie etwa beim Kannibalismus des Tupinamba-Stammes aus Südamerika, in dem Feinde als Geiseln genommen werden, mehrere Jahre mit dem Stamm mitleben, arbeiten und heiraten dürfen. Dann werden sie verständigt, dass sie sterben werden, dürfen die Grenzen der sozialen Gruppe mit Exzessen überschreiten, damit sie des Ausschlusses aus der Gemeinschaft und des Todes würdig werden. Nach dem Tod werden sie gegessen[12]. Auf der Grundlage der Gewalt baut dann der Terrorismus das zweite Prinzip der Einschüchterung (intimidation) auf, um anhand des Terrors eine politische Wirkung zu erzielen. P. Bauhn, C.A.J. Coady, I. Primoratz setzen diese zwei Prinzipien in Verbindung: der Terrorismus verwendet Gewalt, um eine politische Macht einzuschüchtern[13].

---

6 Ibid.

7 Ibid., 49.

8 Die Utopie steht der faktischen Wahrheit entgegen, in der der Mord gerechtfertigt wird. Vgl. „Sauver les corps", in: Réflexions sur le terrorisme, 61-63.

9 Ibid., 61.

10 „Première réponse" (Zu Emmanuel d'Astier de la Vigerie, veröffentlicht in Caliban, Juni 1948), zitiert hier aus Réflexions sur le terrorisme, 74.

11 La violence et le sacré, Grasset et Fasquelle, Paris, 1972; Celui par qui le scandale arrive, Paris, 2001, 16.

12 A. Métraux, Religions et magies indiennes d'Amérique du Sud, Paris, 1967 zitiert und kommentiert in R. Girard, La violence et le sacré…, 409-419.

13 P. Bauhn, Ethical Aspects of Political Terrorism: The Sacrificing of the Innocent, Lund, 1989; C. A. J. Coady, Terrorism" in: Becker Lawrence C., Becker Charlotte B. (Hg.),

Auf politischer Ebene soll die gesellschaftliche Ordnung auf ein gemeinsames Prinzip zurückgeführt werden, das sich über die individuelle Gestaltung des Lebens hinwegsetzt. Jenes Prinzip *vernichtet* die unterschiedlichen Meinungen nicht, es *ordnet* sie um ihr natürliches Zentrum an[14]. Die Größe einer Seele misst sich an der Würde des ordnenden Prinzips, dem sie sich unterwirft[15], und nicht an der jenseitigen Utopie der Selbstvergöttlichung, der der Selbstmordattentäter zu dienen glaubt[16].

Nach dem 11. September 2001 befasst sich die Philosophie eingehend mit dem Phänomen: J. Baudrillard[17], J. Derrida[18], zu denen noch J. Habermas[19] aus dem deutschsprachigen und G. Agamben[20] aus dem italienischen Raum hinzugezählt werden sollten. In seiner Interpretation des 9 / 11 knüpft Baudrillard unbemerkt an die symbolische Interpretation an: die terroristische Gewalt überschreitet die Grenzen des Realen, sie ist mehr als real, sie ist symbolisch: „Die symbolische Gewalt allein kann das Ereignis und die Singularität gebären"[21].

Angesichts des Phänomens des Terrorismus als *déconstruction par excellence* - siehe die Bilder von Ground Zero - weigern sich die postmodernen Philosophen paradoxerweise, eine klare Definition des Phänomens zu geben. Sie beschreiben den Terrorismus lediglich durch seine nicht nennbaren Auswirkungen: er mache eine Einschätzung des Risikos unmöglich[22]. „Was es an Schrecklichem am „11. September" gibt, was „unendlich" bleibt in dieser Verletzung, ist, dass man nicht weiß, was es ist, es nicht zu identifizieren, nicht

---

Encyclopedia of Ethics, New York, London, 2001, Vol. 3, 1696-99; I. Primoratz, „What is Terrorism?" in Primoratz I (Hg.), Terrorism: The Philosophical Issues, Basingstoke, New York, 2004, 15-27 zitiert in I. Primoratz, Artikel „Terrorism", The Stanford Encyclopedia of Philosophy aus:

http://www.plato.stanford.edu/entries/terrorism.

14 C. Maurras, L'ordre et le désordre, Carnets, L'Herne, Paris, 2007, 29-30.

15 Ibid., 31.

16 A. Glucksmann, Dostoïevski à Manhattan, Paris, 2002, 24-29.

17 Ibid.

18 J. Habermas, J. Derrida, Philosophie in Zeiten des Terrors, Hamburg, 2006.

19 Ibid.

20 G. Agamben, Ausnahmezustand, Frankfurt am Main, 2004, 9-10.

21 Der Geist des Terrorismus, 74.

22 J. Habermas, J. Derrida, Philosophie in Zeiten des Terrors, 53.

einmal zu benennen weiß"[23]. Der Geist des Terrorismus lautet nun: „Auf diese Weise geht es hier also stets um den Tod, nicht nur um den brutalen Einbruch des Todes in Echtzeit und Direktübertragung, sondern auch um den Einbruch eines Todes, der mehr als real ist: eines symbolischen und eines Opfertodes - das heißt um ein absolutes und unwiderrufliches Ereignis."[24]

1.3. Politische Annäherung

Die Gesetzgebung der Vereinten Nationen (UNO) geht Einzelakten des Terrors nach und definiert sie als terroristische Akte: als solche werden lediglich die Akte verstanden, die von den unterzeichnenden Staaten in dieser Weise definiert werden. Zwischen 1973 und 2009 sind bereits 20 internationale, multilaterale und regionale Konventionen zur Bekämpfung des Terrorismus verabschiedet worden. Darin wird Terrorismus von Mord, von (Bürger-) Krieg und von Genozid abgegrenzt. Eine eindeutige juristische Definition von Terrorismus gibt es nicht. Politikwissenschaftler haben es versucht, 109 wissenschaftliche Definitionen von Terrorismus zusammenzufassen. Das Ergebnis ist ein ganzes Buch, doch keine brauchbare Definition[25]. Die UNO Generalversammlung von 2005 hat nicht einmal den Mindestgehalt des Terrorismus - Terrorismus sei das „Morden von Zivilisten zum Erreichen politischer Zwecke" - beschließen lassen können[26].

Die Unmöglichkeit, eine eindeutige Definition des faktischen Phänomens des Terrorismus zu geben, führt zu entsprechenden theoretischen Schwierigkeiten. Eine einfache Definition (von L. Weinberg, A. Pdhzur, S. Hirsch-Hoefler) könnte lauten: „Terrorismus ist eine politisch motivierte Taktik, die Drohung oder die Anwendung von Gewalt impliziert, wobei das Streben nach Publizität eine signifikante Rolle spielt"[27].

---

23 J. Habermas, J. Derrida, Philosophie in Zeiten des Terrors, 127.

24 Der Geist des Terrorismus, 21.

25 A. Schmid, P. Jongman, Political Terrorism. A New Guide to Actors, Authors, Concepts, Data Bases, Theory and Literature, Amsterdam, 1988.

26 Hamburger Abendblatt, 16.09.2005, aus www.abendblatt.de.

27 L. Weinberg, A. Pedahzur, S. Hirsch-Hoefler, „The Challenges of Conceptualizing Terrorism" in: Terrorism and Political Violence 16:4 (2004), 777-794, hier 786.

2. Klassisches Menschenbild versus Menschenbild des Terrorismus

Zu untersuchen ist der Terrorismus insofern, dass er ausnahmslos in allem, was ihn ausmacht, die klassischen Dimensionen der Personhaftigkeit zunichte macht: die Anthropologie und der Tod werden umgedeutet, ethische und politische Ziele werden verführerisch missbraucht. Es scheint beinahe, der Terrorismus als soziales und politisches Phänomen würde sich als übles personales Prinzip ausgeben, wissend um die Würde des Menschen und wie er sie zu vereinnahmen und zu missbrauchen vermöge. Die theologische Definition des Teufels durch J. Ratzinger kann hier ohne weiteres für den Terrorismus umgedeutet werden: „Wenn man fragt, ob der Teufel Person sei, so müsste man richtigerweise wohl antworten, er sei die Un-Person, die Zersetzung, der Zerfall des Personseins und darum ist es ihm eigentümlich, dass er ohne Gesicht auftritt, dass die Unkenntlichkeit seine eigentlichte Stärke ist“[28]. Auf einer anderen Ebene sieht Baudrillard im Terrorismus einen Kristallisationsprozess der dunklen Seite des Westens: ungezügelte Tendenz zur Globalisierung, Überwucherung des Herrschaftsgedankens, *Hybris* einer sich selbst als „modern“ kürenden Welt[29].

Der Wissenschaftstheoretiker Thomas Samuel Kuhn entfaltet in seinem Buch *Strukturen wissenschaftlicher Revolutionen* die wissenschaftlichen Revolutionen anhand von Veränderungen, die in bestimmten wissenschaftlichen Paradigmata stattfinden. Ein Paradigma ist für Kuhn „ein anerkanntes Schulbeispiel oder Schema“[30]. Ein Paradigma setzt sich aus zwei Eigenschaften zusammen:

„Ihre Leistungen waren neuartig genug, um eine beständige Gruppe von Anhängern anzuziehen, die ihre Wissenschaft bisher auf andere Art betrieben hatten, und gleichzeitig war sie noch offen genug, um der neuen Gruppe von Fachleuten alle möglichen ungelösten Probleme zu stellen“[31].

Ein Paradigma taucht zunächst unscheinbar auf, und gewinnt allmählich an Profil, wenn es sich als besser geeignet als andere, konkurrierende Paradigmata erweist, um die als akut erkannten Probleme zu lösen. Kann das neue

28 „Abschied vom Teufel?“ in: Dogma und Verkündigung, Donauwörth, 42005, 221-230, hier 229-230.

29 Der Geist des Terrorismus, 18; 25; 32.

30 Strukturen Wissenschaftlicher Revolutionen, Frankfurt a. M., 1973, 37.

31 Strukturen Wissenschaftlicher Revolutionen, Frankfurt a. M., 1973, 25.

Menschenbild des Terrorismus als Paradigmenwechsel betrachtet werden? Um diese Frage einigermaßen zu beantworten, wollen wir uns der Grundfrage des terroristischen Menschenbildes widmen.

2.1. Anthropologie des Terrorismus

In Anlehung an Blondels bahnbrechende Dissertation *L'action* (1892) definiert K. Wojtyła 1975 in *Person und Tat* die Konstitution der Person durch ihre Tat mit fünf Hauptbegriffen, die er eigens schafft: das Bewusstsein, die Wirkmacht, die Transzendenz[32], die Integration[33], die Teilhabe[34].

An sein Anliegen, die Sichtweise der klassischen Philosophie (aus der unausgesprochenen Personhaftigkeit des Menschen entspringt seine Tat) durch die gegenseitige Sichtweise (die Tat konstituiert die Person) zu ergänzen,[35] knüpft die philosophische Bestimmung des terroristischen Aktes an. Im kulturellen Diskurs täuscht der Terrorismus eine anthropologische Gestalt vor, verkörpert durch die ersten zwei Eigenschaften des Bewusstseins und der Wirkmacht. Terroristisch ist ein Angriff, der sich der Gewalt - meistens gegen Zivilisten - *bewusst* bedient. Wirkmächtig ist jener im Sinne der Zerstörung - er kündigt nicht nur die Bedrohung oder Zerstörung an, sondern bewirkt sie auch - dennoch weder im Sinne der Ethik noch der Gesellschaft.

Was die Dynamik des moralisches Aktes anbelangt, fehlt es dem terroristischen Akt an Transzendenz, Integration und Teilnahme: An *Transzendenz* (im Sinne der Selbstverfügbarkeit des Menschen über seine Taten), weil der terroristische Akt, in dem Augenblick, in dem er verübt wird, keinem erkennbaren und festzunehmenden Handelnden zugeschrieben werden kann - einerseits handeln der Terrorist und seine Organisation verhüllt, andererseits stellt er sich der Justiz nicht. Es fehlt ihm auch an *Integration*, weil sein Zweck die Zerstörung der Zivilgesellschaft und der verfassungsrechtlich etablierten politischen Systems sowie die Etablierung einer neuen selbst definierten Ordnung

32 Verstanden als „das Faktum, dass die Person sui iuris ist" (Person und Tat, Herder, Freiburg, 1981, 121), also nicht im Sinne einer dem Menschen übergeordneten Transzendenz.

33 Integration der Komplexität der Person (bestehend aus Somatik und Psyche, vgl. ibid., 227-231) in die Einheit der Tat.

34 Aus der Annahme, „der Mensch ist ein Individuum mit Vernunftnatur und als solcher Person", ibid., 310.

35 Ibid., 18-19.

ist und keineswegs die Auseinandersetzung mit komplexen politischen Situationen. Zuletzt mangelt es dem Terrorismus an *Teilhabe*, weil der terroristische Akt auf kein gemeinsames Wohl hin, sondern am Interesse einer Minderheit orientiert ist.

In ihrem Umgang mit der Faktizität des Terrorismus, gepaart mit dem bruchstückhaften Denken über die Natur des Terrorismus, kündigt die Postmoderne das Ende des politischen Subjektes an. Im terroristischen Akt handelt kein Subjekt mehr. Eine politisch orientierte Tat ohne Subjekt, die auf globale Ebene übertragen wird, läuft Gefahr, einen Anti- *socialfact*, einen wahren Antisozialismus herbeizuführen, das „Management of Savagery", die Etablierung des Barbarentums die Tür zu öffnen[36].

Ein zweiter Aspekt der Anthropologie des Terrorismus soll nun kurz angerissen werden: die historische Wurzel der *Hybris*, die der Terrorismus als Herrschaft der Eigenmacht vertritt. Mit Baruch von Spinoza bricht das klassische Bild des Menschen und seines Willens zusammen. Spinoza bezeichnet bereits 1677 den Willen nicht als eigenmächtige Kapazität, sondern „nur ‚als' eine notwendige oder gezwungene"[37]. Nach Spinoza lässt sich der Begriff des Willens zweifach einschränken: er lässt sich nicht real vom Verstand unterscheiden, da er sich nicht ohne diesen zu betätigen vermöge[38]; er sei nie absolut frei, sondern handle lediglich gezwungen[39]. Damit ist ein moralischer Relativismus begründet, der sich nunmehr ausbreiten wird. Schopenhauer führt 1819 den spinozischen Gedanken zu seinen letzten Konsequenzen: als *Wille* werde der Leib betrachtet, da jener sich bloß als ausführende Macht des Geistes erweise[40]. Eine solche Ansicht reduziert die Unverfügbarkeit des Willens auf seine leibliche und daher potentiell angreifbare Komponente. Beide, Spinoza und Schopenhauer, vertreten einen radikalen Konsequentialismus,

36 Eine solche Chimäre ist alles andere als eine Arbeitshypothese. Das gleichnamige Buch systematisiert die drei Stufen der Etablierung der *Scharia* in Ländern, die als prioritär eingestuft werden: „die Stufe der Macht der Demütigung und der Erschöpfung, dann die Stufe des Management des Barbarentums, und zuletzt die Stufe der Macht der Etablierung eines 'der Scharia unterstellen' Staates" in: Abu Bakr Naji, Gestion de la barbarie, Éditions de Paris, Versailles, 2007, 45.

37 L. Feuerbach, Geschichte der neueren Philosophie von Bacon bis Spinoza, Leipzig 1976, § 89, 328.

38 B. von Spinoza, Ethik, II, Lehrsatz 49, Corrolarium, Stuttgart, 1977, 233.

39 Ibid., Lehrsatz 48, 227.

40 A. Schopenhauer, Die Welt als Wille und Vorstellung I, Frankfurt a. M., 1960, 159.

in dem die Materialität und die Effizienz der Tat deren Begründung ersetzen. Durch die Vorstellung erhält der blinde Wille, der ohne sie zum bloßen Drang degradiert wäre, eine Gestaltungsmöglichkeit, die ihn zum „Wesentlichen der Welt" macht[41], und eine Konfrontation mit der Geburt und dem Tod ermöglicht. „Geburt und Tod gehören auf gleiche Weise zum Leben"[42]; als erste Konsequenz wird der Tod banalisiert. Am deutlichsten wird der Wille von F. Nietzsche als „Wille zur Macht" posthum gekürt: „Zustände schaffen, unter denen starke Menschen nöthig sind, welche ihrerseits eine Moral (deutlicher: eine leiblich-geistige Disziplin), welche stark macht, brauchen und folglich haben werden!"[43]. Daher sei die *Furchtbarkeit des Menschen* als Begleiterscheinung des Heraufdämmerns jeder Kultur zu betrachten. Der Terrorismus hat im sich von der Finalitätsursache rasch entfernenden Willen seine anthropologische Begründung gefunden.

2.2. Der Tod des Daseins

Der Existentialismus des XX. Jahrhunderts liefert einen wertvollen Hintergrund zur Frage, wie sich das Menschenbild des Terrorismus konstituiert hat. Im Verständnis des modernen Existenzialismus fungiert der Tod als letzte Grenzüberschreitung und eröffnet dabei jeder diesseitigen letzten Transzendenz einen neuen Horizont. Der theoretische Verlust der Metaphysik verlagert sich auf die postmetaphysische praktische Deutung der Existenz, auf die Rückführung des Todes in die metaphysische Sphäre. M. Heidegger beschrieb in *Sein und Zeit* seine eindruckvollste letzte Deutung des Todes: „Mit der verfallenden Flucht *vor* dem Tod bezeugt aber die Alltäglichkeit des Daseins, das auch das Man selbst je schon als *Sein zum Tode* bestimmt ist, auch dann, wenn es sich nicht ausdrücklich in einem „Denken an den Tod" bewegt."[44] Sein und faktisches Dasein zielen auf das eine, auf den Tod, welcher einen Finalitätscharakter erhält: „Der Tod als Ende des Daseins ist die eigenste, unbezügliche, gewisse und als solche unbestimmte, unüberholbare Möglichkeit des Daseins. Der Tod ist als Ende des Daseins im Sein dieses Seienden zu seinem Ende"[45].

---

41 Ibid., 380.

42 Ibid.

43 Der Wille zur Macht, Voltmedia, Paderborn, 2007, Aphorism 981, 659.

44 Sein und Zeit, 254.

45 Sein und Zeit §49, 258-259.

Nicht nur der Tod als historisches Ende gewährt dem menschlichen Leben seinen letzten Sinn. Der Tod erfüllt noch eine zweite Funktion, jene der Teilhabe am Sinn des Lebens. In *Das Sein und das Nichts* radikalisiert J.-P. Sartre diese Sichtweise des Todes als das Leben konstituierend: „Nachdem der Tod als das Unmenschliche par excellence erschienen ist, da er das war, was es auf der anderen Seite der „Wand“ gibt, ist man plötzlich darauf gekommen, ihn von einem ganz anderen Gesichtspunkt aus zu betrachten, das heißt als ein Ereignis des menschlichen Lebens.“[46]. Verharmlost tritt der Tod dann als gleichberechtigt mit dem Leben auf.

Der terroristische Akt bewirkt die vernünftige Geiselnahme der Toten durch Lebende, die sich entweder als Tote betrachten (weil sie nicht als Terroristen in der Öffentlichkeit erscheinen) oder sogar als zukünftige Tote, wenn sie bereit sind, ihr Leben für ein hohes (vermeintliches oder reales) Ideal einzusetzen: *Hodie mihi, cras tibi.* In *L'état de siège* (dt. Besatzungszustand) von Camus (1948) spricht damals die Pest wie heute der Terrorismus: „Angefangen mit heute werdet ihr lernen, geordnet zu sterben… Diese Unordnung ‚des bisherigen willkürlichen Todes' wird nun verwaltet werden: ein einziger Tod für alle und nach der schönen Ordnung einer Liste“[47]. Die über die menschliche Natur stehende anthropologische Bestimmung des Menschen auf ein höheres Gut hin (der Gott des Philosophen als das Gute), der der Tod als notwendiges Übel angehört, wird durch eine künstlerische Anschauung des Todes ersetzt. Bezeichnenderweise schrieb ja Camus auch das Drama „Les justes“ bei dem die handelnden Personen Terroristen sind.

2.3. Ist der Terrorismus ethisch vertretbar?

Das klassische Menschenbild beschreibt das Leben als auf das Gute und das Glück ausgerichtet. Der Verstand erkennt das Gute und stellt diese Erkenntnis in den Dienst des Handelns, das sich wirkmächtig zum Guten hin bewegt. Die Darstellung in der Spalte entspricht dem ontologischen Gehalt der Tat, die Pfeile drücken die Usurpation (rechter Pfeil) und deren Folgen (linker Pfeil) aus.

---

46 Das Sein und das Nichts. Versuch einer phänomenologischen Ontologie (frz. Ausgabe 1943), Gesammelte Werke in Einzelausgaben, Philosophische Schriften Band 3, Reinbek 142008, 914.

47 „L'état de siège“ in: A. Camus, Réflexions sur le terrorisme, Nicolas Philippe, Paris, 2002, 79.

	Klassische Definition der Tat	Terrorismus
Persönlicher Akt	Verstand >> Wille	Wille >>[Verstand] >>Wille
	Bonum Natural law	malum willed outlaw
Politischer Akt	Bonum commune	Malum commune

„Terrorismus ist unmoralisch"[48], so Baudrillard nach Camus. Die terroristische Handlung zielt darauf ab, Böses zu stiften, um eine Regierung zu erpressen, damit sie den Forderungen der terroristischen Gruppe nachgibt. Im Terrorismus verhält sich der Verstand im Dienst des Übels und wiederum einem besitzergreifenden Willen, keineswegs einer wohlwollenden Tat zugewandt. Im Terrorismus Im Terrorismus drückt sich eigentlich ein beispielloser Utilitarismus bzw. die Ausnützung der menschlichen Würde aus, was doch in der Ideologie des Terrorismus bekämpft wird.

Der Terrorismus verfängt sich in seiner unklaren Natur: er bekämpft eine etablierte Struktur durch Terror, und ersetzt eine funktionierende Gesellschaft durch neue Regeln, die aus dem Chaos entstanden sind.

2.4. Gesellschaftsverträglichkeit des Terrorismus

Thomas von Aquin etabliert eine Balance zwischen der persönlichen und der politischen Berufung, die sich bis auf die faktisch, bedrohliche Präsenz des Terrorismus ausdehnen soll[49]. Die Existenz des Staates wird für ihn auf das *bonum commune* gegründet, auf das Gemeinwohl als Zweck des Staates. Das Individuum stellt sich insofern in den Dienst des *bonum commune*, als dass es

48 J. Baudrillard, Der Geist des Terrorismus, Wien, 18.

49 Beide Dimensionen der Politik und der persönlichen Berufung durchdringen sich gegenseitig, und stehen in perichoretischem Verhältnis zueinander. Für Aristoteles ist die Politik herrschend (architektonikè, vgl. Nikomachische Ethik I, 1, 1094 a 27). Hingegen ist die Metaphysik als spekulative herrschende Denkkraft archichotate (vgl. Metaphysik A, 2, 982 b 4).

durch seine Leistungen etwas zu diesem Bonum beiträgt. Andererseits bleibt es für den Staat ein absolutes Gebot, den einzelnen Bürgern in der Entfaltung ihres Lebens zu dienen. Im Terrorismus ist wie in jedem Totalitarismus, die Polarität umgedreht, die Existenz des Einzelnen wird lediglich als Mittel zum Zweck einer Politik benutzt, die nicht auf ein *bonum commune* hinstrebt, sondern auf den eigenen Nutzen der terroristischen Gruppierung, die das Übel vollbringt. Einen empirischen Beweis der absoluten politischen Ungerechtigkeit, die der Terrorismus mit sich bringt, liefert der zweiter Grundsatz der Definition des Begriffes der *fairness* von J. Rawls: „Soziale und wirtschaftliche Ungleichheiten müssen folgendermaßen beschaffen sein: (...) sie müssen unter der Einschränkung des gerechten Spargrundsatzes den am wenigen Begünstigten den Großmöglichen Vorteil bringen"[50]. Der Terrorismus weiß um dieses soziale Prinzip, missbraucht es schonungslos mit theologischen Rechtfertigungen: ein terroristisches Menschenbild verunstaltet die dem Gemeinwohl dienende Politik zum Zweck einer terroristischen Organisation.

Eine normative Bestimmung des Terrorismus im Lichte der drei Kriterien des *bellum justum* lässt Folgendes deutlich erkennen: der Terrorismus verstößt gegen das Völkerrecht, tötet Nicht-Kombatttanten, führt einen Kampf gegen die etablierte Ordnung[51]. Der Einfluss des Rechtsstaates auf den Terrorismus bleibt auf nationaler Ebene begrenzt. Der Ausnahmezustand (frz. état de siège, engl. state of emergency) wurde von der Rechtslehre der französischen Revolution erfunden, als der Erlass der konstituierenden Versammlung vom 8. Juli 1791 einen dreifachen Unterschied von Zuständen definierte: l'état de paix (Zustand des Friedens), l'état de guerre (Zustand des Krieges) und l'état de siège (Belagerungszustand), bei dem „alle Funktionen, mit denen die Zivilverwaltung zur Aufrechterhaltung der inneren Sicherheit und Ordnung betraut ist, auf den Militärkommandanten übergehen, der sie in ausschliesslicher Verantwortlichkeit ausübt"[52]. Die jüngste Geschichte des Gefängnisses von Guantanamo als Antwort auf die Bedrohung des Terrorismus ist auf die zwei Gesetzgebungsakte vom 26. Oktober 2001 (Patriot Act) und der *military order* vom 13. November 2001 als Verwirklichung des Ausnahmezustandes

50 J. Rawls, Eine Theorie der Gerechtigkeit, Frankfurt am Main, 1975, 336.

51 Martha Crenshaw, Terrorism, Legitimacy and Power: The Consequences of Political Violence, Middleton, 1983.

52 T. Reinach, De l'état de siège. Étude historique et juridique, Pichon, Paris, 1885, 109, zitiert von Giorgio Agamben, Ausnahmezustand, Suhrkamp, Frankfurt am Main, 2004, 11.

zurückzuführen. Auf die sowohl theoretisch als auch praktisch verheerenden Konsequenzen einer solchen Aufhebung des Rechtes durch Recht hat im Zusammenhang von Guantanamo die Öffentlichkeit zu Genüge aufmerksam gemacht.

2.5. Der Terrorismus, ein personhaftes Prinzip?

Die Staatslehre birgt in sich ein verborgenes Prinzip, das eine unentbehrliche Auswirkung auf das Verständnis des terroristischen Aktes: jenes der juristischen („fiktionalen / fingierten") Person. Allein eine juristische Person vermag grundsätzlich für eine politische Tat zur Verantwortung gezogen werden. Auf die schwierige Frage, ob Institutionen, und eventuell terroristische Organisationen, handeln können, liefert Ralf Stoecker den Grundstock für eine dreifache Antwort anhand von drei Modellen: askriptivistisches Handlungsmodell, instrumentalistisches Modell, überlegtes Handlungsmodell[53]. Warum sich die Frage stellt, etabliert Stoecker zunächst folgendermaßen: Wer handelt, handelt mit einer Motivation, an die er glaubt. Glauben ist ein Akt, der einer Psyche zuzurechnen ist. Die Korporation hat keinen Geist, daher handelt sie nicht. Nun soll die Frage der Personalität des Terrorismus anhand der drei Modelle genauer gestellt werden.

Das *askriptivistische Modell* beansprucht doch den Menschen als Gegenstand: „Handlungen sind aus askriptivistischer Sicht dadurch ausgezeichnet, dass die Akteure für sie verantwortlich gemacht werden"[54]. Dieses Modell kann problemlos auf die Institutionen angewandt werden, allerdings mit einer Einschränkung: „Es sind nicht die Handlungen, die uns darüber aufklären, wo die Grenzen unserer Verantwortlichkeit liegen, wir müssen vielmehr schon wissen, wie weit unsere Verantwortung reicht, um zu bestimmen, ob etwas eine Handlung ist"[55]. Gerade darin liegt die Schwierigkeit der Zuschreibung terroristischer Handlungen, da sich eine terroristische Gruppe erst im Nachhinein zu einer Tat bekennt, sich dadurch als Autor ausgibt, dennoch nicht bereit ist, die Haftung für ihre Tat gegenüber der Gesellschaft zu übernehmen.

---

53 R. Stoecker, „Können Institutionen handeln?" in: G. Schönrich (Hg.), Institutionen und ihre Ontologie, Ontosverlag, Heusenstamm 2005, 173-187.

54 Ibid., 175.

55 Ibid.

Daniel Dennet[56] hat das *instrumentalistische Modell* anhand des Begriffes von der *intentional stance* entwickelt: „Werde ich durch die Zuschreibung intentionaler Einstellungen schlau aus dem Verhalten meines Gegenübers, erkenne ich darin ein Muster, das mir den weiteren Umgang mit ihm erleichtert, dann hat er diese Einstellungen (...), er ist dann ein intentionales System"[57]. Obwohl der Begriff eine sehr breite Anwendung findet, etwa bei Menschen, Tieren, Pflanzen und Artefakten, erfüllt die terroristische Organisation nicht das Kriterium der *intentional stance*, da der Umgang mit solchen Organisationen keineswegs durch eine solche Zuschreibung einer Intentionalität erleichtert wird.

Stoecker entwickelt zuletzt sein eigenes Modell, *das überlegte Handlungsmodell*. „Im Zentrum unserer Handlungskompetenz stehen überlegte Handlungen, Handlungen, denen ein Abwägen vorangegangen ist"[58]. „Folglich sind es drei Fähigkeiten, die unsere Handlungskompetenz ausmachen: die Fähigkeit, aufgrund von öffentlichen oder solipsistischen Beratschlagungen zu handeln; die Fähigkeit häufig so zu handeln, als wäre man zuvor mit sich zur Rate gegangen, ohne dass man es aber tatsächlich getan hat; die Fähigkeit, dort, wo es nötig wird, von der Ausübung der zweiten zu der ersten Fähigkeit umzuschalten."[59] Weil der Terrorismus aus mangelnder Klugheit im klassischen Sinn die erste Bedingung nicht erfüllt, kann er auch die anderen nicht erfüllen. Ein überlegtes Handlungsmodell bleibt bei ihm aus.

Aus unterschiedlichen Gründen versagt der Terrorismus, sich als handlungsfähige Institution zu präsentieren. Der von den USA erklärte „Krieg gegen den Terrorismus" vermag daher zu keinem Ende zu kommen, weil das Gegenüber im eigentlichen Sinne fehlt. Trotz seines Anscheins, alle Merkmale eines *social act* zu besitzen, ist der Terrorismus nicht in der Lage, sich als politisches Subjekt auszuweisen.

---

56 Christopher Hitchens, Richard Dawkins, Daniel Dennett, and Sam Harris stellen sich im Internet als „Four Horsemen of the Anti-Apocalypse" - die vier Reiter der Antiapokalypse. Vgl. http://www.livevideo.com/video/uttervindication/4BE8D9AFE6944DF8B67689FFCDBFD533 / four-horsemen-of-the-anti-apoc.aspx.

57 Ibid., 177.

58 Ibid., 183.

59 Ibid., 184.

3. Terrorismus als Abart der Theodizee

In der Vielfalt seiner Erscheinungsformen widersetzt sich der Terrorismus vielfach der Theodizee:

1. Vor dem Gericht der Postmoderne wird Gott zum Angeklagten, der das Böse nicht nur zulässt, sondern erschaffen, sogar gewollt hat;
2. Von Gott scheinbar unabhängig wird die durch die Jahrhunderte durchgehend gültigeSichtweise des Menschen als *imago Dei* verkehrt verstanden: die Tatsache, dass der Menschen zum Bösen fähig ist, wird als seiner Natur zugehörig verstanden;
3. Was der christliche Glaube religionsphilosophisch gesehen als Stellvertretung Christi annimmt, wird im Zusammenhang mit dem Terrorismus als Lüge abgetan, durch eine listige Rhetorik der Selbsterlösung im Namen Gottes ersetzt, so dass Gott zum utilitaristischen Nutzungsgegenstand degradiert wird: Gott steigt aus seiner Erstursächlichkeit herab und wird von der Vergöttlichung eines über die Welt herrschenden Menschen vertrieben.

3.1. Gott als Terrorist

Der Ikonoklastenstreit der Mohamed-Karikaturen von September 2005-2006 war ein politischer Unsinn. Akademisch und juristisch geschieht heute noch Ungeheuerlicheres: die literarische Fiktion von C.S. Lewis, *Gott auf der Anklagebank* (*God on Trial,* 1970, dt. 1981), der Essay stammt aus dem Jahre 1948[60], ist bereits 2007 zur Wirklichkeit geworden. 2006 hatte zuvor Frances M. Kamm, Professorin für Rechtswissenschaften an der Universität Harvard, in ihrem sehr seriösen Paper „Terrorism and Several Moral Distinctions" geschrieben: „A famous example of such ST ‚Standard Terrorism' — as odd as it sounds — is the God of the Old Testament sending plagues on the

60 „Der Mensch des Altertums nahte sich Gott (und selbst auch den Göttern) in der Haltung des Angeklagten, der vor seinen Richter tritt. Für den modernen Menschen sind die Rollen vertauscht: *Er ist der Richter - Gott sitzt auf der Anklagebank.* Gewiß, er ist ein wohlwollender Richter: Falls Gott einen vernünftigen Verteidigungsgrund dafür haben sollte, dass er der Gott ist, der Kriege, Armut und Seuchen zulässt - dann ist der Mensch bereit, ihn anzuhören. Die Verhandlung könnte sogar mit einem Freispruch Gottes enden. Aber das Entscheidende ist: Der Mensch sitzt auf dem Richterstuhl und Gott auf der Anklagebank." Gott auf der Anklagebank, Basel / Gießen, 42005, 113.

Egyptians."[61] Wenn Gott terroristische Handlungen begeht, dann wird er als zurechnungsfähig behandelt. Am 14. September 2007 klagte der amerikanische Senator Ernie Chambers Gott vor dem Gericht der Grafschaft Douglas im Staat Nebraska für folgende Motive: Mord, Bedrohung...[62] Nicht wegen Unsinn sondern wegen Unzustellbarkeit wurde die Klage im Dezember 2008 abgewiesen. Senator Chambers brachte sein Unverständnis zum Ausdruck: wenn Gott allgegenwärtig und allwissend sei, müsse Er um die Klage um Ihn wissen und bräuchte deswegen nicht schriftlich verständigt zu werden.

3.2. Geistesgeschichte des Terrorismus

Abū ‚Alī al-Husayn ibn ‚Abd Allāh ibn Sīnā Balkhi', besser bekannt als Abu Ali Sina Balkhi oder Ibn Sina (auf latein Avicenna) (980-1037) beginnt 1014 die *al-Shifa* - Die Heilung - zu verfassen, vollendet sie 1020 und veröffentlicht sie schließlich 1027, zehn Jahre vor seinem Tod. In den drei letzten Büchern seines monumentalen Werkes untersucht Avicenna die Gottesfrage. Im Zusammenhang mit der *providentia Dei* beschäftigt er sich mit der Frage des Übels. Der erste Teil seiner Auffassung des Übels ist zweifellos einem klassischen Augustinismus verpflichtet: Nur Gott ist der Gute, alles Übel stellt ein mangelndes Gut dar⊠. Das Übel bestehe als solches nicht, lediglich als *privatio boni*. Andererseits sieht er sich verpflichtet, das Übel als Bestandteil des Handelns, und hiermit des menschlichen Lebens anzunehmen. Hundertzwanzig Jahre später, radikalisiert Faridoddin Attar (1136-1120), einer der größten persischen Sufis, diesen Gedanken des Übels, das dem Menschen innewohnt. Der Weise spricht zum Pilger: „Die Hölle ist der Welt inne. In ihr verbrennen die Geschöpfe, obwohl keines sich davor fürchtet durch sie zu sterben"⊠.

---

61 F. M. Kamm, „Terrorism and Several Moral Distinctions" in: Legal Theory 12 (2006), 19-69, hier 21.

62 „Nature of the case: 1. This action seeks a permanent injunction ordering Defendant 'God' to cease certain harmful activities and the making of *terroristic threats*" (unsere Hervorhebung); Count I of suit, Nr. 18: „Defendant has made and continues to make terroristic threats of grave harm to innumerable persons, including constituents of Plaintiff whom Plaintif has the duty to represent"; Count II, Nr. 19: „Defendant directly and proximately has caused, inter alia, fearsome floods, egregious earthquaques, horrendous hurricanes, terrifying tornados, pestilential plagues, ferocious famines, devastating droughts, *genocide wars,* birth defects, and the like" „Petition for permanent injunction", S. 3, im Internet unter http: / / blog.wired.com / 27bstroke6 / files / chambersversusgod.pdf (Abfrage vom 23.07.2009) abrufbar.

Die Zusammenführung der Faktizität des Bösen mit der ontologischen Faktizität des menschlichen Lebens findet sich auch eindeutig im christlichen Abendland. Martin Luther vertritt in seinem *De servo arbitrio* von 1525 eine ähnliche Sichtweise: Weil Gott seine Allmacht durchsetzen muss, hebt dies die Freiheit des Menschen. Der Mensch bleibt ohne Rechtfertigung sich selber ausgeliefert, insbesondere seinen schlechten Neigungen. Von sich aus vermag er nichts anderes als Böses zu tun.

3.3. Die „terroristische Lösung" der Theodizee-Frage

Über das Entsetzen eines solchen Vorhabens hinaus taucht ein „neuer Gottesbeweis" auf, jener der Boshaftigkeit Gottes. Angesichts des Terrorismus scheint die Theodizeefrage nie richtig gestellt gewesen zu sein. Die Frage soll nicht mehr sein: Wie verhält sich die Existenz Gottes zu der des Übels, sondern: inwiefern kann Gott für die Existenz des Übels verantwortlich gemacht werden.

Postmodern gesprochen scheint die Lösung der Theodizeefrage im Terrorismus zu liegen: Auf die Frage, wieviel Gott verträgt das Böse?[63] lautet die Antwort des religiösen Terrorismus: Gott ist der Stifter des Übels, weil er bei den Menschen Terror ausübt, seine Anhänger zu terroristischen Taten bewegt (so einer der Gründe der Anklage von Senator Chambers).

	Attribute des Terrorismus	**Attribute Gottes**
(Anti-)Theodizee	Allmacht des Bösen Zerbrechlichkeit des Opfers	Allmacht
	Boshaftigkeit des Aktes	Allgüte
	Anonyme Tat Anonym ausgeliefertsein des Opfers	Allwissen

63 Avicenna, The Metaphysics of the Healing, Islamic Translation Series, Brigham Young, Provo, Utah, 2005, 4,2,31,142; 6,5,37,231; 8,6,4, 284.

Die drei ersten Attribute des Wesens Gottes lauten: Allgüte, Allwissen, Allmacht. Sie leiten sich alle von seiner Vollkommenheit ab. Wenn Gott und das Böse sich *theoretisch* gegenseitig ausschließen, lassen sie sich doch *im existentiellen Schicksal* der Opfer wieder vereinen. Der Tod der Opfer bedeutet zugleich den Sieg des Terrorismus über das Leben, eine Nachbildung des christlichen Dogmas der Auferstehung, das sich nun im Gewand des Mythos und nicht mehr des Ontologischen verhüllt.

4. Integration des Terrorismus in die Theologie der Geschichte

Im Gegensatz zum platonischen Selbstverständnis der Rolle der Philosophie im Staat ist der postmoderne Philosoph kein Staatsmann. Dennoch wird ihm hinsichtlich des Terrorismus eine nicht ersetzbare Aufgabe zuteil, nämlich, dieses moderne Übel philosophisch zu benennen. Von sich aus ist der Terrorismus zwar rational, aber nicht vernünftig, ein Willensakt, aber kein moralischer Akt; er schreit zum Himmel, bewirkt aber nur Fluch und keine Gnade.

Die Aufklärung wollte ein neues Menschenbild entwickeln, das ganz auf Rationalität gegründet sein sollte. Damit wäre die neue Möglichkeit der Freiheit des Einzelnen gegenüber jeglicher Form der Herrschaft gewahrt, damit wäre auch das soziale Leben miteinander gesichert. Faktisch wird Kant in seinem Werk *Zum Ewigen Frieden. Ein philosophischer Entwurf* (1795) dazu gezwungen, den politischen Eigenschaften, die sich im Zusammenleben problemlos feststellen lassen[64], eindeutig die Boshaftigkeit der menschlichen Natur hinzuzufügen. Zugleich beweist das Streben der Staaten nach einem eigenen Recht, „dass eine noch größere, obzwar zur Zeit schlummernde, moralische Anlage im Menschen anzutreffen ist, über das böse Prinzip in ihm (was er nicht ableugnen kann) doch einmal Meister zu werden, und dies auch von anderen zu hoffen“[65]. Kant sieht in einem föderalen, frei eingegangenen Bund zwischen Staaten die Möglichkeit, „die Erhaltung und Sicherung der Freiheit eines Staates für sich selbst und zugleich anderer verbündeten Staaten“[66] zu sichern, ohne dass die jeweiligen Staaten sich gezwungen sähen, sich einem gemeinsamen Gesetz zu unterwerfen. Leider hat der Konkurs dieses friedlichen

64 Zum ewigen Frieden, Zweiter Definitivartikel zum ewigen Frieden, Reclam, Stuttgart, 1984, 17.

65 Ibid.

66 Op. cit., 18.

Menschenbildes in der Moderne dem politischen Traum von Kant eine eklatante Ohrfeige erteilt. Die „Utopie“ von I. Kant wird durch die Realpolitik der international nötig gewordenen Bekämpfung des Terrorismus endgültig hinter die Kulissen der politischen Theorie gewiesen.

4.1. Aufnahme des Terrorismus in die Geschichtsphilosophie

Bis zum Ende der sechziger Jahre blieb der Terrorismus eine lokale Bedrohung in der Hand von einzelnen nationalistischen Gruppen. Nach den zwei Weltkriegen und dem Nationalsozialismus hat der Terrorismus einen erheblichen Beitrag zum internationalen Strafrecht geleistet, indem er zu der Verabschiedung von zwanzig Konventionen der UNO gegen den Terrorismus geführt hat. In den drei letzten Jahrzehnten ist der Terrorismus allmählich internationaler geworden. Gegen seinen eigenen „Willen“ dient er tatsächlich dem Rechtsstaat, und dies auf globaler Ebene.

Auf der Ebene der politischen Philosophie im Kontext der Globalisierung kann empirisch behauptet werden, dass die Einheit der Völker sich einer „internationalen Vernunft“ allmählich verpflichtet weiß. Die Gemeinschaft der Völker und Nationen lässt ein faktisches Naturgesetz der Herrschaft der Vernunft, durch die internationale Strafrechtordnung vertreten - wohl auf dem Naturgesetz basierend - entstehen, das die Souveränität der jeweiligen Staaten von oben her - d. h. in umgekehrter Perspektive zu jener (von unten) des Terrorismus - in Frage stellt. Anhand eines modernen Phänomens (jenes des Terrors) und seiner Bekämpfung durch die Mitteln des Rechtes, tritt hier die Theodizee in das Blickfeld der Philosophie. Die moderne Idee des souveränen Staates räumt einem flexibleren Modell Platz ein, jenem der Solidarität der Nationen aufgrund der Einheit der Völker. Die Berufung der Nationen lässt sich nicht mehr ohne die Einbeziehung des Übels des Terrorismus in eine internationale Ordnung der politischen Vernunft verstehen.

Wenn Gott als Schöpfer und Lenker der Welt betrachtet wird, bleibt die internationale Ordnung nicht außerhalb seiner Führung bestehen. Kann genauer behauptet werden, dass Gott sich des Terrorismus bedient? Wenn Gott zusammen mit dem Übel in der Welt besteht, und die Existenz des Übels die Attribute Gottes keineswegs mindert (Gott bleibt in sich unbewegt, nur *secundum quid, quoad nos* wird er vom Schicksal der Menschen getroffen), dann ergeben sich zwei Möglichkeiten: 1. Beim Terrorismus schaut Gott zu ohne zu intervenieren. Der Grund dazu ist zweierlei: entweder sieht Gott das Übel nicht, oder / und er lässt es um eines höheren Guten willens zu. 2. Er greift ins Schicksal der Menschen ein, um ihnen zu Hilfe zu kommen.

Politisch gesehen stellt der Terrorismus einen Ausschluss Gottes aus der Sphäre des Politischen, und daher ist jedwede Möglichkeit einer gesunden Einflussnahme des Religiösen auf die Politik ausgeschlossen - eine Tatsache, die zum Grundzug des Islams gehört.

Es scheint offensichtlich, dass eine bloß politische oder kulturelle Lösung des Terrorismus als Zukunftsmusik die Gemüter zu beruhigen vermag, dem Ausmaß des Problems aber nicht gewachsen ist. Eine andere Ebene, die des interreligiösen Dialogs, ausdrücklich von der UNO gefördert, versucht seit dem 4. Oktober 2007 einen weiteren Beitrag zur Bekämpfung des Terrorismus zu liefern[67]. Damit wird der Terrorismus nicht nur in die Geschichtsphilosophie, sondern gewiss in eine weitere Sphäre, die des Religiösen und des Theologischen aufgenommen. Für den Terrorismus soll die von der Revolution übernommene Bemerkung von Eugen Rosenstock-Huessy in der Einleitung seines Werkes *Die europäischen Revolutionen und der Charakter der Nationen* von 1931 gelten:

„Doch kündet sich der Gedanke einer den politischen Kosmos mit umschlingenden Weltbewegung bereits in den letzten Versen des Danteschen Weltgedichts an: „Die Liebe bewegt die Sonne und die anderen Sterne". Die Liebe? Die Liebe als ordnendes Prinzip hat aber gerade nach Dantes Glauben Christus auch der Menschheit neu eingepflanzt. So muss das politisch-soziale Leben

---

67 At the High Level Dialogue on Interreligious and Intercultural Understanding and Cooperation for Peace, United Nations Headquarters, New York, 4 October 2007: [Extract of the speech of Srgjan Kerim, President of the 62nd session of the General Assembly]: „We live in unprecedented times. Cultures and religions are being pulled ever closer together by a web of telecommunication and economic links. While contributing to the richness of our human experience, these encounters also reveal deep rooted misunderstandings. However, in this era of globalization we have the unrivalled opportunity and responsibility to replace intolerance and discrimination with understanding and mutual acceptance. Open and sustained dialogue, respect for freedom of expression and freedom of religion or belief is fundamental to this endeavor. The United Nations has a crucial role in promoting such a dialogue, and advancing the fundamental freedom that we must all respect Others' religions and beliefs. In doing so, we should also recognize that a crime committed in the name of religion is the greatest crime against religion; and that religion should not be used as a pretext for war."

offenbar seitdem auf Einbeziehung in jenes feste Wandelgesetz der Sterne hindrängen. Himmel und Erde sind ja eines. Der Gedanke der Revolution [bzw. des Terrorismus] wird dadurch die Einbruchsstelle für die Anerkennung einer übermenschlichen Weltordnung in der Politik der Völker"[68].

4.2. „Berufung der Nationen" im dunklen XX. Jahrhundert

Der jüdisch-evangelische deutsche Historiker Eugen Rosenstock-Huessy entfaltet ab 1931 seine monumentale These *Die Europäischen Revolutionen und der Charakter der Nationen*[69]. Charles Journet (1891-1975), Dogmatikprofessor am Priesterseminar Fribourg in der Schweiz, entwickelt ab 1935 die „Berufung der Nationen"[70]in Anlehnung an die Berufung des Volkes Israel verstanden als von Gott auserwähltes Volk, indem er sich auf messianische Aussagen von Soloviev in seinem Werk *Die russische Idee* stützt. Der Messianismus flammt wieder in den Totalitarismen auf, so Journet, und übernimmt die Eigenschaften, die der Christ der Kirche allein zuerkennen sollte: höchste Gewalt, letzte Autorität, Überzeitlichkeit, Universalismus[71]. Am 14. Mai 1948 wird der Staat Israel gegründet. Der französische Historiker Henry Laurens sieht in diesem historischen Ereignis die Erfüllung der biblischen Prophezeiungen der endgültigen und eschatologischen Rückkehr Israel auf seinen Boden[72]. In der politischen Theologie ist mittlerweile der Begriff beinahe in Vergessenheit geraten. Als Ausnahme seien genannt: der Theologe Joseph Ratzinger in der *Einheit der Nationen*[73], und der Neuthomist Philosoph Marcel Clément in seinem 1994 erschienenen Buch: *Les nations ont-elles une vocation? Et la France?*[74]

---

68 Einleitung, 3.

69 Brendow, Moers, 1987.

70 Exigences chrétiennes en politique, Saint Augustin, Saint Maurice, 21990, 580-582 und die Textverweise; G. Bédouelle, „La vocation des nations" in: Charles Journet, un témoin du XXème siècle, Parole et Silence, Saint-Maur, 2003, 181-189.

71 C. Journet, Les communautés totalitaires, in: Exigences chrétiennes en politique,13-24, hier 14-17.

72 La question de Palestine. Tome troisième, 1947-1967. L'accomplissement des prophéties. Fayard, 2007.

73 Die Einheit der Nationen. Eine Vision der Kirchenväter, Bücherei der Salzburger Hochschulwochen, Salzburg u. a. 1971.

74 L'Escalade, Paris, 1994.

Obwohl die Theorie der Berufung der Nationen nicht zu den heißen Eisen der politischen Theorien zählt, bildet sie einen Bestandteil von vielen hegemonistischen politischen Ansprachen. Der Zionismus hat diesen Gedanken wieder aufgegriffen, so wie der iranische Staatspräsident in seiner Ansprache bei der UNO[75], oder George Bush Vater bei seiner berüchtigten Ansprache vom 29.01.2002 über die Achse des Bösen[76].

Baudrillard geht keineswegs von christlichen Werten aus, um das Paradoxon der politischen Ausnahme des Terrorismus aufzulösen. Für ihn ist die klassische Sichtweise des Bösen als mangelndes Gut angesichts der soziologischen Allpräsenz des Bösen bzw. des Terrorismus eine „Illusion“[77]. Die soziologische Rechtfertigung des Bösen soll über einen anderen Weg erfolgen als die Theologie es bisher erreicht hat, den er aber nicht geht.

Wie lässt sich zuletzt der Terrorismus geschichtstheologisch einordnen? Bei der Schwierigkeit seiner Definition und in seinem flüchtigen Wesen, das dennoch dauernde Gewalt, Terror, Angst, Zerstörung stiftet, ähnelt der Terrorismus einer von monotheistischen Theologen formulierten Eigenheit des von Gott her betrachteten Weltgeschehens, dem der Langlebigkeit des Übels als Begleiterscheinung der menschlichen Geschichte. Der Versuch, den Menschen der Aufklärung als Rebell gegen Gott und gegen die etablierten klassischen Werte neu zu schaffen, weist so viele Ähnlichkeiten mit der Geschichte des Sündenfalles sowohl der Engel als auch der Menschen auf, so dass eine detaillierte Darstellung nicht möglich ist. Drei Hauptmerkmale lassen sich aufzeigen: die intellektuelle *Hybris* des Menschen einerseits, die Sünde gegen Gott und gegen die Menschen andererseits, und zuletzt die vernichtenden Folgen für das Zusammenleben der Menschen, der Völker und Nationen.

---

75 Anrede vom 26.09.2007 before the UN General Assembly: „The era of darkness will end, prisoners will return home, the occupied lands will be freed, Palestine and Iraq will be liberated from the domination of the occupiers, and the people of America and Europe will be free of the pressures exerted by the Zionists.“, retrieved of the Internet. http://www.globalsecurity.org/wmd/library/news/iran/2007/iran-070926-irna01.htm (Abfrage vom 12.03.2009).

76 „States like these ‘Nordkorea, Iran, Irak’, and their terrorist allies, constitute an axis of evil, arming to threaten the peace of the world.“

77 Op. cit., 19.

Die Geschichte des Terrorismus als politisch schwer zu bekämpfendes Laster lässt sich mit der Geschichtstheologie in Einklang bringen, die im Sündenfall und in der Erlösungsgeschichte das Wahrzeichen des immerwährenden Kampfes zwischen Gott und dem Bösen zu erkennen glaubt.

5. Philosophische Bekämpfung des Terrorismus: Terrorismus als Chimäre zwischen Narrenschiff und Antiutopie

„Die Theorie ‚des politischen Lebens', die aufgestellt werden soll, ist jene der Lebensumstände, oder, um es besser zum Ausdruck zu bringen, der sichersten Mittel, um sich vor unzähligen Todesursachen zu schützen"[78]. Angesichts des Terrorismus scheint der Philosoph wie David im Angesichte des Goliath[79], unerfahren und unfähig, den Riesen zu bekämpfen. Dennoch ist er in der Lage, den Terrorismus als Gegenstand unter die Lupe zu nehmen und ihn in ein zweifaches paradigmatisches Licht zu stellen, jenes des Narrenschiffes und jenes der Antiutopie.

Sebastian Brandt schreibt sein *Narrenschiff* in der Zeit des Humanismus, nachdem Erasmus sein *Lob der Torheit* verfasst hat. Für Erasmus von Rotterdam (1465-1536) bleibt das Spiel der Torheit eine akademische Provokation, nachdem die Scholastik sich mit dem Begriff der Weisheit ausführlich auseinander gesetzt hatte. Trotz seiner Versuche, die Kirche zu erneuern, hat Martin Luther (1483-1546) nicht wenig dazu beigetragen, die Dekonstruktion der in der Fügung Gottes eingebetteten Freiheit des Menschen herbeizuführen. Luther bedankt sich bei Erasmus für die Inangriffnahme der „Sache selbst". Gemeint ist die Beweisführung, die Freiheit des Menschen sei „eine reine Lüge"[80]. Die Neuzeit hat das Bild immer realistischer weitergeführt, bis zum *Radeau de la Méduse* von Géricault (1819), wo Überlebende des Schiffbruches vom französischen Königsschiff *La Méduse* im Jahre 1816 als Kannibalen dargestellt sind.

Ideell versteht sich der Terrorismus dezidiert als postmodernes Narrenschiff, da er ein politisches Zusammenleben inszeniert, bei der die Gewalt und das solipsistische Prinzip des eigenen Nutzens über alles *bonum commune* herrscht.

---

78 C. Maurras, L'ordre et le désordre, 40.

79 1 Sam 17, 31-54.

80 Martin Luther, De servo arbitrio (1525), WA 18, 786 zitiert von Alma von Stockhausen, Der Geist im Widerspruch. Von Luther zu Hegel, Weilheim-Bierbronnen, 21990, 11.

Die Vision von Hobbes *De Cive* (*homo homini lupus*)[81], im *Leviathan* (1651) als Naturzustand des Menschen übernommen[82], hallt in den Medienbildern der terroristischen Akte als grauenhafte Anti-Ikone der Menschlichkeit wider, als „Management" der höllischen Mächte[83].

Das zweite Grundbild des Terrorismus ist jenes der *Utopie*. Entsetzt vom Mord seines Protektors und Freundes Dion im Jahre 354, verließ Platon dann das öffentliche Leben und entwickelte in den letzten Jahren seines Lebens seine fiktive politische Welt, die der Atlantis, welche er in den Dialogen *Timaios* und *Kritias* als Fortführung des Staates der *Politeia* darlegt. Nach beinahe zweitausend Jahren, in denen die literarische Gattung der Utopie ungenutzt blieb, zunächst erfolgreich durch die Heilsversprechen des jüdischen Glaubens und dann der Kirche in den Hintergrund, verfasst 1516 Sir Thomas Morus seine *Utopie*. Lewis Mumford sieht im Versuch von Sir Thomas More „the shift from a heavenly utopia to a worldly one"[84] wegen des Verlustes an politischer Alleinherrschaft seitens der Kirche[85]. Im selben Jahr hört Martin Luther auf, über den Römerbrief zu lesen und eröffnet einen neuen Kommentar des

81 „Nun sind sicher beide Sätze war: Der Mensch ist ein Gott für den Menschen, und: Der Mensch ist ein Wolf für den Menschen; jener, wenn man die Bürger untereinander, dieser, wenn man die Staaten untereinander vergleicht." Aus Thomas Hobbes, Grundzüge der Philosophie. Zweiter und dritter Teil: Lehre vom Menschen und Bürger, Widmung der Sectio tertia De Cive (1642) an Se. Exz. den Grafen Wilhelm von Devonshire, hg. v. Max Frischeisen-Köhler, Leipzig, 1918, 63. Das Zitat stammt ursprünglich von Titus Maccius Plautus (250 v. Chr. - ca. 184), Asinaria, 495: „lupus est homo homini, non homo, quom qualis sit non novit - (dt) Der Mensch ist dem Menschen ein Wolf, 'er ist' kein Mensch, wenn er nicht weiß, welcher Art [sein Gegenüber] ist."

82 *Leviathan*, I. Teil, Vom Menschen, XIII: „Aus Gleichheit ensteht Unsicherheit, aus Unsicherheit Krieg", Hamburg, 1996, 103.

83 Vgl. Management of Savagery.

84 *Story of Utopias*, Boni and Liverlight Inc., New York, 922, 60.

85 Die 11. Sitzung des 5. Laterankonzils vom 19.12.1516 betont aufs Neue in ihrer Bulle *Pastor aeternus gregem* die Autorität des Papstes gegenüber dem Konzil, um dem Konziliarismus ein Ende zu bereiten: „…unzweifelhaft feststeht, dass allein der römische Bischof für die Dauer seiner Amtszeit kraft der ihm eigenen Autorität über alle Konzilien das volle Recht und die Vollmacht hat, Konzilien einzuberufen, zu verlegen und aufzulösen…", DS 1446. Seit dem 14. Jahrhundert bildeten sich auf politischer Ebene außerhalb des Hl. Römischen Reiches nationale Monarchien, die zur wichtigen Voraussetzung für die spätere Entwicklung unabhängiger, weltlicher Staatswesen waren. Manche Theologen setzten sich ein, um deren Entstehung eine theologische Begründung zu verleihen (z. B. bei Marsilius von Padua und Wilhelm von Ockham). Bald setzte sich diese Konzeption erfolgreich in Konkurrenz zum universalen Herrschaftsanspruch der Päpste durch, wie

Galaterbriefes. Am Anfang des XX. Jahrhunderts entfaltet sich in der Literatur, angefangen mit *Brave New Word* (1932) von Aldous Huxley (1894-1963), der Antitypus der Utopia, die Stadt, in der es unerträglich wird zu leben.

Die „neue Utopie" des Terrorismus lässt sich eindeutig als Nachfolgerin dieses Antitypus der beseligenden christlichen Utopia verstehen. Als Anti-Ontologie im wörtlichen säkularisierten Sinn von Martin Heidegger, „der Mensch ist ein Sein zum Tode", schreibt die postmoderne Utopie den Gedanken der Dekonstruktion der Gesellschaft *ad absurdum* fort. Statt intellektueller edler Dekonstruktion herrscht in den vom Terrorismus belagerten Gebieten Schauder erregende materielle Destruktion und Verwüstung.

6. Terrorismus als Totentanz

Was das europäische fünfzehnte Jahrhundert mit der Verbreitung der Pestwellen und der daraus resultierenden in Bildern festgehaltenen Gewöhnung an den Gedanken des Todes erlebte, wiederholt sich in verkehrter Art und Weise in der dunklen Welt des Terrorismus. Der Terrorismus spielt mit dem Tod, wie damals der Totentanz. Nun hat der postmoderne Tod einerseits an intellektueller Griffigkeit deutlich verloren, keineswegs aber an Abschreckungsfähighkeit. Den Terrorismus als schillernde Abart des Totentanzes zu verstehen, wäre imstande, eine müde gewordene Zivilisation zum erneuerten Bewusstsein zu führen, sich sozial, politisch und religiös von ihm zu distanzieren und gesellschaftsaufbauende Maßnahmen der Solidarität der Nationen als Gegenvorschlag zu entwerfen.

Nun entsteht ein altes Muster in neuem Gewand: der Totentanz. Der Terrorismus stellt den Totentanz der Postmoderne dar. Mit dem Tod wird getanzt. Der Tod tanzt mit Lebenden, aus denen der Terrorist Tote macht, weil er den Tod herbeiführt. Die historische Hauptfrage der Entstehung des Totentanzes ist jene des Überganges von einzelnen Toten, die den Lebenden entgegenkommen, zur Personifizierung des Todes als Skeleton, der jeden Menschen heimsucht, dem niemand entkommt. Mit der Personifizierung seiner plastischen Darstellung gewinnt der Tod an Allgemeingültigkeit und an Abschreckungspotential. Eine Quelle des Motivs des Totentanzes ist das Gedicht „Le dit des Trois morts et des trois Vifs", dessen Repräsentanten bis zum Jahr 1280

---

er am nachdrücklichsten durch Papst Bonifatius VIII. in der Bulle Unam sanctam (1302) formuliert worden war.

zurückreichen[86], also ein Jahrhundert vor den ersten Darstellungen der Totentänze. In diesem Gedicht ist der Tod noch nicht personifiziert: es sind lediglich drei Tote, die drei Lebenden entgegenkommen, um sie darauf aufmerksam zu machen, was ihr Schicksal sein wird nach dem Motto: „Hodie mihi, cras tibi! - Heute ich, morgen Du“[87]. Dabei bleibt der Tod als Personifikation eine Gestalt, der der Tanz die Nähe zum Alltag darstellt. Der Mensch lebt in der natürlichen Nähe des Todes. Die zerstörerische Gewalt des Terrorismus bringt eine komplett neue Sichtweise des Todes. Nicht mehr Tote laden Lebende zum Totentanz ein, sondern Lebende, die Terroristen selber. Der Tod scheint nicht mehr das natürliche Ende des Lebens zu sein, sondern ein gewalttätiger Eingriff. Der Mensch herrscht nicht mehr über seinen Tod, er erleidet ihn in einer leidvollen Passivität. Das Motto des todbringenden Terrorismus lautet: „Hodie mihi tecum“, die Distanz der verbleibenden Zeit, um sich auf den Tod vorzubereiten, bleibt aus. Die Historiker der Totentänze haben die erbärmliche künstlerische Qualität der ersten Darstellungen des Totentanzes im Vergleich zu ihren zeitgenössischen Darstellungen des Jüngsten Gerichtes hervorgehoben[88]. Zwei Sichtweisen über den Tod prallen aufeinander, zwei Lösungsansätze, wie der Mensch mit dem Tod umzugehen hat, mit oder ohne Hoffnung auf ein gutes ewiges Schicksal in der Gemeinschaft mit den Göttern. Gegenüber dem ihm durch den Terrorismus gewünschten und sich ihm nähernden Tod bleibt dem einzelnen Menschen in seiner Begrenztheit nur noch eines übrig: wie die engelhaften Gestalten, die vor laufenden Kameras aus den brennenden Türmen des World Trade Centers sprangen, den Todessprung wie einen kunstvollen Tieftauchsprung zu vollenden. Ein solcher Tod tanzt nicht nur, er rüttelt in uns die nie erlöschende Menschlichkeit wach.

7. Abschließende Erwägung

In seiner politischen, kulturellen und sozialen Funktion entstellt der Terrorismus das gesamte Menschenbild und die Möglichkeit des Rechtsstaates, sich eine ihm gegenüberstehende Meinung zu verschaffen. Als vernünftiger brauchbarer Paradigmenwechsel oder als ethisch-politische Lösung hat er sich keineswegs ausgewiesen. Ihn rhetorisch als „Mutter aller Ereignisse“ verstehen zu wollen[89], wie Baudrillard es tat, erweist sich im Lichte unserer philo-

86 H. et B. Utzinger, Itinéraire des danses macabres, 64.

87 L. Dimier, *Les Danses Macabres*, Paris, ^{3}1908, 21.

88 L. Dimier, Les Danses Macabres, 32.

89 J. Baudrillard, 11.

sophischer Erörterungen als schamlose Vermessenheit. Ihm sollte zumindest theoretisch ein sehr bescheidener Platz zugewiesen werden als Tochter, nicht als Mutter mit kulturellen, politischen, sozialen und religiösen Motiven des Gewaltpotentials der menschlichen Natur, das niemals als unverrückbar zu betrachten ist.

Der Mensch bleibt mit Vernunft und Schaffenskraft von Gott oder der Natur betraut. Derselbe Faridoddin Attar, der das Übel als den Menschen konstituierend verstand, ist auch derjenige, der mit einer unvergleichlichen Weisheit dem Narren eine spöttische Predigt hält, der zum Gebet für die Toten zu spät zu kommen fürchtet. Diese Worte seien die poetische Anrede des Philosophen an den doch zu personifizierenden Terrorismus:

„Du begehrst den Leichnam der Welt. Du läufst nach jedem Toten, den du von weitem erblickst! Monate- und jahrelang verschlingst Du das Aas der Welt, und dies entspricht deinem Hunger als Mensch. Für ein Wort, das von einem Weisen gesprochen wird, wird ein Kontinent durch das Wort eines Toren verschlungen. Für einen Bissen, der mit Weisheit von einem Weisen gegessen wird, werden hundert Seelen mit Arglist von einem Schurken verschlungen. Die Weltmenschen sind wie tollwütige Hunde; weil sie zu unempfindlich für die Liebe geworden sind, beißen sie“[90].

Welche Antwort wird nun die Vernunft dem Terrorismus liefern können? Im Absturz der Zwillingstürme las Baudrillard die Antwort auf den Selbstmord der Attentäter: dem Selbstmord der 18 Attentäter folgte der Selbstmord der Zwillingstürme. Der Tod bringt den Tod nach sich.

Nur ein Tod, der zugleich stärker und eine weiterreichende Ausstrahlungskraft hat, als dieser vierfacher Mord (zweimal Selbstmord), vermöge die ewige Dunkelheit der 7000 hinweggerafften Toten zu überbieten. Da der Terrorismus Singularität schafft, böte sich nur ein anderes absolut singuläres Ereignis, das eine universelle Heilskraft in sich bergen würde, als Antitypus der Selbstzerstörung, nämlich jener undenkbare, symbolisch und doch reale Akt der vollkommenen Selbstaufgabe, der nicht den Tod brächte, sondern das Leben in Fülle. Ein solcher Akt ließe sich nicht vom Menschen allein denken.

90 Le livre de l'épreuve, II, 105.

Weltreligionen und Gewalt

VON JAKOB MITTERHÖFER

Die drei monotheistischen Religionen sollen eine höhere Gewaltbereitschaft aufweisen als andere Religionen. Der Islam ist von dieser „Bunzierung“ besonders betroffen, da sich viele gewaltsame Auseinandersetzungen in muslimischen Gebieten ereignen. Solche Aussagen über die monotheistischen Religionen gibt es nicht nur in den Medien, sondern auch in seriösen Büchern, Artikeln und Lexika. Was den Monotheismus betrifft, hat inzwischen Jan Assmann, von welchem die Aussage über die höhere Gewaltbereitschaft der drei monotheistischen Religionen stammt, seine Meinung revidiert bzw. ausgewogener formuliert. Freilich diese Korrektur wird kaum wahrgenommen, zumal Gewalt und Terrorismus in Zusammenhang mit Religion ein Dauerbrenner ist. Zahllose Bücher beschäftigen sich damit. Viele Autoren gehen mit Religion, besonders dem Christentum, nicht zimperlich um. Genussvoll listen sie die „Blutspur der Gewalt“ in der Geschichte bis zum Holokaust und darüber hinaus auf. In den letzten Jahren, seit 1989, sind Historiker der Sache genauer auf den Grund gegangen. Sie verneinen keineswegs die Gräueltaten im Namen der Religion, listen aber auch die positiven Werte der christlichen Religion auf: Der Einfluss auf das moderne Menschenbild, auf Freiheit, Gewissen, Menschenrechte, Frieden.

Die christliche Religion steht deshalb im Vordergrund dieser Debatte, weil in Europa die Religionskritik stattgefunden hat und die Autoren ausschließlich Europäer sind. Das Erwachen des Islam gemeinsam mit vielen aktuellen Ereignissen in Zusammenhang mit dieser Religion bringen in der Frage „Religion und Gewalt“ selbstverständlich den Islam ins Gespräch. Darum bewegt die Frage der Gewalt im Zusammenhang mit Religion heute die Menschen.

Eigentlich ist es ein ganzes Bündel von Fragen: Woher kommt Gewalt? Geht sie von Religion aus oder wird sie durch Religion begünstigt? Gibt es Religionen, die Gewalt fördern? Gibt es Religionen, die vom Wesen her tolerant und friedfertig sind? Liegen die Probleme unserer Welt überhaupt in der Religion oder hat Gewalt mit dem Wesen des Menschen zu tun? Bedient sich die Gesellschaft (vornehmlich die Politik) der Religion, um ihre Ziele und Handlungen zu legitimieren?

1. Religion auf dem Prüfstand

1.1. Die Welt legt Maßstäbe an

Religion ist und bleibt wohl die wichtigste Komponente aller Gesellschaften. Selbst wenn Gesellschaften versuchen, Religion „auszurotten", erwacht Religion immer wieder zu neuem Leben. Noch etwas ist wahr: Im Unterschied zu anderen Gesellschaften wird, wie schon erwähnt, Religion nur in der westlichen Welt in Frage gestellt. Hier entstand die Religionskritik und erregen *Dogmen* Anstoß - diese gelten als unwissenschaftlich und willkürlich. Das Bleiberecht der Theologie an Universitäten wird wegen ihrer vermeintlichen Unfähigkeit angefochten, zwischen sicherem Wissen und bloßer Vermutung zu unterscheiden. *Psychologen* bezweifeln, ob Religion imstande ist, echtes religiöses Erleben zu vermitteln. Sie denken an Prediger, die ganze Stadien zu Massenhysterie aufpeitschen und suggestive Heilungserfahrungen erleben lassen, an Neo-Schamanen und Neo-Hexen, die trommelnd und tanzend in Unter- und Überwelten führen, an Ekstasenmystiker, die folgenschwer verborgene Energien frei machen. Die *Politik* legt auf saubere Trennung von Kirche und Staat wert, bedient sich aber bei Bedarf zur Durchsetzung ihrer Ziele bedenkenlos der Religion. *Skeptiker* fragen: Was hat Christentum im Verlauf von 2000 Jahren effektiv bewirkt? Wurde die Welt menschlicher, mitmenschlicher, lebenswerter? Oder wo ist im Buddhismus seine Meditation wirksam geworden, wo hat er Konflikte politisch aufgeheizt statt abgebaut? Erwächst aus der Göttlichkeit aller Wesen, wie sie der Hinduismus propagiert, ein Miteinander und Füreinander aller Menschen und Wesen? Entfaltet sich aus dem Glauben des Islam an einen menschenfreundlichen Gott eine menschenfreundliche Gesellschaft?

1.2. Der religiöse Markt

Der religiöse Pluralismus unserer Tage - im kleinsten Raum lebt Religion neben Religion - verleitet, Religion als „Angebot" zu sehen - wie auf einem Markt. Da der Markt auch eine „säkularisierte Religion" ist, darf es nicht wundern, dass er die Religionen zur Ware machen will. Wenn sich Religionen darauf einlassen, liegt darin ein beträchtliches Potential von Gewalt: Eine jede Religion besteht auf ihre „absolute Wahrheit" und verunglimpft andere Wahrheiten, was zu Misstrauen und Hass führen kann.

Der Schaden für eine Religion selbst ist noch größer, denn sie deformiert und veräußerlicht sich, verleitet doch der Markt zur besten Präsentation der eigenen Wahrheit. *Jüdisch-christlicher Glaube* etwa muss sich als Inbegriff weltnaher und sozial engagierter Spiritualität präsentieren. Der *Buddhismus* wird zur friedfertigen Weltreligion. Der *Hinduismus* zur göttlichen Weisheit in Reinkultur. *Islam* wird zur besten, weil gottgewollten Staatsform.

Der Markt nimmt das *innere Wesen* der Religion nicht wahr oder blendet es aus. Wenn das Eigentliche der Religion aus dem Bewusstsein schwindet, wird aus Spiritualität Doktrin, aus Menschlichkeit Arroganz, an Stelle von Selbstkritik Werbung. Will eine Religion ihre eigenen Wurzeln nicht verleugnen, muss sie sich vom religiösen Markt abmelden. Der Markt gehört den Marktschreiern, die Kreuzzüge den Kreuzrittern, die heiligen Kriege den heiligen Kriegern, die Propaganda den Propagandisten.

Konkurrenz(kampf) unter Religionen führt zu *Intoleranz* und erregt Ärgernis. Echte *Toleranz* kämpft auch, aber nicht gegen andere. Es ist ein innerer Kampf um Wahrheit und Liebe in Wahrheit, ein Ringen innerhalb der Religion und ein innerer Kampf des Menschen mit sich selbst. Dieser Kampf richtet sich gegen die Neigung, das Geheimnis mit Doktrin oder mit religiösem Besitz zu verwechseln.

1.3. Die „Toleranz“ der Gleichgültigen

In unseren Breiten fordern religiös Gleichgültige (eine Mehrheit der Bevölkerung?) von den Religionen Toleranz. Diese propagierte Toleranz besticht, aber in Wirklichkeit ist sie nur scheinbar tolerant, vor allem ist sie liberal. Ihr Dogma lautet: alle Religionen sind gleich, sie verehren denselben Gott, Unterschiede unter den Religionen zählen vor Gott nicht. Jede und jeder glaubt, was ihr oder ihm beliebt. Die Gleichgültigen bindet im Unterschied zu traditionell Glaubenden keine persönliche Treue an diese oder jene religiöse Wahrheit oder Religion. Sie fordern Einvernehmen unter den Religionen ohne Dominanz und Missionseifer, ohne Doktrinalismus und Rechthaberei.

Die Toleranz der Gleichgültigen hat einen *Preis*. Diese liberale Gleichgültigkeit verschärft nämlich die Gegensätze unter den Religionen und innerhalb einer Religion. So werden Religionen nach innen intolerant, um ihre Anhänger mit allen Mitteln inklusive Gewalt vor der Gefahr des Liberalismus (oder Relativismus) zu schützen und sie zur Glaubenstreue, die der liberalen

Toleranz nichts gilt, zu zwingen. Und nach außen hin grenzen sie sich ab. In diesem heiligen Eifer liegt der Grund, weshalb Religionen fundamentalistisch werden. Ein Spruch drängt sich auf: „Wir haben genug Religion, um andere zu hassen, aber nicht genug, um andere zu lieben".

1.4. Toleranz der Liebe

Die Toleranz der Gleichgültigen muss durch eine andere, tiefere ersetzt werden - die Toleranz der Liebe zu einem gemeinsamen Grund. Das bedeutet: In ihrer Tiefe, ihrer Mitte, sind alle Religionen miteinander verbunden. Diese Mitte ist der Quell-Grund, aus dem religiöses Leben fließt, daher kann nur sie das Zusammenleben der Religionen bestimmen. Wie können wir uns dies vorstellen? Die Welt des mystischen *Hinduismus* ist voll von Gott. Im Verständnis des *Buddhismus* ist es die Buddhanatur, der Geist bzw. die Erleuchtung, nach welcher jede sichtbare Gestalt strebt. *Jüdisch-christliche* Lehre verkündet das nahende Reich Gottes und weiß sich hineingestellt in eine Welt von göttlicher Dynamik und weltverändernder Kraft. *Islam* tritt für radikale Hingabe an Gott ein.

Doch wohlgemerkt: Religionen sind nicht eins. Die Liebe zu dem eigenen Grund verbindet sich in lebendiger Spiritualität zur je eigenen Gestalt der Religion. Darum möchte kein überzeugter Christ sein Christentum mit einer anderen Religion verschmelzen oder in einer Welteinheitsreligion aufgehen lassen. Und kein Moslem stellt jeden Gottesverehrer auf die gleiche Stufe wie den Islam.

Toleranz bedeutet: Ein wahrhaft religiöser Mensch kann Vielfalt aushalten = *tolerare.* Toleranz ist nur eine Vorstufe, wenn man so will, der kleinste Nenner, um Rivalitäten und auch Gewalt unter Religionen zu vermeiden. Der eigentliche Weg führt über die „Schule des Lernens": Religionen lernen sich kennen, tauschen untereinander aus und bereichern sich gegenseitig. Dies geschieht im *Dialog.* Er erschließt die Vielfalt religiöser Erfahrung und lässt eigene Defizite erkennen. Dialog freut sich über das Wirken Gottes in einer Vielfalt der Religionen. Das heißt aber auch: Religionsverschmelzung in Form einer Welteinheitsreligion ist kein Weg.

2. Religion und Gewalt

Wir kehren zur Wirklichkeit unserer Welt zurück. In den unzähligen Konflikten allerorts auf unserem Globus berufen sich die Konfliktparteien auf die Religion - in Irland, in Indien, in Pakistan, in Afghanistan und im Nahen Osten, im Irak, im Iran usw.

2.1. Religion gegen Religion

Man könnte meinen, dass „heilige Kriege", Kreuzzüge und gewaltsame Auseinandersetzungen um „Territorien" der Vergangenheit angehören. Doch dem ist nicht so. Im Osten Europas hütet die Orthodoxie ihr Territorium, argwöhnt „Missionstätigkeit" der katholischen Kirche und prangert sie heftig an. In islamischen Ländern sind überhaupt andere Religionen verboten. In Indien, Pakistan, Indonesien und in afrikanischen Ländern ist eine Christenverfolgung im Gange. „Mission" ist ein „Un-Wort" - sie wird mit Absolutheitsanspruch und Entwertung der Wahrheit anderer Religionen verknüpft.

Wahr ist aber auch, dass jeder Konflikt mit religiösen, sozialen, kulturellen, sprachlichen, nationalen Kontroversen verknüpft ist. Die Berufung auf Religion verschärft die Konflikte, denn ein Gegner als Glaubensfeind wird noch diabolischer, gottloser als der bloß politische oder nationale Gegner. Solche Konflikte hat es immer gegeben und wir erleben sie gerade heute.

Wenn es eine Religion zulässt, dass sie in Konflikte hineingezogen wird, verliert sie an Glaubwürdigkeit und riskiert ihre eigene Mitte. Wie sich eine Religion verhalten muss, hat der Dalai Lama der ganzen Welt im Tibet-Konflikt vorgeführt. Er hat klar gemacht, dass Religion nicht kampftauglich ist, denn mit mystischem Empfinden, reiner Lehre, göttlicher Doktrin, unfehlbarer Institution lässt sich nicht kämpfen. Er ist sogar so weit gegangen, dass er gefordert hat, die Tibeter müssen auch die Chinesen lieben. Dieses Beispiel gilt für jede Religion: Wenn eine Religion gegen eine andere kämpft, hat sie den Kampf um ihre innere Wahrheit bereits verloren.

Es kann auch anders sein: Wenn eine Religion die Wahrheit der anderen Religion aufgreift, interpretiert, sie positiv bewertet, wird jedes Wahrheitsangebot zum Gespräch mit anderen Angeboten = *Dialog*.

Alle Religionen sind gefordert: Jede Religion entscheidet, ob das Zusammenleben mit einer anderen Religion friedlich geschieht oder nicht. Welcher Geist entscheidet? Der Geist der Rechthaberei und Besserwisserei führt in den Konflikt. Der Geist der Gelassenheit und Bescheidenheit gibt die eigene Überzeugung nicht auf, hütet sich aber, Denken und Erleben anderer zu normieren. Vielmehr ermuntert er, das Angebot der eigenen Religion zu vertiefen.

2.2. Religion zwischen Toleranz und Gewalt

Damit berühren wir die grundlegende Bedeutung der Religion in der menschlichen Gesellschaft. Seit es das Mängelwesen „Mensch" (im biologischen Sinn) gibt, musste es am Schutz des Lebens hart arbeiten - es ist die erste Stufe der Toleranz. Die Minimalforderung der Menschenrechte betrifft Verbot von Mord, Sklaverei, Folter und Genozid.

Tötungshemmung gilt als erste kulturelle Regelung. Eine Kultur braucht, um dem Aggressionstrieb Schranken aufzuerlegen, eine lange Entwicklung, denn Universalismus (von der Gruppe zum Stamm bis zur ganzen Welt) ist dem Menschen nicht angeboren. In dieser Entwicklung spielt die Religion eine entscheidende kulturelle Rolle.

Wir können diese Entwicklung nur andeuten. In Urzeiten (primär kosmische Religionen) geht es um die ewige Ordnung, an welcher der Mensch mitzuwirken hat. Ethisches Verhalten spielt dabei keine Rolle. Bei Homer (und zeitgleich in der Bibel) richten sich selbst Götter nicht nach Recht und Gerechtigkeit, sondern agieren willkürlich, treiben die Menschen zu Krieg und Mord. Kosmische Religion verlangt für ungute Taten den Ausgleich (siehe Homer, Talion). Erst mit dem Vordringen eines verinnerlichten Ethos zählt die Einstellung des Menschen, nämlich was er an Gutem und Schlechtem gewollt hat. In der jüdisch-christlichen Tradition treten die Propheten für persönliche und ethische Verantwortung ein. Das Gewissen wird wichtig. Religion wird reflektiert, das bedeutet: der Mensch ist nicht ewigen, unveränderlichen Gesetzen ausgeliefert, er ist für sein Tun verantwortlich. Dazu muss er seine *Vernunft* einsetzen und auf die Stimme seines *Gewissens* hören. Diese Thematik legte im Jahre 2006 Papst Benedikt XVI. in seiner Vorlesung in Regensburg dar.

2.3. Religiöser Wahn

Die Vernunft ist nicht immer eindeutig - sie gleicht einem scharfen Messer. Sie kann in Wahn abgleiten - etwas erscheint vernünftig, ist es aber nicht. Jede Religion steht in Gefahr, in religiösen Wahn zu fallen und Gott oder das Heilige dämonisch zu verzerren. Daher kann Religion segensreich wirken, aber auch Quelle für Fanatismus und Verderben sein. Religiöser Wahn maßt sich an, im Namen Gottes zu sprechen oder zu handeln.

Fanatismus kommt vom *fanum*, Heiligtum. Ein *fanaticus* (Fanatiker) ist ein von Gott leidenschaftlich Ergriffener. Mit diesem Wort hängt auch „rasen" (*fanari*) zusammen. Psychologisch ist es eine Besessenheit oder Begeisterung. Wenn sie außer Kontrolle gerät oder für politische Ziele eingesetzt wird, führt sie zu Gewalt und „heiligem Krieg".

Fundamentalismus und *Fanatismus* berufen sich immer auf eine bestimmte Tradition (nicht die gesamte Traditionskette) oder heilige Schriften der jeweiligen Religion, ohne die geschichtliche Entwicklung des Gottesbegriffs, der Offenbarungs- und Traditionszeugnisse zu berücksichtigen.

Der Schritt zum T*errorismus* ist oft nicht weit - er will Ziele mittels Gewalt durchsetzen. Wie die Bezeichnung „Terrorismus" ausdrückt, handelt es sich um Gewalt durch Angst (*terror*). Eine solche Angst kann *„von oben"* ausgehen und eine ganze Gesellschaft beherrschen (Naziregime, USA-Folterschulen in Südamerika...). Sie kann auch *„von unten"* ausgehen (den Entrechteten, Ausgebeuteten, Verarmten...) und eskalieren.

Doch es ist zu beachten: 1) Die Religion ist nie die einzige Ursache für Krieg und andere Formen von religiös verbrämtem sozialen Terror. Die politischen und ökonomischen Umstände sind maßgebender. 2) Wird Gott mit Transzendenz und Absolutheit identifiziert und Religion von Mächtigen ohne Skrupel missbraucht, dient Religion zur Rechtfertigung von Gewalt und Terror. 3) Noch schlimmer: Wenn Terror mit Hoffnungen verknüpft wird, welche über dieses Leben hinausreichen, kann er eskalieren und jede Gewalt rechtfertigen. Auf solche Hoffnungen stützen sich die Selbstmord-Attentäter. Sie setzen ihr Leben ein, um dafür im Paradies belohnt zu werden. Dieser Terrorismus ist für die Opfer grausamer als für die Attentäter selbst.

Jede Religion muss sich mit ihren religiösen *Abirrungen* auseinandersetzen und aus ihrer tiefsten Mitte darauf antworten. Geschieht dies nicht, ist den Liberalen kaum zu widersprechen, wenn sie Religion als gefährlich oder nutzlos brandmarken und ihre Existenz in Frage stellen. Daher muss sich jede Religion auf ihr Wesen besinnen, um ihren Anhängern in Verantwortung eine Perspektive zu vermitteln. Nur so können die Menschen aus der Religion heraus den Problemen des Lebens begegnen. Religion wird bedacht sein, den Menschen nicht Angst einzuflössen - schon gar nicht durch Berufung auf Gott. Der den Religionen angemessene Weg ist, dass sie sich auf ihren Auftrag von Gott besinnen und alles daran setzen, dass die Religion hält, was sie verspricht.

3. Die Antwort der Religionen

Was verspricht eine Religion, was kann sie versprechen? An ihren Früchten werdet ihr sie erkennen, heißt es. Wie schon angedeutet, ist hierin die Welt mit Religion sehr streng. Entspricht die Religion nicht den Erwartungen, die auf sie gesetzt werden, wirkt sie unbeholfen, ineffektiv oder sogar fanatisch inhuman.

Deshalb insistieren wir: Religion ist am eigenen Maßstab zu messen, der ihr von Gott vorgegeben ist. Von da her stellt sich die Frage: Wie weit gelingt es Religion, ihren Auftrag zu erfüllen und die damit verbundenen Versprechen einzulösen? Es geht um das Selbst-Verständnis einer Religion.

Werfen wir einen Blick in einige der großen Welt-Religionen.

3.1. Krieg und Gewalt im antiken Israel

Das Alte Testament überliefert mündlich uralte Sagen und Mythen über Götter, Gott und „heilige Kriege". Erst nach Jahrhunderten (5. / 6. Jahrhundert v. Chr.) werden sie schriftlich (gemäß dem theologischen Filter dieser Periode = Deuteronomium) gesammelt. Diese Sagen strotzen von Blut, Gewalt und Intoleranz gegen andere Völker und ihre Götter. In Israel setzt sich der Monotheismus durch, der im Vergleich zu anderen orientalischen Religionen wegen des Absolutheitsanspruchs - so scheint es - eine größere Gewaltbereitschaft zeigt. Doch die Gewalt richtet sich nicht nur nach außen - gegen andere Götter, sondern vor allem mit voller Härte nach innen, gegen den Abfall von

Gott. Wie die Geschichte, auf deren historischen Kern sich die (gesammelten) Sagen beziehen, tatsächlich verlaufen ist, lässt sich nicht mehr rekonstruieren.

Im Laufe der Geschichte erfolgt eine entscheidende innere Entwicklung zur Reflexion. Der genannte theologische Filter bei der schriftlichen Festlegung der Überlieferung führt zu einer kritischen Einstellung gegenüber Krieg und Gewalt. Beispielsweise wird der „*Tag des Krieges*" mit Jhwh als Kriegsherrn zum „*Jhwh-Tag*", wobei Jhwh mitunter auf die Seite der Feinde versetzt wird, um gegen Israel Gericht zu halten. Und es folgt die Projektion des Jhwh-Tags ins Eschatologische mit der Vorhersage eines messianischen Friedensreiches. So wandelt sich diese monotheistische Religion zu einer kriegskritischen und friedfertigen - friedlicher als die Religionen der Umwelt.

3.2. Christentum und Gewalt

Das Christentum führt diese Linie weiter. Freilich, was das Christentum im Namen der Religion anderen Völkern der Erde angetan hat, lässt sich nicht einfach „ausblenden". Gerade wegen der so belasteten und schmerzlichen Geschichte ist die Besinnung auf den Glaubenskern der christlichen Religion umso dringender. Das NT führt also die Linie des AT weiter und verschärft sie sogar - zu denken etwa an die persönliche und ethische Verantwortung des Alten Testaments und das Magnificat, die Seligpreisungen, die Gottes- und Nächstenliebe im Neuen Testament oder die Betonung des Gewissens (im Herzen begehren).

Verständlicherweise konnte die christliche Gemeinde als marginalisierte Gruppe nur gewaltlos sein, zudem war sie vom Militärdienst ausgeschlossen. Die Frage der Gewalt stellt sich nach dem Toleranzedikt Konstantins im Jahr 313, als das Christentum allmählich staatstragend wird. Von da an muss Gewalt reflektiert werden. Augustinus orientiert sich an Cicero und der Stoa: Staatliche Gewalt ist erlaubt und gegebenenfalls notwendig, darf aber nicht gegen das Liebesgebot verstoßen. „Gerechten Krieg" interpretiert er als Akt der Herstellung irdischer Gerechtigkeit. Leiden gelten (von da in der folgenden Geschichte) unter Berufung auf das AT als Vollzug des Gottesgerichts gegen die Sünder und die eigenen Sünden. Gerechte Gewalt umfasst säkulare Unrechtsverhältnisse, aber auch Gewalt gegen Häretiker bis hin zu Kreuzzügen und der späteren Inquisition. Francisco de Vitoria setzt dem „gerechten Krieg" Grenzen, vor allem religiöse Differenz dürfe kein legitimer Kriegsgrund sein. Er begründet Gewalt aus dem Naturrecht: Ein Prinzip heißt „vim vi repellere licet“, also nur verteidigen, aber kein Offensivkrieg. Die folgende Geschichte kreist beinahe ausschließlich um legitime Gewalt und zugefügtes Leid als Strafe Gottes. Zusammenfassend lässt sich sagen: Vom Kern der Religion her ist im Christentum - trotz „Brüchen“ durch Interpretationen - Gewalt ausgeschlossen.

3.3. Krieg und Gewalt im Islam

Die Mehrheit der Muslime betont den Friedenswillen. Viele Menschen hingegen halten heute den Islam als eine vom Wesen her aggressive Religion. Andere meinen, der Islam fördere Gewaltbereitschaft, um seine universalen Herrschaftsansprüche durchzusetzen. Tatsächlich berufen sich gewaltbereite Militante auf den Islam. Traurige Tatsache ist leider, dass unsere Menschen den Islam nicht kennen, sich nicht mit ihm befassen und auch zu Muslimen in ihrer Nachbarschaft keinen Kontakt haben. Das Umgekehrte gilt auch - die Muslime kennen das Christentum und die westliche Zivilisation nicht.

Der *Koran* ruft nach innen die Gläubigen zu Gehorsam auf (= Islam), er will die Gemeinschaft vor Gefahren schützen und wendet sich an alle Menschen zur Annahme des Glaubens. Kampf, sogar *totaler Krieg*, ist geboten, wenn es gilt, Übergriffe der Ungläubigen zurückzuschlagen. Der Grund für „totalen Krieg“ liegt in der Erfahrung des Propheten in Mekka, weil sich die Feinde an keine Abmachungen hielten.

Der Friede hat aber Vorrang. Und das gilt für die überwiegende Mehrheit der muslimischen Bevölkerungen. Allerdings: Wie der Koran die Welt aufteilt, ist Anlass zu Diskussionen und Misstrauen. Da ist das „Gebiet des Islam“ (als Gottesstaat) und das „Gebiet des Krieges“ - hier herrscht das Gesetz der Ungläubigen vor, das den Bestimmungen des göttlichen Gesetzes widerspricht. Erst wenn das „Gebiet des Krieges“ islamisch wird, ist das Endziel des Kampfes „auf dem Weg Gottes“ erreicht. Bis dahin bleibt der „heilige Krieg“ ein Dauerzustand. Dafür steht *Djihad* - Einsatz eines jeden Gläubigen für die Religion - als aktives Bekenntnis zum Islam. Allerdings: Dieses Ziel mittels Djihad kann auch eschatologisch (Ziel am Ende der Welt) gedeutet und somit ohne Gewalt erfolgen.

Wie in jeder Religion und Gesellschaft gibt es auch im Islam *Fundamentalisten* (der Anteil ist nicht größer als anderswo in der Welt). Im Islam werden radikale Gruppen *Islamisten* genannt. Sie fordern im Sinne des „Hauses des Krieges“

die Islamisierung aller Gesellschaften. Anpassung an die moderne Welt im eigenen Land wird als Verlust islamischer Identität bekämpft.

Islamisten, die im Westen leben, „dulden" die Gesellschaftsform, bis sich die islamischen Normen auch hierzulande durchsetzen. Diese Haltung - Hass gegen den Liberalismus des Westens - kann zu einer Explosion der Gewalt führen. Nebenbei: Die Umfrage über die Haltung muslimischer Religionslehrer in Österreich könnte aus diesem Hintergrund zu erklären sein.

Die Islamisten ziehen enttäuschte Massen an. Gleich den Fundamentalisten anderer Religionen berufen sie sich auf konkrete Strukturen der Vergangenheit (muslimisches Recht = scharia) und sprechen von einer ewigen Gültigkeit. Die Geschichtsgebundenheit (= Entwicklung) wird ausgeblendet. Wie sich unsere Gesellschaft nicht mit dem Islam auseinander setzt, setzen sie sich auch nicht mit der westlichen Kultur auseinander, was bei manchen Schichten der Bevölkerung zu Fanatismus führen kann.

Zusammenfassend lässt sich sagen: Der Islam hat wie das Christentum zum Ziel, alle Menschen zu erreichen. Um den Friedenswillen, der zum Wesen des Islam gehört, Geltung zu verschaffen, müsste die geschichtliche Bedingtheit (Entwicklung) der Religion ernster genommen und entschieden aufgegriffen werden. So lange diese Arbeit nicht mit allen Kräften erkannt und durchgeführt wird, bleibt am Islam der Argwohn der Gewalt haften.

3.4. Krieg und Gewalt im Hinduismus

Dem Hinduismus wird Toleranz bescheinigt. Er brachte das Wunder fertig, eine Vielfalt religiöser Überzeugungen und Gesellschaften zu vereinen - u. a. durch das Kastenwesen. Darin lauert ein beträchtliches Potential von Gewalt. Kastenordnung und eine der Kaste entsprechende Lebensweise sind „gottgegeben" und dulden keinen Ausbruch. Der Glaube einer fremden Religion wird hingenommen - als ein Aspekt der Wahrheit, eine Facette der Ewigen Religion (gleichzeitig Inklusivismus und Exklusivismus).

Ein Einsatz für die Welt stößt ins Leere, da die Welt letztlich unwirklich ist. In vedischer Zeit (ca 1200 - 900 v. Chr) galt den kriegerischen arischen Eroberern Friede nur als Kriegspause, Atempause zum nächsten Kampf. Der Vedismus lebt heute als Substrat fort. So gibt es aus der Tradition keine Hinweise für Konfliktlösungen. Da die Welt an sich friedlos ist, gibt es Sehnsucht nach Frieden nur im persönlichen Leben. Der Wandel der Krieger-Asketik zur

Asketen-Ethik hat die Menschen verändert, aber nicht das Staatswesen, denn der Staat muss geordnete Gewalt ausüben. Gewaltlosigkeit als Asketentugend (*Ahimsa*) ist nur von Einzelpersonen praktizierbar. Alle diese Haltungen erwachsen aus der kosmischen Sicht des Hinduismus.

Gewaltlosigkeit ist keine gesellschaftliche Tugend, sondern eine individuelle. Die indischen Religion(en) als gemeinsames Dach, genannt Hinduismus, begünstigen die Gewalt in der Gesellschaft, weil die konkrete Gesellschaft (siehe Kastenordnung) als göttlich gegeben gilt.

3.5. Zum Problem der Gewalt im Buddhismus

Die Lehre des Buddha ist ein Weg, der Gewaltsamkeit gegenüber anderen und gegenüber der eigenen Person vermeidet. Aus den Zeitumständen heraus gilt dieser Heilsweg für Mönche und Nonnen. Der Pali-Kanon ordnet Laien nicht explizit in das Schema ein, welches Personen aufzählt, die andere quälen. Darin fehlen die Könige als Kriegsherren. Nur die Tieropfer von Königen werden kritisiert und subalterne Personen wie Krieger. Ein Krieger muss wiedergeboren werden. Die Laien werden nur indirekt angesprochen. Sie sollen sich am Ideal der Mönche orientieren.

Die Regeln der buddhistischen Ethik sind nicht Gebote in unserem Sinn, denn sie sind nicht von einer Gottheit gegeben und berufen sich auf keine Autorität von Dogmen. Sie sind eher *Vorschläge* für heilsames Verhalten. Der Mensch wendet sie zur ethischen Selbstkontrolle an und verbessert damit seine Existenzform in jeder Wiedergeburt. Ob und wie weit er die Regeln einhält, ist seine Sache.

Der Buddhist wird nicht durch ein Gebot Gottes motiviert, sondern durch das Wissen um die Ursache des Leidens und dessen Überwindung durch ethisches Handeln. Dabei wird die Ich-Losigkeit zur Triebfeder: Der Mensch wird frei für ein Leben ohne Egoismus, Gier, Hass und Verblendung, frei für ein Leben in Güte.

Die Haltung zu Gewalt ist in buddhistischen Strömungen (Großes und Kleines Fahrzeug) unterschiedlich: Eine Tradition (Theravada) orientiert sich an den altindischen Lehrbüchern für Staatslenkerkunst mit Machterhaltung und -erweiterung, andere Traditionen gebieten Gewaltlosigkeit. Vor diesen soll ein türkischer Khan gewarnt haben, sie seien gute Leute, aber schwach.

Die Haltung zu Gewalt ist keineswegs eindeutig: Da Gewaltlosigkeit direkt eine Tugend der Mönche und Nonnen ist, bleibt sie als Empfehlung dem Einzelnen überlassen, wie weit er sich daran orientieren möchte. Aus dieser Sicht ist die im Westen gepriesene Gewaltlosigkeit des Buddhismus zu hinterfragen.

4. Das Versprechen der Weltreligionen

Den Weltreligionen ist ein Schatz - der größte, den es gibt - anvertraut. Aufgabe der Religionen ist es, diesen Schatz allen Menschen weiter zu geben. Freilich er befindet sich in „zerbrechlichen Gefäßen", darum darf es nicht wundern, wenn die Religionen im realen Leben ihr Versprechen nicht adäquat zu erfüllen vermögen. Wir berühren hier das innerste, eigentliche Wesen einer jeden Religionen.

Am Beginn einer jeden Religion steht die Erleuchtung, eine spirituelle Explosion, ein Berufungserlebnis. *Buddha* erlebt grenzenlose Befreiung. Die *indischen Seher* (rishis) durchschreiten die Welt des Scheinbaren, um zum eigentlichen Sein, dem Absoluten (Brahman) zu gelangen. *Mose* weiß sich in einer Vision direkt von Gott angesprochen. *Jesus* erlebt seine Berufung in einer Vision - der Himmel öffnet sich, er vernimmt eine Stimme und der Geist Gottes erfüllt ihn. *Mohammed* wird in Visionen und Auditionen von Gott auf die Prophetenlaufbahn gestellt. Diese Erleuchtung ereignet sich unmittelbar, der Berufene steht allein, will sagen ohne eigenes Zutun, vor Gott, erlebt das Göttliche und gelangt in ein neues, zutiefst persönliches Menschsein.

Der Berufene fühlt sich gedrängt, seine Wahrheit an andere mitzuteilen. Mose wird von Gott zu seinem Volk gesendet. Buddha gibt aus Mitleid seine Erkenntnis weiter. Um die Rishis (Seher der Vorzeit) sammeln sich Schüler. Mohammed gründet die Gemeinschaft derer, die nur auf Gott hören. Jesus drängt es, seine unmittelbare Gotteserfahrung allen Menschen als Frohe Botschaft von der neuen Welt Gottes zu verkünden.

Alle Menschen der ganzen Welt sollen an dieser Unmittelbarkeit Gottes teilhaben. Solcher Art Erleuchtete beschützen ihre Wahrheit nicht, im Gegenteil es drängt sie unwiderstehlich, die Wahrheit allen Menschen als Weg zu einem neuen, zutiefst persönlichen Menschsein mitzuteilen.

In *Stammeskulturen* denkt niemand daran, die eigenen mystischen Vorstellungen und religiösen Praktiken über die Grenzen des Stammes zu verbreiten.

Anders die *Weltreligionen:* Sie sind überzeugt, dass es für alle Menschen nichts Besseres gibt. Wer dies während seiner irdischen Existenz nicht entdeckt, war umsonst da und muss - *buddhistisch und hinduistisch* - wiederkommen. Oder er erkennt - *jüdisch-christlich-islamisch* - nach diesem Leben, was er verpasst hat.

Die Unmittelbarkeit, welche Religionen jedem Menschen versprechen, ist zugleich das gefährlichste Geschenk: Es kann Menschen zu tiefstem mystischen Erleben, aber auch zu religiösem Wahn mit den vielen Spielarten von Gewalt führen - beides kennen wir aus der Geschichte. Alles hängt davon ab, wie es einer Religion gelingt, aus ihrer eigentlichen Tiefe zu leben - in allen Herausforderungen und einer jeweiligen Epoche. Es spielt dabei keine Rolle, was sie behauptet oder lehrt. Sie muss sich bewusst sein, dass sie allen Menschen - beginnend bei ihren Anhängern und da bei den sog. „Dissidenten" - nur aus ihrer mystischen Mitte ohne Gewalt und keinem noch so subtilem Druck begegnen darf.

Verwendete Literatur

Religion und Gewalt. Konflikte, Rituale, Deutungen (1500 - 1800). Hrsg. Von Kaspar von Greyerz und Kim Siebenhüner. Göttingen (Vandenhoeck & Ruprecht) 2006.

Krieg und Gewalt in den Weltreligionen. Fakten und Hintergründe. Hrsg. von Adel Theodor Khoury, Ekkehard Grundmann, Hans-Peter Müller. Freiburg, Basel, Wien (Herder) 2003.

Das Gewaltpotential des Monotheismus und der dreieine Gott. Unter Mitarbeit von Jan Assmann, Rene Girard u. a., Freiburg, Basel, Wien (Herder Qu D 216) 2005.

Angenendt, Arnold: Toleranz und Gewalt. Das Christentum zwischen Bibel und Schwert. Münster (Verlag Aschendorff) 2008.

Schmid, Georg: Zwischen Wahn und Sinn. Halten die Weltreligionen, was sie versprechen? Solothurn und Düsseldorf (Benziger Verlag) 1995.

Khoury, Adel Theodor: Die Weltreligionen und die Ethik. Mit Beiträgen von Ernst Pulsfort, Peter Gerlitz, Roman Malek, Dieter Vetter, Franz Furger, Th.A. Khoury. Freiburg Basel, Wien (Herder Spektrum Bd 5648) 1993.

Der Islam, der religiöse Text und die Autorität

Von der Selbstermächtigung zum Terrorismus

von Jörn Thielmann

Die aktuelle Debatte in Österreich über radikale Islamlehrer an den öffentlichen Schulen, deren Auffassungen in der Doktorarbeit des Imam und Ausbilders von islamischen Pädagogen, Mouhanad Khorchide sichtbar werden, zeigte, dass über 20 Prozent der muslimischen Religionslehrer in Österreich der Meinung sind, dass die Demokratie mit dem Islam nicht vereinbar ist. Über 18 Prozent der 210 befragten LehrerInnen äußern Verständnis dafür, wenn vom Islam abgefallene Muslime mit dem Tod bestraft werden. 8,5 Prozent finden es nicht abwegig, wenn zur Verbreitung des Islam Gewalt angewendet wird (so die *Neue Zürcher Zeitung* vom 7. März 2009, auch Khorchide 2009). Alle Themen, die der Titel dieses Beitrags anreißt, scheinen so doch recht dicht an die österreichische Lebenswelt heranzurücken.

Im Folgenden möchte ich - sehr verkürzt und idealtypisch! - der Frage nachgehen, wie sich das Phänomen terroristischer Gewalt von Muslimen, welches uns nicht nur seit dem 11. September 2001 beschäftigt und beunruhigt, beschreiben lässt und welche Erklärungen sich finden lassen.

Die apologetische Feststellung, „Islam" bedeute Frieden und Selbstmordattentate und Terrorismus seien unislamisch und hätten mit dem „wahren Islam" nicht zu tun, hilft nicht weiter. Denn Gewalt im Namen des Islam und zur Durchsetzung als essentiell islamisch verstandener Prinzipien ist einfach weltweit zu beobachten. Hier kommt offensichtlich die Frage nach legitimen religiösen Autoritäten ins Spiel.

In einem ersten Schritt werde ich kurz der Haltung des Islam zu Judentum und Christentum nachgehen und einige Bemerkungen zu seinem Selbstverständnis, d. h. auch seinem Absolutheitsanspruch, machen. Zweitens werde ich kurz skizzieren, was es mit dem berüchtigten „dschihâd" (arab. *ǧihād*) auf sich hat. Dies stelle ich drittens in den Kontext eines wichtigen Koranabschnitts, der Verse 191 bis 193 von Sure 2. Hier möchte ich die komplexe Problematik der Koranauslegung demonstrieren. Beispiele aus der für den Islam sehr wichtigen Prophetentradition dienen als Ergänzung. In einem Exkurs zu den sozialen und politischen Bedingungen in der arabisch-islamischen Welt soll viertens der Nährboden islamistischer Gewalt beschrieben werden, bevor ich fünftens zum Kern meines Beitrags komme: Wie lässt sich aus all dem islamistischer Terror beschreiben und erklären? Ich werde ein Modell des Berner Islamwissenschaftlers Prof. Reinhard Schulze (Schulze 2007) vorstellen und erläutern. Zum Vergleich beziehe ich dabei einen Deutungsvorschlag Alexander Schahbasis ein, der Leiter des Teams Wissenschaft beim Österreichischen Integrationsfonds ist (Schahbasi 2009).

Doch zunächst zwei Vorbemerkungen:

1. Die meisten Religionen und Ideologien haben eine Gefährdung, zur ihrer Durchsetzung intern wie extern zu Gewalt zu greifen. So wechseln sich in der Geschichte friedliche mit gewalttätigen Phasen meist ab. Religionspluralimus und Religionsfreiheit sind von der katholischen Kirche erst am letzten Tag des Zweiten Vaticanums anerkannt worden. Der Philosoph Odo Marquard macht über diese immanente Anfechtung in seinem Aufsatz „Lob des Polytheismus. Über Monomythie und Polymythie" (Marquard 1981) zwei erhellende Bemerkungen:

> Gefährlich ist immer und mindestens der Monomythos; ungefährlich hingegen sind die Polymythen. Man muss viele Mythen - viele Geschichten - haben dürfen, darauf kommt es an; wer - zusammen mit allen anderen Menschen - nur einen Mythos - nur eine einzige Geschichte - hat und haben darf, ist schlimm dran. (*id.*: 98)

Und er fährt fort:

> … polymythische Geschichtsvielfalt. Sie ist *Gewaltenteilung*: sie teilt die Gewalt der einen Geschichte in viele Geschichten; und just dadurch - … - erhält der Mensch die Freiheitschance, eine je eigene Vielfalt zu haben, d. h. ein Einzelner zu sein. (*ibid.*)

Wir sind also gut beraten, unsere je eigene Anfälligkeit zu gefährlichen Verabsolutierungen kritisch zu reflektieren, ohne jedoch unsere Glaubensansprüche - die natürlich für den einzelnen Gläubigen immer absolut sind, und auch sein müssen - per se aufzugeben.

2. Wir Europäer neigen dazu, den aktuellen Stand von Frieden und Freiheit, von Toleranz und Aufklärung in Europa für völlig selbstverständlich zu halten

und alle anderen Gesellschaften auf dieser Erde daran zu messen. Dabei sollten wir die Jahrhunderte der großen Religionskriege in Europa nicht vergessen, und auch nicht die Barbarei der Nazizeit, die noch nicht so lange zurückliegt und deren menschenverachtende Ideologie bis heute auf unserem Kontinent virulent ist. Solches kennt die islamische Geschichte im Prinzip nicht. Zuletzt in den 1990er Jahren wurde Krieg in Europa auch religiös artikuliert: in den Kriegen zwischen den Nachfolgestaaten des ehemaligen Jugoslawien.

1. Der Absolutheitsanspruch des Islam

Es ist selbstverständlich, dass Ideologien mit Weltdeutungsanspruch, also auch Religionen, einen gewissen Absolutheitsanspruch besitzen, denn warum sonst sollte man der jeweiligen Ideologie oder Religion folgen. Schwierig wird es allerdings, wie in Vorbemerkung 1 schon angesprochen, wenn der Absolutheitsanspruch dazuführt, dass andere Religionen herabgesetzt und nicht respektiert werden. Im Islam gibt es hier eine besondere Schwierigkeit: Er sieht sich in der Tradition der beiden anderen abrahamitischen monotheistischen Religionen, des Judentums und des Christentums, und versteht sich als deren letzte Korrektur und Vollendung. Muhammad ist der letzte Verkünder der göttlichen Botschaft, die von Anbeginn der Welt an immer dieselbe war, die aber von Juden und Christen verfälscht und von Muhammad rein wiederhergestellt worden ist. So zumindest die Selbstauskunft des göttlichen Buches im Islam, des Koran, der der Mehrheit der Muslime als ewiges, unerschaffenes Gotteswort gilt (vgl. Cook 2002). Das macht nicht nur eine historisch-kritische Lesart schwierig - die es allerdings als teilweise verschüttete Tradition seit dem 8. / 9. Jahrhundert n. Chr. bis heute im Islam gibt –, sondern wirft auch das Problem auf, dass Gott selbst im Koran über Juden und Christen als den „Ungläubigen" (so die gängige Übersetzung des arabischen *kuffār*, sg. *kāfir*) spricht und ihr Verhältnis zum Islam als der vollkommenen Religion bestimmt. Hier sehen wir uns also der absoluten Autorität des Sprechers, nämlich Gottes, gegenüber. Judentum und Christentum wiederum verweisen in ihren fundamentalen Schriften nicht auf den Islam oder auf Muhammad als Propheten. So verstand das Christentum Muhammad lange als falschen Propheten und Muslime als Häretiker. Muslime wiederum sahen und sehen meist keine Notwendigkeit, sich mit dem Juden- oder Christentum aus deren jeweiligen Binnenperspektive und Selbstbeschreibung zu beschäftigen, da Gott ihnen im Koran ja alles Wesentliche zu diesen beiden Religionen mitgeteilt hat.

Das islamische Verständnis einer historischen Abfolge der drei „Buchreligionen" (arab. *ahl al-kitāb*, „Leute des Buches") sorgte dafür, dass Juden und Christen ein rechtlich gesicherter, wenn auch inferiorer Platz als „Schutzbefohlene" (arab. *dhimmī*) zugewiesen wurde. Sie durften keine Waffen tragen oder Militärdienst leisten und mussten eine Kopfsteuer (arab. *dschizyā*) entrichten. Die Bedingung allerdings für diesen Status war die Anerkennung der muslimischen politischen wie militärischen Herrschaft. Akzeptierten Juden und Christen diese nicht, mussten sie bekämpft werden (vgl. umfassend Khoury 1980; auch Noth 1998b). In der Praxis bewirkte dieses Modell einer „geregelten Diskriminierung" durchaus einen meist hohen Grad an faktischer Toleranz in Kernbereichen menschlichen Zusammenlebens, vielleicht am besten illustriert durch das osmanische *millet*-System (vgl. Faroqhi 1995, Kreiser / Neumann 2003, McCarthy 1983).

2. Zu Gewalt in Koran und Sunna: Dschihād als schillernder Begriff

Der Koran kennt den Aufruf zum Kampf ebenso wie den Aufruf zu Gewaltlosigkeit, zum Frieden und zur Barmherzigkeit, unterscheidet sich in der Hinsicht also nicht von dem Alten und Neuen Testament. Der Islam ist allerdings unter anderen historischen Umständen entstanden als das Christentum: Da wäre zunächst die Kampftradition (arab. *ghazwa* = Razzia) der arabischen Stämme, die der Islam in den Einsatz für den Islam transformiert, als mehr und mehr Stämme den Islam annehmen, da der Kampf von Muslimen gegen andere Muslime verboten ist. Die frühislamische Expansion über die Grenzen der arabischen Halbinsel hinaus bezieht unter anderen daher ihre Dynamik (vgl. Noth 1987, 1998a). Ferner teilt der Islam zwar mit dem Christentum das frühe Werden als eine verfolgte religiöse Gruppe - im Fall des Islams die kleine Schar, die sich in Mekka um Muhammad gescharrt hatte. Nach der durch Verfolgung erzwungenen Migration nach Medina - damals noch Yathrib - im Jahr 622 n. Chr., der sogenannten Hidschra, die den Beginn der islamischen Zeitrechnung markiert, wird der Prophet Muhammad aber zum politischen und militärischen Führer im Kampf zwischen Medina und Mekka. Dieser Kampf endet 8 / 630 mit der Eroberung Mekkas; die rasante Ausbreitung des Islam beginnt. Die gewalttätigen Auseinandersetzungen finden ihren direkten Niederschlag im Koran, wie ich noch zeigen werde. Das führt zu einem irritierenden Nebeneinander im Koran von Versen, die Frieden und Gewaltlosigkeit beschwören, und solchen, die zum Einsatz für Gott und Glauben auch mit Waffen aufrufen. So lesen wir in Sure 2, Vers 90:

> „Gott gebietet, Gerechtigkeit zu üben, Gutes zu tun und die Verwandten zu beschenken. Er verbietet das Schändliche, das Verwerfliche und die Gewalttätigkeit."

Hier ist ganz eindeutig die Gewaltlosigkeit betont. Doch zwei Verse aus Sure 61 machen klar, dass die Sache komplizierter ist:

> „Ihr sollt an Gott und seinen Gesandten glauben, euch auf dem Weg Gottes mit eurem Vermögen und eurer Person einsetzen ..., dann wird Er euch eure Sünde vergeben und euch eingehen lassen in Gärten, in denen Bäche fließen und in angenehme Wohnungen in den Gärten von Eden." (Sure 61,11-12)

Das klingt zunächst mindestens neutral, doch das gängige Verständnis des Ausdrucks „euch auf dem Weg Gottes ... einsetzen" wird durch Verse wie den folgenden Vers 111 aus Sure 9 bestimmt:

> „Gott hat von den Gläubigen ihre eigene Person und ihr Vermögen dafür erkauft, dass ihnen das Paradies gehört, insofern sie auf dem Weg Gottes kämpfen und so töten oder getötet werden."

Nun wird ohne Zweifel der „Einsatz auf dem Weg Gottes" mit Kampf, Töten und Getötetwerden verbunden und für diesen Einsatz das Paradies - gefaßt im Bild des Gartens mit strömenden Bächen - sowie die Vergebung der Sünden versprochen. Es scheint somit Ahnungen der Endzeit, des Jüngsten Gerichtes und der Ewigkeit auf, welche die apokalyptischen Ideen neuzeitlicher islamistischer Terroristen mit Inhalt füllen, wie ich unten noch ausführe. Ein *Hadīth* (Bericht über einen Ausspruch oder eine Handlung Muhammads) aus der prophetischen Tradition, der Sunna, überliefert in der angesehensten Sammlung solcher Texte, dem Sahīh des al-Bukhārī (gest. 256 / 870) faßt dies zusammen:

> „Seid euch darüber im Klaren, dass das Paradies im Schatten der Schwerter liegt." (Sahīh al-Buhārī, p. 305)

Das Wort Dschihād (arab. *ǧihād*) spiegelt dieses weite semantische Feld wieder. So bedeutet es zunächst allgemein „sich anstrengen, so gut man kann". Das verwandte Wort *ǧuhd* bedeutet „Eifer, Mühe" und fügt sich gut in diesen Aspekt ein. In der arabischen Wendung „ǧihād fī sabīli `Llāh" - wörtlich: Anstrengung / Kampf auf dem Wege Gottes - tritt die zweite Bedeutung hinzu:

„Kampf gegen die Ungläubigen" für die Sache Gottes. So dass schließlich die islamische Rechtswissenschaft *ǧihād* definiert als „Bekämpfen der Ungläubigen mit Gewalt, Wegnehmen ihres Eigentums, Zerstören ihrer Kultstätten und Götzbilder u. ä.". Dabei gelten allerdings - zumindest theoretisch - Regeln und Beschränkungen; so dürfen z.B. Kinder, Frauen, Greise oder Mönche nicht getötet werden, es sei denn, sie kämpfen (vgl. dazu allgemein Tyan 1991).

Der große Jurist und Theologe Muhammad al-Ghazālī (gest. 1111), Kritiker der spekulativen Dogmatik und Philosophie, führte eine wesentliche spirituell-theologische Unterscheidung bei der Behandlung des Dschihād ein: Für ihn war die Realisierung des Dschihād mit der Waffe weniger bedeutend und so nannte er sie den „kleinen Dschihād" (*al-ǧihād al-saġīr*). Dem gegenüber steht der „große Dschihād" (*al-ǧihād al-kabīr*), der spirituelle Kampf gegen die Versuchungen, Sünden und den Teufel, u.a. auch durch das Studium des Islam.

Beide Dimensionen des Dschihād sind verbunden mit dem koranischen Gebot „das Rechte mehren, dem Unrecht wehren" (*al-amr bil-ma'rūf wan-nahy ‚an al-munkar*, Sure 3,104). Die Realisierung dieses Gebots in Tat, Wort und Seele ist der entscheidende Lackmustest für die Islamität der muslimischen Gemeinde (*umma*) (vgl. grundlegend Cook 2000). Ich werde darauf unten bei der Darstellung von Reinhard Schulzes Modell zurückkommen.

Im Ägypten der späten 1970er Jahre griff der Elektroingenieur ‚Abdassalām Farag für die islamistische Gruppe, die 1981 den ägyptischen Präsidenten Anwar As-Sādāt ermordete, auf mittelalterliche Überlegungen zurück und deklarierte den Dschihād als die „vergessene / verborgene Pflicht". Der Dschihād sei die vergessene „sechste Säule" des Islam (nach Glaubensbekenntnis, Gebet, Fasten, Armensteuer und Pilgerfahrt); der bewaffnete Einsatz gegen Glaubensabtrünnige und für einen islamischen Staat sei für jeden einzelnen Muslim eine wesentliche Pflicht (vgl. Jansen 1986, deutsche Auszüge bei Meier 1994: 368-378). Deren Erfüllung wird in der Folge für viele gewaltbereite islamistische Gruppen weltweit zentral als Beleg für ihre islamische Ernsthaftigkeit (vgl. Kippenberg 2008: 139-142, 165-169, 175-182).

3. Probleme der Koranexegese

In diesen Gruppen fehlt meist eine theologisch gebildete Person, die aus der islamischen Tradition heraus begründete autoritative Anleitungen geben könnte. Beziehen sich solche Gruppen auf externe Gelehrte, sind diese fast immer weit entfernt von Mainstream-Positionen. Stattdessen entwickeln islamistische Gruppen oft ihre eigenen Lesarten von Koran und Sunna, den beiden Hauptquellen des Islam. Hierbei folgen sie einem literalistischen Ansatz, der davon ausgeht, dass die wortwörtliche Lesung der Texte möglich und geboten ist und eins zu eins in die Jetztzeit übertragbar ist. Die komplexen Traditionen und Methoden der islamischen Wissenschaften und die Früchte jahrhundertealter islamischer Gelehrsamkeit werden übersprungen. Dabei besteht ein Problem der Koranexegese in der sunnitischen Mehrheitsmeinung, der Koran sei das ewige unerschaffene Gotteswort. Eine Kontextualisierung des Offenbarungsgeschehens und seine Historisierung - und damit auch mögliche Relativierung - sowie die Entwicklung und Anwendung einer historisch-kritischen philologischen Methode wird so deutlich erschwert, auch wenn es Versuche dazu im Islam gab und gibt.

Als Beispiel möchte ich eine „klassische" Dschihād-Stelle näher betrachten, die Verse 191 bis 193 von Sure 2:

> „Und kämpft auf dem Weg Gottes gegen diejenigen, die gegen euch kämpfen und begeht keine Übertretungen ... Und tötet sie, wo immer ihr sie trefft, und vertreibt sie, von wo sie euch vertrieben haben. Denn Verführen ist schlimmer als Töten. Kämpft nicht gegen sie bei der heiligen Moschee, bis sie dort gegen euch kämpfen. Wenn sie gegen euch kämpfen, dann tötet sie. So ist die Vergeltung für die Ungläubigen."

Der historische Kontext ist die Auseinandersetzung der Muslime von Medina mit den Mekkanern, die die Muslime aus Mekka vertrieben hatten. Nun war Mekka das zentrale Heiligtum auch schon für die frühen Muslime und deshalb war es für sie wichtig, die Mekkaner von der „heiligen Moschee", also der Ka'aba in Mekka, zu vertreiben. Der heilige Bezirk der Ka'aba verbot allerdings Kämpfe, auch schon in vorislamischer Zeit, von daher die in diesem Vers genannte Einschränkung; auch allgemeine Kriegsregeln („begeht keine Übertretungen") sind angedeutet. Der Satz „Denn Verführen ist schlimmer als Töten." ist zu ergänzen zu „Verführen zum Unglauben, zum Polytheismus", d. h. zur größten Sünde, die es im Islam gibt. Demgegenüber ist das Töten - zu ergänzen ist hier: des renitenten Polytheisten - nicht so schlimm. Der folgende Vers 192 deklariert die Barmherzigkeit und Vergebung Gottes für die Mekkaner, wenn sie aufhören, gegen die Muslime zu kämpfen, und nennt damit zwei für den Islam zentrale Begriffe:

„192 Wenn sie aufhören, so ist Gott voller Vergebung und barmherzig. 193 Kämpft gegen sie, bis es keine Verführung mehr gibt und bis die Religion nur noch Gott gehört. Wenn sie aufhören, dann darf es keine Übertretung geben, es sei denn gegen die, die Unrecht tun."

Vers 193 greift zunächst noch einmal das Bild der „Verführung zum Polytheismus" auf und benennt das Ziel des Dschihād, nämlich zu kämpfen „bis die Religion nur noch Gott gehört". Dann endet die Passage mit einer erneuten Andeutung von Kriegsregeln und legitimiert Gewalt nur zur Kriminalitätsbekämpfung. Wenn man diese drei Verse nun streng in ihren historischen Entstehungskontext stellt, dann hat sich ihr Aufrufcharakter mit der Eroberung Mekkas durch die Muslime im Jahr 8 / 630 faktisch erledigt. Folgt man hingegen einer literalistischen Lesart, dann lassen sich die Worte des Vers 191 „Und kämpft auf dem Weg Gottes gegen diejenigen, die gegen euch kämpfen und begeht keine Übertretungen. ... Und tötet sie, wo immer ihr sie trefft, und vertreibt sie, von wo sie euch vertrieben haben. Denn Verführen ist schlimmer als Töten." auch so lesen: Vertreibt die Amerikaner, Briten oder auch Deutschen aus Bagdad, Basra, Kabul oder Kunduz! Kämpft gegen die westliche Verführung zu einem unislamischen Lebensstil! Die zunehmende Delegitimierung traditioneller islamischer Autoritäten erweist sich hier als großes Problem für die Weiterentwicklung islamischer Theologie.

4. Zum Nährboden von Gewalt in muslimischen Gesellschaften

Die Begegnung der islamischen Welt mit der europäischen Moderne und ihren Errungenschaften am Anfang des 19. Jahrhunderts war nicht nur die mit überlegener Technologie, Wissenschaft, Verwaltung und Militär, sondern auch die mit dem Widerspruch zwischen Diskursen über Aufklärung, Freiheit und Menschenrechten auf der einen - schon Napoleon hatte in einem auf Arabisch verfassten Flugblatt zu Beginn der Besetzung Ägyptens verkündet, die Errungenschaften der französischen Revolution, welche im völligen Einklang mit dem Islam seien, den Ägyptern bringen zu wollen und sich selbst als Muslim bezeichnet - und imperialer Gewalt, Ausbeutung und Unterdrückung auf der anderen Seite, durch die mit Ausnahme von weiten Teilen der arabischen Halbinsel Nordafrika und der Nahe Osten kolonialisiert wurden. Hier zeigt sich bereits ein Spannungsfeld, das bis heute das Verhältnis der sogenannten westlichen Welt, also Europas und der Vereinigten Staaten von Amerika, mit der arabisch-islamischen Welt trübt, nämlich das Gefühl eines doppelten Standards und einer Diskrepanz zwischen Reden und Handeln. Seit der Gründung des Staates Israel wird dieses Gefühl zusätzlich durch die Wirren des Nahostkonflikts genährt (vgl. dazu als Überblick Thielmann 2009).

Die theologisch-politische Reaktion in den arabisch-islamischen Ländern auf gerade knapp skizzierte imperiale Penetration lässt sich stark vereinfacht auf zwei Tendenzen reduzieren, die bis heute erkennbar sind:

Die eine sieht den Islam als Problem an. Die Unterlegenheit der arabisch-islamischen Welt gegenüber Europa auf den Gebieten der Technologie, Wissenschaft, Wirtschaft, Militär usw. beruhe auf der Prägung der Gesellschaften durch den Islam und auf der Dominanz der traditionellen Gelehrten. Der Islam habe für Stagnation und Rückständigkeit gesorgt, man müsse also Religion und Gesellschaft nach dem Vorbild Europas reformieren, d. h. den Islam aufklären und die europäischen Errungenschaften und gesellschaftlichen Organisations- und Ordnungsprinzipien übernehmen. So könne die arabisch-islamische Welt wieder auf gleiche Höhe mit Europa kommen. Alle Reformen des 19. Jahrhunderts, z.B. in Ägypten oder dem Osmanischen Reich, sind zum Teil von solchen Gedanken begleitet gewesen. Die Frage ist nur, welcher Platz islamischen Institutionen und Traditionen dabei eingeräumt wird, und sei es nur bei der Legitimierung und Begründung einzelner Reformvorhaben. Die frühen Reformen im Osmanischen Reich, in Ägypten oder auch in Tunesien verstanden sich nicht als Bruch mit der Vergangenheit. Vielmehr sollten sie den Versuch darstellen, die islamische Welt Anschluss an die technisch-industrielle Moderne Europas finden zu lassen. Betont wurde von den Reformern dabei immer die Übereinstimmung ihrer Projekte mit der Scharia, dem göttlich geoffenbarten Gesetz, und den islamischen Traditionen.

Die andere Tendenz möchte zwar auch wieder auf Augenhöhe mit Europa kommen, sieht den Islam dabei aber nicht als Problem, sondern als Lösung an, knapp ausgedrückt im berühmten Slogan der ägyptischen Muslimbruderschaft, „al-Islām huwa l-hall“ (Der Islam ist die Lösung). Dass die islamische Welt momentan unterlegen sei, liege nicht am Islam an sich, sondern daran, dass die Menschen sich im Laufe der Zeit vom wahren Islam entfernt und seine Regeln aufgegeben hätten. Es sei von daher nötig, sich auf die Wurzeln des Islam zurückzubesinnen, um wieder zu Größe und Stärke zu finden. Diese Strömung sucht nach einer autochthonen Modernisierung, die zuvörderst aus den eigenen Quellen schöpft, auch wenn diese erst einmal freigelegt oder neu gegraben werden müssen. Dieser Prozess ist beileibe nicht reaktionär oder konservativ, im Gegenteil: Man könnte provokant formulieren, er sei voraus in eine Vergangenheit gerichtet, in der diese Strömung, die sich seit 1884 „Salafiyya"[1] nannte, die Antworten auf gegenwärtige und zukünftige Probleme findet. Artikuliert wurden diese Strömung durch Akteure wie dem Philosophen und panislamischen Vordenker Jamal al-Din al-Afghani (1838-1897), der u.a. in Ägypten und in Istanbul gegen die imperialistische Bedrohung durch die europäischen Mächte kämpfte, zeitweise auch im Exil in Paris, oder seinen Schüler, den Theologen und späteren ägyptischen Großmufti Muhammad Abduh (1849-1905). Dessen Schüler Raschid Rida (1865-1939) verbreitete in der Zeitschrift „al-Manār" (Der Leuchtturm) die Ideen der panislamischen Reformer. Die reformerischen Gedanken verbanden sich auch mit nationalistischen wie dem Panarabismus (vgl. Hourani 1983, Black 2001: 301-305, auch Lerch 2006).

Der entscheidende Unterschied zwischen beiden Strömungen ist die Legitimationsbasis für die politischen, gesellschaftlichen und wirtschaftlichen Konzepte und Modelle und die theologischen Deutungen: Während die erste Strömung sich aus den unterschiedlichsten Quellen legitimiert und bestenfalls anmerkt, dass ihre Überlegungen nicht im Widerspruch zum islamischen Recht und der islamischen Tradition stehen, basiert die Legitimierung der zweiten Strömung ausschließlich auf den kanonischen Quellen Koran und Sunna. Der Orientierungshorizont für sie ist die Goldene Frühzeit des Islam, die wiederhergestellt werden soll. Dass dies auch mit der Wiedererfindung von Traditionen im Hobsbawm'schen Sinn (Hobsbawm 1983) verbunden ist, konnte ich am Beispiel der *hisba*-Klage - die auf dem bereits genannten koranischen Gebot „das Rechte mehren, dem Unrecht wehren" (*al-amr bil-ma'rūf wan-nahy ,an al-munkar*, Sure 3,104) beruht - im Ägypten der 1990er Jahre zeigen (Thielmann 2003). Dabei werden die technischen Errungenschaften der Moderne durchaus übernommen. Wichtig ist dieser Strömung auch, die Wissenschaftlichkeit und Rationalität des Islam zu zeigen.

Zusammengefasst kann man so sagen, dass der gewaltsame Einbruch des

1 Die Bezeichnung kommt von der Orientierung dieser Strömung an den rechtschaffenen Altvorderen, den „al-salaf al-sālih", d. h. den Prophetengenossen und der ersten Nachfolgergeneration. Heute wird der Begriff „Salafiten" oder „Salafisten" vor allem benutzt, um radikale, auch gewaltbereite und terroristische Gruppen des politischen Islam zu bezeichnen. Für die „klassische" Salafiyya des 19. und frühen 20. Jahrhunderts ist immer noch grundlegend Hourani 1983.

„Westens“ in den „Orient“ neben der Kolonialisierung auch Modernisierungs- und Säkularisierungsprojekte mit sich gebracht hat. Als Bild entstand dabei die Wahrnehmung des „Orient“ als rückwärtsgewandt, primitiv und unterentwickelt, der einem modernen, säkularen und fortschrittlichen „Westen“ entgegengesetzt wurde. Die Eliten des Nahen Osten wollten in der Folge „den Orient nach dem Bild des Okzident neu schaffen.“ Das Scheitern dieses Projekts in den späten 1960er Jahren und die durch die Reformen verursachte Entfremdung weckten - wie bereits gezeigt - schon im 19. Jahrhundert die Suche nach „Wurzeln“, „Authentizität“, „Identität“ und „Selbstbestimmung“, welche sich seit den 1970er Jahren unter islamischen Vorzeichen intensivierte und auch globalisierte.

Im sozio-ökonomischen und politischen Feld lassen sich seit den 1960er Jahren Frustrationskomplexe der heutigen Muslime ausmachen, die ineinander wirken und einen Nährboden für Radikalisierung bieten:

1. Alle arabisch-islamischen Staaten, aber auch Länder wir Afghanistan oder Pakistan verzeichnen eine unzureichende sozio-ökonomische Entwicklung, welche mit dem rasanten Bevölkerungswachstum nicht Schritt halten kann, denn alle diese Gesellschaften sind sehr jung. Die Folge sind eine hohe Arbeitslosigkeit, besonders unter den Jungen, nicht ausreichendes Wachstum sowie eine extrem ungleiche Verteilung des Nationalprodukts. Ein Mittelstand, der als Mittler fungieren und Bedürfnisse der Bevölkerung artikulieren könnte, fehlt (vgl. AHDR 2002, 2003, 2004, 2005, 2009).

2. Es herrscht eine große Unzufriedenheit mit den Regierungen vor, die - egal ob als Militärdiktaturen, Einparteiensysteme oder absolute Monarchien - ihre Bevölkerungen mit einem repressiven Sicherheitsapparat gängeln und tyrannisieren, keine Opposition zulassen, aber dennoch von Demokratie oder Demokratisierung, von Menschenrechten, einer großen Vergangenheit und gloriosen Zukunft ihrer Nationen sprechen. Fakt sind aber überall Korruption, Vetternwirtschaft und Ausbeutung. Die Verwaltungen sind nicht verantwortlich oder gar bürgerorientiert.

3. Die Weltordnung mit ihrer Dominanz der westlichen Welt, vor allem der USA, wird als ungerecht empfunden. Viele Menschen in der islamischen Welt haben das Gefühl, es gebe doppelte Standards zum Nachteil für die Muslime. Als Beispiele werden hier der Nahost-Konflikt oder die Besetzungen des Iraks oder Afghanistans angeführt.

5. Erklärungsmodelle für religiös-motivierte oder religiös-legimierte Gewalt

Ein gängiger Begriff, der zur Erklärung religiös-motivierter oder -legitimierter Gewalt herangezogen wird, ist der des Fundamentalismus. Entstanden ist er nach einer US-amerikanischen protestantischen Zeitschrift gegen den Darwinismus in den 1920er Jahren namens „The Fundamentals", welche die „Grundlagen" des Glaubens aus einer wortwörtlichen Lesung der Bibel darstellte. Meines Erachtens gibt es Fundamentalismus in jeder Religion und Ideologie. Seine Hauptströmungen, die sich auch vermischen, lassen sich mit drei Begriffen beschreiben: Zunächst Integralismus, ein Begriff aus der katholischen Theologie, der umreißt, dass aus dem Glauben die Antworten auf alle Fragen des privaten und öffentlichen Lebens zu entnehmen sind. Dann den schon im Kontext der Probleme der Koranexegese oben benutzte Begriff Literalismus: Alle heiligen (grundlegenden) Texte der jeweiligen Religion sind unantastbar und wörtlich zu verstehen - und auch verstehbar! Ferner Exklusivität, welche politisch gewendet die problematischste Strömung ist. Hier gibt es kein Infragestellen der eigenen Prinzipien und Intoleranz gegenüber anderen Standpunkten.

Im Kontext des Islam spricht man dann von „Islamismus" oder „politischem Islam". Die Gruppe der „exklusive Extremisten" fordert eine islamische Ordnung zur Rettung der Welt. Sie exkommuniziert alle Andersdenkenden (arab. *takfīr*) und proklamiert den Auszug (arab. *hiǧra*; das ist die Bezeichnung für den Auszug der Muslime unter Muhammad aus Mekka, mit dem die islamische Zeitrechnung beginnt, der Begriff ist also hochgradig symbolisch aufgeladen) der Rechtgläubigen aus der heidnischen Gesellschaft, die durchaus mehrheitlich muslimisch sein kann - nur nicht für die exklusiven Extremisten. Der bewaffnete Kampf (*ǧihād*) gegen das Heidentum ist selbstverständlich. Die - nicht gewalttätigen! - Verfechter einer Anwendung der Schari'a, des islamischen, göttlich geoffenbarten Rechts, sind die größte Gruppe. Es gibt von ihnen aber keine inhaltliche Bestimmung des islamischen Rechts. Und schließlich gibt es die Identitätssucher, die Andersdenkende ablehnen, weil sie die intellektuelle und kulturelle Abhängigkeit vom Westen fördern.

Vor allem französische Forscher sprechen seit einiger Zeit von „Post-Islamismus" und vom Niedergang des politischen Islam. So meint Olivier Roy, dass der politische Islam ein Nachholgefecht gegen die de facto-Säkularisierung in der islamischen Welt ist. Er befördere sogar die Säkularisierung durch seine Betonung religiöser Werte und Normen für die individuelle Lebensführung und die Abgrenzung gegenüber einem Staat, der als unislamisch abgelehnt wird (vgl. Roy 2006: bes. 37-94). Auch wenn ich Olivier Roy prinzipiell zustimme, so lässt sich dennoch die terroristische Gewalt, die sich in muslimischen Gesellschaften finden lässt, damit nicht erklären. Zu unterstreichen ist jedoch, dass sich terroristische Gewalt auch bei Angehörigen anderer Religionen beobachten lässt (vgl. Juergensmeyer 2003, Kippenberg 2008; auch Asad 2007).

Hier möchte ich ein Modell vorstellen, das der Berner Islamwissenschaftler Reinhard Schulze vor kurzem vorgeschlagen hat, um islamistischen Terrorismus zu begreifen (Schulze 2007). Zunächst ist festzustellen, dass „Terrorismus" oder „Terrorist" problematische Begriffe sind (vgl. ausführlicher Thielmann 2004: 69-76). Der Terrorist von heute ist vielleicht ein Friedensnobelpreisträger von morgen. Die Selbstbezeichnung „Terrorist" wurde zuletzt in den 1930er Jahren im damaligen britischen Mandatsgebiet Palästina von der sogenannten „Stern-Bande" (auch bekannt als Lehi oder Lohamei Herut Yisrael) benutzt, der u.a. der spätere israelische Ministerpräsident Menachem Begin angehörte. Danach verschwand sie. Die Definition von Bruce Hoffman grenzt Terroristen von einer Guerilla, die ein Territorium erobern will, von Kriminellen oder Geisteskranken ab: „Der Terrorist ist im Kern ein gewalttätiger Intellektueller, der bereit ist, Gewalt zur Erreichung seiner Ziele einzusetzen" (Hoffman 2001: 55). Mit einer so gefaßten Definition wird es gegen die gängigen Deutungsmuster von Terrorismus als schlichte „method of action" möglich, terroristische Akte in einen - nicht prinzipiell irrationalen - Begründungszusammenhang zu stellen und einer sozialwissenschaftlichen Deutung zugänglich zu machen, so wie es auch Schulze vorschlägt.

Seit den 1980er Jahren rückt Religion als Deutungskategorie von terroristischen Handlungen voran, zum einen durch die Selbstdeklarationen der Terroristen, die ihre Taten als religiös verstanden. Zum anderen konnte man Terroristen religiösen Organisationen zu ordnen. Schließlich wurde der Begriff Religion, u.a. auch durch die Islamische Revolution im Iran, in dieser Zeit wieder zu einer eigenen Erklärungskategorie. So entstand als erklärende Kategorie der „religiöse Terrorismus", der mit apokalyptischem oder eschatologischem Denken, mit Verfolgungswahn und Dämonisierung sowie charismatischen Führern verbunden wird (vgl. Schulze 2007: 77). Der strategische Wechsel des politischen Terrorismus von personenbezogenen Einzelattentaten hin zur anonymen Gewalt gegen Menschengruppen, bei der der Einzelne nicht in Beziehung zum Handlungsziel gesetzt werden kann, machte das Verstehen eines „Sinns" in diesen terroristischen Akten noch dringender.

Nach Reinhard Schulze (2007: 78f) dominieren drei Deutungsschemata für den kulturellen „Sinn" des Terrorismus: Erstens die Apologetik des Terrors als „öffentliche Tugend" - in der französischen Revolution durch Robespierre deklariert: „la terreur et la vertu". Dann der Nihilismus, wie er von Nietzsche oder Dostojewski (*Die Dämonen*) artikuliert wurde. In der Folge wird Terrorismus heute als subjektive, privatisierte Form eines post-modernen Nihilismus verstanden (so von Navid Kermani 2002 oder André Glucksmann 2002). Schließlich kann Terrorismus als Ausdruck einer apokalyptischen Grundhaltung verstanden werden, wie sie z.B. bei der Figur des Leo Naphta in Thomas Manns *Der Zauberberg* erscheint.

Da Terrorismus als eine Gewalthandlung verstanden wird, die sich nicht in Kategorien nachvollziehbarer Begründungen fassen lässt, bietet die Verbindung mit „Religiösem" die Möglichkeit, zwar das Bedürfnis nach einer kausalen Erklärung zu befriedigen, gleichzeitig aber terroristisches Handeln als nicht-rational bzw. außer-rational zu kennzeichnen und so aus der nachvollziehbaren Begründetheit eines Geltungsanspruchs auszuschließen. „So tritt der Terrorismus in eine Welt ein, die jenseits der vernunftmäßigen Weltbegründung angesiedelt zu sein scheint. Terroristen, angeleitet durch »Tugend, Nihilismus und Apokalypse«, stünden außerhalb der Welt und könnten so auch außerhalb der üblichen Regeln des Umgangs mit Devianz »behandelt« werden" (Schulze 2007: 78f).

Schulze (2007: 82-85) zeigt, dass das zentrale Problem im Kontext des Islam die terroristische Selbstermächtigung zur Tat ist, die sich durch den Verweis auf den Islam legitimiert, wie u.a. saudi-arabische religiöse Autoritäten erkannt hätten. Diese nähmen zwar keine Analyse der sozialen Bedingungen dafür vor, machten aber deutlich, dass die Selbstermächtigung mit Autoritätskonflikten in den Familien aufgrund sozialer Desintegration und Fragmentierung zu tun haben könne. Im Ergebnis verurteilen die religiösen Gelehrten nicht nur den Terrorismus als unislamisch, sondern fordern auch auf, selbst Familienangehörige bei der Polizei zu melden, die Anzeichen für eine Selbstermächtigung zeigten.

Will der „normale" Terrorismus durch die Anwendung von Gewalt oder die Drohung mit ihr politische Veränderungen erreichen, so ist die Gewalt religiös begründeten Terrorismus weniger instrumentell auf Veränderungen gerichtet, denn die möglichen politischen Veränderungen liegen in Gottes Hand. Vielmehr ist die religiös begründete Gewalt performativ, ein Zeichen des „kosmischen Krieges“ zwischen Gut und Böse. Die spezifische religiöse Begründung ist nicht Quelle des Handelns, sondern nachgeordnet. Das Tun nicht durch das Erreichen eines Ziels legitimiert, sondern durch die Auslegung der Tat selbst: Das Ziel ist durch die Hermeneutik der Tat offen zu legen. Dabei unterscheiden sich die emphatischen Selbstdeutungen der Terroristen von der Hermeneutik als solcher.

Auch bei Muslimen herrscht die oben angesprochene kulturelle Deutung des Terrorismus als Bewältigungsstrategie vor. Dies übersieht aber für Schulze die spezifische Dynamik des Ermächtigungszyklus, den die Terroristen bis zur konkreten Tat durchlaufen. Die durch das Internet und zunehmende Alphabetisierung wachsende Zugänglichkeit von religiösen Texten, sowohl der Quellen Koran und Sunna als auch von mittelalterlichen Traktaken o.ä., schwächt das Deutungs- und Lehrmonopol der traditionellen religiösen Gelehrten im Islam, der *‚ulamā'*, da die Laien nun selbst lesen und Meinungen bilden. Für Radikale machen sich die gegenwärtigen *‚ulamā'* des *irǧā'* schuldig, des „Verschiebens eines Urteils“ über die Verhältnisse und das gebotene Tun. Der Begriff *irǧā'* stammt aus der theologischen Dogmatik des 8. und 9. Jahrhunderts. Dahinter steht die Ansicht, dass der Glaube allein von der Glaubensüberzeugung abhängt und sich nicht im Handeln realisiert. Dadurch wurde der Dschihād als konstanter bewaffneter Kampf ausgesetzt. Hier kann ich an das bereits oben unter II. zum Dschihād Gesagte anknüpfen: Im islamischen Terrorismus setzt sich die Überzeugung durch, der Dschihād sei die „vergessene sechste Säule“ des Islam und seine Verwirklichung zwingend für jeden Muslim geboten. Er sei keine Kollektivpflicht, sondern eine Individualpflicht und gehöre zu den gottesdienstlichen Handlungen (arab. *‚ibādāt*). Verbunden ist dies mit dem ebenfalls bereits mehrfach genannten koranischen Gebots, „das Rechte mehren, dem Unrecht wehren“ (*al-amr bil-ma'rūf wan-nahy ‚an al-munkar*, Sure 3,104). Beides zusammen entfaltet starke Kräfte und setzt ein rein personales Religionshandeln frei: Glaube realisiert sich im Tun! Die Haltung des religiösen Establishments, Glaube sei Glaubensüberzeugung, wird radikal abgelehnt; die *‚ulamā'* werden als Büttel der Machthaber wahrgenommen und verlieren ihre Autorität.

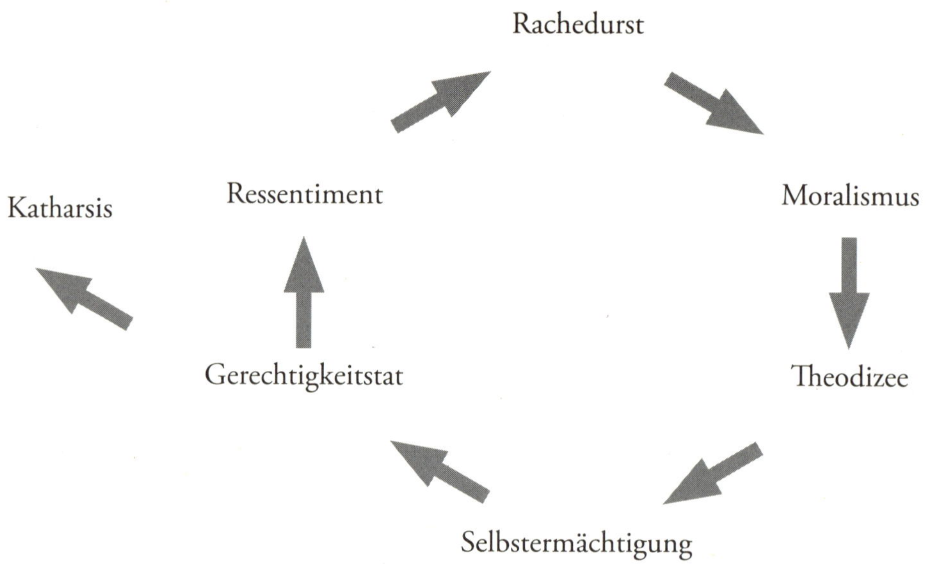

Abb. 1: Ermächtigungszyklus nach Schulze 2007: 88

Reinhard Schulze (2007: 86-90) entwirft das Modell eines Ermächtigungszyklus, der die verschiedenen Stadien bis hin zur terroristischen Tat analytisch beschreibt. Basis ist ein existenzialistisches Verständnis von Religion und die Behauptung eines Gültigkeits- und Geltungsanspruchs, der in Gerechtigkeit wurzelt. Am Beginn steht ein Gefühl, das des *Ressentiment*, nämlich die Empfindung, grundlegend Unrecht zu erfahren. Dies muss nicht direkt und persönlich geschehen, es kann auch stellvertretend gefühlt werden für Erfahrungen von Muslimen weltweit (vgl. auch Khosrokhavar 2009: 227f). Die Empfindung ist, von Anderen, z.B. den USA, angegriffen zu werden. Die Wahrnehmung der Gruppen teilt die Welt in der Folge in Gut und Böse. Aus diesem Gefühl, dass die feindliche Welt böse und zerstörerisch ist, entsteht das Bedürfnis nach *Rache*, die die erlittenen Zerstörungen ausgleichen soll. Dabei ist diese Rache moralisch gut, da sie Gerechtigkeit wiederherstellt. Die moralisch Guten kämpfen hier gegen die moralisch Bösen. Unschuldige gibt es nicht. Solidaritätsbindungen zu den Guten und damit intensive (Sub-) Gruppenbildungen entstehen auf dieser Stufe des *Moralismus*. Werden das Ressentiment sowie der Rachedurst von vielen geteilt, verdichtet sich von hier an der Personenkreis zu einer Tatgemeinschaft. Die Gruppe wird zunehmend kleiner, die Bindungen innerhalb der Gruppe zunehmend enger. Kommt es nun zum Entschluss, einen terroristischen Akt zu begehen, wird diese Tat als Ausdruck eines externen Willens gesehen, nämlich als von Gott gewollt. Die Sünde und das Unrecht der Bösen führt früher oder später die Rache Gottes herbei. In dieser *Theodizee* derjenigen, die Unrecht erleiden oder zu erleiden meinen, werden die Terroristen zu Vollstreckern des göttlichen Willens. Basierend auf dem göttlichen Gebot des *al-amr bil-ma'rūf wan-nahy 'an al-munkar* sowie der individuellen Pflicht zum Dschihād kommt es zur *Selbstermächtigung* zum Handeln. Der die Tat planende Terrorist erfährt existenziell: Der Islam als Religion realisiert sich nur durch mich und meine Tat. Diese Tat ist als Vollstreckung des göttlichen Willens eine *Gerechtigkeitstat*. In ihrem Vollzug erfährt der Täter im Fall eines Selbstmordattentats in letzter und höchster Form seine Existenz. Seine Tat ist zwingend als Ausdruck der beginnenden Apokalypse, als letztem Kampf zwischen Gut und Böse vor dem Ende der Welt. Er wird verwandelt in einem Prozess der *Katharsis*, der Reinigung und Läuterung; sein Tod hat so keinen Schrecken für ihn. Der VerdichtungsProzess der Gruppen und Entscheidungen bis hin zur terroristischen Tat ist ein bottom-up-Prozess. Gelegentlich trifft er aber auch auf einen top-down-Prozess, in dem von oben Handlungsformen gesteuert und standardisiert werden, unter anderem durch al- hat Qa'ida.

Alexander Schahbasi (2009: bes. Abb. 3 und 4, pp. 28, 30) beschreibt die wesentliche Elemente dieses Ermächtigungszyklus, den er als „Weg der Radikalisierung" pyramidal fasst, sehr ähnlich, verwendet nur eine andere Terminologie und gliedert die Entwicklungsschritte etwas anders. Er folgt den vor allem in Sicherheitskreisen verbreiteten psychologischen Erklärungsansätzen und benennt Risikofaktoren für eine Radikalisierung. Wo Schulze von Ressentiment, Rachedurst und Moralismus spricht, spricht Schahbasi von Prädisposition, Identifikation und Indoktrination. Schahbasis Indoktrination (Abkehr vom bisherigen Leben, Gewalt als notwendiges Mittel, Annahme eines Weltbildes) wiederum überschneidet sich mit Schulzes Moralismus, Theodizee und Selbstermächtigung. An der Spitze steht bei Schahbasi dann die Aktion, die auch Gruppenloyalität und die Verpflichtung zu handeln umfasst.

Meines Erachtens hat Schulzes Modell des Ermächtigungszyklus gegenüber Schahbasis Beschreibung eines Weges der Radikalisierung aber den Vorteil, zum einen weniger mechanistisch oder kriminalistisch zu sein, sondern vielmehr den Akzent auf die Anbindung terroristischer Akte an die üblichen Rationalitäten und Kategorisierungen zu legen, wodurch die Entwicklung sozialwissenschaftlicher Analysekategorien und Erklärungsmodelle auch für religiös legimierte Handlungen möglich wird. Zum anderen eröffnet er die Möglichkeit, eine ethnologische, emische, also Binnenperspektive zu entwickeln, die die religionsimmanenten, handlungsleitenden Denkfiguren erfassen kann. Und damit letztlich auch eine nachhaltige Antiterrorstrategie zu entwickeln erlaubt.

6. Zusammenfassung

Es gibt islamische Texte in den entscheidenden Quellen Koran und Sunna, die Gewalt legitimieren und sogar fordern. Aber es gibt auch in diesen Quellen Texte, die zu Gewaltlosigkeit aufrufen. Ihre Kontextualisierung und Historisierung können viele Problemstellen jedoch auflösen. Entscheidend ist hier das jeweilige Verständnis vom Charakter des Koran: unerschaffenes ewiges Gotteswort oder Gottes Wort und erschaffen in der Zeit. Eine Reduktion terroristische Akte auf Religion oder religiöse Texte greift zum Verstehen aber prinzipiell zu kurz, im Sinne von „der Islam ist so…“ oder „im Koran steht ja…“. Allerdings ist auch das Heranziehen sozio-ökonomischer und politischer Analysen nicht hinreichend, wenn Gewaltakte explizit islamisch legitimiert werden. Der Ausschluss des Religiösen aus einem generellen Deutungsanspruch und seine Wahrnehmung als irrational bei gleichzeitiger Lesung der Gewalt als „kulturell“ - sei es als öffentliche Tugend, Nihilismus oder Apokalypse –, um dem Unfassbaren „Sinn“ zu verleihen, verhindern sozialwissenschaftliche Deutungen, die in soziologische Theorien und Modelle eingebettet sind. Sinnvoll scheint es dagegen im Anschluss an Schulzes Modell eines Ermächtigungszyklus zu sein, terroristische Gewaltakte als performative Akte zu verstehen, die sich selbst in einer Hermeneutik der Tat deuten und gedeutet werden müssen. So lassen sich auch religiöse Legitimierungen in rationale Deutungssysteme integrieren. Ziel muss es sein, die bei islamistischen Terroristen wie bei ihren Gegnern zu beobachtende Reduktion auf eine Geschichte, einen „Monomythos“ (Odo Marquard), in „Polymythie“, in vielfältiges Erzählen aufzulösen, die ein tolerantes Nebeneinander vieler Weltdeutungen und Welterzählungen zulässt.

Bibliographie

Alle Koranzitate nach: *Der Koran*. Übersetzung von Adel Theodor Khoury. Unter Mitwirkung von Muhammad Salim Abdullah. 2. durchges. Aufl., Gütersloh: Gütersloher Verlagshaus, 1992.

AHDR = *Arab Human Development Report,* hrsg. von United Nations Development Programme, 2002, 2003, 2004, 2005, 2009: http: / / www.arab-hdr.org /

Asad, Talal (2007): *On Suicide Bombing*. New York: Columbia University Press.

Black, Antony (2001): The History of Islamic Political Thought. From the Prophet to the Present. Edinburgh: Edinburgh University Press.

Cook, Michael (2000): *Commanding Right and Forbidding Wrong in Islamic Thought*. Cambridge: Cambridge University Press.

Ders. (2002): Der Koran. Eine kurze Einführung. Stuttgart: Reclam.

Faroqhi, Suraiya (1995): Kultur und Alltag im Osmanischen Reich. Vom Mittelalter bis zum Anfang des 20. Jahrhunderts. München: C.H. Beck.

Glucksmann, André (2002): *Dostoïevski à Manhattan*. Paris: Laffont.

Hobsbawm, Eric (1983): „Introduction: Inventing Traditions“, in: Eric Hobsbawm und Terence Ranger (Hrsg.): *The Invention of Tradition*. Cambridge: Cambridge University Press, pp. 1-14.

Hoffman, Bruce (2001): *Terrorismus. Der unerklärte Krieg. Neue Gefahren politischer Gewalt*. Frankfurt / Main: Fischer Taschenbuch Verlag.

Hourani, Albert (1983): *Arabic Thought in the Liberal Age 1798-1939*. Cambridge: Cambridge University Press.

Jansen, Johannes J.G. (1986): The Neglected Duty. The Creed of Sadat's Assassins and Islamic Resurgence in the Middle East. New York: Macmillan.

Juergensmeyer, Mark (2003): *Terror in the Mind of God. The Global Rise of Religious Violence*. 3rd ed. revised and updated, Berkeley, Los Angeles, London: University of California Press.

Kermani, Navid (2002): Dynamit des Geistes. Martyrium, Islam und Nihilismus. Göttingen: Wallstein.

Khorchide, Mouhanad (2009): Der islamische Religionsunterricht zwischen Integration und Parallelgesellschaft. Einstellungen der islamischen ReligionslehrerInnen an öffentlichen Schulen. Wiesbaden: VS Verlag.

Khoury, Adel Theodor (1980): *Toleranz im Islam*. München: Kaiser & Mainz: Grünewald. Kippenberg, Hans G. (2008): *Gewalt als Gottesdienst. Religionskriege im Zeitalter der Globalisierung*. München: C.H. Beck.

Kreiser, Klaus und Christoph K. Neumann (2003): *Kleine Geschichte der Türkei*. Stuttgart: Reclam.

Lerch, Wolfgang Günter (2006): „Der Islam in der Moderne“, in: *Aus Politik und Zeitgeschichte* 28-29, 2006,11-17.

Marquard, Odo (1981): „Lob des Polytheismus. Über Monomythie und Polymythie“, in: ders.: *Abschied vom Prinzipiellen*. Stuttgart: Reclam, 91-116.

McCarthy, Justin (1983): Muslims and Minorities. The Population of Ottoman Anatolia and the End of the Empire. New York: New York University Press.

Meier, Andreas (1994): Der politische Auftrag des Islam. Programme und Kritik zwischen Fundamentalismus und Reformen. Originalstimmen aus der islamischen Welt. Wuppertal: Peter Hammer.

Noth, Albrecht (1987): „Früher Islam", in: Ulrich Haarmann (Hrsg.): *Geschichte der arabischen Welt.* München: C.H. Beck, pp. 11-100.

Ders. (1998a): „Von der medinensischen ‚Umma' zu einer muslimischen Ökumene", in: Albrecht Noth und Jürgen Paul (Hrsg.): Der islamische Orient. Grundzüge seiner Geschichte. Würzburg: Ergon, pp. 81-132.

Ders. (1998b): „Schichten und Gruppen innerhalb der ‚Umma'", in: *ibid.*, pp. 135-149.

Roy, Olivier (2006): Der islamische Weg nach Westen: Globalisierung, Entwurzelung und Radikalisierung. München: Pantheon.

Sahīh al-Buhārī. Nachrichten von Taten und Aussprüchen des Propheten Muhammad. Ausgewählt, aus dem Arabischen übersetzt und herausgegeben von Dieter Ferchl. Stuttgart: Reclam, 1991.

Schahbasi, Alexander (2009): „Muslime in Europa - Radikalisierung und Rekrutierung", *.SIAK-Journal* 6 / 1: 20-34.

Schulze, Reinhard (2007): „Islamistischer Terrorismus und die Hermeneutik der Tat", in: Monika Wohlrab-Sahr / Levent Tezcan (Hrsg.): *Konfliktfeld Islam in Europa.* Baden-Baden: Nomos, pp. 77-109.

Thielmann, Jörn (2003): Nasr Hāmid Abū Zaid und die wiedererfundene hisba. Šarīʿa und Qānūn im heutigen Ägypten. Würzburg: Ergon.

Ders. (2004): Die UNO und der Terrorismus. Eine kritische Erläuterung ihrer Rolle am Beispiel Afghanistans. Mainz: Landeszentrale für politische Bildung.

Ders. (2009): „Zum Verhältnis von Islam und Moderne - einige geschichtliche Betrachtungen und das Beispiel Deutschland", in: Bernd Schröder (Hrsg.): *Religion in der modernen Gesellschaft. Überholte Tradition oder wegweisende Orientierung?* Leipzig: Evangelische Verlagsanstalt, pp. 139-153.

Tyan, Émile (1991): „Djihād", in: *The Encyclopaedia of Islam.* New Edition. 4th impr., Leiden: Brill, vol. 2 C-G, pp. 538a-540a.

Die Entgrenzung der Gewalt

Sozialethische Anmerkungen zum Terrorismus

von Manfred Spieker

1. Erscheinungsformen des Terrorismus

Der Terrorismus ist in den 80er Jahren zu einer allgegenwärtigen, ja apokalyptischen Bedrohung geworden. Diese Feststellung zu begründen und das Fragezeichen hinter dem Titel der Tagung durch ein Ausrufezeichen zu ersetzen, ist ebenso das Ziel dieser sozialethischen Erörterung wie die Beantwortung der Fragen nach den Wurzeln des Terrorismus und nach effektiven Strategien seiner Bekämpfung. Die Geschichte des Terrorismus ist freilich ein Jahrhundert älter. Sie beginnt im 19. Jahrhundert mit der Erfindung des Dynamits und dem Aufkommen der Massenpresse.⊠ Damit sind die zwei Instrumente genannt, derer sich Terroristen zu bedienen pflegen, um ihre Ziele zu erreichen: Die tödliche, Angst und Schrecken verbreitende Gewalt des Sprengstoffs einerseits, die dank der Massenmedien weit über das unmittelbare Ziel hinausreichende Wirkung des terroristischen Anschlags andererseits.

Aber ein Jahrhundert lang bleiben die Ziele der Terroristen regional begrenzt. Ob es sozialrevolutionäre Ziele waren wie bei den russischen Anarchisten im 19. und Anfang des 20. Jahrhunderts, dem Sendero Luminoso in Peru, den Roten Brigaden in Italien und der Roten Armee Fraktion in Deutschland in den 70er Jahren des 20. Jahrhunderts oder nationalistische Ziele wie bei der ETA im Baskenland, der IRA in Nordirland oder den Tamil Tigers in Sri Lanka, der Terrorismus war kein globales Phänomen.

Der Terrorismus war ein Jahrhundert auch kein religiöses Phänomen. Selbst da, wo Beobachter geneigt sein könnten, den Terroristen auch religiöse Motive zu unterstellen, wie zum Beispiel den jüdischen Terrorgruppen in Palästina, die einen jüdischen Staat mit terroristischen Aktionen erzwingen wollten, oder der PLO, die ein eigenständiges, judenfreies Palästina wollte, oder der immer als katholisch bezeichneten IRA, die mit Dynamit gegen Vormachtansprüche radikaler Protestanten in Nordirland kämpfte, kann man nicht von einem religiösen Terrorismus sprechen.[1] Es ging vorwiegend um nationalistische und sehr begrenzt auch um soziale Ziele. Eine apokalyptische Bedrohung ging von diesem Terrorismus nicht aus.

Eine gewisse Wende in der Geschichte des Terrorismus im 20. Jahrhundert mag der Anschlag des „Schwarzen September", einer PLO-Gruppe auf die israelische Olympia-Mannschaft am 5. September 1972 in München gewesen sein. Dieser Terrorakt, der die heiteren Spiele von München abrupt beendete und in dessen Verlauf alle Terroristen und alle israelischen Geiseln ums Leben kamen, verlieh dem Terrorismus erstmals einen globalen Zug. Weder die Terroristen noch die Geiseln hatten etwas mit dem Land zu tun, in dem sich der Anschlag abspielte. Aber die Olympischen Spiele garantierten ihm eine globale Aufmerksamkeit, die wiederum eine nachhaltige Wirkung hatte. Erstmals wurde im Gefolge dieses Anschlags ein Recht der Palästinenser auf einen eigenen Staat bis in die Vereinten Nationen hinein anerkannt.

Wann beginnt der religiöse Terrorismus und was unterscheidet ihn von den anderen Erscheinungsformen des Terrorismus, dem sozialrevolutionären, dem ethnischen oder nationalistischen Terrorismus? Der religiöse Terrorismus beginnt schon 20 Jahre vor dem 11. September 2001. Ein bedeutender, religiös begründeter Terrorakt mit globaler Resonanz war die Ermordung des ägyptischen Präsidenten Anwar El Sadat 1981, dem der islamistische Attentäter und die hinter ihm stehende Gruppe Apostasie und Zusammenarbeit mit Juden und „Kreuzfahrern" vorwarf. Der Attentäter kam aus der Gruppe „Al Dschihad", einer sich offen zum religiösen Terrorismus bekennenden Abspaltung der schon 1928 von Hassan al Banna gegründeten Muslim-Bruderschaft. Auch die Terroristen von Beirut, die am 23. Oktober 1983 mit ihren Attentaten auf amerikanische und französische Soldaten 299 Menschen mit in den Tod rissen, beriefen sich auf den Islam. Im Umfeld der Muslim-Bruderschaft wurde auch ein weiterer religiös begründeter und globale Aufmerksamkeit erregender Terrorakt vorbereitet: der erste Anschlag auf einen der beiden World Trade Towers 1993. Er wurde von Scheich Omar Abdel Rahman geplant, der an der Al Azhar Universität in Kairo den Dschihad als sechste Säule des Islam predigte und heute in den USA eine lebenslange Gefängnisstrafe verbüßt.

1 Peter Waldmann, Die Herausforderung des Terrorismus, in: Anton Rauscher, Hrsg., Handbuch der Katholischen Soziallehre, Berlin 2008, S. 1063.

Zum Weltbild von Rahman wie auch von Sayyid Qutb, dem Chefideologen der Muslimbruderschaft, der 1966 in Ägypten hingerichtet wurde, gehört nicht nur der Dschihad, sondern auch die Einteilung der Welt in Licht und Finsternis, in Freund und Feind. Während die Finsternis leicht identifiziert werden kann als Haus des Krieges, also als jener, von den USA und dem Westen dominierter Teil der Welt, in dem der Islam nicht herrscht, ist es relativ schwierig, das „Licht" zu identifizieren. Es ist nicht gleichbedeutend mit den islamisch geprägten Ländern, da es auch dort Regierungen gibt, die in der Perspektive der religiösen Terroristen den Islam verraten und mit dem Westen oder den Juden kooperieren, sei es Sadat in Ägypten oder das Herrscherhaus in Saudi Arabien, das von Usama Bin Laden nicht weniger bekämpft wird als der Westen.

Mit den Anschlägen auf die Türme des Welthandelszentrums in New York, das Pentagon in Washington und das dritte unbekannte Ziel des durch den mutigen Kampf der Passagiere gegen die Terroristen über Pennsylvania zum Absturz gebrachten Flugzeugs am 11.September 2001 hat der religiöse Terrorismus eine Gestalt angenommen, die Ausgangspunkt dieser sozialethischen Erörterungen ist. Die zahlreichen folgenden, ebenfalls Al Qaida zugeschriebenen Anschläge von Madrid und London, Dscherba und Bali, Kenia und Bombay sowie immer wieder im Irak, in Pakistan und in Afghanistan bekräftigen diese neue Gestalt des Terrorismus, die ebenso religiös wie global ist. Der religiöse Terrorismus unterscheidet sich von den früheren Formen des Terrorismus nicht nur durch seine Ideologie, sondern auch dadurch, dass die Terroristen sich selbst zur Waffe machen und ihr eigenes Leben wegwerfen, um möglichst viele Unschuldige zu töten und möglichst breite Aufmerksamkeit zu erzielen. Bevor der Frage nach den Wurzeln dieses religiösen Terrorismus nachgegangen wird, sollen seine Merkmale noch einmal systematisch festgehalten werden.

Die Tötung unschuldiger Menschen macht den Terroristen noch nicht zum Terroristen. Wäre dies der Fall, wäre jeder Amokläufer und jeder Mörder, der aus Habgier, Eifersucht oder anderen Motiven Unschuldige tötet, schon ein Terrorist. Terrorismus ist vielmehr eine Form der Gewaltanwendung, die mehr auf die psychischen als die physischen Folgen der Tat abzielt, die mithin über die indirekten Effekte der Gewalt Erfolge erzielen will. Herfried Münkler nennt den Terrorismus deshalb eine Kommunikationsstrategie, für die die Medienpräsenz, die Mediendichte und die Medienverstärkung von großer

Bedeutung sind.[2] Gerade in „postheroischen" Gesellschaften, die schnell dazu neigen, ihr Handeln von Angst und Schrecken bestimmen zu lassen, spielt diese Medienverstärkung eine bedeutende Rolle, weil sie gegenüber terroristischen Bedrohungen schnell in die Knie gehen. So kann schon eine Warnung vor terroristischen Anschlägen ausreichen, um den beabsichtigten wirtschaftlichen oder psychologischen Effekt zu erreichen. Er kann ausreichen, um in diesen Gesellschaften, deren äußere Grenzen immer durchlässiger werden, neue innere Grenzen - der Flughafenkontrolle, der Überwachung von Bahnhöfen und öffentlichen Plätzen, der Telefon- und Internetkommunikation oder gar der Kontrolle von Kirchenportalen wie in St. Peter in Rom - zu errichten.[3] Der Kampf mit Waffen fungiert im religiösen Terrorismus, selbst wenn er wie bei Al Qaida die Form eines Vernichtungskrieges annimmt, nur als Antriebsrad für den eigentlichen Krieg der Bilder. Die Medien werden zum Mittel der Kriegführung. Der Terrorist verwandelt auch die Zivilbevölkerung in eine, ja die wirkungsvollste militärische Ressource einerseits dadurch, dass er in ihr untertaucht, andererseits dadurch, dass er sie in Geiselhaft nimmt. Er taucht nicht nur in der Masse der Nichtkombattanten unter, er instrumentalisiert sie wie bei den Anschlägen am 11. September 2001 als Massenvernichtungswaffe. Diese Form des Terrorismus verwischt die Grenzen zwischen Krieg und Frieden. Dies hat erhebliche Folgen für seine Bekämpfung.

2. Wurzeln des Terrorismus

Die bis in die 80er Jahre bekannten Formen des Terrorismus haben ebenso verschiedene Wurzeln wie sie verschiedene Ziele hatten. Ein Terrorismus, der ethnische Autonomie oder nationale Souveränität anstrebte, hatte seine Wurzeln in ethnisch oder nationalistisch begründeten Machtansprüchen, denen durchaus eine ethnische oder nationale Unterdrückung zu Grunde liegen konnte. Doch selbst wenn er in einer wirklichen Unterdrückung wurzelt, ist er „ein nicht zu rechtfertigendes Mittel, das der Sache, die verteidigt werden soll, in Wirklichkeit nur schadet".[4] Ein Terrorismus, der eine soziale Revolution anstrebte, hatte seine Wurzeln vermutlich weniger in sozialen Spaltungen oder der Exklusion bestimmter sozialer Schichten als vielmehr in bestimm-

---

2 Herfried Münkler, Die neuen Kriege, Reinbek 2003, S. 189.

3 Hermann Lübbe, Terror als Element der internationalen Politik, in: Frankfurter Allgemeine Zeitung vom 26. Juni 2008.

4 Päpstlicher Rat Justitia et Pax, Hrsg., Kompendium der Soziallehre der Kirche (im folgenden Kompendium), Freiburg 2006, Ziffer 387.

ten Utopien einer egalitären Gesellschaft einerseits und in gewaltbereiten Machtansprüchen terroristischer Banden andererseits. Wie tyrannisch diese bis zur Selbstzerstörung reichenden Machtansprüche sein können, zeigen die RAF und ihr führender Kopf Andreas Baader, deren Geschichte gerade nach dem Buch von Stefan Aust verfilmt wurde[5]. Während der ethnische und der nationalistische Terrorismus mit der Erringung ethnischer Autonomie bzw. nationaler Souveränität schnell obsolet werden konnte, ist ein Ende des sozialrevolutionären Terrorismus wesentlich schwieriger zu bestimmen. Die von Karl Marx entwickelte Utopie einer klassenlosen Gesellschaft hat sich als unrealisierbar erwiesen. Sie anzustreben muss logischerweise zu einer permanenten Revolution führen. Ein Terrorismus, der seine Wurzeln in einer gesellschaftlichen Utopie hat, wird deshalb kein Ende finden, vielmehr eine Entgrenzung der Gewalt zur Folge haben.

Die Entgrenzung der Gewalt liegt in der Logik chiliastischer Irrlehren.[6] Chiliastische Irrlehren glauben, die gesamte bisherige Geschichte in ein neues 1000jähriges Reich des Friedens und der Gerechtigkeit überführen zu können. Ein solches Reich aber bedürfte nicht nur neuer gesellschaftlicher Strukturen, sondern auch eines neuen Menschen. Wie aber soll aus dem alten Adam ohne göttliches Eingreifen und ohne Gnade der neue Mensch entstehen? Chiliastische Irrlehren wollen das Unverfügbare politisch verfügbar machen. Dies führt zu immer neuen Säuberungen, zu einem permanenten Terror, der durchaus auch von der Staatsgewalt bzw. der den Staat beherrschenden Partei ausgehen kann - wie in der Sowjetunion zur Zeit der Stalinschen Schauprozesse, Lager und Hinrichtungen in den 30er Jahren, in Deutschland zur Zeit des nationalsozialistischen Terrors in den 40er Jahren, in China zur Zeit von Maos Roten Garden in der Kulturrevolution der 60er Jahre oder in Kambodscha in den 70er Jahren zur Zeit von Pol Pot, der für seine Vision einer kommunistischen Bauerngesellschaft 1,7 Millionen Menschen ermorden ließ. In Herrschaftsordnungen, die chiliastischen Ideologien folgen, ist die politische Gewalt nicht mehr dem Recht unterworfen, das in rechtsstaatlichen Ordnungen die Funktion hat, die Staatsgewalt zu begrenzen. Die chiliastische Option für ein neues Zeitalter und für einen neuen - sozialistischen, kommunistischen oder arischen– Menschen bedeutet unvermeidlich die Vernichtung des Menschen.

5 Stefan Aust, Der Baader Meinhof Komplex, Hamburg 1985.

6 Ulrich Matz, Politik und Gewalt. Zur Theorie des demokratischen Verfassungsstaates und der Revolution, Freiburg 1975, S. 259.

Wo liegen die Wurzeln des religiösen Terrorismus? Hat der religiöse Terrorismus Gemeinsamkeiten mit dem chiliastischen Terrorismus von Kommunisten und Nationalsozialisten? Wo liegen die Differenzen? Gemeinsam ist dem religiösen Terrorismus mit dem chiliastischen Terrorismus das Ziel einer Ablösung der gegenwärtigen Welt durch ein neues Reich, das in der Perspektive der Islamisten ein islamischer Gottesstaat auf der Grundlage der Scharia ist. Das Haus des Krieges, das Reich der Finsternis, soll mittels des Schwertes dem Haus des Islam, dem Reich des Lichtes weichen. Aber während der chiliastische Terrorismus von Kommunisten und Nationalsozialisten in Ideologien wurzelte, die jede Form der Religion bekämpften und sich selbst an deren Stelle setzen, mithin zum Paradox einer irdischen oder politischen Religion werden wollten, beruft sich der Terrorismus der Dschihadisten gerade auf die Religion des Islam. Die These, dass eine Gesellschaft umso anfälliger für die Droge einer chiliastischen Ideologie sei, je weniger sie sub specie mortis lebt,[7] trifft hier also nicht zu. Der Terrorismus der Islamisten hat seine Wurzeln gerade in einer Ideologie, die sub specie mortis fasziniert. Er wurzelt in einigen Suren des Koran, die den Kampf für den islamischen Gottesstaat nicht nur zu einer religiösen Pflicht machen, sondern dem, der im Kampf für dieses Ziel stirbt, auch noch eine paradiesische Belohnung versprechen. Wer im Kampf für Allah stirbt, so verheißt Sure 4,95, stirbt einen Allah wohlgefälligeren Tod als der, der zuhause sitzt. Der Tod auf dem Schlachtfeld gilt als der edelste überhaupt. Er macht den, der auf diese Weise stirbt, zum Märtyrer, dem alle Sünden vergeben werden, der direkt ins Paradies eingeht und der dort mit einer Krone der Glorie gekrönt und mit 72 Jungfrauen verheiratet wird.[8]

Immer wieder wird diskutiert, ob dies auch für Selbstmordattentäter gelte. Die erste, sehr vorläufige Antwort lautet meist Nein. Der Islam erlaube keinen Selbstmord. So auch Scheich Mohamed Said Tantawi, Rektor der Al Azhar Universität in Kairo und höchste Autorität im sunnitischen Islam in seinem Artikel zu den Terroranschlägen vom 11. September 2001 „Wer Unschuldige Tötet, ist kein Märtyrer". Doch dann unterscheidet er zwischen dem Terrorismus, den er verwirft, und „dem erlaubten und...sogar vorgeschriebenen Dschihad, nämlich die Heimat zu befreien und auf Aggression zu reagieren" und meint, wer sich „inmitten von Soldaten, die ihn töten wollen, oder inmitten einer Armee, die seine Heimat vergewaltigt, in die Luft sprengt, ist

---

7 U. Matz, a. a. O., S. 261.

8 Peter Heine, Terror in Allahs Namen. Extremistische Kräfte im Islam, Freiburg 2004, S. 30. Vgl. auch Mark A. Gabriel, Islam und Terrorismus, Gräfelfing 2004, S. 55ff.

ein Märtyrer".[9] Mohamed Hamdi Zakzouk, der ägyptische Religionsminister und zweithöchste Autorität des sunnitischen Islam in Ägypten, verurteilte bei einem Osnabrücker Friedensgespräch am 25. Oktober 2007 ebenfalls den Terrorismus, stellte aber zugleich die Frage, wer das Recht habe zu definieren, was Terrorismus sei. Seine unausgesprochene Antwort: nicht der Westen; seine ausgesprochene Antwort: Palästinenser, die in Israel kämpfen, sind keine Terroristen, sondern Mudschahedin, d. h. Glaubenskämpfer. Das bedeutet, allein der Islam beansprucht zu definieren, wer ein Selbstmordattentäter ist und wer nicht. In der Perspektive der Islamisten ist aber nicht nur Palästina ein besetztes Gebiet, sondern die ganze Welt, sofern sie noch nicht der Scharia unterstellt ist. Insbesondere die USA als die Führungsnation des Westens und ihre wichtigsten Verbündeten gelten als Feinde. Ihr militärischer Einsatz zugunsten von Saudi Arabien im Krieg gegen Saddam Hussein nach dessen Überfall auf Kuwait 1990 / 91 war für die Islamisten eine Besetzung der Heiligen Stätten von Mekka und Medina. Sie mit terroristischen Aktionen anzugreifen galt dementsprechend als ein Gebot des Glaubens.

Die Lösung des Palästina-Problems wäre deshalb nicht das Ende des religiösen Terrorismus. Auch mit Armut, Arbeitslosigkeit oder Unterdrückung hat der religiöse Terrorismus nichts zu tun. Darüber besteht weitgehende Einigkeit unter den Beobachtern des islamistischen Terrorismus. Deshalb greift „das soziale Problemerkennungs- und Problemlösungsmuster zu kurz".[10] Der Versuch, die terroristische Gewalt, selbst die von Al Qaida, mit Unterdrückung zu legitimieren und gleichsam als Bellum iustum zu interpretieren, bleibt die Ausnahme.[11] Er ist vielmehr eine Angelegenheit der Gebildeten und Wohlhabenden. Eine erstaunliche Uneinigkeit ist allerdings festzustellen, wenn es um

---

9 Mohamed Said Tantawi, Wer Unschuldige tötet, ist kein Märtyrer, in: Frankfurter Allgemeine Zeitung vom 30.11.2002.

10 Josef Isensee, Nachwort: Der Terror und der Staat, der das Leben liebt, in: Eckart Klein u. a., Der Terror, der Staat und das Recht, hrsg. von J. Isensee, Berlin 2004, S. 97; Peter Waldmann, Der internationale Terrorismus in der Bundesrepublik Deutschland. Versuch der Eingrenzung des möglichen Täterspektrums aus soziologischer Sicht, in: Werner Weidenfeld, Hrsg., Herausforderung Terrorismus. Die Zukunft der Sicherheit, Wiesbaden 2004, S. 44; Peter Nitschke, Globaler Terrorismus - Die neue Dimension, in: Ders., Hrsg., Globaler Terrorismus und Europa. Stellungnahmen zur Internationalisierung des Terrors, Wiesbaden 2008, S. 25.

11 Diesen Versuch unternimmt Andreas Bock, Al-Qaida, Terrorismus und die Frage der Rechtfertigung, in: Peter Nitschke, Hrsg., Globaler Terrorismus und Europa, a. a. O., S. 61ff.

die Frage geht, die auch Papst Benedikt XVI. in seiner Regensburger Vorlesung am 12. September 2006 - wenn auch nur in Form eines Zitats von Kaiser Manuel II. Palaeologos - angesprochen hat, ob nämlich dem Islam eine besondere Affinität zur Gewalt eigen ist.[12] Zugespitzt lautet die Frage, ob der religiöse Terrorismus eine spezifische Erscheinung des Islam ist. Peter Waldmann meint davor warnen zu müssen, bestimmte Religionsgemeinschaften als gewalttätiger als andere einzuschätzen[13] und Peter Heine behauptet schlicht, ebenso wie es christlichen, jüdischen und hinduistischen Fundamentalismus gäbe, gibt es auch muslimischen Fundamentalismus.[14] Seine Feststellung, dass das islamische Kriegsrecht „brutal" sei, relativiert er sogleich mit der Behauptung, der Krieg im Mittelalter sei auch nicht besser gewesen.[15] Selbst die Schrift der Deutschen Bischofskonferenz „Christen und Muslime in Deutschland" (2003) neigt sehr zur Relativierung des gewaltbereiten Dschihad, der als „vormodern" bezeichnet wird, von dem sich die Muslime heute weitgehend gelöst hätten. Der Hass der Selbstmordattentäter gehe „wohl mindestens ebenso sehr auf politische und soziale Ursachen zurück wie auf religiöse".[16]

Aber niemand kann darüber hinwegsehen, dass der Terrorismus der Selbstmordattentäter gerade ein Phänomen islamischer Gesellschaften ist und dass es keine Religion gibt, deren Heilige Schrift so viele Aussagen zur Gewaltanwendung gegen Ungläubige und zur Belohnung der Glaubenskämpfer enthält wie der Koran. Die Schrift der EKD „Klarheit und gute Nachbarschaft. Christen und Muslime in Deutschland" (2006) stellt denn auch kritisch fest, dass „Gewalt legitimierende Aussagen (wie Sure 2,190-194; 4,76; 4,89; 9,5; 9,14-15 und andere) sehr viel häufiger vorkommen" als Gewalt begrenzende Suren.[17] Auch Heine und Waldmann übersehen dies nicht ganz. Beide stellen fest, dass

---

12 Benedikt XVI., Glaube, Vernunft und Universität. Erinnerungen und Reflexionen, Vorlesung an der Universität Regensburg am 12.9.2006, in: Verlautbarungen des Apostolischen Stuhles 174, S. 74.

13 Peter Waldmann, Die Herausforderung des Terrorismus, a. a. O. S. 1064.

14 Peter Heine, a. a. O., S. 12.

15 A. a. O., S. 28.

16 Deutsche Bischofskonferenz, Hrsg., Christen und Muslime in Deutschland, 2003, Ziffer 152. Dazu auch Manfred Spieker, Christen und Muslime in Deutschland. Ein Vergleich der Texte der Deutschen Bischofskonferenz (2003) und der Evangelischen Kirche in Deutschland (2006) aus der Sicht der Christlichen Gesellschaftslehre, in: Internationale Katholische Zeitschrift Communio, 36 (2007), S. 513ff.

17 Klarheit und gute Nachbarschaft. Christen und Muslime in Deutschland, Eine Handreichung des Rates der EKD, EKD - Texte 86, Hannover 2006, S. 43.

es in islamischen Gesellschaften eine Anfälligkeit für den Terror von Selbstmordattentätern gäbe.[18] Aber wenig überzeugend erscheint die Erklärung die Waldmanns: „Je entschiedener die oberste Autorität einer Religion den Terrorismus ablehnt, desto geringer die Anfälligkeit der Gläubigen für den Terrorismus". Weil der Islam keine Autorität habe, deshalb seien Muslime für den Terrorismus besonders anfällig.[19] Diese Erklärung unterstellt Gläubigen aller Religionen eine gleichsam natürliche Anfälligkeit für den Terrorismus, die nur durch die Religionsführer gebändigt wird. Diese Erklärung wird weder der menschlichen Natur noch der Religion noch der Rolle von Religionsautoritäten gerecht. Sie entstammt einer Hobbeschen Anthropologie, nach der der Mensch des Menschen Wolf ist, dessen räuberische und gewaltbereite Natur durch eine souveräne Autorität domestiziert werden muss. Diese Anthropologie hat nie das logische Problem gelöst, das darin besteht, dass einerseits alle Menschen Bestien sein sollen, andererseits aber der Souverän plötzlich von dieser bestialischen Natur befreit sein soll, um die Untertanen domestizieren zu können. Übertragen auf Waldmanns These wäre also zu fragen, wodurch sollen die Religionsautoritäten plötzlich befreit sein von der Anfälligkeit für terroristische Optionen, wenn diese Anfälligkeit der Religion selbst und damit allen Gläubigen eigen ist?

3. Abwehr des Terrorismus

Der Terrorismus ist eine Form des Vernichtungskrieges, dem mit polizeilichen und strafrechtlichen Mitteln allein nicht beizukommen ist. Er ist „eine der brutalsten Formen der Gewalt, die die internationale Gemeinschaft in der heutigen Zeit erschüttern: Er sät Hass, Tod und den Wunsch nach Vergeltung und Rache".[20] Solange die terroristischen Aktionen von Selbstmordattentätern ausgehen, die ihr eigenes Leben nicht nur wegwerfen, sondern als tödliche Waffe benutzen, kann auch der perfekte Polizeistaat keinen Schutz bieten. Wo sollen die Grenzen für die innerstaatlichen Sicherheitsmaßnahmen liegen? „Sicherheitsbedürfnisse sind strukturell unstillbar".[21] Nicht selten verkleideten

---

18 P. Heine, a. a. O., S. 12; P. Waldmann, Die Herausforderung des Terrorismus, a. a. O., S. 1065.

19 P. Waldmann, Die Herausforderung des Terrorismus, a. a. O., S.1065.

20 Kompendium 513.

21 So Winfried Hassemer in seinem Streitgespräch mit dem Bundesinnenminister Wolfgang Schäuble „Wie viele Sicherheitsgesetze überlebt der Rechtsstaat?" in: FAZ vom 11.3.2009.

sich die islamistischen Selbstmordattentäter im Irak, in Afghanistan oder in anderen Ländern der islamischen Welt gerade als Polizisten. Eine erfolgreiche Abwehr des Terrorismus besteht allein darin, dass terroristische Aktionen nicht stattfinden, dass Selbstmordattentäter also nicht zuschlagen können. Aber sie leben nun einmal nicht in Kasernen oder Lagern und ihre terroristischen Mittel rollen nicht über die Straßen. Der größte Erfolg der Abwehr des Terrorismus, dass nämlich terroristische Aktionen nicht stattfinden, ist weder sichtbar noch messbar.

Auch die Vorstellung, eine islamische Aufklärung oder eine Modernisierung und Demokratisierung der arabischen Staaten könnten dem Terrorismus den Boden entziehen,[22] muss wohl als naiv bezeichnet werden. Es geht dem religiösen Terrorismus ja nicht um wirtschaftliche Entwicklung, um Beteiligung am Wohlstand oder um demokratische Partizipation. Es geht ihm um die Herrschaft der Scharia, um die Errichtung eines Gottesstaates und damit um die Vernichtung der westlichen Kultur. Huntingtons Clash of Civilisations ist weder so weltfremd noch so unvermeidlich, wie Huntingtons Kritiker ihm gern vorwerfen. Dieser Konflikt ist aber auch nicht unvermeidlich, wie Huntington selbst deutlich macht.[23]

Ist der religiöse Terrorismus mit militärischen Mitteln abzuwehren, also durch jenen Krieg gegen den Terrorismus, den der Westen unter der Führung der USA seit Oktober 2001 führt, als das Taliban - Regime in Afghanistan als Schutzmacht und Hauptsponsor von Al Qaida angegriffen und zum Machtverzicht gezwungen wurde? Dieser Krieg gegen den Terrorismus - auch vom Sicherheitsrat der Vereinten Nationen mit Art. 51 der UN-Charta als Verteidigungsfall und von der NATO mit Art. 5 des NATO-Vertrages als Bündnisfall legitimiert[24] - hat seitdem kein Ende gefunden. Es gibt weitere „Schurkenstaaten" bzw. „failed states". Niemand hat ein Rezept, wie ihnen zu begegnen ist. Misst man den Krieg gegen den Terrorismus an den Kriterien der Bellumiustum-Lehre, wird schnell deutlich, dass er sich in schwierige Probleme ver-

22 Shlomo Avineri, Fehlgeschlagene Modernisierung als Sicherheitsproblem, in: W. Weidenfeld, Hrsg., S. 55 ff.

23 Samuel P. Huntington, Der Kampf der Kulturen: die Neugestaltung der Weltpolitik im 21.Jahrhundert, München / Wien 1996, S. 334ff.

24 Zum Sicherheitsrat vgl. seine Resolutionen 1368 vom 12.9.2001 und 1373 vom 28.9.2001. Dazu auch Eckart Klein, Die Herausforderung durch den internationalen Terrorismus - Hört hier das Völkerrecht auf?, in: Ders. u. a., Der Terror, der Staat und das Recht, a. a. O., S. 9ff.

wickelt. Dass die Bellum-iustum-Lehre überholt sei, wie vielerorts, ja selbst von der Deutschen Bischofskonferenz in der Einleitung zu ihrem Hirtenbrief „Gerechter Friede“ vom 27. September 2000, behauptet wird,[25] ist ein Irrtum. Sie wird nicht nur vom Katechismus der Katholischen Kirche bestätigt,[26] sondern auch von diesem Hirtenbrief der deutschen Bischöfe selbst, wenn sie bei der Erörterung der Problematik bewaffneter humanitärer Interventionen genau diese Kriterien anwenden, die sie zuvor mit einem unglücklichen Zitat aus der ökumenischen Versammlung der Kirchen in der DDR von 1989 als überlebt bezeichneten.[27] Teilt man die Kriterien der Bellum-iustum-Lehre in zwei Gruppen ein, in das ius ad bellum und das ius in bello, so bereitet vor allem letzteres große Schwierigkeiten. Die Kriterien der ersten Gruppe, das ius ad bellum, sind beim Krieg gegen den Terrorismus weitgehend erfüllt:

1. Die terroristische Aktion bzw. die Bedrohung durch den Terrorismus muss das Leben oder die existentiellen Rechte Unschuldiger gefährden. Es besteht kein Zweifel, dass dies der Fall ist.

2. Der Einsatz militärischer Mittel muss durch die rechtmäßige politische Autorität angeordnet sein. Das ist nicht nur, wie vielerorts behauptet wird, der Sicherheitsrat der Vereinten Nationen, sondern jede Regierung, die „mit der Wahrung des Gemeinwohls betraut“ ist.[28]

3. Alle anderen Möglichkeiten, die Aktion bzw. die Bedrohung abzuwehren, müssen ausgeschöpft sein. Das ist bei den Schurkenstaaten, die Terrorgruppen unterstützen, mit diplomatischen Verhandlungsangeboten wie mit Sanktionen und militärischen Drohungen geschehen. Bei den Terrorgruppen selbst aber ist dies unmöglich, weil sie jede Brücke zum Feind abgebrochen haben. In ihrem Vernichtungswillen liegen Verhandlungen bzw. Kompromisse außerhalb des Denkmöglichen.

4. Der Zweck des Einsatzes militärischer Mittel muss sich auf die Abwehr der Gefahr bzw. die Beseitigung der Bedrohung beschränken, darf sich also nicht seinerseits in eine Aggression verwandeln. Dieses Kriterium bereitet zwar Schwierigkeiten, ist aber bisher im Kampf gegen die den Terrorismus unterstützenden Staaten eingehalten

25 Gerechter Friede, Hirtenbrief der deutschen Bischöfe vom 27.9.2000, S. 5.
26 KKK 2309.
27 Gerechter Friede, a. a. O., S. 83ff.
28 KKK 2309.

worden. Weder der Irak noch Afghanistan noch andere den Terrorismus unterstützende Staaten wurden durch den Krieg gegen den Terrorismus zu besetzten Kolonien. Die Schwierigkeiten resultieren daraus, dass sich die Terroristen im Gegensatz zu militärischen Kräften nie als solche zu erkennen geben, sondern wie die Hamas in Gaza in der Zivilgesellschaft untertauchen. Die Abwehr der Terroristen wird also immer die Gesellschaft mit betreffen und von dieser nicht als Abwehrkampf der bedrohten Staaten, sondern als Aggression empfunden werden. Darüber hinaus ist die Bedrohung durch einen religiösen Terrorismus mit militärischen Mitteln nicht zu beseitigen, solange die Religion die Motive der Terroristen nährt.

5. Auch das fünfte Kriterium der Bellum-iustum-Lehre, die Erfolgswahrscheinlichkeit, bereitet Schwierigkeiten. Die Abwehr einer terroristischen Bedrohung ist im Gegensatz zu der einer militärischen Bedrohung eben nicht messbar. Noch komplizierter wird die Einhaltung dieses Kriteriums, wenn der Erfolg an der Beseitigung der Quelle des religiösen Terrorismus gemessen werden soll. Die Gewalt legitimierenden Suren des Koran sind nicht zu beseitigen. So wird nicht nur die westliche, sondern auch die islamische Welt mit dem Risiko leben müssen, dass diese Suren Terroristen motivieren, sich umzubringen und unschuldige Muslime wie Nichtmuslime mit in den Tod zu reißen, zumal auch islamische Menschenrechtserklärungen kein Schutz sind, da sie die Menschenrechte immer der Scharia unterordnen.

6. Das sechste Kriterium der Bellum - iustum - Lehre, der Grundsatz der Verhältnismäßigkeit der Mittel, bereitet weniger Schwierigkeiten. Dieser Grundsatz besagt, dass das Schadensrisiko des Einsatzes militärischer Mittel zur Abwehr der terroristischen Bedrohung abzuwägen ist gegen das Schadensrisiko einer fortdauernden Bedrohung. Die Bedrohung durch Terroristen aber ist nicht hinzunehmen. Das Schadensrisiko in der Abwehr terroristischer Gruppen, vorausgesetzt sie lassen sich identifizieren, ist gering im Vergleich zum Schadensrisiko einer terroristischen Aktion.

7. Zu welchem Ergebnis kommt die Prüfung des Krieges gegen den Terrorismus am ius in bello, also an jenen Kriterien, die im militärischen Einsatz gegen den Terrorismus zu beachten sind? Die Kriterien des ius in bello lauten erstens, die Wirkung der

eingesetzten Waffen muss kontrollierbar, also auf den Zweck der Verhinderung terroristischer Aktionen begrenzbar bleiben, und zweitens, die Immunität der Nichtkombattanten muss gewahrt werden können. Wenn es aber ein Grundsatz der Terroristen ist, sich in der Zivilgesellschaft zu verstecken und sie als Geisel zu nehmen, wie soll da die Immunität der Nichtkombattanten gewahrt werden können? Die Wirkung der eingesetzten Waffen mag sehr präzise kalkulierbar und damit begrenzbar bleiben, wie von Israel bei Raketenangriffen auf Autos und Wohnungen von Führungskräften der Hamas gelegentlich demonstriert wurde, in der Regel aber lässt sich beim Einsatz militärischer Mittel zur Abwehr terroristischer Bedrohungen die Immunität von Nichtkombattanten nicht gewährleisten, weil Kombattanten und Nichtkombattanten nicht zu unterscheiden sind, wie im jüngsten Krieg Israels in Gaza oder auch in Afghanistan demonstriert wurde. Der Einsatz militärischer Mittel gegen Terroristen inmitten der Zivilbevölkerung wird sich auch nicht damit rechtfertigen lassen, dass auf die implizite oder explizite Unterstützung der Terroristen durch die Zivilbevölkerung verwiesen wird wie im Falle der Hamas, die bei Wahlen im Gazastreifen die Mehrheit erhalten hat. Auch in diesem Falle hat der Krieg gegen den Terrorismus das *ius in bello* so weit wie möglich zu beachten. Er darf also nicht blind eine Schule, ein Krankenhaus oder eine Moschee attackieren, wenn diese den Terroristen als Basis dienen.

Bedeutet die Erinnerung an das *ius in bello* nun, dass derartige terroristische Basen unangreifbar sind? Dies kann es nicht heißen. Aber sie bedeutet, dass ein militärischer Angriff auf diese Basen durch Warnungen oder Präferenzen für bestimmte die ungewollten Nebenfolgen minimierende Zeiten auf diese Umstände Rücksicht nehmen muss. Die Erinnerung an das ius in bello, aber auch an das *ius ad bellum* macht zugleich deutlich, dass die Bellum-iustum-Lehre keine Lehre zur Rechtfertigung von Kriegen ist, wie ihr oft vorgehalten wird, sondern eine Lehre zur Verhinderung von Kriegen bzw. zur Begrenzung von Gewalt.[29] Der Krieg gegen den Terrorismus wird durch sie erheblich problematisiert und erschwert, weil ja nicht nur ein Teil der Kriterien erfüllt sein muss. Erst wenn alle Kriterien erfüllt sind, ist eine Intervention mit militä-

29 Vgl. Manfred Spieker, Kernwaffen und Bergpredigt. Die Dilemmata der Friedenssicherung in den Pastoralschreiben katholischer Bischofskonferenzen, in: Ders., Hrsg., Friedenssicherung, Bd. 2, Münster 1988, S. 109ff.

rischen Mitteln zu legitimieren. Er wird nicht unmöglich oder a priori unsittlich. Um die Entgrenzung der Gewalt zu verhindern, bleibt der begrenzte Einsatz von Gewalt notwendig. Auch das Kompendium der Soziallehre der Kirche des Päpstlichen Rates Justitia et Pax unterstreicht deshalb: „Es besteht … ein Recht auf Verteidigung gegen des Terrorismus“.[30] Um an die Wurzeln des religiösen Terrorismus zu gelangen, ist aber mehr notwendig als ein noch so problem- und verantwortungsbewusster Krieg gegen den Terrorismus.

Der religiöse Terrorismus ist ein Phänomen der Kultur des Todes. „Er bringt eine totale Verachtung für das menschliche Leben zum Ausdruck“, so das Kompendium der Soziallehre der Kirche, weshalb er durch nichts zu rechtfertigen sei.[31] „Ihr liebt das Leben, wir lieben den Tod“ schrieben die Attentäter, die 2004 in Madrid die Terroranschläge auf die Vorortzüge verübten, in ihrem Bekennerschreiben.[32] Der Terrorist, der sein Leben als Waffe einsetzt, um sich und möglichst viele Menschen zu töten, ist Repräsentant eines diabolischen Irrtums, der darin besteht anzunehmen, dass der Selbstmord einerseits das Tor zu einem - paradiesischen - Leben und andererseits ein Segen für die umma, die islamische Gemeinschaft, sei. Der Selbstmordattentäter ist aber weder ein Märtyrer noch ein Segen für die Gesellschaft. Ein Märtyrer erleidet den Tod für das Festhalten an seinen Glaubensüberzeugungen. Er sucht nicht den Tod. Dies ist ein fundamentaler Unterschied zum todessüchtigen Terroristen. Der Selbstmordattentäter beansprucht gleichsam göttliches Wissen und göttliche Vollmacht über Leben und Tod. Er ist mit seinem Vernichtungswillen ein Repräsentant des Bösen. Deshalb macht er uns nicht nur Angst, sondern er lässt uns erschauern. Es sei „eine Entweihung und Gotteslästerung, sich im Namen Gottes zu Terroristen zu erklären. Auf diese Weise instrumentalisiert man nicht nur den Menschen, sondern auch Gott, da man mit dem Anspruch auftritt, seine Wahrheit ganz zu besitzen, statt danach zu streben, sich von ihr besitzen zu lassen“.[33]

Dieser Kultur des Todes kann mit dem Krieg gegen den Terrorismus allein nicht begegnet werden. Ihr zu widerstehen erfordert eine Kultur des Lebens, die menschliches Leben als Geschenk und als Gabe Gottes begreift, als eine

30 Kompendium 514.

31 Kompendium 514.

32 Anja Siebert, „Ihr liebt das Leben, wir lieben den Tod“ - Menschenbilder und Terrorismus, in: Frank Martin Brunn u. a., Hrsg., Theologie und Menschenbild. Beiträge zum interdisziplinären Gespräch, Leipzig 2007, S. 183ff.

33 Kompendium 515.

Gabe, die nicht Knechtschaft sondern Kindschaft bedeutet. „Das Leben ist immer ein Gut. Das ist eine intuitive Ahnung oder sogar eine Erfahrungstatsache, deren tiefen Grund zu erfassen der Mensch berufen ist". Der Mensch ist, obgleich voller Ambivalenzen, fähig zu konstruktivem und ebenso zu destruktivem Handeln, dennoch das Abbild Gottes. Er ist, „auch wenn er mit dem Staub der Erde verwandt ist … in der Welt Offenbarung Gottes, Zeichen seiner Gegenwart, Spur seiner Herrlichkeit".[34] Er liebt das Leben und es ist ebenso legitim wie natürlich, dieses Leben zu lieben und es zu verteidigen.

Die westliche Welt, die nicht nur in ihren Wurzeln, sondern auch in ihren Traditionen, ihren Verfassungs- und Rechtsordnungen sowie in ihren Institutionen stark vom Christentum und seinem Menschenbild geprägt ist,[35] muss sich über diese Kultur des Lebens Rechenschaft ablegen, sie pflegen und lebendig erhalten, wenn sie die Kultur des Todes abwehren will. Entscheidend für sie ist, so schon Samuel Huntington, ob sie „fähig ist, die inneren Verfallsprozesse aufzuhalten und umzukehren".[36] Dazu gehört in erster Linie der Schutz des Lebens nicht nur nach außen und gegenüber dem die Grenzen zwischen innen und außen verwischenden Terrorismus, sondern auch nach innen von der Empfängnis bis zum natürlichen Tod. Dass dies eine Legitimitätsbedingung des demokratischen Rechtsstaates ist, wird von zahlreichen westlichen Staaten seit Anfang der 70er Jahre, mithin seit nunmehr einer ganzen Generation, verleugnet.[37] Diese Kultur des Lebens zu verteidigen, ist eine vorrangige Pflicht jedes Staates. An diese Pflicht zu erinnern, ist eine Aufgabe der Kirchen. Dass Johannes Paul II. und Benedikt XVI. unablässig daran erinnert und für diese Kultur des Lebens vielfach Zeugnis abgelegt haben, ist ein Zeichen der Hoffnung. Wenn ihnen auch die Ortskirchen - nicht zuletzt in Deutschland und Österreich - konsequenter folgen würden, so konsequent wie zum Beispiel die katholische Kirche in den USA, wäre das ein starker Beitrag zur Abwehr einer Kultur des Todes und ein Zeugnis für eine Kultur des Lebens, die auch Auswirkungen auf die Abwehr des Terrorismus und das Engagement für Frieden und Gerechtigkeit in der Welt hätte.

---

34 Johannes Paul II., Evangelium Vitae (1995), 34.

35 Vgl. Manfred Spieker, Christentum und freiheitlicher Verfassungsstaat, in: Internationale Katholische Zeitschrift Communio, 24. Jg. (1995), S. 311ff.

36 Samuel P. Huntington, a. a. O., S. 499.

37 Vgl. Manfred Spieker, Der verleugnete Rechtsstaat. Anmerkungen zur Kultur des Todes in Europa, Paderborn 2005.

Verweigerung von Pluralismus und abstrahierende Traumwelt

Unfrisierte Gedanken zu geistigen Wurzeln des Terrorismus aus sozialethischer Perspektive

von Leopold Neuhold

1. Hinführung

„Alle Religionskriege, die jahrhundertlang die Welt mit Blut getränkt haben, sind aus dem leidenschaftlichen Festhalten an vereinfachenden Gegensätzen entstanden, wie etwa Wir und die Anderen, Gut und Böse, Weiß und Schwarz. Wenn die westliche Kultur sich als fruchtbar erwiesen hat, so auch deshalb, weil man im Licht der Untersuchungen und des kritischen Geistes gezwungen wurde, sich von den schädlichen Vereinfachungen zu ‚befreien'."[1] So beginnt Umberto Eco einen Artikel im Zusammenhang mit den Verwerfungen, die der 11. September 2001 ausgelöst hatte. Und es sind diese „schädlichen Vereinfachungen" von den verschiedensten Seiten, diese Verwirrung, die dadurch entsteht, „dass verschiedene Dinge nicht auseinander gehalten werden"[2], die terroristischen Gesinnungen zugrunde liegen. Wenn Eco zum Abschluss seines Artikels fordert, „dem eigenen Aberglauben wie dem der anderen entgegen zu treten: mit den Waffen der Analyse und der Kritik,"[3] so muss das Aufforderung sein, den geistigen Konzepten, die hinter dem Terrorismus stehen, mehr Aufmerksamkeit zu widmen.

Wenn von Toleranz nicht mehr die Rede sein kann und wo „das Menschenopfer zurückkehrt: als ein ‚sinnvoller', prämierter Tod"[4], wie Martin Meyer in einem Artikel in der Neuen Zürcher Zeitung schreibt, gilt es, sich dieser Frage sehr intensiv zu stellen. Ist es rigoros durchgezogene Tugend, die zu solchen Handlungen führt, ist es undifferenziertes Anwenden von Grundsätzen, ist es

---

1 Eco, U., Leidenschaft und Vernunft, in: Der Spiegel Nr. 43, 2001, 200-206, 200.

2 Eco, Leidenschaft und Vernunft, 200.

3 Eco, Leidenschaft und Vernunft, 206.

4 Meyer, M., Das Datum des Terrors. Der 11. September 2001 verändert die Welt, in: Neue Zürcher Zeitung, Nr. 210, 11. September 2002, 33.

Verengung auf sich selbst? Martin Meyer schreibt gegen Ende seines Artikels in Bezugnahme auf den Schrecken verbreitenden Mabuse im Film: „Das Testament des Dr. Mabuse“ von Fritz Lang aus dem Jahre 1932: „Mabuse war ein Terrorist. Indessen liess sein Regisseur offen, was ihn letzthinnig bewegte. Den verbrecherischen Manipulator trieb die Macht über Menschen und Welten, das Herz war Nihilismus. Auch am Rand des Kraters von ‚Ground Zero' öffnet sich die Leere. Hier ist die Destruktion sogar absolut geworden. Die Männer und Hintermänner der Untat hingegen wähnen sich im Besitz der Tugend, die keines Gesprächs bedarf. Alle Argumente einer aufgeklärten Welt gleiten an ihr ab, die Tugend will den heiligen Krieg.“[5] Es ist die Frage, ob aufgeklärtes Denken nur an den islamistischen Fundamentalisten abgleitet, sondern es gilt auch zu fragen, ob nicht auch im Namen der Aufklärung antiaufklärerische Gedanken sich breit machen. Der Terror der RAF oder Brigate Rosse hat das im vorigen Jahrhundert gezeigt, aber zum Teil auch das Vorgehen gegen den Terrorismus vom 11. September 2011. Gerade deswegen müssen wir uns wieder auf Grundsätzliches besinnen und die Frage, wie diese Grundsätze umgesetzt werden, zu beantworten versuchen.

2. Was ist Terrorismus? Kurze Hinweise

Es ist schwierig, Terrorismus zu definieren. Nach verschiedenen Schritten der Abgrenzung schreibt Bruce Hofmann: „Wir können daher Terrorismus nun versuchsweise als bewusste Erzeugung und Ausbeutung von Angst durch Gewalt oder die Drohung mit Gewalt zum Zweck der Erreichung politischer Veränderung definieren. Alle terroristischen Taten verwenden Gewalt oder die Androhung von Gewalt. Der Terrorismus ist spezifisch darauf ausgerichtet, über die unmittelbaren Opfer oder Ziele des terroristischen Angriffs hinaus weitreichende psychologische Effekte zu erzielen. Er will innerhalb eines breiteren ‚Zielpublikums' Furcht erregen und dieses dadurch einschüchtern; zu diesem Publikum können eine gegnerische ethnische oder religiöse Gruppe gehören, aber auch ein ganzes Land, eine Regierung oder eine politische Partei oder die öffentliche Meinung im Allgemeinen. Der Terrorismus zielt darauf ab, Macht zu schaffen, wo es keine gibt, oder Macht zu konsolidieren, wo es nur sehr wenig davon gibt. Durch die Publizität, die sie mit ihren Gewaltakten erzeugen, versuchen Terroristen die Druckmittel, den Einfluss und die Macht zu erlangen, über die sie ansonsten nicht verfügen würden, um entweder auf

5 Meyer, Das Datum des Terrors, 33.

regionaler oder auf internationaler Ebene politischen Wandel zu bewirken."[6] Bei diesem Versuch einer Definition, der viele Aspekte beinhaltet, fällt auf, dass auf Motive und den terroristischen Akten vorausgehende Denkstrukturen nicht eingegangen wird. Dies ist aber einer der Punkte, an denen man ansetzen muss, um die Wirkkraft des Terrorismus und seine Vorgangsweise zu verstehen. Deswegen will ich nur einige relative ungeordnete Gedanken zu den geistigen Grundlagen des Terrorismus in sehr allgemeiner Art anbringen und die sozialethischen Konsequenzen, die sich daraus ergeben, andeuten. Ich tue dies in Anknüpfung an Isaiah Berlin, der in der politischen Umsetzung von Idealen und in der Verweigerung des Pluralismus Tendenzen ausmacht, mit denen Tendenzmuster eines Terrorismus erkannt werden könnten. Nicht, dass solche Denkmodelle notgedrungener Maßen zum Terrorismus führen, aber sie liegen einem terroristischen Denken *auch* zugrunde.

Edda Heiligsetzer gibt in einem Artikel über Extremismus und Terrorismus folgende Charakteristika für fundamentalistische Einstellungen an, die dann für Terrorismus relevant werden können:

- „ein manichäisches Weltbild (extremes Freund-Feind-Denken)
- das Festhalten an der Sicherheit absoluter religiöser Wahrheiten bzw. Dogmen, die wörtlich interpretiert werden,
- Verschwörungstheorien,
- Flucht vor der Realität in Visionen von einer angeblich harmonischen Ur-Gemeinschaft …,
- Protest gegen Säkularisierung und Pluralismus der Moderne,
- Sendungsbewusstsein und (durchaus weltliche) Machtansprüche."[7]

Diese Charakteristika weisen auf eine religiöse bzw. quasi- oder pseudoreligiöse Grundhaltung hin, die - auch wenn die religiöse Ebene bewusst abgelehnt wird - doch für terroristische Bewegungen kennzeichnend sind. Im Verbreiten von Terror, von Angst und Schrecken, der Zeichen für die herbeigezwungene Apokalypse, aber auch im Anwenden von Mitteln zur Erreichung dieses

6 Hoffmann, B., Terrorismus - der unerklärte Krieg. Neue Gefahren politischer Gewalt, Frankfurt / M. 1999, 56.

7 Heiligsetzer, E., Extremismus, Terrorismus, „Heiliger Krieg": Zur Soziologie religiöser Terroristen, in: Bendel, P. / Hildebrandt, M. (Hg.), Im Schatten des Terrorismus, Wiesbaden 2002, 150 - 167, 152.

eindeutigen Endzustands, wo die Böcke von den Schafen getrennt werden, um es biblisch zu sagen, liegen Wesenszüge des Terrorismus. Dabei ist zu bedenken, dass sich Terrorismus meist nicht in Zuständen sozialer Krisen, die durch nicht demokratisch legitimierte Regierungen, die sich der Mittel der Repression bedienen müssen, ausbreitet: „Im Gegenteil erscheinen die Offenheit einer Gesellschaft und ihre Aufgeschlossenheit für den friedlichen Wandel den Terrorismus eher zu begünstigen. Dem terroristischen Handeln liegen zwar durchwegs enttäuschte Erwartungen in Bezug auf eine gerechtere Gesellschaftsordnung zugrunde. Solche Frustrationen sind aber in erster Linie subjektiv bestimmt. *Utopisches Denken*, welches den pragmatischen Kompromiss ablehnt, unterliegt offenbar seiner Eigenart nach der Gefahr, in eine terroristische politische Praxis abzugleiten.“[8] So schreibt Christian Tomuschat in seinem Artikel Terrorismus im Katholischen Soziallexikon. Die Pluralität scheint also eine besondere Herausforderung für Vertreter „der einen“ Gerechtigkeit zu sein. Vielleicht sind es aber gerade auch die Verwirklichungen von wesentlichen Schritten hin zur Gerechtigkeit, die offene Gesellschaften zum Feind für geschlossene Gerechtigkeitsideen machen.

Deswegen liegt es ja im Bestreben des Terrors, die bestehende Gesellschaftsform zu dysfunktionalisieren. „Er kann sich überall etablieren und dann ein autonomes Eigensystem bilden oder eine Lahmlegung bzw. Beherrschung des Gesamtsystems erreichen. Er stabilisiert sich selbst sehr rasch und arbeitet dann paradox-funktional, also nicht weiterhin strukturwandelnd, sondern zementierend.“[9] So beschreibt Wanda von Baeyer-Katte die Wirkungen des Terrors und damit auch des Terrorismus, der offensichtlich dann Probleme bekommt, wenn er die rigorosen Zielsetzungen selbst verwirklichen soll. Aus dem Bewusstsein heraus, *die* gerechte Lösung zu haben, darf er dann nicht mehr veränderbar wirken. Dem „ganz Guten“ der eigenen Lösung wird manichäisch das „ganz Schlechte“ der bekämpften Gesellschaft gegenüberstellt. Am „ganz Guten“, das dann als erreicht angesehen wird, kann nicht gerüttelt werden - und das sprengt meist die Gesellschaft - vielleicht ein Grund, warum Terrorregime, wenn sie überhaupt an die Macht kamen, diese sehr bald wieder abgeben mussten.

---

8 Tomuschat, Ch., Terrorismus, in: Klose, A. / Mantl, W. / Zsifkovits, V. (Hg.), Katholisches Soziallexikon, Graz 21980, 3027-3032, 3029.

9 Baeyer-Katte, W.v., Terror, in: Kernig, C.D. (Hg.), Sowjetsystem und demokratische Gesellschaft. Eine vergleichende Enzyklopädie, Bd. VI., Freiburg / Br. 1972, 341-356, 343.

Gerechtigkeit bleibt immer eine Zielperspektive, die nie ganz erreicht wird. Das heißt nun nicht, dass es nicht mehr oder weniger gerechte Zustände gibt. Um es in ethischer Diktion zu sagen: Das Gute kann nur in kontingenten Gütern, die teilweise nicht eindeutig sind, einzuholen versucht werden. Deswegen ist ja ein Terrorismus auch von Besserwisserei und Bevormundung, die keine Debatte dulden, geprägt. So schreibt Wolfgang Palaver, dass der Terrorismus „von einer vormundschaftlichen Identifikation mit einer Bevölkerungsgruppe geprägt [ist], deren reale Unterstützung erst durch die terroristischen Handlungen hervorgerufen werden soll."[10] Der Terrorist weiß, was den Terror seines Erachtens rechtfertigt, ob es aber auch seine Zielpersonen wissen?

3. „Wir haben kein Gewissen, wir sind das Gewissen"

Daily Terroristen, so nennen sich - nach einer Umbesetzung - die Musiker der Kult - Punkband DAILY TERROR, eine der wohl bekanntesten deutschen Punkformationen. Von ihnen stammt der Song „Tritt in den Arsch". Einige Ausschnitte aus diesem Song zeigen, was denkerische Grundlagen des Terrorismus sein könnten. Dabei ist im Bezug auf die Zitation zu sagen, dass der Text dieses Liedes im Internet eine Niederschrift nach dem Anhören zu sein scheint, in der sich manche Fehler, auch orthographische finden. Diese werden so übernommen, um die Authentizität zu gewährleisten.

„*Wir sind, wir sind, wir sind Daily Terroristen*

Ja, wir sind das Gewissen, das euch nicht schlafen laesst
Wir sind das Kleingedruckte in eurem Manifest
Wir sind der Dreck an euren Schuhen

...

Wir sind der Weg, den ihr verlassen habt
Das Ziel, das ihr nicht kennt

...

Sind eure Apokalypse

...

Wir haben viel zu lang' getraeumt und haben viel zu viel versaeumt
Doch damit ist jetzt Schluss

---

10 Palaver W., Terrorismus, in: Hunold, E.W. (Hg.) Lexikon der christlichen Ethik. Bd. 2, Freiburg / Br. 2003, 1787f.

Wir sind das Buch mit sieben Siegeln, das ihr nicht lesen koennt
Himmel oder Hoelle, euer letztes Sakrament
Wir sind das Messer an der Kehle
Der Schuldblick, den ihr bloefft
Wir sind die Bombe, die jetzt tickt
...

Wir sind das Wort, das ihr nicht braucht
Die Zeit, die ihr nicht habt
Sind das Schwert, das euch richtet
Das Brett an eurer Stirn
Wir sind die Kugel in euer'm Hirn

Ja, wir sind der Bazillus, der euch infiziert
Wir sind der Arm, den ihr euch selbst amputiert
...

Wir sind die Vollstraecker
Das Volk, das sich nicht duckt
Wir sind die Luft, die ihr atmet, doch langsam wird sie duenn
Wir sind das Ende, das ihr nicht erlebt
Wir sind Richter, Klaeger, Haenker, letzte Instanz
Macht euch bereit zum letzten Tanz."[11]

Betrachtet man diesen Text, dann wird klar, was der Satz bedeutet, der den RAF-Terroristen in der BRD in den 70er Jahren des vergangenen Jahrhunderts zugeschrieben wurde: „Wir haben kein Gewissen, wir sind das Gewissen." Die in dieser Anmaßung, die Wahrheit nicht nur zu haben, sondern zu sein, gelegene Gefahr darf nicht unterschätzt werden. In der ideologischen Verkürzung der Wahrheit, die Wahrheit zum Besitz erklärt, ist ja eine fundamentale Gefährdung der Gesellschaftsordnung des Friedens durch den Terrorismus gelegen. Dazu kommt im Terrorismus noch der apokalyptische Zugriff, der im Bewusstsein, die Endzeit herbeizwingen zu können und zu müssen, den gewaltsamen Zugriff auf die Gesellschaft legitimiert - im Namen einer Ideologie, die Wahrheit festlegt. Im Song zeigen das Bezugnahmen auf die Geheime Offenbarung des Johannes (Buch mit sieben Siegeln), religiöse Metaphern wie „euer letztes Sakrament" oder Bilder, die in die Endzeit stellen (tickende Bom-

11 http: / / www.magistrix.de / lyrics / Daily%20Terroristen / Tritt-In-Den-Arsch-412189.html.

be, Richter, Krieger, Henker, letzter Tanz). Die Stunde der Entscheidung ist da, jetzt endlich müssen klare Verhältnisse geschaffen werden, die zu kennen und die schaffen zu können der Terrorist überzeugt ist. Mit einem Schnitt (Messer in der Kehle) soll und kann die eindeutige Situation geschaffen werden, wie man vorgibt.

Ideologie kann nun aber als eine beengte Sicht auf die Seinswirklichkeit von Mensch und Gesellschaft betrachtet werden, in der „Schließung" des Menschen durch Betonung von Teilwahrheiten und ihrer Verabsolutierung mit der damit fälschlich in Anspruch genommenen Berechtigung, den Menschen über diese Teilwahrheiten zu beherrschen, liegt ein wesentlicher Zug des Terrorismus. Johannes XXIII. sieht in seiner Enzyklika „Mater et magistra" deswegen zu Recht in Ideologien Denkgebildete, „die nicht den ganzen Menschen sehen, sondern nur bestimmte Seiten an ihm, und oft nicht einmal die wichtigeren." (Nr. 213) Und Johannes Messner versteht unter Ideologien den Glauben an absolute Werte und Wahrheiten, „die aber in Widerstreit zur Wirklichkeit menschlichen und gesellschaftlichen Seins stehen."[12] Dieser nicht identifizierte Widerspruch, was in der durch die Ideologie beschränkten Wahrnehmung begründet ist, wird von Terroristen jetzt aber als Legitimierung ihres Tuns aufgefasst. Der Mensch soll zurechtgebogen werden, um der konstruierten Wirklichkeit zu entsprechen. Und wenn es sich nicht zurechtbiegen lässt, dann wird er eben gebrochen. Als solch gefährlich verkürzte Wahrheitsaspekte sind Ideologien ein wesentliches Element auch terroristischer Mobilmachung. So schreibt Christian von Krockow: „Rüstung und Kriegsvorbereitung sind nicht allein, nicht einmal in erster Linie eine materielle Frage, die die Bereitstellung von Maschinengewehren, Panzern, Bomben und ausgebildeten Soldaten betrifft. Sie erfordern vielmehr als unerläßliche Voraussetzung die ideologische Mobilmachung. Der Mensch ist nämlich ein höchst seltsames Wesen: Er kann das, was ihm normalerweise als größtes, verabscheuungswürdigstes Verbrechen gilt - die Tötung von seinesgleichen -, auch mit schattenlos gutem Gewissen und unter allgemeinem Beifall vollbringen, gesetzt nur, er habe sich zuvor ein Schema zurechtgelegt oder zurecht legen lassen, das den oder die Umzubringenden als absoluten Feind, als Teufel, als Un- oder Untermenschen markierte. Eben dies ist das Werk von Ideologien."[13]

---

12 Messner, J., Das Gewissen als Instanz politischen Handelns, in: Ders., Ethik und Gesellschaft. Aufsätze 1965-1974, Köln 1975, 31-46, 45.

13 Krockow, Ch., v., Ideologische Bedingtheit des Krieges, in: Krieg oder Frieden? Wie lösen wir in Zukunft die politischen Konflikte?, München 1970, 27-42, 30.

Und diese Ideologien sind auch heute in neuem Kleide wirkmächtig. Die Frage, was Menschen dazu bringt, anderen das anzutun, was unter dem Begriff Terror und Schrecken subsummiert werden kann, versucht Hermann Lübbe in drei Antworten zu fassen: „1. Der Terror ist eine Praxis, die ihre Legitimität unmittelbar aus unseren höchsten Zwecken bezieht… 2. Die subjektive Bedingung der Möglichkeit des Terrors ist das gute Gewissen. Nur in der Reinheit des Gewissens erträgt man, was im Vollzug des Terrors krude Faktizität ist… 3. In der terroristischen Praxis sind Legalität und Legitimität versöhnt und verschmolzen."[14] Es ist also das reine Gewissen, das man so rein nicht haben kann, sondern das nur möglich ist, wenn man es ist. „Sein Gewissen war rein, er benutzte es nie!"[15], heißt es ja bei Stanislaw Jerzy Lec. Dazu müssen die Zwecke so hoch gesetzt werden, dass jedes Mittel zur Erreichung dieses Zweckes gerechtfertigt erscheint. Das kann nur über die Praxis geschehen, die in der Ausrichtung auf ein Ziel Legitimität schafft und damit auch alles legal macht. In der Praxis verschwinden dann alle Gegensätze.[16]

Auf diesem Hintergrund sollen jetzt zwei Aspekte eines Denkens, das zur Legitimierung von Terrorismus herangezogen wird, kurz angesprochen werden, und zwar die Verschließung gegenüber einem berechtigten Pluralismus im Anschluss an Isaiah Berlin und der Ausgangpunkt von einer abstrakten Traumwelt.

4. Isaiah Berlin über Pluralismus und verweigerte Vielfalt

In seinem Essay „Das Streben nach dem Ideal", aufgenommen in den Band „Das krumme Holz der Humanität", beschäftigt sich Isaiah Berlin, geboren in Riga, von 1957 bis 1967 Professor für Sozialphilosophie und Politische Theorie in Oxford, von 1974 bis 1978 Präsident der Britischen Akademie der Wissenschaften, mit den Zielen und Motiven, die das Handeln der Menschen lenken und die auch in Gewaltausbrüchen des 20. Jahrhunderts zu Tage treten. Dabei spielt für ihn das Streben nach dem Ideal eine wichtige Rolle. Die Zuversicht, dass die zentralen Probleme der Menschheit gelöst werden könnten, ist für Berlin prägend für diese Anschauungen: „Gesellschaften konnten im Lichte

14 Lübbe, H., Praxis der Philosophie. Praktische Philosophie. Geschichtstheorien, Stuttgart 1978 (hier der Artikel „Freiheit und Terror 78-93) 80f.

15 Lec, St. J., Sämtliche unfrisierte Gedanken. Dazu Prosa und Gedichte. Hg. und aus dem Polnischen übertragen v. Dedecius, K., Zürich 1999, 105.

16 Vgl. dazu: Stuke, H., Philosophie der Tat, in: Ritter, J. / Gründer, K. (Hg), Historisches Wörterbuch der Philosophie, Bd. 7, Basel 1989, 911f. 911.

wahrer Ideale umgewandelt werden, sofern man nur mit genügend Eifer und Hingabe an diese Ideale glaubte."[17] Nun sind diese Anschauungen aber vielfältige, über die Zeit hin, aber auch die letzten Zweckbestimmungen und Werte in einzelnen Gesellschaften sind oft verschiedene. Dies bedeutet nach Isaiah Berlin nicht Relativismus, der von der Gleichgültigkeit in Bezug auf Werte ausgeht, sondern Pluralismus, „eine Auffassung, der zufolge es viele verschiedene Ziele gibt, nach denen die Menschen streben und dabei doch ganz und gar rationale Menschen bleiben können, die fähig sind, einander zu verstehen..."[18] Allerdings müssen sich diese Werte innerhalb dessen bewegen, was menschlich ist. „Ziele, moralische Grundsätze gibt es viele. Aber nicht unendlich viele: sie müssen innerhalb des menschlichen Horizonts liegen."[19] Und als solche vielfältigen Werte können sie sich auch widersprechen, unvereinbar sein, unterschiedliche Werte prallen aufeinander. An einem Beispiel gezeigt: „Freiheit und Gleichheit gehören zu den obersten Zielen, nach denen die Menschen seit Jahrhunderten streben; aber die völlige Freiheit der Wölfe ist der Tod der Lämmer, die völlige Freiheit der Mächtigen und Begabten ist nicht vereinbar mit dem Recht der Schwachen und weniger Begabten auf ein würdiges Dasein."[20] Diese Wertkollisionen sind nach Berlin nun nicht etwas Zufälliges oder Abwendbares, sondern sie ergeben sich aus den Wesen der Werte und aus dem Wesen der Menschen. „Wenn man uns versichert, solche Widersprüche würden in einer vollkommenen Welt gelöst werden, in der sich alle guten Dinge prinzipiell im Einklang bringen lassen, dann müssen wir denen, die so etwas behaupten, entgegnen, dass sie mit den Namen, die für uns die widerstreitenden Werte bezeichnen, offenbar andere Bedeutungen verbinden als wir."[21] Die Vereinbarkeit wäre für Berlin nur in einer anderen Welt gegeben, die nicht die unsrige ist, eine Welt, von der wir hier aber nichts wissen. „Aber wir leben nun einmal auf Erden, und hier müssen wir unsere Überzeugungen bilden und handeln."[22] Der Himmel auf Erden, die vollkommene Harmonie ist hier nicht möglich, damit scheint Berlin eine endgültige Lösung, in der alle guten Dinge nebeneinander stehen, „nicht nur unerreichbar - das wäre eine Binsenwahrheit -, sondern auch in sich nicht schlüssig,

17 Berlin, I., Das krumme Holz der Humanität. Kapitel der Ideengeschichte, Frankfurt / M. 1992, 17.

18 Ebenda 25.

19 Ebenda 26.

20 Ebenda 27.

21 Ebenda 28f.

22 Ebenda 29.

ich weiß nicht, was mit einer solchen Harmonie gemeint ist. Manches von dem, was gut und richtig ist, kann neben anderem Guten und Richtigen nicht bestehen."[23] Man kann Anordnungen von Führern als unumstößlich erachten und sie widerspruchlos akzeptieren, man kann zu klaren, unumstößlichen Entscheidungen kommen, genau wissend, was zu tun und zu lassen ist. „Ich kann nur sagen, dass jene, die sich auf dem Bett eines solchen bequemen Dogmatismus ausruhen, die Opfer ihrer eigenen Kurzsichtigkeit sind, dass sie Scheuklappen tragen, die dem Wohlbefinden förderlich sein mögen, nicht aber dem Verständnis dafür, was es heißt, ein Mensch zu sein."[24]

Aber was ist, wenn nun Menschen daran gehen, ihren harmonischen Dogmatismus zu einer allgemeinen Lösung zu machen? In einem anderen Artikel, der in das zitierte Buch aufgenommen ist, mit dem Titel „Der angebliche Relativismus des europäischen Denkens im 18. Jahrhundert", beschreibt das Berlin so: „Wir sind aufgefordert zu erkennen, dass das Leben eine Pluralität von Werten hervorbringt, die gleichermaßen echt, gleichermaßen endgültig und vor allem gleichermaßen objektiv sind; die sich deshalb nicht in einer zeitlosen Hierarchie anordnen oder an Hand eines einzigen absoluten Kriteriums beurteilen lassen!"[25] Er fährt dann fort: „Man bezeichnet diese Lehre als Pluralismus. Es gibt viele objektive Ziele, viele letzte Werte, darunter auch solche, die nicht miteinander übereinstimmen - Ziele und Werte, die von verschiedenen Gesellschaften zu unterschiedlichen Zeiten angestrebt werden, von verschiedenen Gruppen innerhalb derselben Gesellschaft, von ganzen Klassen oder Kirchen oder Rassen oder Individuen, wobei jede dieser Gruppen mit den widerstreitenden Ansprüchen von Zielen konfrontiert werden kann, die sich nicht miteinander verbinden lassen, die jedoch gleichermaßen endgültig und objektiv sind. Unvereinbar mögen diese Ziele zwar sein; aber ihre Vielfalt kann nicht unbegrenzt sein, denn so vielfältig und wandlungsfähig die menschliche Natur auch ist, sie muss einen gewissen Gattungscharakter aufweisen, wenn sie als menschlich bezeichnet werden soll."[26] Die Anerkennung dieser Vielfalt von Werten könnte als *Werterelativismus* aufgefasst werden, Isaiah Berlin verwehrt sich aber dagegen, eines solchen bezichtigt zu werden. Werte können in Konflikt geraten, sie können unvereinbar sein: Die Anerkennung dieser Tatsachen muss aber nicht in einen Werterelativismus

23 Ebenda 29.
24 Ebenda 29.
25 Ebenda 108.
26 Ebenda 109.

münden. Berlin wörtlich: „Relativismus ist etwas anderes: In meinen Augen bezeichnet dieser Begriff eine Lehre, der zufolge das Urteil eines Menschen oder einer Gruppe, da es einer Geschmackvorliebe, einer emotional geprägten Haltung oder Anschauung entspringt oder eine solche zum Ausdruck bringt, nur das ist, was es ist, ohne jede Beziehung zu einem objektiven Korrelat, aus der sich seine Wahrheit oder Falschheit bestimmen würde."[27] Und: „Der Relativismus geht in all seinen Versionen davon aus, dass es keine objektiven Werte gibt!"[28] Deswegen versucht der Relativismus auch nicht, andere Werte zu verstehen, denn das würde ja voraussetzen, dass man an die Existenz dieser Werte glaubt. Dem Relativismus bedeuten die verschiedenen Werte nur verschiedene beliebige Anschauungen, die verstehen zu wollen, unsinnig ist, weil sie die Wirklichkeit sowieso verfehlen. Deshalb muss man sich davor hüten, die Bereitschaft, andere Werte verstehen zu wollen, sofort als ein Element einer Relativismus misszuverstehen. „Verstehen bedeutet indessen nicht akzeptieren."[29] Aber wichtig ist es, verstehen zu wollen, und das kann ein Terrorist nicht wollen. Und für dieses Verstehen ist die Bezugnahme auf die Natur des Menschen und der Gesellschaft ein hilfreiches Mittel, nicht eine punktuelle Bezugnahme, sondern das Einklinken in die lange Tradition des Naturrechts etwa, das allgemeine Züge des Menschen herausgearbeitet hat und damit Modelle der Lebensführung und des Zusammenlebens gestattet. Und diese allgemeinen Züge können Orientierungen, Suchkriterien für Lösungen sozialer Probleme sein, weil sie eine Basis für die gemeinsame Suche nach der immer tiefer zu verstehenden Wahrheit bedeuten können, die zugleich aber auch davor bewahren können, die Wahrheit für sich zu beanspruchen und damit zu verkürzen.

Eine solche Haltung des Pluralismus, die über die beschreibende Haltung des Pluralismus hinausgeht, verhindert es nun, *Endlösungen* zu suchen. Endlösungen stellen meist die schlimmsten der Lösungen dar, gehen sie doch davon aus, dass die beste aller Lösungen gefunden ist, dass es den besten der Staaten, die beste der Kirchen usw. gibt - und die müssen herbeigezwungen werden. Eine Endlösung würde nun bedeuten, Geschichte abzubrechen, jeden Wandel von Gestaltungen und Werten verneinen zu wollen, und damit auch jeden Wertepluralismus für illegitim zu erklären, einen illusionären Zustand als den richtigen vorzuschreiben, im Bewusstsein, um den besten Zustand, den idealen

27 Ebenda 110.

28 Ebenda 111.

29 Ebenda 34.

Zustand, zu wissen und ihn auch schaffen zu können. „Was bleibt uns, die wir über das Wissen verfügen, anderes übrig, als uns bereit zu erklären, sie alle zu opfern?“[30], fragt Berlin sarkastisch in dem ersten zitierten Artikel „Das Streben nach dem Ideal“. Die, die sich der besten Lösung entgegenstellen, werden dann ausgerottet. Das „Ende der Geschichte“, um einen problematischen Ausdruck von Francis Fukuyama[31] zu gebrauchen, wäre damit angebrochen mit dem letzten Menschen, der von Friedrich Nietzsche als der Verächtlichste aller Menschen beschrieben wird.[32] Und dieses Ende der Geschichte als nicht mehr überbietbaren, weil idealen Zustand haben Terroristen vor Augen. Und dieses wollen sie schaffen.

Isaiah Berlin schreibt dagegen in Bezug auf die dem Pluralismus angepassten Konsequenzen: „Deshalb müssen wir uns auf das Vermitteln, auf Kompromisse einlassen - Regeln, Werte, Prinzipien müssen von Situation zu Situation in wechselndem Grade gegeneinander nachgiebig sein. Utilitaristische Lösungen sind manchmal falsch, aber häufiger, so möchte ich vermuten, heilsam. Das Beste, was man erreichen kann, ist in aller Regel die Aufrechterhaltung eines prekären Gleichgewichtes, das ausweglose Situationen, in denen unerträgliche Entscheidungen zu treffen wären, vielleicht gar nicht erst entstehen lässt - hierin besteht die erste Forderung an eine verträgliche Gesellschaft; hiernach können wir immer streben, auch wenn unser Erkenntnishorizont begrenzt und unser Verständnis für Individuen und Gesellschaften durchaus unvollkommen ist. Eine gewisse Bescheidenheit ist in diesen Dingen wohl angebracht.“[33]

Dies mag auf den ersten Blick resignierend und so gar nicht von hohem Wahrheitspathos getragen klingen, und es ist auch enttäuschend für Terroristen. Schon in Bezug auf Politik allgemein schreibt ja Berlin: „Diese Antwort mag matt und flau anmuten, sie hat nichts von dem an sich, wofür idealistische junge Menschen, wenn es denn sein müsste, kämpfen und leiden wollten, um eine neue, bessere Gesellschaft zu erreichen.“[34] Und trotzdem kann das Streben nach der Wahrheit und damit nach einer besseren Gesellschaft nur in sol-

30 Ebenda 32.

31 Fukuyama F., The „End of History?“, in: The National Interest, Nr. 16, Summer 1989, 3-18.

32 Nietzsche, F., Also sprach Zarathustra, in: Ders., Werke in 4 Bänden, Bd. 1, Salzburg 1983, 278-576, 297.

33 Berlin, Das krumme Holz 34.

34 Ebenda 34.

chen kleinen Schritten erfolgen. Natürlich ist sich auch Berlin bewusst, dass diese kleinen Schritte nicht beliebig sind, sondern sich an das halten müssen, was das „Minimum an Gemeinsamkeit, ohne das Gesellschaften kaum überleben könnten“[35], darstellt. Sich um dieses Minimum dauernd zu bemühen, ist eine notwendige Aufgabe, an der im Dialog gearbeitet werden muss, dem sich ein Terrorist aber aus der Einstellung heraus, zu wissen, verschließt, weil er zudem noch das Maximum will. „Es gibt keine Rechtfertigung, in diesen Fragen Kompromisse zu schließen.“[36], meint auch Berlin in Bezug auf die notwendigen Gemeinsamkeiten der Achtung der Würde und des Lebens der Menschen. „Auf der anderen Seite scheint mir die Suche nach dem Vollkommenen immer die Gefahr des Blutvergießens in sich zu bergen, und es wird nicht besser, wenn sich die aufrichtigsten Idealisten, die Menschen reinsten Herzens, auf diese Suche begeben.“[37], fügt Berlin aber gleich hinzu. Meines Erachtens ist nicht Suche nach dem Vollkommenen das Gefährliche, sondern die Vermessenheit, die sich darin äußert, dass man glaubt, das Vollkommene schon erreicht zu haben oder auch nur hier auf Erden erreichen zu können.

Das heißt nun meines Erachtens für eine christliche Ethik in der Zeit des Pluralismus nicht, sich nicht an ihren durch Offenbarung und Tradition gegebenen Werten zu orientieren, dies ist gerade notwendig, um sich des ethischen Minimums immer zu vergewissern und auch um Impulse für das Handeln zu gewinnen. Dies bedeutet aber, in der konkreten Gestaltung nicht schon den Himmel vorwegnehmen zu wollen - alle die daran gingen, den Himmel auf Erden zu schaffen, haben ja die Hölle gebracht -, die gefundenen Lösungen nicht schon als Endlösungen, sondern als vielleicht für die konkrete Situation *bestmögliche* Lösungen zu betrachten, die aber der dauernden Anpassung und Verbesserung bedürfen. So schreibt Günter Brakelmann beispielsweise in einem Artikel über Humanisierung der Arbeit und Mitbestimmung: *„'Humanisierung' ist hier nicht der einmalige große alternative Entwurf, sondern der nie endende Prozess, bei immer wechselnden Lagen und Situationen Arbeitsbedingungen, die den Menschen belasten … durch bessere, menschenentsprechendere Arbeitsbedingungen und Arbeitsorganisationen zu ersetzen.“*[38] Terroristen dage-

35 Ebenda 35.

36 Ebenda 35.

37 Ebenda 35.

38 Brakelmann, G., Humanisierung der Arbeit und Mitbestimmung - immer noch eine aktuelle Frage?, in: Gesellschaft im Test. Zeitschrift des Sozialinstituts Kommende, Dortmund XXX 1990, 12 - 14, 12.

gen wollen den Endzustand und nicht den Prozess. Es geht also um diesen Prozess der Humanisierung in einer *Ethik des Komparativs*, „um die *konkrete Verwirklichung* des nächst notwendigen und möglichen Komparativs, das heißt um *Verbessern, Entwickeln, Abbauen, Vermindern, Erweitern - das sind die Tätigkeitswörter des Substantivs Humanisierung.*"[39]

Ein solches Denken erfordert *Bescheidenheit*, die offen sein lässt für den Dialog um die bessere Lösung, und damit für den Dialog, der zum Frieden führen kann, zugleich aber auch *Entschiedenheit*, die dazu führt, dass man sich nicht im Schwelgen in Werten und übernächsten Schritten genügt, sondern den nächsten, wenn auch unvollkommenen setzt. Eine humane Gesellschaft wird in vielen kleinen Schritten gewonnen und nicht auf einem Schlag. Gerade der Wertepluralismus kann dazu als Anstoß und Herausforderung dienen, auch als Herausforderung dazu, mit den Menschen „vorsichtiger" umzugehen. „Individuum ineffabile est", die Person ist unaussagbar, hieß es ja in der Tradition. Der Terrorist dagegen glaubt, den neuen Menschen „aussagen" zu können.

Gerade der Pluralismus kann für die angewandte Ethik ein Anstoß sein, ihr Wirken als eine *Weggefährtenschaft* zu begreifen, nicht vordergründig als eine unumstößliche Wegweisung, und Modelle der Lebensführung flexibel auch für die Abstimmung aufeinander zu gestalten. Gerade auf der Wanderschaft auf ein Ziel hin kann sich auch jene Solidarität entwickeln, die im Pluralismus in der Gefahr der Reduktion auf das Beliebige und damit nicht Fordernde steht. Dabei ist der Pluralismus nicht Beliebigkeit, kein leichtes Abschieben von Verantwortung, sondern eine Aufforderung, sich dauernd um das Bessere im Gespräch mit den anderen zu bemühen. Hartmut von Hentig schreibt in diesem Zusammenhang Bedenkenswertes: „Nichts verstört mich - einen Aufklärer, Pädagogen und verantwortlichen Bürger in einer Demokratie, deren Bestand mir wichtig ist - mehr als die Wahrnehmung, wieviele Menschen sich der Verständigung verweigern, der Verständigung über die Voraussetzungen der Gemeinsamkeit unseres Lebens. Sie haben sich die Meinungsfreiheit wie einen Kettenpanzer angelegt; der erklärte Pluralismus unserer Zivilisation scheint sie der Rechenschaft für ihre Lebensweise zu entheben; ‚this is a free country' ist für sie eine Selbstverständlichkeit und wird klassisch übersetzt mit ‚ich darf denken, reden und tun, was ich will, sofern es anderen nicht schadet'. Dass jedoch kein Satz so sehr der gründlichen Prüfung bedarf wie ‚Was ich will' und keiner eines so behutsamen, geordneten, unausgesetzten Miteinander-

39 Ebenda 12.

Verhandelns wie ‚… sofern es anderen nicht schadet', das entgeht ihnen. Sie verwechseln Pluralität (etwas Zufälliges) mit Pluralismus (etwas Beabsichtigtem); sie verkennen, wie wenig beliebig ihre Freiheit in der einen, zusammengewachsenen, humanisierten Welt ist; ihnen ist nicht bewusst, dass sie damit sagen: Was mir wichtig, vielleicht das Wichtigste ist, darf den anderen unwichtig sein, ja, wir kommen um so besser miteinander aus, je gleich-gültiger es ist."[40] Das Suchen nach jener Ordnung, in der die Freiheit des einen neben der Freiheit des anderen bestehen kann, stellt sich ja immer als wichtige Aufgabe, nicht in der eigenen Freiheit den anderen zu zwingen.

Der Pluralismus bedarf also des ständigen Bemühens um die Grundwerte, des Bemühens um die Wahrheit, um den Dialog, um die Solidarität, um Wertekonkretisierung im Handeln. Dieses Bemühen ist seit jeher ein Anliegen des Naturrechts: auf beständigen Wertgrundlagen das sich Verändernde der Veränderung wie auch den Grundwerten angepasst zu gestalten. Damit werden Schritte gesetzt, die der Wahrheit des Menschen gerecht werden können.

Im 2005 veröffentlichten Buch „Werte in Zeiten des Umbruchs" von Joseph Kardinal Ratzinger[41] findet sich ein Kapitel mit der Überschrift „Was ist Wahrheit?" Hier setzt sich Ratzinger mit dem Pluralismus auseinander, einem Pluralismus, den er als Voraussetzung der Demokratie sieht. Ausgehend von der Frage: „Was ist Wahrheit?", die Pilatus Jesus stellt (Joh 18,38), spricht er drei unterschiedliche Antworten auf die Frage nach den Grundlagen der Demokratie an. Die relativistische Theorie geht davon aus, dass die Mehrheitsüberzeugung die Wahrheit festlegt. Es kommt bloß auf das entsprechende Verfahren der Findung des Mehrheitswillens an. Für die metaphysische und christliche These kann Wahrheit nicht von der Politik produziert werden, sondern sie drängt sich sozusagen auf. Das Christentum wird als „Quelle von Erkenntnis angesehen…, die der politischen Aktion vorausgeht und sie erleuchtet."[42] Dabei wird die „Wahrheit über das Gute, die aus der christlichen Überlieferung kommt, … auch für die Vernunft zur Einsicht und so zu einem vernünftigen Prinzip, nicht ist sie eine Vergewaltigung der Vernunft und der Politik durch irgendeinen Dogmatismus."[43] Die dritte Position, von

40 Hentig, H. v., Glaube. Fluchten aus der Aufklärung, Düsseldorf 1992, 12f.

41 Ratzinger, J., Werte in Zeiten des Umbruchs. Die Herausforderungen der Zukunft bestehen, Freiburg / Br. 2005.

42 Ebenda 59.

43 Ebenda 59.

Ratzinger als mittlere Position bezeichnet und mit der Frage „Evidenz des Moralischen?“ überschrieben, geht von einer Trennung von metaphysischer und praktischer Wahrheit aus, die dem Staat als Existenzgrundlage dient. Was aber in einer vom Christentum geprägten Gesellschaft als unumstößliche Wahrheit erschien, hat in der pluralistischen Gesellschaft an Evidenz verloren. Die Vernunft kann so für die moralische Wahrheit blind werden. „Wo bloß noch das experimentell Verifizierbare als gemeinsame Gewissheit anerkannt wird, bleibt für die Wahrheiten, die über das rein Materielle hinausgehen, lediglich das Funktionieren, das heißt das Spiel von Mehrheit und Minderheit, als Maßstab übrig, das aber - wie wir gesehen haben - in seiner Isolierung notwendig zum Zynismus und zur Auflösung des Menschen wird. Das eigentliche Problem, vor dem wir heute stehen, ist die Blindheit der Vernunft für die ganze nichtmaterielle Dimension der Wirklichkeit.“[44] In Bezugnahme auf Karl Popper und dessen Vision der offenen Gesellschaft meint Ratzinger aber, dass man den Werten der Demokratie näher kommen kann. „Die Werte, auf denen die Demokratie als beste Verwirklichungsform der offenen Gesellschaft beruht, werden durch einen moralischen Glauben erkannt: Sie sind nicht rational zu begründen, aber ein dem Voranschreiten der Wissenschaft ähnlicher Prozess von Kritik und Einsicht führt doch zu einer Annäherung an die Wahrheit. Die Prinzipien der Gesellschaft können demnach nicht begründet, nur diskutiert werden. Am Ende muss man darüber entscheiden.“[45] Im Prozess der freien Diskussion gibt es also nicht mehr die Evidenz der moralischen Wahrheit, aber sie wird in einem „durch Diskussion sich vorantastenden Glauben, der immerhin, wenn auch auf unsicherem Boden, Grundelemente moralischer Wahrheit öffnet und sie dem reinen Funktionalismus entzieht“[46], fassbar. Daraus zieht dann Ratzinger den Schluss, dass dem Staat „das, was ihn wesentlich trägt, von außen (zukommt), nicht aus einer bloßen Vernunft, die im moralischen Bereich nicht ausreicht, sondern an einer in historischen Glaubensgestalt gereiften Vernunft.“[47] Für diese Wahrheit offen zu sein, bedeutet einer menschenwürdigen Gesellschaft, die nicht die beste ist, aber vielleicht die den Umständen und dem Mensch angepasste bestmögliche, näher zu kommen. Der Terrorist dagegen will sich den Prozess ersparen, indem er die Entscheidung dezisiv setzt.

44 Ebenda 60.
45 Ebenda 61.
46 Ebenda 62.
47 Ebenda 64.

Zum Abschluss dieses Punktes möchte ich das mit einem Bild illustrieren. Ein Mann beim Schneider, um einen Anzug anzuprobieren. Es schaut relativ gut aus. Dann aber: ein Ärmel ist zu kurz. Der Schneider zum Mann: „Kein Problem, Arm einziehen, und der Ärmel passt." Beim Hosenbein, das zu kurz ist, der gleiche Befehl. „Bein einziehen - und alles ist in Ordnung!" Der Mann geht verkrümmt nach außen. Zwei Vorbeikommende sehen den Verkrümmten. Der eine: „Schau, ein armer Behinderter." Der andere: „Aber einen phantastischen Schneider hat er!"

Die Taktik des Terroristen besteht darin, den Menschen dem von Idealen der besten Welt geprägten Anzug anzupassen. Dadurch wird der, um beim von Immanuel Kant entlehnten Titel des Buches von Isaiah Berlin „Das krumme Holz der Humanität" zu bleiben, krumme Menschen nicht gerade, sondern nur noch stärker gekrümmt, wenn nicht sogar gebrochen.

In diesem Zusammenhang soll auf Thomas von Aquin Bezug genommen werden, der den Menschen als homo viator, als Menschen auf dem Weg, „in statu viatoris",[48] sah. Gegen dieses Auf-dem-Weg-Sein kann sich der Mensch nun auf zweifache Weise versündigen: einmal, dass er glaubt, sein Ziel schon erreicht zu haben, durch die Vermessenheit, „praesumptio", Vorwegnahme, wie sie Thomas nennt, dann durch die Verzweiflung, die „desperatio", die davon ausgeht, dass das Ziel nie erreicht werden kann. Die dem Auf-dem-Weg-Sein angepasste Haltung ist nach Thomas die Hoffnung, die um das Ziel weiß, die aber auch weiß, dass sehr viele kleine Schritte gesetzt werden müssen, um dem Ziel näherzukommen. Der Christ steht in der Herausforderung, diese tatkräftige Zukunftshoffnung in den politischen Prozess einzubringen; um daraus einen Vermenschlichungsprozess zu gestalten.

Die Wahrheit ist also nie endgültig erreichtes Ziel, sondern immer in alltäglichen Gestaltungsschritten anzuvisierendes Ziel. In dieser Hoffnungsstruktur ist ja für den Christen die Geschichte immer auch ein Weg, der zu einem Ziel führt, das außerhalb dieser Geschichte liegt. In seiner Diskussion mit Umberto Eco formuliert Kardinal Carlo Maria Martini diese Überzeugung in drei Punkten folgendermaßen: „1. Die Geschichte hat einen Sinn und eine Ausrichtung, sie ist nicht eine Ansammlung absurder und nichtiger Fakten. 2. Dieser Sinn ist kein rein immanenter Sinn, er weist über die Geschichte selbst hinaus, er ist deshalb nicht Gegenstand des Kalküls, sondern der Hoffnung.

48 Vgl. dazu: Pieper, J., lieben, hoffen, glauben, München 1986, bes. 193ff und 235ff.

3. Diese Sicht entwertet die kontingenten Ereignisse nicht, sondern erweist ihre wirkliche Bedeutung: Die Geschichte ist der ethische Ort, an dem sich die metahistorische Zukunft des Abenteuers der Menschheit entscheidet."[49] Während der Terrorist den Sinn der Geschichte zu einem mit Terror zu verwirklichenden Kalkül macht, geht der Christ davon aus, dass es auch auf ihn ankommt, aber nicht nur auf ihn, sondern auf die anderen, die dialogisch mit einbezogenen werden sollen, und auf Gott, der immer vor uns ist.

5. Terror aus abstrakter Traumwelt

Theologen haben wie Philosophen mitunter die Tendenz, alles abstrakt zu fassen. Von der Erfahrung, die aus der direkten Begegnung mit Religiösem etwa entspringt und die über die verschiedenen Sinne Zugänge zu religiösen Erlebnisdimensionen erlaubt, führte die Abstrahierung zu einer Kopfreligion, die zwar den Verstand erfassen kann, das Leben aber oft unberührt lässt. Das Reden mit Gott weicht in einer solchen Entwicklung einem Reden über Gott, das schließlich zu einem Reden über solche, die über Gott geredet haben - eine typische Aufgabenstellung einer theologischen Diplomarbeit, könnte man sagen -, führt. Diese Abstraktion führt dann weg vom unmittelbar erfahrbaren und erfahrenen Glück, das in der Abstraktion nicht gesehen werden kann, das aber dann für das Leben geltend gemacht wird, in einem revolutionären Umschlag.

George Berkeley spricht in diesem Zusammenhang vom „Laster der Abstraktion", das er versteht als „das feine und subtile Netz abstrakter Ideen, welches in so bedauernswerter Weise den Geist der Menschen erschüttert und verwirrt hat."[50] In der abstrakten Betrachtung sind nur die Toten die Glücklichen, weil die Abstrahierung es beispielsweise nicht erlaubt, das Hier und Jetzt genießend zu erleben. Ein Abendessen etwa kann nicht genossen werden, wenn ich vom Konkreten abstrahierend es als zufällig und unbedeutend im Raum der Ewigkeit erkenne. In der Abstraktion und auf lange Sicht gedacht führt die Flüchtigkeit von Ereignissen dazu, dass sie nicht genossen werden können, in den großen Kontext gestellt wird alles klein. Wenn wir fragen, ob das Leben

---

49 Martini, C. M., Die Hoffnung macht aus dem Ende ein Ziel, in: Ders. / Eco, U., Woran glaubt wer nicht glaubt?, Wien 1998, 29-35, 32f.

50 Berkeley, George, A Treatise Concerning the Principles of Human Knowledge. Introduction, sect. 20, zitiert nach: Blackburn, Gut Sein. Eine kurze Einführung in die Ethik, Darmstadt 2004, 82.

insgesamt einen Sinn hat, vergessen wir nur allzu leicht, dass der Sinn in den kleinen, konkreten Punkten grundgelegt und erfahren wird. Wir dürfen uns, wie es Simon Blackburn[51] darstellt, nicht von der Perspektive eines des den ganzen Raum und die ganze Zeit überblickenden Beobachters von außen, also der abstrakten Perspektive, die Größe unseres Hier und Jetzt nehmen lassen. „Das Lachen ihres Kindes bedeutet für die Mutter die ganze Welt, eine zarte Berührung verkörpert für Liebende die höchste Glückseligkeit, die gelungene Formulierung bedeutet Glück für den Autor. Bedeutung gewinnt etwas durch Erfahrung und Freude; sie kommt mit dem Fluss der Details, die uns etwas angehen. Das Problem mit dem Leben ist dann eher, dass es zu viel Sinn hat."[52] Der „Stille dieser unendlichen Räume", vor denen Blaise Pascal (1623-1662) erschrak, stellt der Cambridger Philosoph Frank Ramsey (2903-1930) entgegen: „Worin ich mich von meinen Freunden unterscheide, ist von einer faszinierend geringen Wichtigkeit in der Welt der physikalischen Größen. Aber ich fühle nicht die geringste Demut angesichts der unendlichen Leere des Himmels. Die Sterne mögen groß sein, aber sie können nicht denken oder lieben; und das sind Eigenschaften, die mich weit mehr beeindrucken, als Größe. Ich rechne es mir nicht als Verdienst an, dass ich soviel wie etwa siebzehn Steine wiege. Mein Bild der Welt ist perspektivisch gezeichnet und nicht wie ein maßstabsgetreues Modell. Der Vordergrund wird von Menschen besetzt, und die Sterne sind so klein wie Pfennigstücke."[53]

Diesen konkreten Erfahrungsbezug muss der Terrorist angesichts des hohen Abstrakten negieren. Er muss blind werden für die konkreten Leiden der Menschen durch Terrorakte, um der abstrakten Idee zum Durchbruch zu verhelfen. Die große Abstraktion macht unsensibel für die alltäglichen Schwierigkeiten. Was sind schon die Tränen von Angehörigen von Ermordeten, wenn dadurch das utopische Ziel erreicht wird, wie man glaubt. Nach Gerd van den Heuvel sieht Georg W. F. Hegel ja die terroristische Praxis „als Folge subjektiver Moralität und Ausdruck eines absolut gesetzten aufgeklärten Bewusstseins. Die Jakobinerdiktatur begreift er als Herrschaft der ‚abstrakten Prinzipien - der Freiheit, und - wie sie im subjektiven Willen ist - der Tugend... Es herrschen jetzt die Tugend und der Schrecken; denn die subjektive Tugend, die bloß von der Gesinnung aus regiert, bringt die fürchterlichste Tyrannei mich sich'. Der Versuch, den absolut gesetzten und von der ‚Realität der organischen Gliede-

---

51 Blackburn, Gut Sein. 85.

52 Blackburn, Gut Sein 87.

53 Ramsey, Frank B., The Foundations of Mathematics 291, zit. n.: Blackburn, Gut sein 85.

rung' abstrahierenden Freiheitsprinzipien Geltung zu verschaffen, führt zur ‚Negation des Einzelnen als Seienden'. Das Resultat ist die physische Vernichtung des der Untugend Verdächtigten, ‚der kälteste, platteste Tod, ohne mehr Bedeutung, als das Durchhauen eines Kohlhaupts oder ein Schluck Wassers'."[54] Aus den großen Ideen heraus werden Menschen dann als Stellvertreter des Systems im Namen der großen Abstraktion für das System genommen, und damit werden Gewalttaten an ihnen gerechtfertigt.

In der Weiterführung dieser Abstraktion kann sich ein weiteres Problem ergeben, das gerade für einen Terrorismus anfällig macht: die Identsetzung von Interessen und Werten. Werte als Maßstäbe für sein-sollendes Handeln werden dann mit Interessen, die sich aus Werten ableiten lassen, identifiziert, Wertrealisierungen zu Werten. Damit wird ein Kompromiss, der als Lösungsmuster in Interessenkonflikten gelten kann, nach Georg Simmel „eine der größten Erfindungen der Menschheit"[55], verunmöglicht. Ein Kompromiss muss nämlich nach vorne hin offen sein, so dass zukünftige bessere Lösungen nicht durch die Festschreibung eines gegenwärtigen Zustandes bzw. einer gefundenen Lösung verunmöglicht werden[56]. In Wertekonflikten kann nämlich ein Kompromiss nicht tragen. Für einen Terroristen sind Stufenlösungen aus der Abstraktion des besten Zustandes heraus nicht akzeptabel, das hohe Fernziel soll direkt, ohne die Vermittlung von kompromisshaften Stufen- bzw. Annäherungsimperativen[57] und daraus folgenden Handlungsleitlinien erreicht, die wagende Nächstenliebe durch gewagte Anschläge ersetzt werden, ohne die Realisierungsbedingungen zu beachten. Es geht also immer um die „ganze" Lösung, die Endlösung, die aber hier und jetzt nicht erreicht werden kann. Deswegen muss ja die eschatologische Differenz, die Abständigkeit von „schon" und „noch nicht" negiert werden in einer Abstraktion, die nicht menschlich ist. Das Abstrakte soll hier festgesetzt werden. Paul Badde zeigt das am Beispiel der „himmlischen Stadt" auf: „Darum ist kein Gedanke Gottes mehr missbraucht worden als der von seiner liebsten Stadt. Deshalb hat die alte messianische Hoffnung am Anfang des Jahrhunderts die Oktoberrevolu-

---

54 Heuvel, G. v.d., Terror, in: Ritter, J. / Gründer, K. (Hg), Historisches Wörterbuch der Philosophie. Bd. 10, Basel 1998, 1020-1027, 1023. Heuvel zitiert aus: Hegel, Phänomenologie des Geistes (1807) nach der Akademieausgabe 9 (1980) 320.

55 Simmel, G., Soziologie. Untersuchungen über die Formen der Vergesellschaftung, Berlin 41958, 250.

56 Vgl. Zsifkovits, V., Ethik des Friedens, Linz 1987, 136.

57 Vgl. Zsifkovits, V., Ethik des Friedens, Linz 1987, 42.

tion noch mit angetrieben. Es war ein Versuch von vielen, sich des ältesten Traumes Europas zu bemächtigen. Welch edlere Sehnsucht gibt es denn als die gemeinsame Überwindung aller Not? So ist der Missbrauch dieser Sehnsucht immer besonders leicht gewesen, und so konnte der Traum auch ein Alptraum werden. Die schlimmsten Diktaturen der Geschichte Europas haben ihn zusammen mit dem Vokabular der jüdisch-christlichen Heilsgeschichte, das sich in gut tausend Jahren wie ein Mantel um die Entdeckung unserer Identität gelegt hatte, beschlagnahmt. Die Verdrehung der christlichen Muttersprache ist vielleicht die perfideste Meisterleistung Joseph Goebbels gewesen. Unter Hitler wurde die Rede von der geheilten, erlösten Gesellschaft zu einem verzehrenden schwarzen Loch der Geschichte."[58] Besonders problematisch wird es dann, wenn der Traum allen aufgezwungen werden soll. Die religiöse Vielfalt Europas im Blick schreibt Badde: „Das Urbild der Stadt mit den zwölf offenen Toren hat es dahin [zur religiösen Vielfalt in Europa] kommen lassen, die himmlische Stadt ist schließlich auch zur Mutter der pluralistischen Gesellschaft geworden."[59] Solcher Pluralismus verweigert sich der ein für allemal richtigen Ausbuchstabierung der Gerechtigkeit. So schreibt Badde denn auch gegen Schluss seines Buches: „Gerechtigkeit verwirklicht sich im Widerstand, Wahrheit öffnet sich nur dem mutigen Widerspruch..."[60].

Widerspruchlose und absolut gesetzte Gerechtigkeit ist meist die größte Ungerechtigkeit - summum ius, summa iniuria. Das ist aber der Anspruch von Terroristen: Die abstrakte endgültige Gerechtigkeit als solche ganze zu konkretisieren, das bedeutet Terror aus Traumwelt zu schaffen. „Terror aus der Traumwelt", so lautete denn auch der Titel eines Artikels von Eberhard Stammler in den Evangelischen Kommentaren aus der Zeit des RAF-Terrors. Dort schreibt er: „Es muss uns besonders beunruhigen, dass ein erheblicher Anteil der protestierenden Dissidenten aus einem protestantisch geprägten Milieu stammen, wie es Jillan Becker in ihrem Buch *Hitler's Children* am Beispiel Meinhof und Ensslin zu belegen suchte. Nicht wenige rekrutieren sich aus evangelischen Jugendkreisen und Studentengruppen oder aus protestantischen Bürgerfamilien. Könnte es sein, dass in diesem Milieu gewisse Voraussetzungen zu solchem Dissidententum zu finden sind?"[61] Die Frage

58 Badde, P., Die himmlische Stadt. Der abendländische Traum von der gerechten Gesellschaft, München 1999, 242.

59 Badde, Die himmlische Stadt 243.

60 Badde, Die himmlische Stadt 246.

61 Stammler, E., Terror aus Traumwelt, in: Evangelische Kommentare 10 (1977) 705f, 705.

versucht Stammler dann mit dem Hinweis auf die „Neigung zu einem unversöhnlichen Rigorismus“ zu beantworten, „der die vorfindliche Welt an absolut gesetzten Normen misst: Weil sie diesem Anspruch nicht gerecht wird, gilt sie als total korrumpiert. Diesem düsteren Bild wird dann eine Traumwelt entgegengestellt, die mit enthusiastischer Hingabe herbeizuzwingen ist.“[62] Eine der Wurzeln für diese Anschauung sieht Stammler im Erbe des deutschen Idealismus, „der die garstigen Realitäten der Politik verfemte und sich auf die Welt der Ideen zurückzog“, mit der Folge, dass man sich „hochmütig dem unwirtlichen Geschäft des politischen Alltags, der demokratischen Diskussion und des mühsamen Kompromisses“[63] versagte. In der Verbindung von apolitischer Tendenz mit protestantischem Rigorismus entwickelte sich nach Stammler eine „Ethik des Heiligen“ (Max Weber), „und wenn die Welt nicht darauf eingeht, wird sie durch tapfer gemeinte Zeichen diskreditiert“[64].

Das Resultat ist dann ein Schwärmertum, das in eine „kurzgeschlossene ‚Politik der Bibelworte'„[65] mündet und sich in den „Rausch der reinen Werte“[66] flüchtet. Um diese Reinheit der Werte nicht zu beschmutzen, lässt man sich nicht auf Schritte zum Traumbild ein, sondern gibt vor, den Traum auf einem Schlag verwirklichen zu können. Die Endgestalt der Utopie wird ohne die notwendigen Prozessgestalten zu erreichen versucht, das rigorose Festhalten an der Endgestalt, für alle verbindlich, verwehrt sich Umsetzungsschritten, die kompromisshaft sind. Gradualität wird nicht akzeptiert, sondern ein direkt religiöses oder pseudoreligiöses „Ganzwirken Gottes“ für sich in Anspruch genommen. Man selbst ist der Vollstrecker des Willens Gottes als Guten ohne Vermittlung über zum Teil kontingente Güter.

Vielleicht entsteht der Terror der Terroristen auch daraus, dass sie von der Ahnung gezeichnet sind, dass diese 1:1 Umsetzung nicht möglich ist und deswegen alle, die etwas von diesem Traum in Teilrealisierungen schaffen, bekämpft werden müssen.

Deswegen kann es auch keine Verhandlungslösungen geben, sondern nur Diktate. So schreibt etwa Charles Hill über den arabischen Terrorismus in Israel: „All diejenigen, die glauben, die USA könnten den Zorn der islamischen

---

62 Stammler, Terror aus Traumwelt 705.
63 Stammler, Terror aus Traumwelt 705.
64 Stammler, Terror aus Traumwelt 705.
65 Stammler, Terror aus Traumwelt 705.
66 Höhler, G., Die Kinder der Freiheit, Stuttgart 1983, 151.

Fundamentalisten besänftigen und dem Terrorismus ein Ende machen, indem sie beide Seiten zu einem Friedensabkommen zwingen, haben keine Vorstellung von der harten Realität des Nahen Ostens. Jetzt auf einen solchen Frieden zu drängen käme einer Einladung zu weiterem Terror gleich."[67] Daraus zieht Hill den problematischen Schluss, der aber zum Teil aus dem Wesen des Terrorismus, das im „Alles oder Nichts" besteht, gezogen werden kann und dem sich auch die Terroristen unterstützenden Machthaber beugen müssen, um nicht selbst Angriffsziele für die Terroristen aufgrund des Verrates der Ziele zu werden: „Es steht außer Frage, dass ein israelisch-arabisches Friedensabkommen erst erreicht werden kann, wenn der islamische Terrorismus ausgerottet ist. Erst wenn der amerikanische Krieg gegen den Terrorismus gewonnen ist, wird ein Frieden im Nahen Osten möglich sein."[68] Allerdings stellt sich hier die Frage, ob der Krieg gegen den Terrorismus in erster Linie mit Gewalt gewonnen werden kann. Es fehlt an einer umfassenden Strategie.

Ein letzter Punkt im Zusammenhang mit Terror und Traumwelt: Interessanter Weise haben sich Terroristen immer wieder in sogenannten „Zellen" organisiert. In ihrer Abgeschlossenheit kann man „rein" bleiben und in ihnen eine Gegenwelt erzeugen, die ihre Kraft und ihr Weiterbestehen aus dem „Dagegen" gegen die übrige Welt bezieht. Schließlich kann sich hier auch ein Auserwähltheitsbewusstsein aufbauen. In diesem Zusammenhang ist es bemerkenswert, dass Terroristen im Durchschnitt sich nicht durch eigenen Entschluss zu einer Terrortat auszeichnen, sondern von den führenden Persönlichkeiten, für sie oft nur als System identifizierbar, auserwählt und über Fax oder Internet verständigt werden. So heißt es im Buch von Lawrence Wright „Der Tod wird euch finden" über Al-Qaida und den Weg zum 11. September von einigen in die Attentate verwickelten Terroristen. „Als Bin al-Schibh eintraf, erfuhr er von Atta, Dscharrah und Schehhi, dass sie für eine Geheimmission ausgewählt worden waren, über die man ihnen noch nichts verraten hatte."[69]

67 Hill, Ch., Mythos und Realität des arabischen Terrorismus, in: Talbott, St. / Chanda, N. (Hg.), Das Zeitalter des Terrors. Amerika und die Welt nach dem 11. September, München 2002, 87-113, 95.

68 Hill, Mythos und Realität, 96.

69 Wright, L., Der Tod wird euch finden. Al Qaida und der Weg zum 11. September, München 42007, 386.

6. Schlussgedanken

„Als Mose auf die Höhe stieg, um die Tora in Empfang zu nehmen, wurden ihm im Zusammenhang mit einer jeden Sache 49 Gründe gezeigt, warum es erlaubt sein sollte, und 49 Gründe, warum es verboten ein sollte. Als Mose den Heiligen - Gepriesen sei er! - um endgültige Entscheidungen bat, wurde ihm gesagt, dass derartige Entscheidungen den Weisen Israels in jeder einzelnen Generation vorbehalten seien und dass die Entscheidungen, die sie dann jeweils trafen, die gültigen Entscheidungen seien." Mit dieser Passage von Rabbi Jom Tow ben Avraham Ischbilly aus Sevilla im 14. Jahrhundert zeigt Walter Homolka[70], dass Gerechtigkeit für den jeweiligen Kontext ausformuliert werden und es immer wieder auch Revisionen der einmal für den jeweiligen Kontext gefundenen Lösung geben muss und natürlich auch immer wieder gibt. Die unvermittelte Überstülpung einer Lösung, ohne den jeweiligen Kontext zu beachten, die die Autorität Gottes und seines Willens, den in seiner Reinheit erkannt zu haben man vorgibt, zum Ausdruck bringen soll, ist unmenschlich. Sie wird nicht menschlicher, wenn dies im Namen einer höheren Menschlichkeit passiert, der dann die augenblickliche Menschlichkeit geopfert werden muss.

In einem Artikel über Konvertiten unterscheidet der Reiseschriftsteller Marko Martin[71] zwischen „harmlosen" Sinnsuchern und Fanatikern, die beide die Religion wechseln. Für die eine Seite nennt er neben Gilbert Keith Chesterton die Satirikerin Muriel Spark, die, in Edinburgh in einer jüdisch-schottischen Familien geboren, 1954 ihren Übertritt zum katholischen Glauben „mit den Worten begründete, der katholische Glaube sei eine Norm, von der man abweichen kann." Und der lebenslange Aufbegehrer Chesterton gab nach Martin zu Protokoll: „Es wird schon einen Grund haben, weshalb Atheisten stets von *Kausalketten* sprechen." Von solchen Kausalketten können aber nicht nur Atheisten, sondern auch fundamentalistische Terroristen gefesselt sein. Der zum Teil spleenigen Menschenfreundlichkeit dieser einen Gruppe von Konvertiten hält Marko Martin die Fanatiker entgegen: „Nicht die vermeintlich Simplen im Geiste sind es, die zur Beunruhigung Anlass geben, sondern wohl eher jene, die man gemeinhin als ‚faszinierend' beschreibt - unbehauste Abstrahierer auf der Suche nach der nächsten radikalen Idee, Blümchendecken-

70 Homolka, W., Ein gottgefälliger Streit, in: Die Furche Nr. 14, 2. April 2009, 19.

71 Martin, M., Farbe bekennen. Konvertiten, in: Rheinischer Merkur, Nr. 38, 20. September 2007, 17. Die folgenden Zitate sind diesem Artikel entnommen.

und Minztee-Verächter mit einem Faible für die Tabula rasa, selbsterklärte Menschheits- und Gottesfreunde, denen die neuen Glaubensbrüder oftmals ebenso fremd bleiben wie ihnen alle ‚Ungläubigen' mit einem Mal verhasst werden.“ Diesen Typ illustriert Marko Martin mit dem Konvertiten Horst Mahler, einem ehemalig rechten Burschenschaftler, dann linksradikaler RAF-Anwalt und RAF-Mitglied, schließlich NPD Vordenker, von dort aber wegen Laschheit dieser Gruppe ausgetreten, nun Neonazi.

Diesen beschreibt Martin so: „Mahler, ein durchtrainierter Mann, der mir im Sommer 1998 in seinem Haus in Kleinmachnow bei Berlin erklärte, weshalb das ‚Projekt RAF' ein ‚historischer Irrtum' war, glich eher einer gut geölten Gedankenmaschine: Hegel, Marx, ‚die objektive Situation jener Zeit', dazu plötzlich Spengler, Nietzsche und die westhassenden Nationalbolschewisten der Weimarer Republik. Durchaus krude, wenn auch aus der eingekapselten Binnenlogik heraus nicht ohne Koheränz. Wo aber blieben die Menschen?

An diesem beklemmenden Nachmittag war weder von den Opfern der RAF noch von den Geschehnissen im Wüstencamp der PLO die Rede, mehr noch: Nicht einmal die sentimentalische [!] Redefigur von ‚Ulrike, Andreas und Holger' tauchte auf, kein Auf-die-Tränendrüsen-Drücken angesichts der angeblichen Isolationshaft in Stammheim, nur dies: Strukturen, Lageanalysen, Entscheidungen, Fehler. ‚Im Gefängnis lernte ich dann Hegel richtig zu interpretieren und die Schlussfolgerungen zu ziehen.'“

„Die pseudophilosophische Technokratensprache, wie Marko Martin diesen Sprachstil von Horst Mahler bezeichnet, lässt keine Frage zu. Dies wird auch klar, wenn man sich die Umschreibung von Technokratie durch Hermann Lübbe vor Augen führt. Das technokratische System fasst Lübbe nämlich als „das System des Schweigens über alles, in Bezug worauf noch verschiedene Meinungen möglich sind.“[72] Für einen Terroristen sind diese Meinungen nicht möglich, weil alle Widersprüche in einer scheinbar widerspruchsfreien Vernunft aufgelöst sind, was inhumanen Stolz mit sich bringt. So hält Marko Martin solch vermessener Vernunft den Satz von Chesterton entgegen: „Wahnsinnig ist nicht derjenige, der seinen Verstand verloren hat, sondern jener, der nur noch das besitzt, was er für seinen Verstand hält.“ Dies kann nun auch der scheinbar klar erkannte Wille Gottes oder der geistige Ertrag der „Terror-Zelle“ sein.

72 Lübbe, H., Zur politischen Theorie der Technokratie, in: Der Staat 1 (1962) 19-38, hier: 38.

Terrorismus als Problem der christlichen Soziallehre

von Herbert Pribyl

Einleitung

Papst Benedikt XVI. stellt in seiner Sozialenzyklika „Caritas in Veritate" (2009) fest: „Gewalt aller Art bremst die authentische Entwicklung und behindert den Übergang der Völker zu größerem sozioökonomischen und geistigen Wohlbefinden. Das gilt speziell für den Terrorismus mit fundamentalistischem Hintergrund, der Leid, Verwüstung und Tod verursacht, den Dialog zwischen den Nationen blockiert und große Geldmittel von ihrem friedlichen und zivilen Einsatz abzieht (Nr. 29)." Damit ist das Thema „Terrorismus" auch ein Problem der neuesten christlichen Soziallehre.

Das Phänomen „Terrorismus" ist nicht neu, wie ein Blick in die Geschichte zeigt. In den Jahren 1793 und 1794 übten in Frankreich die Jakobiner ein „Régime de Terreur", also eine Schreckenherrschaft aus. Dieser „Terror von oben" äußerte sich insbesonders durch Schaffung eines Revolutionstribunals zur Verurteilung und Hinrichtung politischer Gegner. In der zweiten Hälfte des 19. Jahrhunderts gewinn der Terrorismus aufgrund aufkommender politischer Instabilität mehr an Bedeutung. Ziel terroristischer Aktionen waren vornehmlich Präsidenten und gekrönte Häupter. In diesen Fällen spricht man von einem „Terrorismus von unten", der als Zielrichtung hat, die Schwäche der Regierenden bloß zu stellen oder die Staatsführung zu beseitigen.[1]

Als ein „Terrorismus von unten" und hauptsächlich gegen Unbeteiligte und Unschuldige angewendet, wurde er erst ein großes Problem in der zweiten Hälfte des 20. Jahrhunderts (Irish Republic Army, ETA in Spanien, GIA in Algerien etc.).[2] Seit Ende des Kalten Krieges (ca. 1990) lässt sich die Zunahme

1 Vgl. *Schreiber*, Manfred: Terrorismus, Sp. 3604, in: *Herzog*, Roman (u. a. Hg.): Evangelisches Staatslexikon. 2. Bd. 3. Aufl. Stuttgart 1987, Sp. 3603-3608.

2 Vgl. *Friemel*, Franz Georg: Terrorismus, S. 173, in: *Friemel*, Franz Georg (u. a. Hg.): Erste Auskunft „Ethik". Leipzig 1998, S. 173-174.

eines Terrorismus beobachten, der oft direkt auf die Beseitigung breiter Bevölkerungsschichten abzielt. Religiöse Motive, vor allem fundamentalistischer Art, spielen dabei eine wichtige Rolle.[3]

Unter Terrorismus wird heute grundsätzlich die Anwendung von Gewalt durch eine Gruppe von Personen verstanden, die zu religiösen oder politischen Zwecken gegen eine andere religiöse, politische, soziale oder ethnische Gruppe oder eine Regierung, vorgeht. Konkret bezeichnet der Begriff „Terrorismus" eine politisch motivierte Gewaltanwendung, die durch Provokationen auf die psychischen Folgen von Schrecken und Furcht abzielt. Er ist von einer vormundschaftlichen Identifikation mit einer Gruppe der Bevölkerung geprägt, deren reale Unterstützung durch terroristische Handlungen, die auch den Tod unschuldiger Menschen in Kauf nehmen, hervorgerufen werden soll.[4]

Es geht nun in der Folge um die Frage, wie eine sozialethische Begründung der Nichtrechtfertigung des Terrorismus zu argumentieren ist. Bei den diesbezüglichen Aussagen der christlichen, speziell katholischen Soziallehre und deren konkreter Anwendung sollen zwei Punkte besonders thematisiert werden: Erstens soll die durch terroristische Handlungen oft angestrebte oder in Kauf genommene Tötung unschuldigen Lebens, und zweitens soll die klassische Lehre vom „gerechten" Krieg, da terroristische Aktivitäten von manchen als „Krieg" bzw. „Befreiungskrieg" oder sogar als „Heiliger Krieg"[5] betrachtet werden,[6] behandelt werden. Zuerst soll aber erhoben werden, was das katholische Lehramt zum Problem des Terrorismus - in Auswahl - feststellt.[7]

1. Aussagen des katholischen Lehramtes zum Terrorismus

Grundsätzlich hat das kirchliche Lehramt alle Formen von Terrorismus wegen ihrer unterschiedslosen Gewaltanwendung als „Wege des Hasses" bedingungslos verurteilt. Die Sozialenzyklika „Sollicitudo rei socialis" (1987) von Papst

---

3 Siehe dazu ausführlich *Lutterbach*, Hubertus / *Manemann*, Jürgen (Hg.): Religion und Terror. Münster 2002.

4 Vgl. *Palaver*, Wolfgang: Terrorismus, Sp. 1787, in: *Hunold*, Gerfried (Hg.): Lexikon der christlichen Ethik. Bd. 2. Freiburg / Breisgau 2003, Sp. 1787-1788.

5 Siehe dazu *Ockenfels*, Wolfgang: Religion und Gewalt. Köln 2003, S. 9-10 (= Kirche und Gesellschaft, Nr. 300).

6 Vgl. *Pribyl*, Herbert: Terrorismus als böses Morden oder als „gerechter" Krieg?, in: Gesellschaft & Politik (41. Jg.) H. 2 / 2005, S. 42-47.

7 Siehe dazu auch *Pribyl*, Herbert: Terrorismus und katholische Sozialethik, in: *Bader*, Erwin (Hg.): Terrorismus. Frankfurt / Main 2007, S. 193-204.

Johannes Paul II. definiert „Terrorismus“ als die „Absicht, unterschiedslos Menschen zu töten und Güter zu zerstören und gerade so ein Klima des Schreckens und der Unsicherheit zu verbreiten, oft auch verbunden mit Geiselnahme (Nr. 24).“ Papst Johannes Paul II. hält dazu weiter fest: „Das Christentum verbietet [...], die Wege des Hasses einzuschlagen sowie das Mittel des Mordes an wehrlosen Personen und die Methode des Terrorismus zu benutzen“.[8]

Wenn es nun um die sittliche Bewertung terroristischer Handlungen geht, wird in der kirchlichen Argumentation oft das absolute Tötungsverbot an unschuldigen Menschen herangezogen. Im Katechismus der Katholischen Kirche (1992) heißt es: „Terrorismus, der willkürlich bedroht, verwundet und tötet, ist ein schwerer Verstoß gegen die Gerechtigkeit und die christliche Liebe (Nr. 2297)“.

Das 2004 von der Päpstlichen Kommission „Justita et pax“ herausgegebene „Kompendium der Soziallehre der Kirche“ behandelt in einem eigenen Kapitel die „Verurteilung des Terrorismus“ (Nr. 513-515). Dabei wird besonders auf die diesbezüglichen Aussagen in den Weltfriedensbotschaften 2002 und 2004 von Papst Johannes Paul II. Bezug genommen. In der Weltfriedensbotschaften 2002 hält der Papst fest: Bei den terroristischen Organisationen handelt es sich „um Organisationen im wahrsten Sinn des Wortes, die oft mit beachtlichen Geldmitteln ausgestattet sind und Strategien auf breiter Ebene ausarbeiten, wobei sie unschuldige Personen treffen, die mit den von den Terroristen verfolgten Zielen überhaupt nichts zu tun haben (Nr. 4).“ Und weiter heißt es dort: „Der Terrorismus entspringt dem Hass und erzeugt Isolierung, Misstrauen und Abschottung. Gewalt gesellt sich zu Gewalt, in einer tragischen Spirale, die auch die jungen Generationen mithineinzieht, die so den Hass erben, der schon frühere Generationen entzweit hat. *Der Terrorismus basiert auf der Verachtung des Lebens des Menschen* (Nr. 4).“ Dem entsprechend hält Papst Johannes Paul II. in der Enzyklika „Evangelium Vitae“ (1995) fest, „dass die direkte und freiwillige Tötung eines unschuldigen Menschen immer ein schweres sittliches Vergehen ist (Nr. 57)“.

Um den Terrorismus einzudämmen, empfiehlt Papst Benedikt XVI. in „Caritas in veritate“ vielfältige Bemühungen: „Es stimmt, dass der *Aufbau des Friedens* das ständige Knüpfen diplomatischer Kontakte, wirtschaftlichen und technologischen Austausch, kulturelle Begegnungen, Abkommen über

8 *Johannes Paul II.:* Homilie bei Drogheda, Irland, am 29. September 1979, Nr. 5.

gemeinsame Vorhaben ebenso erfordert wie die Übernahme gemeinsam geteilter Verpflichtungen, um kriegerische Bedrohungen einzudämmen und die regelmäßig wiederkehrenden terroristischen Versuchungen an der Wurzel freizulegen. Damit diese Bemühungen dauerhafte Wirkungen hervorbringen können, müssen sie sich allerdings auf Werte stützen können, die in der Wahrheit des Lebens verwurzelt sind (72)."

2. Zur Tötung unschuldigen menschlichen Lebens

Theologische Lehrbücher der christlichen Ethik stimmen in der Aussage überein, dass jede direkte und illegale Tötung eines Mitmenschen unsittlich und schwer sündhaft ist. Diese illegale Tötung wird „Mord" genannt. „Illegal" heißt im katholischen Verständnis (a) jede Tötung eines Unschuldigen, selbst im Falle der Ermächtigung durch oder auf Befehl von einer staatlichen Autorität, und (b) die Tötung eines Verbrechers außerhalb der gesetzlichen Ordnung durch Lynchjustiz.[9]

Das Strafrecht unterscheidet Mord als beabsichtigte Tötung von unbeabsichtigten Formen des Totschlags, die auf einen Affekt zurückgehen.[10] Der sittliche Begriff des Mordes umfasst jedoch beide Formen der Tötung. Terrorismus, der willkürlich verwundet und tötet, ist darum immer ein schweres Vergehen gegen das Leben. Wie ist diese Feststellung zu begründen?

Schon auf den ersten Seiten der Heiligen Schrift wird die Ermordung Abels durch seinen Bruder Kain verurteilt. „Das Blut deines Bruders schreit zu mir vom Ackerboden" (Gen 4,10). Die Grundeinstellung zum Mord wird durch das fünfte Gebot in Ex 20,13 und Dtn 5,17 ausgesprochen: „Du sollst nicht morden." Das Verb, das hier im Hebräischen gebraucht wird, ist *„rasach"*, ein relativ selten gebrauchtes Verb, das eine unerlaubte, ungesetzliche Tötung bezeichnet. Es beinhaltet nicht den Krieg und die Hinrichtung eines Verbrechers kraft eines Gerichtsurteils, und auch nicht die Tötung von Tieren. Ex 23,7 verurteilt insbesondere die Tötung eines Unschuldigen: „Wer unschuldig und im Recht ist, den bring nicht um sein Leben; denn ich spreche den Schuldigen nicht frei." Die Begründung ist, dass Mord mit den Rechten Gottes und des Menschen in Konflikt steht. „Wer Menschenblut vergießt, dessen Blut wird

---

9 Vgl. *Peschke, Karl-Heinz:* Christliche Ethik. Bd. 2. Spezielle Moraltheologie. Trier 1995, S. 339-342.

10 Siehe dazu *Bachner-Foregger,* Helene (Hg.): Strafgesetzbuch. 19. Aufl. Wien 2005, S. 97-98.

durch Menschen vergossen. Denn: Als Abbild Gottes hat er den Menschen gemacht" (Gen 9,6). Jesus unterstreicht die Gültigkeit des fünften Gebotes (Mt 19,18; Mk 10,19) und verurteilt schon die Wurzeln des Mordes: Zorn und Hass (Mt 5,21f). Biblisch gesehen ist das Tötungsverbot kein absolutes Verbot, das heißt, es wird nicht jedes Töten bedingungslos verurteilt.[11] Grundsätzlich verboten ist jedoch die Tötung unschuldigen Lebens, der Mord. Die tieferen theologischen Gründe für den verwerflichen Charakter des Mordes sind folgende:

1. Eigentümer und Herr des menschlichen Lebens ist Gott allein. Da der Mensch über sein eigenes Leben nicht verfügen darf, darf er um so weniger über das Leben eines anderen verfügen.[12] Aber schon im Hinblick auf die Ausnahmen, die für Extremfälle (z. B. Krieg) zugelassen sind, muss das Verbot der Tötung mit dem Zusatz formuliert werden, dass es Gültigkeit hat, außer in dem Fall, dass ein höheres Gut, dessen Bewahrung von Gott noch dringlicher gewollt ist, ein solches Opfer rechtfertigt und verlangt.

2. Das Leben ist das höchste zeitliche Gut des Menschen, es ist unverzichtbar für seine irdische Existenz. Dieses Gut ist der Ursprung eines entsprechend hohen Rechtes des Menschen. Nach dem Prinzip der Gerechtigkeit kann ein Mensch eines solchen Rechtes durch keine weltliche Macht beraubt werden, außer in Verteidigung eines noch höheren Rechtes. Solch ein höheres Recht steht z. B. in Frage, wenn ein Verbrecher die Grundrechte anderer und der Gemeinschaft gefährdet. Nach der allgemeinen Lehre der katholischen Moraltheologie gibt es im Falle eines Unschuldigen kein irdisches Recht, das höher wäre als das Recht eines jeden Menschen gegen einen direkten Angriff auf sein Leben geschützt zu werden. Nicht einmal die Forderungen des Gemeinwohls schaffen in diesem Fall ein höheres Recht. Der Grund hierfür wird darin gesehen, dass der Mensch nicht für den Staat (wie etwa ein Glied für den ganzen Körper) existiert,

11 Vgl. *Böckle,* Franz: Leben und Gesundheit. II. Medizinisch-ethische Aspekte, S. 54, in: *Hertz,* Anselm (u. a. Hg.): Handbuch der christlichen Ethik. Neuausg. Bd. 2. Freiburg / Breisgau 1993, S. 36-59.

12 Siehe dazu *Pribyl,* Herbert: Ethische Anmerkungen zum Problem der Euthanasie, in: *Wehrmann,* Wolfgang (Hg.): Euthanasie aus medizinischer, juristischer, sozialethischer und theologischer Sicht. Heiligenkreuz / Wien 2003, S. 117-133.

sondern vielmehr der Staat für den Menschen besteht. Denn der Staatszweck besteht in der Erstellung einer umfassenden Ordnung und Wohlfahrt zur Verwirklichung des Gemeinwohls.[13]

3. Das Wohl der Gesellschaft verlangt den Schutz des menschlichen Lebens. Wenn die Menschen einander aus eigener Autorität töten dürften, wäre es um die Sicherheit der Gesellschaft geschehen. Das Gemeinwohl würde aufhören zu existieren.[14]

Terrorismus, der die Tötung unschuldiger Menschen in Kauf nimmt oder sogar anstrebt, ist gemäß dieser Argumentation sittlich immer zu verurteilen. Mit Recht stellt darum Papst Johannes Paul II. fest: „Wer durch die Ausführung von Terroranschlägen tötet, hegt Gefühle der Verachtung für die Menschheit und manifestiert Hoffnungslosigkeit gegenüber dem Leben und der Zukunft: alles kann aus dieser Sicht gehasst und zerstört werden."[15]

3. Terrorismus und die Lehre vom „gerechten" Krieg

In der Pastoralkonstitution „Gaudium et spes" (1965) des Zweiten Vatikanischen Konzils heißt es: „In vielen Fällen gibt der Einsatz terroristischer Praktiken der Kriegsführung eine neue Gestalt (Nr. 79)". Viele Terroristen sehen sich als „Freiheitskämpfer", sie verstehen sich als Avantgardisten eines „Heiligen Krieges", eines „Freiheitskrieges".[16]

Wolfgang Ockenfels machte nach den Anschlägen vom 11. September 2001 darauf aufmerksam, dass zur sittlichen Beurteilung des Terrorismus auch die alte Lehre vom „bellum iustum" anzuwenden ist. Ockenfels geht davon aus, dass Gottes Gesetzeswille auf Seiten einer Rechts- und Friedensordnung steht, die den Antiterror gebietet und ihm zugleich den Gebrauch terroristischer Mittel untersagt. Diese Ordnung ist wesentlich auf Verteidigung ausgerichtet und unterliegt der Rationalität einer universalisierbaren und reziprok geltenden „bellum-iustum-Lehre".[17]

---

13 Vgl. *Weiler*, Rudolf: Einführung in die politische Ethik. Graz 1992, S. 18.

14 Vgl. *Peschke, Karl-Heinz:* Christliche Ethik. Bd. 2. Speziell Moraltheologie. Trier 1995, S. 340-341.

15 *Johannes Paul II.:* Weltfriedensbotschaft 2002, Nr. 6.

16 Sie dazu ausführlich *Eimuth,* Kurt-Helmuth / *Lemhöfer*, Lutz (Hg.): Terror - um Gottes willen? Frankfurt / Main 2002.

17 Vgl. *Ockenfels*, Wolfgang: Die Satanischen Verse des 11. September, S. 322, in: Die Neue Ordnung (55. Jg.) Nr. 5 / 2001, S. 322-323.

Die bellum-iustum-Lehre ist eine Lehre, die mit allgemein einsichtigen Kriterien arbeitet und zu ihrem Verständnis nicht erst den Glauben voraussetzt. Grundsätzlich ist dazu festzustellen, dass sie entwickelt und fortgeschrieben wurde, um zwischen gerechtem und ungerechtem Krieg zu unterscheiden und um so zur Verhinderung von Kriegen und zur Begrenzung ihrer Schrecken beizutragen. Das schließt natürlich nicht aus, dass man sich - häufig zu Unrecht, weniger häufig zu Recht - auf die Lehre berufen hat, um tatsächliche Kriege zu rechtfertigen. Die Lehre vom gerechten Krieg handelt weiters vom Verhalten einzelner Menschen; nicht etwa von einem Geschehen - so, als könnte man z. B. fragen, ob der dreißigjährige Krieg ein gerechter oder ein ungerechter gewesen sei. Es geht dieser Lehre um die Bedingungen, unter denen allein es gerecht sei, einen Krieg zu führen. Die Bedingungen sind derart, dass höchstens eine kriegführende Partei im Recht sein kann. Nichts hindert natürlich, dass beide Seiten einen ungerechten Krieg führen. Andererseits ist es denkbar, dass auf beiden Seiten die ehrliche Überzeugung herrscht, man selbst führe einen gerechten Krieg. Die Frage nach der Rechtmäßigkeit von Kriegen ist eine sittliche, keine primär rechtliche Frage. Rechte aufgrund positiver Bestimmungen - wie etwa völkerrechtliche Verträge - sollten sittlich beurteilt werden. So kann beispielsweise die Frage der Rechtmäßigkeit der Autorität gestellt werden, die diesen Bestimmungen letzten Endes zugrunde liegt. Diese Frage lässt sich aber offenkundig nicht durch Rekurs auf positives Recht beantworten.[18]

Die bellum-iustum-Lehre ist die Frucht einer seit *Cicero,* also seit ca. 2000 Jahren anhaltenden ethischen Reflexion über die Frage, wann der Einsatz militärischer Mittel gerechtfertigt werden kann. Wie jede ethische Reflexion fragt sie nach den Bedingungen richtigen Handelns, also nach den Bedingungen, die erfüllt sein müssen, soll der Einsatz militärischer Mittel legitim sein. Spätestens seit dem zweiten Golfkrieg 1991 und den Balkankriegen werden die Kriterien der bellum-iustum-Lehre wieder verstärkt herangezogen, um die moralisch legitimen Möglichkeiten des Kriegshandelns, eben den Einsatz kollektiver Waffengewalt, kritisch zu prüfen.[19]

---

18 Vgl. *Müller, Anselm Winfried:* Gerechter Krieg?, S. 15-16, in: Die Neue Ordnung (50. Jg.) Nr. 1 / 1996, S. 15-29.

19 Vgl. *Frühbauer,* Johannes J.: Konfliktüberwindung und Kultur des Friedens, S. 187, in: *Heimbach-Steins,* Marianne (Hg.): Christliche Sozialethik. 2. Bd. Regensburg 2005, S. 163-192.

Grundsätzlich ist sie nicht eine Strategie zur Rechtfertigung, sondern zur Verhinderung von Kriegen, sowie zu deren Begrenzung, wenn die Verhinderung misslingt. Thomas von Aquin erörtert sie im 13. Jahrhundert in seiner Summa theologica im Kapitel über die Nächstenliebe, zu der um des Gemeinwohles willen die Fürsorgepflicht der Regierenden für die ihnen anvertrauten Menschen gehört. Nach Thomas wird die Lehre vom „gerechten Krieg" zu einem ethischen Kompromiss. Erst die zunehmende Trennung von Recht und theologischer Ethik in der Neuzeit machte eine Verrechtlichung dieser Lehre unausweichlich.[20]

Die bellum-iustum-Lehre sieht sich nun auch nicht in der Lage, jeden Waffeneinsatz des Angegriffenen oder Bedrohten zur Abwehr der Aggression bzw. der Bedrohung zu rechtfertigen. Es kann Situationen geben, in denen das Unrecht eines Angriffs oder einer Annexion oder eine Bedrohung hinzunehmen ist, wenn klar voraussehbar ist, dass die Abwehr der Bedrohung oder die Wiederherstellung des status quo einen unverhältnismäßig hohen Preis kosten würde. Das Recht, sich mit militärischen Mitteln zu verteidigen, hat der Angegriffene, haben die einen „Befreiungskrieg" führenden, also - nach der seit Ambrosius und Augustinus im 5. Jahrhundert systematisierten bellum-iustum-Lehre - nur unter ganz bestimmten Bedingungen.[21]

Zusammenfassend kann hier zu diesen Bedingungen festgehalten werden:

1. Ein „gerechter Kriegsgrund" muss vorliegen, nämlich die Verletzung gewichtiger Rechte (causa iusta, scilicet iniuria illata). Neuere Autoren betrachten auch die unzweifelhafte militärische Bedrohung solcher Rechte als gerechten Grund.[22] Daraus ergeben sich eine Reihe von Fragen: Was gilt als gerechter Grund für militärische Verteidigung? Wie groß muss die Gefahr, wie drohend ein (möglicher, wahrscheinlicher?) Angriff, wie schwerwiegend eine Rechtsverletzung sein? Wann erfüllen auch präventive militärische Maßnahmen den Begriff des Verteidigungskrieges? Was berechtigt zu „humanitären Interventionen"?

20 Vgl. *Hertz*, Anselm: Die Lehre vom „gerechten Krieg" als ethischer Kompromiss, S. 429-437, in: *Hertz*, Anselm (u. a. Hg.): Handbuch der christlichen Ethik. Neuausg. Bd. 2. Freiburg / Bresigau 1993, S. 425-453.

21 Vgl. *Spieker*, Manfred: Der Krieg gegen Saddam Hussein, S. 166, in: Die Neue Ordnung (57. Jg.) Nr. 3 / 2003, s. 164-180.

22 Vgl. *Müller, Anselm Winfried:* Gerechter Krieg?, S. 16, in: Die Neue Ordnung (50. Jg.) Nr. 1 / 1996, S. 15-29.

Diese Bedingung besagt also grundsätzlich, dass die Aggression bzw. die Bedrohung das Leben oder die existentiellen Rechte und Güter Unschuldiger gefährden muss. Sonst wäre eine Kriegshandlung nicht gerechtfertigt.[23]

2. Eine rechtmäßige Autorität muss den Krieg erklären und führen (legitima auctorits, auctoritas principis): Der Einsatz militärischer Mittel muss durch die rechtmäßige politische Autorität angeordnet sein. Hier ist zu fragen: Welche Rechtsinstanz entscheidet über den Einsatz militärischer Gewalt? Hat sich bereits das Entscheidungs- und Gewaltmonopol der einzelnen Nationalstaaten endgültig auf die supranationale Ebene der Vereinten Nationen verlagert? Ist der UN-Sicherheitsrat noch repräsentativ für die globalen Machtverhältnisse? Ist er seiner Aufgabe recht- und machtmäßig gewachsen? Und führt das Vetorecht einiger Mitglieder nicht zur Selbstblockade? Heute lässt sich das Recht auf gewaltsame Verteidigung eines Staates nicht mehr auf eine unparteiisch richtende Entscheidung von irgendeiner Seite gründen. Vielmehr wird ein Recht auf kollektive Notwehr als grundlegend gelten müssen.[24]

3. Der Krieg muss die einzige Möglichkeit sein, dem auslösenden Unrecht zu begegnen (ultima ratio): Alle anderen Möglichkeiten, die Aggression bzw. die Bedrohung abzuwehren, müssen ausgeschöpft sein. Der Krieg als „letztes" Mittel setzt zunächst die Anwendung anderer Machtmittel voraus, politischer wie ökonomischer. Aber wie wirksam sind heute noch Wirtschaftssanktionen? Treffen sie das verantwortliche Regime oder eher die Not leidende Bevölkerung, die als Geisel gehalten wird? Gibt es letztlich nicht auch eine Pflicht, dieses „letzte Mittel" zeitgerecht anzuwenden, damit das Übel nicht weiter um sich greift und das Recht weiter verdrängt?[25]

---

23 Vgl. *Ockenfels*, Wolfgang: Religion und Gewalt. Köln 2003, S. 13 (= Kirche und Gesellschaft, Nr. 300).

24 Vgl. *Müller, Anselm Winfried:* Gerechter Krieg?, S. 20, in: Die Neue Ordnung (50. Jg.) Nr. 1 / 1996, S. 15-29

25 Vgl. *Ockenfels*, Wolfgang: Religion und Gewalt. Köln 2003, S. 13 (= Kirche und Gesellschaft, Nr. 300).

4. Der Krieg darf nicht in schlechter Absicht geführt (intentio recta), sondern z.B. um der Bestrafung von Rechtsbrechern, der Wiederherstellung des Rechts oder der Sicherung des Friedens willen. Der Zweck des Einsatzes militärischer Mittel muss sich auf die Abwehr der Aggression bzw. die Beseitigung der Bedrohung beschränken, darf sich also nicht seinerseits in eine Aggression verwandeln. Auch daraus ergeben sich einige Fragen: Welches Ziel einer wertgebundenen Friedensordnung soll und kann erreicht werden? Als mögliche Ziele werden oft genannt: Entwaffnung des Regimes, Befreiung der Bevölkerung, Demokratie und Rechtsstaat. Die Legitimität dieser Ziele vorausgesetzt: Werden sie durch die angewandten Mittel diskreditiert? Bleibt der Grundsatz der Verhältnismäßigkeit der Mittel gewahrt? Lässt die mögliche Folge militärischer Gewaltanwendung ein geringeres Übel erwarten als deren Unterlassung? Und setzt diese Folgenabschätzung nicht einen Blick in die Zukunft mit ihren Unabwägbarkeiten voraus und eröffnet damit ein weites Feld für Spekulationen und Propaganda? Interessant ist, dass nach Ansicht der meisten Autoren eine „schlechte Absicht" (z. B. Ruhmsucht oder Rache) nicht den Krieg als solchen ungerecht macht, sondern nur die kriegführenden Personen.[26]

5. Nur erlaubte und verhältnismäßige Mittel dürfen eingesetzt werden (iustus modus, proportionalitas, debitus modus). Insbesondere müssen Non-Kombattanten geschont werden. Der Grundsatz der Verhältnismäßigkeit der Mittel muss beachtet werden, d. h. das Schadensrisiko des Einsatzes militärischer Mittel zur Abwehr der Aggression bzw. der Bedrohung ist abzuwägen gegen das Schadensrisiko einer hingenommenen Aggression bzw. einer fortdauernden Bedrohung. Die *Erlaubtheit der Mittel* innerhalb eines Krieges (ius in bello) nimmt ihr Maß vor allem am Schutz der Zivilbevölkerung. Von daher verbietet sich die Anwendung von ABC-Massenvernichtungswaffen. Aber können nicht auch konventionelle Präzisionswaffen (unbeabsichtigt) verheerende Wirkungen („Kollateralschäden") entfalten? Und wie lässt sich die Verbreitung von ABC-Waffen verhindern, wenn sich diese bereits in den Händen von so genannten „Schurkenstaaten" oder von global vernetzt operierenden Terrorgruppen befinden? Hier geht es grundsätzlich darum, dass der

26 Vgl. *Müller, Anselm Winfried:* Gerechter Krieg?, S. 16, in: Die Neue Ordnung (50. Jg.) Nr. 1 / 1996, S. 15-29.

Grundsatz der Verhältnismäßigkeit der Mittel beachtet werden muss. Das Schadensrisiko des Einsatzes militärischer Mittel zur Abwehr einer Bedrohung ist abzuwägen gegen das Schadensrisiko einer fortdauernden Bedrohung.[27]

6. Es muss die Aussicht zu siegen bestehen: Mit der Möglichkeit eines Erfolgs muss also gerechnet werden können. Wenn von vorne herein feststeht, dass ein Sieg unmöglich ist, darf kein Krieg geführt werden.[28]

7. Der Wert des angestrebten Zustands muss die schlimmen Folgen des Krieges aufwiegen. Ein Überwiegen der schlimmen Folgen darf nicht ignoriert werden, auch wenn die Existenz eines ganzen Volkes oder einer ganzen Kultur auf dem Spiel steht.[29]

Nur wenn alle Bedingungen dieser Maximallehre vom „gerechten Krieg" erfüllt sind, ist die Führung eines Krieges gerecht und die Beteiligung daran erlaubt.

4. Sozialethisches Resümee

Die Tötung unschuldiger Menschen durch terroristische Akte, auch wenn sie nur in Kauf genommen werden, ist Mord und demnach sittlich immer und absolut zu verurteilen. Dies gilt auch und besonders, wenn die terroristischen Attentate in der Absicht vollbracht werden, mediale Aufmerksamkeit zu erreichen. Denn der Terrorismus lässt sich als Propaganda der Tat" verstehen, denn er ist wesentlich von seiner Wirkung durch die Medien abhängig.[30]

Die oben ausgeführten sieben Bedingungen der Maximallehre vom bellum justum lassen sich in drei Fragen zusammenfassen, die jeder bejahen können muss, der den Einsatz militärischer Mittel zur Sicherung oder Wiedergewinnung des Friedens oder der Freiheit in Erwägung zieht: Ist der Grund für den Waffeneinsatz gerecht? Wird ein Ziel verfolgt, das gerecht ist? Sind die

27 Vgl. *Spieker*, Manfred: Der Krieg gegen Saddam Hussein, S. 166, in: Die Neue Ordnung (57. Jg.) Nr. 3 / 2003, S. 164-180.

28 Vgl. *Spieker*, Manfred: Der Krieg gegen Saddam Hussein, S. 175-176, in: Die Neue Ordnung (57. Jg.) Nr. 3 / 2003, S. 164-180.

29 Vgl. *Müller, Anselm Winfried:* Gerechter Krieg?, S. 17, in: Die Neue Ordnung (50. Jg.) Nr. 1 / 1996, S. 15-29.

30 Vgl. *Palaver*, Wolfgang: Terrorismus, Sp. 1342, in: Kasper, Walter (u. a., Hg.): Lexikon für Theologie und Kirche. 9. Bd. 3. Aufl. Freiburg / Breisgau 2000, Sp. 1342-1343.

Mittel, mit denen dieses Ziel verfolgt wird, angemessen? Nur wenn alle drei Fragen positiv beantwortet werden können, lässt sich der Einsatz militärischer Mittel rechtfertigen. Die Anwendung der Kriterien der bellum-iustum-Lehre auf den Terrorismus erlaubt zwingend den Schluss, dass es sich dabei um individualisierte, ungerechte und mit unerlaubten Mitteln praktizierte Gewalt handelt, die sich nicht als Verteidigungs- oder Freiheitskrieg ausgeben kann. Mit Papst Johannes Paul II. kann dazu festgehalten werden: „Auch wenn man als Motivation dieser unmenschlichen Praxis irgendeine Ideologie oder die Errichtung einer besseren Gesellschaft anführt, sind terroristische Akte niemals zu rechtfertigen. Das sind sie noch weniger, wenn solche Pläne und Handlungen, durch die es heute manchmal zu wahren Blutbädern kommt, zusammen mit Entführungen völlig unschuldiger Menschen, einem propagandistischen Zweck dienen sollen. Noch schlimmer aber ist es, wenn sie in sich als Ziel gewollt sind, so dass man darum tötet, um zu töten."[31]

Die christliche Soziallehre verurteilt demnach bedingungslos und absolut den Terrorismus, der seine Hauptwaffen in Gewalt und Einschüchterung findet, sowohl aus Gründen des Glaubens als auch aus Vernunftgründen.[32] Dies bedeutet aber nicht, dass gewisse soziale Zustände, die durch den Terror publik gemacht werden sollen, nicht einer gerechten Beurteilung und gegebenenfalls auch der Anprangerung bedürfen.[33] Denn „um erfolgreich zu sein, kann sich jedoch *der Kampf gegen den Terrorismus nicht bloß in Unterdrückungs- und Strafaktionen erschöpfen.* Es ist unbedingt erforderlich, dass der - gleichwohl notwendige - Rückgriff auf Gewalt begleitet ist von einer mutigen, nüchternen Analyse der *Beweggründe, die den terroristischen Anschlägen zugrunde liegen.* Zugleich muss der Einsatz gegen den Terrorismus auch auf der *politischen* und *pädagogischen* Ebene seinen Ausdruck finden: einerseits durch Beseitigung der Ursachen von Unrechtssituationen, die häufig Auslöser blutigster Verzweiflungstaten sind; andererseits dadurch, dass man sich für eine Bildung einsetzt, die von der Achtung vor dem menschlichen Leben unter allen Umständen inspiriert ist."[34]

---

31 *Johannes Paul II.*: Enzyklika „Sollicitudo rei socialis" (1987), Nr. 24.

32 Vgl. *Päpstlicher Rat für Gerechtigkeit und Frieden (Hg.):* Kompendium der Soziallehre der Kirche. Dt. Ausgabe: Freiburg im Breisgau 2006, Nr. 514.

33 Vgl. *Gabriel*, Ingeborg: Gewalt in Europa. Regensburg 1995, S. 65.

34 *Johannes Paul II.*: Weltfriedensbotschaft 2004, Nr. 8.

Es besteht aber - und dies ist hier abschließend festzustellen - ein Recht auf Verteidigung gegen den Terrorismus. Papst Johannes Paul II. hält in der Weltfriedensbotschaft 2002 dazu fest: „Es ist ein Recht, das sich wie jedes andere bei der Wahl sowohl der Ziele wie der Mittel an moralische und rechtliche Regeln halten muss. Die Identifikation der Schuldigen muss entsprechend bewiesen werden, weil die strafrechtliche Verantwortung immer personal ist und daher nicht auf die Nationen, Ethnien und Religionen, denen die Terroristen angehören, ausgedehnt werden kann (Nr. 5)."

Und in der Weltfriedensbotschaft 2004 bemerkt Johannes Paul II. dazu mahnend: „Die demokratischen Regierungen wissen jedenfalls sehr wohl, dass die Anwendung von Gewalt gegenüber Terroristen *den Verzicht auf die rechtsstaatlichen Prinzipien nicht rechtfertigen kann.* Politische Entscheidungen, die ohne Rücksicht auf die Grundrechte des Menschen den Erfolg suchen, wären inakzeptabel: *Der Zweck heiligt niemals die Mittel!* (Nr. 8)" Bei der der Bekämpfung des Terrorismus fordert die katholische Sozialethik jedoch ein rechtsstaatliches Vorgehen.[35]

Papst Johannes Paul II. weist auch darauf hin, dass der Terrorismus oft einem besonderen Fundamentalismus entspringt. Er stellt dazu fest: „Der Terrorist meint, der von ihm geglaubten Wahrheit bzw. dem erlittenen Leid komme eine derart absolute Bedeutung zu, dass sie ihn dazu berechtigen, mit der Zerstörung auch unschuldiger Menschenleben zu reagieren. Bisweilen ist der Terrorismus das Kind eines fanatischen *Fundamentalismus,* der aus der Überzeugung entsteht, allen die Annahme der eigenen Sichtweise der Wahrheit auferlegen zu können. Die Wahrheit kann jedoch auch dann, wenn sie erlangt wird - und das geschieht immer auf eine begrenzte und vervollkommnungsfähige Weise -, niemals aufgezwungen werden. Die Achtung vor dem Gewissen des anderen, in dem sich das Abbild Gottes selbst widerspiegelt (vgl. *Gen* 1,26-27), gestattet nur, die Wahrheit dem anderen vorzulegen; an ihm liegt es dann, sie verantwortungsvoll anzunehmen. Die Anmaßung, das, was man selbst für die Wahrheit hält, anderen gewaltsam aufzuzwingen, bedeutet, dass dadurch die Würde des Menschen verletzt und schließlich Gott, dessen Abbild er ist, beleidigt wird. Darum ist der fundamentalistische Fanatismus eine Haltung, die in radikalem Gegensatz zum Glauben an Gott steht. Wenn wir genau

35 Siehe dazu ausführlich *Kirchschläger*, Peter G. (u.a. Hg.): Menschenrechte und Terrorismus. Bern 2004.

hinschauen, *instrumentalisiert der Terrorismus nicht nur den Menschen, sondern auch Gott,* indem er ihn schließlich zu einem Götzen macht, dessen er sich für seine Zwecke bedient."[36]

Die Terrorgewalt ist heute transnational organisiert, global ausgerichtet und zielt medienwirksam auf hohe Opferzahlen unter ungeschützten Zivilisten, die stellvertretend für politische Adressaten oder bestimmte Werte angegriffen werden. Die politischen Intentionen der Terroristen wurzeln ideengeschichtlich in den Kategorien eines Vernichtungskrieges, der weder das friedliche Neben- oder Miteinander der Kulturen und Religionen zulässt. Brutstätten des Terrorismus sind zerfallende oder gescheiterte Staaten, Gesellschaften mit perpetuierten Gewaltkonflikten, zerrütteten Wirtschaften und feudalähnlichen Herrschaftsstrukturen. Grundsätzlich bedient er sich aber ethnisch-politischer Vorurteile und einer pseudo-religiösen Rechtfertigung seiner Aktivitäten.[37]

Abschließend ist dazu mit Papst Johannes Paul II. festzustellen: „Kein Verantwortlicher der Religionen kann daher dem Terrorismus gegenüber Nachsicht üben und noch weniger kann er ihn predigen. Es ist eine Profanierung der Religion, sich als Terroristen im Namen Gottes zu bezeichnen, dem Menschen im Namen Gottes Gewalt anzutun. Die terroristische Gewalt steht im Gegensatz zum Glauben an Gott, den Schöpfer des Menschen, an Gott, der sich um den Menschen kümmert und ihn liebt. Insbesondere steht er völlig im Gegensatz zum Glauben an Christus den Herrn, der seine Jünger zu beten gelehrt hat: ‚Erlass uns unsere Schulden, wie auch wir sie unseren Schuldnern erlassen haben' (Mt 6,12)."[38]

Terrorismus und terroristische Aktivitäten sind ein Problem der christlichen Soziallehre. Sie werden von dieser schärfsten verurteilt, besonders wenn es sich um Akte handelt, die vorgeblich im Namen einer Religion ausgeübt werden. Sie sind aus der Sicht der christlichen Soziallehre durch nichts zu rechtfertigen.

---

36 *Johannes Paul II.*: Weltfriedensbotschaft 2002, Nr. 6.

37 Vgl. *Frühbauer*, Johannes J.: Konfliktüberwindung und Kultur des Friedens, S. 170, in: *Heimbach-Steins*, Marianne (Hg.): Christliche Sozialethik. 2. Bd. Regensburg 2005, S. 163-192.

38 *Johannes Paul II.*: Weltfriedensbotschaft 2002, Nr. 7.

Moraltheologische Überlegungen zum „Krieg gegen den Terrorismus“[1]

VON JOSEF SPINDELBÖCK

In weiten Kreisen unreflektiert und schlagwortartig wurde und wird vor allem als Reaktion auf die Anschläge auf das Pentagon in Washington und die Zwillingstürme des New Yorker World Trade Center am 11. September 2001 von einem „Krieg gegen den Terrorismus“ („War on Terror“) gesprochen. Vielfach wird damit eine grundsätzlich notwendige Antwort auf die weltweite terroristische Bedrohung in der Weise charakterisiert, wie sie vor allem der Sichtweise der USA und ihrer Verbündeten entspricht.[2] Es scheint wichtig und sinnvoll, Klärungen im Hinblick auf die Begrifflichkeit und die damit angezielte Sache vorzunehmen. Die darauf aufbauende normative Bewertung soll geschehen aus einer ethisch-moraltheologischen Perspektive, die das Kriterium für die sittliche Beurteilung der natürlichen Vernunft und der menschlichen Erfahrung, aber auch der Vorgabe der göttlichen Offenbarung verdankt.

1. Begriffliche Klärungen

Zwei Schlüsselbegriffe, nämlich „Krieg“ und „Terrorismus“ sind zuerst in den Blick zu bekommen, um dann die spezifische Begriffskombination eines „Krieges gegen den Terrorismus“ auf ihre inhaltliche Tragweite und ethische Relevanz hin befragen zu können.

---

1 Der vorliegende Beitrag ist eine Aktualisierung eines bereits publizierten Artikels, zuletzt in: Josef Spindelböck, Verantwortete Freiheit. Beiträge zur theologischen Ethik, Kleinhain 2004, 196-219.

2 Repräsentativ dafür ist der Vortrag, den der US-amerikanische Theologe Michael Novak am 10. Februar 2003 auf Einladung des amerikanischen Botschafters im Vatikan in Rom gehalten hat: M. Novak, „Asymmetrical Warfare“ & Just War. A moral obligation, in: National Review Online unter http: / / www.nationalreview.com / novak / novak021003.asp . Aus der Perspektive des amerikanischen Patriotismus beschwört William J. Bennett die sittlichen Motive des weltweiten Kampfes der USA gegen den Terrorismus: Why We Fight. Moral Clarity and the War on Terrorism, Washington 2003.

1.1. „Krieg"

Es scheint hilfreich, von einer soziologischen Beschreibung auszugehen, wie sie in dieser oder einer ähnlichen Form insbesondere in der Politikwissenschaft relevant ist, ohne damit eine ethische Wertung vorwegzunehmen. Claus Offe definiert den Krieg als „ein organisiertes Gewalthandeln, ausgeführt von souveränen Staaten mittels ihrer militärischen Verbände, das gegen einen oder mehrere andere Staaten gerichtet ist und durch das anderweitig nicht zu befriedigende konfligierende Ansprüche der Kriegführenden durchgesetzt werden sollen."[3] Das Phänomen des Krieges wird hier in formeller Hinsicht beschrieben, wobei das staatlich organisierte physische Gewalthandeln relevant ist, das sich durch militärische Aktionen gegen andere Staaten richtet. Mittels des Krieges durchzusetzende inhaltliche Ansprüche werden in dieser Begriffsbestimmung zwar kurz benannt, aber nicht näher beschrieben. Was nur andeutungsweise zur Sprache kommt, ist die möglicherweise internationale Dimension von Kriegen; gar nicht werden Bürgerkriege, Aufstands- und Widerstandsbewegungen sowie das Phänomen des Terrorismus miteinbezogen.

1.2. „Terrorismus"

Dieser wird von Wolfgang Palaver in allgemeiner Weise so charakterisiert: „Terrorismus bezeichnet allgemein die Anwendung von Gewalt durch eine Gruppe, die zu politischen oder religiösen Zwecken gegen eine Regierung oder auch gegen andere politische, soziale, ethnische oder religiöse Gruppen vorgeht."[4] Diese Definition enthält das Moment der physischen Gewalt; jedoch ist die Bestimmung noch sehr offen. Es können nach dieser Leseart auch Widerstandsbewegungen oder bürgerkriegsähnliche Auseinandersetzungen in die Kategorie des Terrorismus eingereiht werden. Tatsächlich ist die Abgrenzung nicht immer einfach; manche Konturen verwischen sich, und doch gibt es Unterschiede.[5] Dann folgt eine spezielle Anwendung des Ter-

---

3 C. Offe, Staat, Demokratie und Krieg, in: Joas H. (Hg.), Lehrbuch der Soziologie, Frankfurt / New York 2001, 417-446, hier 439.

4 W. Palaver, Terrorismus, in: Lexikon für Theologie und Kirche. Dritte Auflage, Bd 9 (Freiburg-Basel-Wien-Rom 2000), 1342.

5 In der Praxis besteht eine relative Unschärfe zwischen Befreiungsbewegungen und terroristischen Gruppen mit teils gemeinsamen, teils unterschiedlichen Zielen politisch-sozialer, nationalistischer, ethnischer oder auch religiöser Natur. Palaver (a. a. O.) unterscheidet zwischen dem Guerillakrieg, der „durch Gewaltwendung unmittelbar sein Ziel erreichen will und von der Unterstützung durch das Volk profitiert", und dem Terroris-

rorismus-Begriffes: „Im engeren Sinn bezeichnet Terrorismus eine politisch motivierte Gewaltanwendung, die mittels einer Strategie der Provokation auf die psychischen Folgen von Furcht und Schrecken abzielt."[6] Das Moment systematischer Einschüchterung durch eine Strategie der Provokation und Destabilisierung wird hier herausgestellt, wobei - was Palaver an anderer Stelle betont - der Terrorismus zur Erreichung dieses Zieles auf die ständig aktuelle Berichterstattung durch die modernen Medien der sozialen Kommunikation angewiesen ist.[7] Es fehlt jedoch ein ausdrücklicher Hinweis darauf, dass man im Terrorismus grundsätzlich nicht zwischen „Schuldigen" und „Unschuldigen" unterscheidet und durch die terroristischen Aktionen bewußt auch das Leben unbeteiligter Personen aufs Spiel gesetzt werden: Gemeint ist hier die fehlende Unterscheidung zwischen Militär- und Zivilpersonen, zwischen Kampfpersonen und unbeteiligten Menschen. Alle werden unterschiedslos je nach Kalkül das Ziel terroristischer Attacken.

Eine mit der bisherigen Beschreibung grundsätzlich übereinstimmende, jedoch anders akzentuierte Definition nimmt Uwe Backes vor: „Terrorismus wird eine im Dienste extremistischer Ziele (Radikalismus) stehende Methode genannt, die zur Festigung und Erweiterung (Terror von oben) oder zur Destabilisierung und Beseitigung (Terror von unten) politischer Herrschaft den systematischen Einsatz massiver Gewaltakte mit Überraschungseffekt vorsieht."[8] Hier kommt nicht nur der „Terrorismus von unten" in den Blick, sondern auch ein möglicher „Terrorismus von oben", d. h. vonseiten der staatlichen

---

mus, der „von einer vormundschaftlichen Identifikation mit einer Bevölkerungsgruppe geprägt" sei, „deren reale Unterstützung erst durch die terroristischen Handlungen hervorgerufen werden soll."

6 Ebd.

7 W. Palaver, Terrorismus. Wesensmerkmale, Entstehung, Religion, in: Wochenbericht der Bank Julius Bär, 7. März 2002, 2-8. Zitate nach den Absätzen der Online-Ausgabe unter http: / / theol.uibk.ac.at / itl / 161.html, hier Abs. 5. In diesem Beitrag (Abs. 1) legt er auch eine weitere Definition von Terrorismus vor: „Unter Terrorismus verstehen wir den aus dem Untergrund erfolgenden politisch oder religiös motivierten Einsatz schockierender Gewalt gegen eine politische Ordnung oder eine bestimmte Gruppe von Menschen." Zum medialen Aspekt vgl. auch B. Hoffman, Terrorismus - der unerklärte Krieg. Neue Gefahren politischer Gewalt. Aus dem Englischen von Klaus Kochmann, Frankfurt / Main 20035, 172-208.

8 U. Backes, Terrorismus, in: Staatslexikon, hg. von der Görres-Gesellschaft, Bd 5 (1989), 439-442, hier 439.

Machthaber und Regierenden.[9] Das Moment des physischen Gewalteinsatzes erscheint für den Terrorismus als besonders wesentlich. Wenigstens als Drohung in einem Klima der Angst und Einschüchterung ist dieses Moment gegeben. Um effektiv zu agieren, werden Terroristen diese Gewaltandrohung regelmäßig realisieren und zur Anwendung bringen, z.B. durch gezielte Attentate auf Personen oder Sachen. Außerdem ist zu betonen, dass der Terrorismus bewußt Unschuldige in seine Aktionen einbezieht und ihnen durch Gewalt schadet bzw. sogar ihr Leben riskiert.

Daher kann man festhalten: Terrorismus ist der mit der systematischen Androhung und Anwendung von Gewalt auch gegen Unschuldige verbundene Versuch bestimmter Personen und Gruppen (mitunter unterstützt von gewissen Staaten), eine Änderung politischer oder gesellschaftlicher Verhältnisse zu erreichen.[10] Damit verbunden ist eine Ideologie des Terrors, in der das angeblich gute Ziel fast jedes Mittel zu rechtfertigen scheint. Im Terrorismus weicht bei der bedrohten Bevölkerung die auf ein Ziel gerichtete und insoweit noch berechenbare Furcht einer unbestimmten und allgegenwärtigen Angst, wie sie durch vielfältige Formen der Einschüchterung erzeugt wird.[11]

1.3. „Krieg gegen den Terrorismus“ („War on Terror“)

Mit dieser relativ neuen Sprachfigur haben die USA den Krieg gegen den Irak und zuvor schon gegen Afghanistan gerechtfertigt und sind sie auch bereit für künftige militärische Optionen.[12] Sie argumentierten, das Terrornetzwerk um Osama bin Laden habe durch die Ereignisse des 11. September 2001 den USA und der westlichen Zivilisation gleichsam den Krieg erklärt. Der „Krieg gegen

9 Freilich sollte es in einem demokratischen Rechtsstaat den „Terrorismus von oben“ nicht geben. Kommt es von einzelnen Organen der Sicherheit dennoch dazu (z.B. durch massive polizeiliche Übergriffe), so ist gemäß Verfassung und Rechtsordnung dagegen vorzugehen.

10 Hoffman (a. a. O., 50) weist auf die Schwierigkeiten hin, das Phänomen des Terrorismus umfassend zu definieren. Er referiert (ebd., 48) eine Definition, wie sie das Verteidigungsministerium der USA gibt: Terrorismus sei „gesetzwidriger - oder angedrohter - Gebrauch von Zwang oder Gewalt gegen Personen oder Eigentum, um Regierungen oder Gesellschaften zu nötigen oder einzuschüchtern, oftmals um politische, religiöse oder ideologische Ziele zu erreichen.“

11 Vgl. auch V. Hösle, Moral und Politik. Grundlagen einer Politischen Ethik für das 21. Jahrhundert, München 1997, 416-421.

12 Diese Analyse gilt uneingeschränkt für die Ära George Bush; inwieweit sie auch für die Präsidentschaft von Barack Obama zutrifft, wird erst die Zukunft erweisen.

den Terrorismus“ sei nun auf allen Ebenen zu führen, auch gegen Staaten, die sich offen oder latent als Unterstützer terroristischer Gruppen erwiesen hätten. Dabei bemühen sich die USA zwar um die moralische und rechtliche Unterstützung der Weltgemeinschaft; notfalls ist man aber bereit, auch ohne ausdrückliche Ermächtigung des Weltsicherheitsrates der Vereinten Nationen eine militärische Aktion durchzuführen, wie der Irak-Krieg („Krieg gegen Saddam“) konkret gezeigt hat.

In der unbedachten Verwendung des neuen Schlagworts eines „War on Terror“ liegt die Gefahr einer einseitig getroffenen moralischen Vorentscheidung. Es droht zu einem teilweise ungerechtfertigten, manipulativ herbeigeführten Vorurteil zu kommen, das die notwendige ethische Reflexion über die Kriterien des sogenannten „gerechten Krieges“ in einem konkreten Fall zu ersetzen droht. Das was zu beweisen ist, wird vorausgesetzt und damit der ethischen Diskussion entzogen. Freilich ist zuzugeben, dass die Wortgruppe eines „Krieges gegen den Terrorismus“ als solche durchaus in einem legitimen, wenn auch analogen Sinn verstanden werden kann, sofern sich dieses Verständnis mit der Reflexion über die genauen Anwendungsbedingungen eines *entschiedenen und beharrlichen Kampfes gegen den Terrorismus* verbindet. Tatsächlich muss bei der Behandlung des Terrorismus-Phänomens auch „auf den staatlichen Terrorismus hingewiesen werden, der eine Form des Stellvertreterkrieges darstellt und meist in der Unterstützung abweichender Gruppierungen in gegnerischen Staaten besteht.“[13] Dieser Aspekt findet sich bei vielen terroristischen Bewegungen und Gruppen im Hintergrund und rechtfertigt möglicherweise einen „Krieg gegen den Terrorismus“. Ethisch geht es dann vor allem um die Rahmenbedingungen und die Kriterien eines Einsatzes von polizeilicher und auch militärischer Gewalt gegen Terroristen, die vom Ausland aus operieren, und gegen deren staatliche Unterstützer.

2. Ethische Beurteilung des Terrorismus

Nachdem der Terrorismus als Phänomen beschrieben wurde, ist es nötig, eine ethische Bewertung vorzunehmen. Diese fällt, was keineswegs überrascht, negativ aus: *Terrorismus ist ein besonders schwerwiegendes sittliches Übel; er ist in sich schlecht.*[14]

---

13 Palaver, Terrorismus, in: LThK3 9 (2000) 1342.

14 Vgl. Katechismus der Katholischen Kirche. Neuübersetzung aufgrund der editio typica Latina, München-Wien-Leipzig-Freiburg 2003, Nr. 2297, der diese Verurteilung in einer

Was sind die Gründe für eine solche Sichtweise, wie sie von einer praktisch gelebten Alltagsethik des „common sense", von den meisten Richtungen einer reflektierten philosophischen und theologischen Ethik und von der Lehrverkündigung der katholischen Kirche[15] in Übereinstimmung mit der Auffas-

Reihe mit anderen Gewaltphänomenen ausspricht, die konkret mit terroristischen Aktionen verbunden sein können: „*Entführungen* und *Geiselnahmen* verbreiten Schrecken und üben durch Drohung auf die Opfer unzulässigen Druck aus; sie sind moralisch unzulässig. Der *Terrorismus* bedroht, verwundet und tötet auf willkürliche Weise; er ist ein schwerer Verstoß gegen die Gerechtigkeit und die Liebe. *Folterung,* die körperliche oder seelische Gewalt anwendet, um Geständnisse zu erpressen, Schuldige zu bestrafen, Opponenten Angst einzujagen oder Haß zu befriedigen, widerspricht der Achtung vor der Person und der Menschenwürde." Vgl. meine Analyse im Hinblick auf die sittliche Dimension des Terrorismus: J. Spindelböck, Aktives Widerstandsrecht. Die Problematik der sittlichen Legitimität von Gewalt in der Auseinandersetzung mit ungerechter staatlicher Macht (Moraltheologische Studien, Systematische Abteilung, Bd 20), St. Ottilien 1994, 237-239.

15 Bereits in seiner Enzyklika „Sollicitudo rei socialis" hatte Johannes Paul II. festgestellt: „Man darf auch nicht die Augen schließen vor einer weiteren schmerzhaften Plage der heutigen Welt: vor dem Phänomen des Terrorismus, verstanden als Vorsatz, unterschiedslos Menschen zu töten, Güter zu zerstören und gerade so ein Klima des Schreckens und der Unsicherheit zu schaffen, oft auch verbunden mit Geiselnahme. Auch wenn man als Motivation dieser unmenschlichen Praxis irgendeine Ideologie oder die Errichtung einer besseren Gesellschaft anführt, sind terroristische Akte niemals zu rechtfertigen. Das sind sie noch weniger, wenn solche Beschlüsse und Täten, durch die es manchmal zu wahren Blutbädern kommt, sowie manche Entführungen unschuldiger Menschen außerhalb der Konflikte einem propagandistischen Zweck zum Vorteil der eigenen Sache dienen sollen oder wenn sie, was noch schlimmer ist, als Ziel an sich gewollt sind, so dass man allein darum tötet, um zu töten. Angesichts von soviel Entsetzen und Leid behalten jene Worte stets ihren Wert, die ich vor einigen Jahren ausgesprochen habe und hier noch einmal wiederholen möchte: ‚Das Christentum verbietet…, die Wege des Hasses einzuschlagen sowie das Mittel des Mordes an wehrlosen Personen und die Methode des Terrorismus zu benutzen'." - Johannes Paul II., Enzyklika Sollicitudo rei socialis über die soziale Sorge der Kirche. Zwanzig Jahre nach der Enzyklika Populorum progessio, 30. Dezember 1987 (Verlautbarungen des Apostolischen Stuhls 82), Nr. 24. - Benedikt XVI. setzt diese Fundamentalkritik in „Caritas in veritate" fort: „Gewalt aller Art bremst die authentische Entwicklung und behindert den Übergang der Völker zu größerem sozioökonomischen und geistigen Wohlbefinden. Das gilt speziell für den Terrorismus mit fundamentalistischem Hintergrund, der Leid, Verwüstung und Tod verursacht, den Dialog zwischen den Nationen blockiert und große Geldmittel von ihrem friedlichen und zivilen Einsatz abzieht." - Benedikt XVI., Enzyklika „Caritas in veritate" über die ganzheitliche Entwicklung des Menschen in der Liebe und in der Wahrheit, 29. Juni 2009 (Verlautbarungen des Apostolischen Stuhls 186), Nr. 29, vgl. auch Nr. 72.

sung der meisten anderen Religionen vertreten wird?

Der ethische Hauptvorwurf lautet: Der Terrorismus setzt systematisch Gewalt ein, und das auch gegen Unschuldige. Durch Einschüchterung erzeugt er ein Klima der Angst und dient insgesamt fragwürdigen Zielen. Im Terrorismus wird die Gewalt als solche zum Mittel der Konfliktlösung erhoben. Sie ist nicht mehr „ultima ratio", d. h. letztes Mittel der Notwehr, wenn alle anderen Wege einer möglicherweise legitimen Sicherung und Verteidigung eigener Rechte versagen. Die Akteure des Terrorismus entziehen sich jedem Bemühen um rationale und argumentative Auseinandersetzung mit gegenteiligen Standpunkten. Was zählt, ist das Recht des Stärkeren; es geht um die unbedingte Durchsetzung der eigenen Ziele sogar mit sittlich schlechten Mitteln. Der Terrorist hat sich selber aus dem Dialog um das Gemeinwohl herausgenommen und vertritt nicht mehr den Standpunkt einer unparteiischen Gerechtigkeit, sondern den eines partikularen Interesses von einzelnen oder von Gruppen, den er ohne Rücksicht auf fremde oder eigene Verluste durchzusetzen bereit ist. „Der Terrorismus basiert auf der Verachtung des Lebens des Menschen. Deshalb bildet er nicht allein den Grund für unerträgliche Verbrechen, sondern stellt selbst ein wirkliches Verbrechen gegen die Menschheit dar, insofern er auf den Terror als politische und wirtschaftliche Strategie zurückgreift."[16]

Eine besondere Verschärfung erfährt der Terrorismus durch das Phänomen seiner internationalen Ausweitung. Durch weltweit organisierte und tätige Terrornetzwerke stellt er eine potentielle Bedrohung für die ganze Menschheit dar und offenbart so ein neues und bisher ungeahntes Maß an Verwerflichkeit.[17] Spezifisch für eine bestimmte Form des Terrorismus sind sogenannte Selbstmordattentäter, die in einer bestimmten Ideologie als Märtyrer gelten. Hier zeigt sich, welches Ausmaß menschliche Verblendung und Bosheit an-

16 Johannes Paul II., Botschaft zum Weltfriedenstag am 1. Januar 2002: „Kein Friede ohne Gerechtigkeit, keine Gerechtigkeit ohne Vergebung", Nr. 4, online http: / / www.vatican.va / holy_father / john_paul_ii / messages / peace / documents / hf_jp-ii_mes_20011211_xxxv-world-day-for-peace_ge.html.

17 „In den letzten Jahren, besonders nach dem Ende des kalten Krieges, ist der Terrorismus zu einem hochentwickelten Netz des politischen, technischen und wirtschaftlichen Zusammenwirkens geworden, das die nationalen Grenzen überschreitet und sich anschickt, die ganze Welt zu umgarnen. Es handelt sich um Organisationen im wahrsten Sinn des Wortes, die oft mit beachtlichen Geldmitteln ausgestattet sind und Strategien auf breiter Ebene ausarbeiten, wobei sie unschuldige Personen treffen, die mit den von den Terroristen verfolgten Zielen überhaupt nichts zu tun haben." - Ebd.

nehmen können. Johannes Paul II. urteilte: „Wenn diese Terrororganisationen ihre eigenen Anhänger als Waffen benutzen, um sie gegen unbewaffnete, ahnungslose Menschen loszuschicken, machen sie damit auf erschütternde Weise den Todesdrang offenkundig, der sie speist. Der Terrorismus entspringt dem Hass und erzeugt Isolierung, Misstrauen und Abschottung. Gewalt gesellt sich zu Gewalt, in einer tragischen Spirale, die auch die jungen Generationen mit hineinzieht, die so den Hass erben, der schon frühere Generationen entzweit hat."[18]

Nochmals gesteigert wird die terroristische Gefahr und der Grad ihrer ethischen Verwerflichkeit durch die ausdrückliche Berufung auf religiöse Ziele.[19] Theologisch gesprochen kommt es dabei zum Missbrauch des Namens Gottes für inhumane Zwecke.[20] Johannes Paul II. stellte fest: „Es ist eine Profanierung der Religion, sich als Terroristen im Namen Gottes zu bezeichnen, dem Menschen im Namen Gottes Gewalt anzutun. Die terroristische Gewalt steht im Gegensatz zum Glauben an Gott, den Schöpfer des Menschen, an Gott, der sich um den Menschen kümmert und ihn liebt."[21] Niemand ist befugt, die eigene Sichtweise der Dinge mit Gewalt dem anderen aufzuerlegen. Die Achtung des Gewissens des anderen verbietet es, die Wahrheit oder das, was man dafür hält, anderen aufzuzwingen. Eine eigene Überzeugung kann dem Mitmenschen nur vorgelegt werden; annehmen muss er sie selber, in aller Freiheit.

---

18 Ebd.

19 „Der religiöse Terrorismus von heute zeigt sich … als eine moderne Erscheinung, weil er mit seinem gewalttätigen Aktivismus verrät, dass er trotz aller religiösen Beteuerungen nicht wirklich an ein Handeln Gottes glaubt, sondern ähnlich wie jeder säkulare Terrorismus die Geschichte selbst in die Hände zu nehmen versucht." - Palaver, Terrorismus 2002, 27. Zum Zusammenhang von Religion und Terrorismus vgl. Hoffman, Terrorismus, 112-171.

20 „Selbst die Auslöschung der ganzen Erde erscheint als gerechtfertigt, wenn nur noch die Zustimmung eines jenseitigen - von den eigenen Gewaltprojektionen bestimmten - Dritten gesucht wird." - Palaver, Terrorismus 2002, 15.

21 Johannes Paul II., Weltfriedenstag 2002, Nr. 7.

3. Sittlich legitime Wege zur Überwindung von Gewalt und Terror

Um dem Teufelskreis von Gewalt und Gegengewalt zu entkommen, wie er insbesondere in terroristischen Aktionen zum Ausdruck kommt[22], ist eine *umfassende Strategie der Bekämpfung des Terrorismus* nötig, die in einem weiteren Sinn als „Krieg gegen den Terrorismus" bezeichnet werden kann. Die Verteidigung gegen den Terrorismus ist „ein Recht, das sich wie jedes andere bei der Wahl sowohl der Ziele wie der Mittel an moralische und rechtliche Regeln halten muss."[23]

Gewalt im Sinne von „violentia", d. h. von Gewalttätigkeit, kann kein rechtmäßiges Mittel der Politik und der gesellschaftlichen Veränderung sein. Wo die Gewalttätigkeit dennoch vorkommt, sind staatliche und internationale Maßnahmen nötig, um sie einzudämmen und abzuwehren, im äußersten Fall auch gewaltsame. Diese Art von Gewalt gegenüber terroristischen Aktionen geschieht im Namen der rechtmäßigen Autorität („potestas") und hat defensiven Charakter, da sie eine unumgängliche Antwort darstellt auf die angreifende Gewalt von Terroristen. Polizeiliche, aber auch militärische Maßnahmen erhalten in diesem Kontext ihre Bedeutung und ethische Berechtigung. Die Frage, inwieweit es einen eigentlichen „Krieg gegen den Terrorismus" geben kann, wird jedoch noch zu klären sein.

Die staatliche Anwendung sicherheitspolitischer Maßnahmen zum Schutz vor der Bedrohung durch Terroristen wirkt sich auf verschiedenen Ebenen des öffentlichen und privaten Lebens aus. Wesentlich ist, dass die verfassungsmäßig garantierten Grundrechte und die jedem Menschen von Natur aus zukommenden Rechte nicht verletzt werden. Wollte man hier einen Überwachungsstaat errichten und ausbauen, der die möglichst lückenlose Kontrolle über alle Bürger garantiert und jede verdächtige Tätigkeit von vornherein erfasst, so wäre eben dieses System eine noch größere Gefahr für die Freiheit und das menschliche Zusammenleben als der Terrorismus als solcher. Die Maßlosigkeit des Terrorismus darf nicht zu maßlosen Forderungen der staatlichen Abwehr führen, da dies eine neue und schlimmere Form der Unterdrückung

---

22 Je mehr man den Opferstatus für die eigene Seite reklamiert, umso eher legitimiert man damit neue Vergeltungsschläge für angebliches oder tatsächlich erlittenes Unrecht. Vgl. Palaver, Terrorismus 2002, 25.

23 Johannes Paul II., Weltfriedenstag 2002, Nr. 5.

erzeugen würde als jene, die man zu bekämpfen vorgibt. So besteht eine absolute Grenze gegenüber staatlicher Willkür: Das Instrumentalisierungsverbot des Menschen[24] und die damit zusammenhängenden unbedingt zu achtenden Rechte geben den ethischen Rubikon an, der um des Gewissens willen nicht überschritten werden darf - auch nicht durch Berufung auf angeblich gerechtfertigte sicherheitsrelevante Vorbehalte gegenüber verfassungsmäßig verbrieften Grundrechten und den Menschenrechten.

Wesentlich und unabdingbar gegenüber dem vielschichtigen Phänomen des Terrorismus erscheint die *Ursachenanalyse.* Antworten auf echte Probleme und Anliegen, auch wenn diese sich unter der Maske des Terrors verstecken, müssen gefunden werden. Dabei ist eine Absage an simple Erklärungsmuster nötig: „Monokausale Erklärungsversuche werden der Vielfalt der Faktoren, die terroristische ‚Karrieren' formen, nicht gerecht. Ideologische Einflüsse können ebenso prägend wirken wie negative Erfahrungen mit staatlichen Sicherheitskräften oder gruppendynamische Prozesse in subkultureller Isolation."[25]

Somit muss die *Antwort* auf den Terrorismus grundsätzlich *eine zweifache* sein: eine *sicherheitsstaatliche* (durch Organe wie Polizei oder Militär zu vollziehende), um der quasi-militärischen Funktion des Terrorismus entgegenzutreten; aber auch eine auf die tieferen *Ursachen und Anliegen* zielende, nur im Dialog und in echten Reformen zu bewältigende, um der kommunikativ-propagandistischen Funktion des Terrorismus entgegenzuwirken, die auf jene Gruppe zielt, die er zu vertreten angibt. Denn die Aktionen der Terroristen „verstehen sich als Fanale, die Aufmerksamkeit erregen, das Bewusstsein der ‚Unterdrückten' stimulieren, eine revolutionäre Stimmung erzeugen, die es den ‚Befreiungskämpfern' erlaubt, wachsende Sympathien für ihren Kampf zu nutzen."[26] Durch Beschädigung von Sachwerten mit hohem Symbolwert und je nach Ideologie auch durch gezielte Tötung von Menschen (auch Unschuldiger) will

24 Klassisch wurde dieses Verbot in positiver Form formuliert von Immanuel Kant in der zweiten Fassung des kategorischen Imperativs: „Handle so, dass du die Menschheit - sowohl in deiner Person als auch in der Person eines jeden anderen - jederzeit zugleich als Zweck, niemals bloß als Mittel gebrauchst!" - Grundlegung zur Metaphysik der Sitten (Philosophische Bibliothek, Bd 41), hg. v. B. Kraft und D. Schönecker, Hamburg 1999, B 66-67.

25 Backes, Terrorismus, 442.

26 Backes, Terrorismus, 440.

ja eine Botschaft an bestimmte Gruppen vermittelt werden, die unmittelbar verstanden und akzeptiert wird. Dieser Bewusstseinslage gilt es konstruktiv entgegenzutreten.

Betrachtet man Terroristen auch als zumindest teilweise rationale Akteure und den Terrorismus als eine mitunter erfolgreiche Strategie des realsymbolischen Einsatzes physischer Gewalt, so kann auf ihn effektiver reagiert werden. Terrorismus entsteht unter spezifischen Bedingungen. Starke gesellschaftliche Spannungen sind als Voraussetzung und Hintergrund ebenso nötig wie die Existenz einer scheinbar unerschütterlichen Hegemonialmacht, eine extrem motivierende Ideologie und eine wirkungsmächtige Organisation. Erst wenn diese Bedingungen nicht mehr gegeben sind, kann auch der Terrorismus überwunden werden - nicht jedoch durch blinde militärische Bekämpfung.[27]

Echte Vertrauensbildung ist nötig: nicht gegenüber den Terroristen, die bereits zu allem entschlossen sind und nur durch staatliche Gewalt an ihren Aktionen gehindert werden können, wohl aber gegenüber dem sogenannten „terroristischen Milieu" und gewissen kulturellen Kontexten, in denen es inhaltliche Probleme und Anliegen gibt, auf die reagiert werden muss.[28] Dies ist verbunden mit der Bereitschaft zur Achtung fremder Völker in ihrer Andersartigkeit und zu einem echten Dialog der Kulturen, abseits von Imperialismus und Kolonialismus. Eben dies dürfte manchen Weltmächten und Mentalitäten schwerfallen, ist aber gerade deshalb umso wichtiger.

Im letzten kann nur eine weltweit zu verwirklichende „Zivilisation der Liebe" die Antwort gegen den Terror und seine Ursprungsbedingungen sein. Die Alternative wäre ein umfassendes Sicherheitssystem, das selbst in Gefahr steht umzuschlagen zu einem weltweiten Überwachungssystem eines kollektiven (welt)staatlichen Terrors. Hier ist der spezifische Beitrag der Kirche als Lernort des Friedens und des Dialogs sowie der Begegnung der Kulturen gefordert. In ähnlicher Weise meint auch Wolfgang Palaver: „Bezüglich der Überwindung der Ursachen des Terrorismus gilt es sowohl soziale Ungerechtigkeiten zu beseitigen als auch alle jene Religionen zu stärken, die eine Kultur der

27 So die Hauptthese des Kriminologen S. Scheerer, Die Zukunft des Terrorismus. Drei Szenarien, Lüneburg 2002.

28 Auch nach der Auffassung von Johannes Paul II. wird „die Anwerbung von Terroristen… in einem sozialen Umfeld erleichtert, wo Rechte verletzt und Ungerechtigkeiten allzu lange geduldet werden." - Weltfriedenstag 2002, Nr. 5.

Gewaltfreiheit fördern."[29] Sowohl Gerechtigkeit wie auch Vergebung sind die integralen Bestandteile einer umfassenden Strategie der Liebe zur Überwindung des Terrorismus und jeder anderen Form von Gewalt und Unrecht.[30] Die Erziehung dazu beginnt bereits in der Familie.

4. Kriterien für einen sittlich legitimen militärischen Einsatz im Kampf gegen den Terrorismus

Insofern der Terrorismus als Wesenselement den Einsatz physischer Gewalt gegen Menschen beinhaltet, treten die Akteure und Unterstützer terroristischer Unternehmungen als Aggressoren gegenüber Staat und Gesellschaft auf. Von daher ist ein Notwehrrecht mit möglichem Einschluss einer auch gewaltsamen Verteidigung gegen diese Bedrohung unmittelbar einsichtig.

Obwohl Terroristen einem Staat bzw. der Staatengemeinschaft der Zahl nach und auch im Hinblick auf die eingesetzten Waffen grundsätzlich unterlegen sind, geschieht eine gewisse Umkehr der Bedrohungsverhältnisse durch das „Konzept asymmetrischer Kriegsführung". International operierende terroristische Gruppen bedienen sich dabei der im Verborgenen erfolgenden Unterstützung bestimmter Staaten, die auf diese Weise zu Komplizen des Terrorismus werden. Was die terroristische Kriegsführung von einem gewöhnlichen Krieg von Staaten gegeneinander unterscheidet, ist insbesondere der gezielte Einsatz von Gewalt gegen Unschuldige, das Fehlen konventioneller Waffenkonzentrationen und Waffenbewegungen, die Abwesenheit sichtbarer Zeichen des unmittelbaren Angriffs (da der Terrorismus gerade vom Überraschungsmoment profitiert) sowie die nicht offen hervortretende Identität des Angreifers, was seine Bekämpfung umso schwieriger macht.[31]

---

29 Palaver, Terrorismus 2000, 1343.

30 Vgl. Johannes Paul II., Botschaft zum Weltfriedenstag 2002, mit dem programmatischen Titel: „Kein Friede ohne Gerechtigkeit, keine Gerechtigkeit ohne Vergebung".

31 „What is new in the world of just-war theory in the 20th century, to resume, is the concept of 'asymmetrical warfare.' This concept has been developed by international terrorist groups that, although dependent on clandestine assistance from states willing to help them secretly, are not responsible to any public authority. In order to demonstrate the inability of elected governments to defend the lives of their own people, these terrorist cells execute dramatic attacks upon innocent civilians. The more dramatic and murderous these attacks, the more likely they are to shake legitimate governments to their foundations … Normal criteria watched for by just-war theorists were not literally present: neither conventional military movements, nor visible signs of imminent attack,

Unter diesen Voraussetzungen und Bedingungen scheint es verständlich, dass sich die USA und andere Staaten die Bekämpfung des Terrorismus als regelrechten „Krieg gegen den Terrorismus“ auf ihre Fahnen geschrieben haben. Freilich ist diese Bezeichnung nur im analogen Sinn zulässig, da doch wesentliche Unterschiede gegenüber einem gewöhnlichen Krieg bestehen. Einzelne Aktionen im Rahmen dieses „War on Terror“ können jedoch durchaus als Elemente eines Krieges angesehen werden und unterliegen einer dementsprechenden ethischen Bewertung. Von daher erscheint es sinnvoll, sich die Kriterien für die sittlich gerechtfertigte militärische Verteidigung (traditionellerweise als Kriterien für den sogenannten „gerechten Krieg“ bezeichnet[32]) zu vergegenwärtigen, wie sie von der katholischen Soziallehre und Moraltheologie aufgezeigt werden.

Nur wenn folgende Bedingungen gemeinsam gegeben sind, sind militärische Aktionen einer kollektiven Verteidigung sittlich gerechtfertigt:

- Ein durch den Angriff gegebener Schaden „muss sicher feststehen, schwerwiegend und von Dauer sein.“
- Die gewaltsame Verteidigung kann nur die „ultima ratio“ sein, nachdem sich alle anderen Mittel „als undurchführbar oder wirkungslos erwiesen haben.“
- Die Erfolgsaussicht muss wirklich gegeben sein.
- Die durch die Aktion der militärischen Verteidigung hervorgerufenen Schäden oder Wirren dürfen nicht größer sein als das zu beseitigende Übel. „Beim Urteil darüber, ob diese Bedingung erfüllt ist, ist sorgfältig auf die gewaltige Zerstörungskraft der modernen Waffen zu achten.“[33]

---

nor the authority of a hostile nation state. The horror of the damage was immense, just the same.“ - Novak, Warfare.

32 Brian Johnstone (The War on Terrorism: A Just War?, in: Studia Moralia 40 [2002] 39-61, hier 40) hat mit Recht festgestellt, dass die traditionellen Kriterien eines „bellum iustum“ keineswegs dazu dienen dürfen, einen Krieg als solchen ethisch zu rechtfertigen. Vielmehr geht es um die Einschränkung jeglicher kriegerischer Aktionen in Richtung unbedingter Notwehr und gemeinsamer staatlicher Verteidigung gegenüber ungerechten kriegerischen Angriffen fremder Staaten und Mächte. Es geht um einen „responsible way to deal with unavoidable violence“.

33 Vgl. die Zusammenstellung im „Katechismus der Katholischen Kirche“, Nr. 2309. Betont wird dort auch: „Die Beurteilung, ob alle diese Voraussetzungen für die sittliche

Die Kriterien der sittlich gerechtfertigten militärischen Verteidigung können der Sache nach identisch, aber in anderer begrifflicher Ausführung in zwei Gruppen eingeteilt werden: in Kriterien für die Entscheidung zum Krieg (nämlich „legitimate authority, just cause, right intention“)[34] und in Kriterien für die Kriegsführung als solche (nämlich „discrimination, proportionality, last resort, and reasonable hope of success“). Diese Kriterien eines „bellum justum“ sind im Licht jener Traditionen zu interpretieren und zu beurteilen, aus denen heraus sie sich entwickelt haben. So besteht eine gewisse Spannung zwischen einer rational-aufgeklärten bellum-justum-Theorie und der christlichen und katholischen Auffassung davon.[35]

Bereits Augustinus sah die Kriegsführung als ein unter Umständen notwendiges Übel an. Das Ziel müsse die Wiederherstellung eines gerechten Friedens sein. Nur die gerechte Autorität dürfe einen Krieg initiieren, d. h. die verantwortlichen Lenker eines Staates oder Gott selber. Als „justa causa“ treten bei ihm der Schutz der anderen und das Gemeinwohl hervor.[36] Thomas von Aquin stellte den Gemeinwohlaspekt noch stärker heraus und betonte die Notwendigkeit der Friedensförderung, da die Menschheit eine gemeinsame Familie unter Gott bilde. Eine entscheidende Quaestio stellt unter anderem die Frage, ob Krieg immer eine Sünde sei.[37] Die Antwort lautet: Normalerweise schon, aber nicht in allen Umständen. Möglicherweise sei unter der Voraussetzung der faktischen Sündhaftigkeit und ungerechten Gewalt der Krieg nötig - aber nur als Weg zum Frieden. Als Bedingungen nennt Thomas von Aquin die rechtmäßige Autorität, die rechte Absicht (Frieden) sowie die Angemessenheit der Kriegsführung im Hinblick auf die Entscheidung zum Krieg und den Einsatz der Mittel. Der theologische Kontext ist und bleibt jener der Liebe, auch zu den Feinden. Dies hat auch Konsequenzen im Hinblick auf die

---

Erlaubtheit eines Verteidigungskrieges vorliegen, kommt dem klugen Ermessen derer zu, die mit der Wahrung des Gemeinwohls betraut sind.“

34 Sowohl die Kirche (vgl. 2. Vatikanisches Konzil, Gaudium et spes, Nr. 79) wie auch die Vereinten Nationen anerkennen gegenwärtig allein die Verteidigung als „justa causa“ eines Krieges (vgl. Art. 51 von Kap. 7. der UN-Charta).

35 Vgl. Josef Spindelböck, Gibt es den „gerechten Krieg“? Grundsätzliche Anmerkungen zur „bellum-iustum-Lehre“ auf dem Hintergrund der gegenwärtigen weltpolitischen Situation, in: Forum Katholische Theologie 22 (2006) 291-299.

36 Vgl. Johnstone, War, 46 ff.

37 Vgl. Thomas von Aquin, STh II-II q.40.

nicht zulässige Tötung von Unschuldigen.[38] Suarez führte die thomasische Position weiter und unterschied klar zwischen Kämpfenden und Zivilpersonen im Krieg, die nicht getötet werden dürfen. Es genüge nicht, die Proportionalität so zu verstehen, dass das Gute gegenüber dem Bösen überwiegt; gemäß dem „ordo caritatis“ müsse das Übel minimiert werden.[39]

Der Kontext der Tugenden ging durch die Säkularisierung der „bellum-justum“-Theorie teilweise verloren bzw. trat zurück.[40] Wenn man nun beispielsweise die Norm, keine Unschuldigen bzw. keine Non-Kombattanten zu töten, losgelöst von ihrem christlichen Kontext und von einer Tugendethik betrachtet, wird sie zwar nicht in sich falsch, wohl aber werden derartige normative Sätze „deprived both of their substance and of their motivating power.“[41] Die in der säkularen Form vorausgesetzte rechtliche Objektivität gewisser Elemente der „bellum-justum-Theorie“ ist in der Anwendung auf konkrete Situationen mit Schwierigkeiten verbunden. Die Vernunft muss daher gebunden sein an Tugenden, insbesondere an Liebe und Gerechtigkeit; sie orientiert sich aber auch an den objektiven Voraussetzungen und Zielen des Friedens und des Schutzes der Unschuldigen.

Im Hinblick auf das Maß eines nötigen Gewalteinsatzes gilt nun bei der sittlich gerechtfertigten militärischen Verteidigung gewaltsam bedrohter Menschen und in analoger Weise auch beim Kampf gegen terroristische Attacken: „Where one cannot protect these persons by any other means except armed force, armed force may be justifiable. … Charity would require the limitation of the use of violence to what is necessary to defend those persons under threat or attack."[42] Die theologische Tugend der Liebe zielt auf den vollkommenen sittlichen Akt. Kritisch anzumerken ist, dass hier kein Rigorismus eingeführt werden darf, da dies für gewöhnlich eine Überforderung wäre. Es geht um die „Dynamik des Mehr“ aufgrund der Liebe. Außerdem muss man unterschei-

38 Vgl. zur Analyse Johnstone, War, 50 ff. Er beruft sich auf T.M. Renick, Charity Lost: the Secularization of the Principle of Double Effect in the Just-war Tradition, in: The Thomist 58 (1994) 441-462, 447 f, mit zusätzlichem Verweis auf STh II-II q.64.

39 Vgl. Renick, a. a. O., 451 f.

40 Eine säkularisierte Version der „lex naturalis“ setzte sich durch, so bei Gentili (vgl. Renick, Charity, 453 f). Bei Bynkershoek ist die Säkularisierung voll durchgeführt; die Tugend der Liebe wird zum überflüssigen Luxus gegenüber der Gerechtigkeit (vgl. ebd., 456-458).

41 Johnstone, War, 56 f.

42 Johnstone, War, 60.

den zwischen Handlungen, die jedenfalls zu meiden sind, und guten Taten, die man tun kann, aber nicht muss. In der konkreten Frage geht es jedoch um das *ethisch zulässige Minimum des Gewalteinsatzes* bei der individuellen und kollektiven Selbstverteidigung. In Fragen des Lebensschutzes und des Tötungsverbots ist tatsächlich wegen des in Frage stehenden hohen Gutes des menschlichen Lebens eine tutioristische Position verlangt, welche die direkte Tötung unschuldigen Lebens kategorisch ausschließt.

Bei einem sogenannten „Krieg gegen den Terrorismus" trifft der Verteidigungsgrund zweifellos zu. Wird jedoch auch das Kriterium der Proportionalität erfüllt? Es geht darum, dass man - nachdem alle anderen Mittel ausgeschöpft sind - die Angemessenheit gewaltsamer Mittel dahingehend überprüft, ob sie wirklich dem Ziel der effektiven Abwehr entsprechen.[43] Diese Proportionalität ist zu evaluieren sowohl im Hinblick auf die Entscheidung zum Krieg wie auch im Hinblick auf die einzelnen Kriegshandlungen während einer militärischen Auseinandersetzung. Konkret meint Johnstone, jene Staaten, die nun einen „Krieg gegen den Terrorismus" führen, hätten sich selber jahrzehntelang einem „nuclear terrorism" verschrieben, in welchem sie das Kriterium der Proportionalität missachtet hätten, „targeting cities with their innocent inhabitants, so as to threaten other governments".[44] Klarerweise folgt jedoch aus einem möglichen Fehlverhalten in der Vergangenheit nicht, dass die betreffenden Staaten hiermit jedes Recht verwirkt hätten, gegenüber einem echten Aggressor - wie es terroristische Netzwerke und Akteure nun einmal sind - effektiv aufzutreten und sittlich einwandfreie Mittel der Abwehr anzuwenden.

43 Vgl. Johnstone, War, 42: „is war proportionate to the just end of self-defence, or should other methods be preferred, such as those provided by international law or sanctions?"

44 Johnstone, War, 61. Hösle (Moral, 1053) meint: „Die Drohung mit Massenvernichtungswaffen kann nur in einer Übergangsperiode der menschlichen Geschichte akzeptabel sein, und keine Epoche muss sich dringender um die Errichtung universalstaatlicher Strukturen bemühen als diejenige, die am Rande des nuklearen Abgrunds taumelt." Eine derartige Drohung kann vom Standpunkt einer theologischen Ethik nur solange toleriert werden, bis wirklich eine bessere Alternative besteht. In sich zu rechtfertigen ist sie niemals, da ja doch - um als Drohung wirksam zu sein - ein zumindest bedingter Wille zum Einsatz jener in sich schlechten Massenvernichtungswaffen vorausgesetzt werden muss.

John Langan stellt drei Fragen im Hinblick auf die Anwendung von Kriterien des gerechten Kriegs auf den Kampf gegen den Terrorismus im Ausland[45]:

1. Entspricht der beabsichtigte Einsatz von Gewalt dem Prinzip der Unterscheidung, d. h. richtet er sich auf militärische Ziele und auf Personen, die aktiv im terroristischen Netzwerk involviert sind, und versucht dieser Einsatz den Schaden für Zivilpersonen zu minimieren?
2. Bringt der beabsichtigte Einsatz von Gewalt die sittlich annehmbare Absicht, die Gerechtigkeit wiederherzustellen, zum Ausdruck, oder möchte man damit Bestrebungen nach Rache oder Gefühle des Hasses zufriedenstellen?
3. Besteht eine ausreichende Wahrscheinlichkeit, dass der geplante Einsatz von Gewalt sittlich bedeutsame Ziele bewirkt, d. h. besteht er den Test der Verhältnismäßigkeit? Wird er Resultate hervorbringen, die ausreichend zuverlässig und von Wert sind, um den Schaden aufzuwiegen, den der Einsatz tödlicher Gewalt mit sich bringt?

Gerade die vielen Unwägbarkeiten bei der Beurteilung einer konkreten Situation lassen es für dringend geboten erscheinen, sich nicht vorschnell von einer Ideologie des „Kriegs gegen den Terrorismus" zu Aktionen hinreißen zu lassen, die nicht wieder gutzumachende Schäden an Leib und Leben auch vieler Zivilisten mit sich bringen können.

5. Die Beachtung einer Moral der Mittel im Kampf gegen den Terrorismus

Die Beachtung einer „Moral der Mittel" verlangt den unbedingten Ausschluss in sich schlechter Mittel, sowohl in kriegerischen Auseinandersetzungen wie auch in jeder Form des Kampfes gegen den Terrorismus. Unterscheidungen

45 „1) Does the proposed use of force observe the principle of discrimination - that is, does it aim at military targets and persons actively involved in the terrorist network, and does it attempt to minimize harm to civilians? 2) Does the proposed use of force manifest a morally acceptable intention to bring about justice, or is it designed to satisfy desires for revenge and feelings of hatred? 3) Is the proposed use of force likely to achieve morally important objectives - that is, will it meet the test of proportionality; will it bring about results that are sufficiently reliable and valuable to outweigh the harm that is inherent in the use of lethal force?" - Langan J., From Ends to Means: Devising a Response to Terrorism, in: America, Oct 8th 2001, online: http: / / www.americamagazine.org/content/article.cfm?article_id=1065.

sind nötig, auch zwischen polizeilichen und militärischen Mitteln, obwohl derartige Grenzziehungen immer eine gewisse Unschärfe mit sich bringen. Weniger gewaltsame Mittel sind nach Möglichkeit vorzuziehen. Jedenfalls als ethisch verwerflich abzulehnen und zu ächten sind die Massenvernichtungsmittel (ABC-Waffen), die auf die Vernichtung großer Massen an Menschen abzielen und keinen Unterschied kennen zwischen Zivilisten und militärischen Kampfpersonen. Abzulehnen sind außerdem Repressalien im strengen Sinn. Sie richten sich auch gegen Unschuldige und bestehen in der Anwendung von völkerrechtswidrigen Maßnahmen gegenüber dem Feind mit dem Ziel, ihn zur Einstellung laufender oder weiterhin drohender Völkerrechtsverletzungen zu zwingen. Es handelt sich um innerlich schlechte Handlungen, da eine Repressalie „gegen das natürliche Verbot verstößt, einen unschuldigen Menschen zu bestrafen“.[46]

Vittorio Hösle hält „militärische Sanktionen gegen jene Staaten [für] erlaubt, die die Terroristen unterstützen oder wenigstens dulden“.[47] Es geht hier weniger um direkte militärische Maßnahmen gegen die Terroristen als solche, als vielmehr um Aktionen gegen Staaten und deren politisch Verantwortliche, die sich offen oder im geheimen mit gewissen Terrorbewegungen identifizieren und diese unterstützen. Zwar meint Hösle, solche militärischen Maßnahmen seien „positivvölkerrechtlich ... zwar meist unzulässig“, jedoch sei eben „das positive Völkerrecht ... nicht das letzte Kriterium der Moral“, was von einem naturrechtlichen Standpunkt aus ganz allgemein bestätigt werden kann. Militärische Maßnahmen dürfen aber auch nach Hösle nur die „ultima ratio“ sein; zuerst seien wirtschaftliche Sanktionen einzusetzen, und man müsse schwachen Staaten Hilfen bei der Terrorismusbekämpfung anbieten.

Beim „Krieg gegen den Terrorismus“ handelt es sich um die möglicherweise bis zum Einsatz militärischer Gewalt reichende Entschiedenheit der internationalen Gemeinschaft und einzelner Staaten, dem Terrorismus beizukommen und ihn zu unterbinden. Was die Rede vom „War on Terror“ vermissen lässt, ist die Frage nach den möglichen Ursachen des Terrorismus. Ein „Krieg gegen den Terrorismus“ scheint sich die Lösung primär vom Einsatz staatlicher und internationaler Machtmittel gegen Terroristen erwarten zu wollen. Anzufragen ist, ob hier nicht eine bloße Unterdrückung von Gewaltphänomenen stattfindet, deren Ursachen möglicherweise weiterbestehen oder durch eine

46 K. Hörmann, Friede und moderner Krieg im Urteil der Kirche, Wien 1964, 65.
47 Hösle, Moral, 1050.

bestimmte Form der Unterdrückung sogar noch potenziert werden können.[48] Schlagzeilen wie „Why the War on Terror will never end"[49] vermögen diese reale Befürchtung gut zu illustrieren. Andere Konfliktlösungsstrategien werden aus der Position des vermeintlich Stärkeren von vornherein ausgeblendet oder mit nachgeordneter Präferenz behandelt, was sich mittel- und langfristig nur negativ auswirken kann.

Für die militärische Bekämpfung von Terrorstaaten stellt Hösle die Regel auf, man werde „Gewalt gegen Sachen, gegen Soldaten und gegen nicht betroffene Zivilisten unterscheiden müssen - erstere mag angemessen, letztere kann nie legitim sein: Die Tötung unschuldiger Zivilisten eines Nachbarlandes, das Terroristen deckt, ist keine irgendwie diskutable Repressalie."[50] Das direkte Ziel von Militäraktionen sind jene Staaten, die terroristische Aktionen unterstützen. Die Abstufung des Einsatzes von Gewaltmitteln je nach dem Status des Gegenübers ist wesentlich und unaufgebbar, auch aus ethischer Sicht. Ansonsten würde eine fundamentale Verletzung des Prinzips der Notwehr vorliegen. Unter dem Vorwand der Bekämpfung des Unrechts könnte so ein Staat im „Krieg gegen den Terror" noch größeres Unrecht begehen als jenes, das er eigentlich beseitigen will.

6. „Tyrannenmord" im „Krieg gegen den Terrorismus"?

Wie kann und darf gegen eine für terroristische Aktionen in hohem Maß mitverantwortliche politische Führungspersönlichkeit vorgegangen werden? Ist eine Tötung einer solchen Person (eines „Tyrannen") als Element des Kampfes gegen den Terrorismus möglicherweise zu rechtfertigen? Kommt es zu einem von dieser Seite her zu verantwortenden Krieg (und manche sind der Meinung, das Terrornetzwerk als solches und seine auf Vernichtung gesellschaftlicher Fundamente zielenden Aktionen seien bereits dieser unerklärte, aber doch überaus gefährliche und wirksame Krieg), dann meint Hösle sogar:

---

48 Weder ökonomische Sanktionen noch militärische Vergeltungsmaßnahmen haben sich als restlos erfolgreich erwiesen, positive Veränderungen bei der Politik bestimmter Länder, die den Terrorismus förderten oder tolerierten, durchzusetzen. Vgl. Hoffman, Terrorismus, 257, der ein Diskussionspapier amerikanischer Geheimdienstkreise zitiert, in dem es heißt: „In der Praxis hat kein staatlicher Förderer des internationalen Terrorismus, gegen den die USA ein Embargo oder Sanktionen ergriffen haben, seine Rolle als Sponsor aufgegeben oder dem Terrorismus als Mittel der Außenpolitik abgeschworen."

49 Cover-Story von Time, 26. Mai 2003.

50 Hösle, Moral, 1050.

„Die gezielte Ermordung ziviler gegnerischer Regierungsmitglieder, die für einen ungerechten Krieg verantwortlich sind, ist m.E. moralisch unbedenklich, wenn damit der Krieg zu einem raschen Ende gebracht werden kann; es ist nicht einzusehen, warum Soldaten, die zum Teil gegen ihren Willen dienen müssen, mehr gefährdet sein sollten als diejenigen, die die Verantwortung für einen ungerechten Krieg tragen."[51]

Die Folge einer solchen Sicht wäre jedoch eine Willkür der Vorgangsweise, die Gewalt nicht mehr als „ultima ratio" ansieht und den Unterschied zwischen militärischen und zivilen Personen aufzuheben droht. Vor allem ist der Terminus und das Zugeständnis der Erlaubtheit eines „Mordes" abzulehnen: Ein Mord ist in sich schlecht und daher nie zulässig, während eine unter Umständen in einem Akt individueller oder auch gemeinsamer Notwehr erfolgende Tötung eines ungerechten Angreifers (als der der Letztverantwortliche einer ungerechten militärischen Aktion zweifellos zu gelten hat) nach Abwägung aller relevanten Umstände und unter Ausschöpfung aller friedlichen und weniger gewaltsamen Mittel möglicherweise gerechtfertigt sein kann.[52]

---

51 Hösle, Moral, 1049.

52 Brian Johnstone (Political Assassination and Tyrannicide: Traditions and Contemporary Conflicts, in: Studia Moralia 41 [2003] 25-46, hier 46) kommt in dieser Frage zu einem negativen Ergebnis: Im Hintergrund stehen grundsätzliche Überlegungen der naturrechtlichen und theologischen Ethik, aber auch die spezifischen Erfahrungen, dass politische Morde jeweils mehr Unheil hervorbrachten als sie zu bekämpfen vorgaben: „The argument here is based on consequences, that is the claim is being made that these activities will most probably cause more harm than good. It is also drawn from experience ... A moral tradition aimed at fostering and protecting life cannot accept practices which have been shown by experience to do neither." Anders akzentuiert dies Clemens Breuer (Die Tyrannentötung. Ein sozialethisches und moraltheologisches Problem in: Die neue Ordnung 56 [2002], Nr. 4, online unter http: / / www.die-neue-ordnung.de / Nr42002 / CB.html), der zusammenfassend feststellt: „Erstes Ziel des Volkes muss es sein, durch passiven Widerstand den Tyrannen zur Gesinnungsänderung zu bewegen. Führt dies auf Dauer nicht zu einer Linderung der Tyrannenherrschaft, so steht einem Volk das aktive Widerstandsrecht zur Verfügung, das aber auch dann noch prinzipiell die Tyrannentötung ausschließt, da zunächst versucht werden muss, den Tyrannen festzunehmen und unschädlich zu machen (z.B. vor ein unabhängiges Gericht zu stellen). Besteht keine Aussicht auf Erfolg einer ‚Unschädlichmachung' des Tyrannen auf unblutige Art und Weise, darf als ‚ultima rati' die Tötung des Tyrannen in Erwägung gezogen werden. Eine weitere Voraussetzung für die sittliche Legitimität der Tyrannentötung unter den bislang genannten Bedingungen ist jedoch die gewissenhafte Prüfung mit Gleichgesinnten, ob die Beendigung der Schreckensherrschaft nicht ohne die Tötung des Tyrannen herbeigeführt werden kann. Das Motiv der Rache als Auslöser für die Tyrannentötung kann

Terrorismus richtet sich gezielt auch gegen Unschuldige, d. h. gegen die Zivilbevölkerung im eigentlichen Sinn. Terroristische Aktionen können nie legitimiert werden. Als Mittel ethisch legitimer und zugleich effektiver Terrorbekämpfung schlägt Hösle vor, die unmittelbaren Täter (d. h. die Terroristen) zu bestrafen, „und zwar aufgrund rechtsstaatlicher Verfahren, gegebenenfalls nach ihrer Entführung aus dem Nachbarland; ihre Ermordung ist nur dann zu erwägen, *wenn* es keine Möglichkeit gibt, sie zur Rechenschaft zu ziehen, und *wenn* sie andernfalls weiterhin terroristische Akte ausüben würden."[53]

Genau hier zeigt sich die Problematik des Übergangs von jedenfalls anzustrebenden rechtsstaatlichen Verfolgungsmaßnahmen gegen Terroristen und ihrer Bestrafung nach einem ordentlichen Gerichtsverfahren zur mehr oder weniger rechtlich gedeckten gewaltsamen Beseitigung von Terroristen, die freilich nie den Charakter eines Mordes haben darf, um ethisch noch legitim sein zu können (insofern ist es strikt abzulehnen, von „Ermordung" als sittlich diskutabler Lösung zu sprechen, wie Hösle es tut). Nur eine Aktion der Notwehr kann in einem Extremfall die sittlich legitime Tötung jener Terroristen mit einschließen, von denen eine unmittelbare Gefahr ausgeht und die auf andere Weise nicht unschädlich gemacht und zur Verantwortung gezogen werden können.

Anzustreben wäre jedenfalls, dass solches Handeln grundsätzlich im Auftrag internationaler Instanzen der Weltgemeinschaft (Vereinte Nationen, Internationaler Strafgerichtshof etc.) geschieht, damit jeder Anschein der Rechtswillkür vonseiten einzelner oder von Staaten vermieden werden kann.[54] Nur ein Tätigwerden im Namen des staatlichen und weltweiten Gemeinwohls ist bei der Bekämpfung des internationalen Terrorismus gerechtfertigt, nicht aber die Durchsetzung eigener Interessen und Machtansprüche.

---

in sittlicher Hinsicht in keiner Weise gebilligt werden." Vgl. auch Spindelböck, Widerstandsrecht, 215 ff.

53 Hösle, Moral, 1050.

54 „Eine multilaterale Politik der Schadensbegrenzung hingegen hat mit Institutionen wie dem Ständigen Internationalen Strafgerichtshof und mit einem corpus iuris mundi Instrumente zur Verfügung, die einzelne Terror-Staaten dem Schutz gewisser Großmächte entziehen und auch in der Wahrnehmung der entsprechenden Staatsführungen das Risiko, für Staatsterrorismus zur Verantwortung gezogen zu werden, signifikant erhöhen. Nur sie macht damit einen wesentlichen Rückgang der Häufigkeit, des Umfangs und der Grausamkeiten des staatlichen Terrors möglich und wahrscheinlich." - Scheerer, Zukunft, 140f.

Terrorismus aus politologischer Sicht

von Anton Pelinka

„Like Pornography,
we know Terrorism
when we see it.
Or do we?"
(Richardson, 3)

Vorbemerkung

Die absolute Gewissheit der eigenen Überzeugung ist die Grundlage des Terrorismus. Diese Gewissheit kann religiös oder quasi-religiös sein; sie kann aber ebenso aus einem politischen Dogmatismus hergeleitet werden. Eine absolute Gewissheit wird freilich nur dann zu einem terroristischen Potential, wenn sie sich auf alle gesellschaftlichen Bereiche bezieht; wenn sie also nicht das Minimum von (religiös-politischem) Pluralismus akzeptiert, das für ein Mit- und Nebeneinander in der Gesellschaft erforderlich ist.

Jede absolute Gewissheit kann, durch Verweigerung dieses Minimums an Pluralismus und damit des Respekts vor den Gewissheiten anderer Menschen, zum Terrorismus führen: grundsätzlich jede (und nicht nur die islamische) religiöse Gewissheit; und grundsätzlich jede politische (oder quasi-religiöse) Gewissheit.

1. Bei einer sozial-, speziell politikwissenschaftlichen Analyse des Diskurses rund um den Terrorismus bedarf es, zur Vermeidung von Missverständnissen, einiger Klarstellungen:

Wenn wir nicht wollen, dass der Begriff des Terrorismus zu einer alltagssprachlichen Beliebigkeit verkommt, braucht es definitorische Klarheit. Sonst wird der Begriff inflatorisch entwertet, etwa in dem Sinn: Dein Handeln ist Terrorismus, aber mein Handeln ist es nicht. Alles, was böse ist, ist Terrorismus. Und alles, was gut ist, ist es nicht. Es geht im Folgenden um den Versuch einer Analyse jenseits vordergründiger Instrumentalisierung.

1.1. Nicht jedes Unrecht ist Terror - und Terror als punktuelle Methode kann unter bestimmten Voraussetzungen (als Widerstand gegen Unrechtsregime) gerechtfertigt werden.

Das Plazieren einer Bombe unter einen Konferenztisch ist eine Tat, die man üblicherweise als „Terrorismus" bezeichnet. Aber gerade das hat Stauffenberg am 20. Juli 1944 getan. Diese Differenzierung bezieht sich auch auf die Ballung von Gewalt, auf den Krieg: Der Krieg, dessen terroristischen Aspekte offenkundig sind, kann unter bestimmten Voraussetzungen ethisch legitim sein - wie etwa die britische und die französische Kriegserklärung an das Deutsche Reich am 3. September 1939.

Nicht jedes Unrechtsregime ist ein Terrorregime. Es wird aber nicht dadurch Recht, wenn die Opfer des Unrechts gegenüber dem Unrecht resignieren. Und nicht jeder Akt des Widerstandes gegen ein Unrechtsregime kann sich - ethisch gerechtfertigt - terroristischer Methoden bedienen. Der freilich nicht scharfe Begriff der „Verhältnismäßigkeit" ist hier wichtig, um zu differenzieren: Die Mittel in der Auseinandersetzung mit einem Unrechtsregime müssen in einer Relation zu dem Ausmaß des Unrechts gesehen werden, das bekämpft wird.

1.2. Nicht alles, was Angst und Schrecken; nicht alles, was Terror verbreitet, kann unter den Begriff Terrorismus subsumiert werden.

Naturkatastrophen sind ebenso wenig Terrorismus wie Seuchen. Die Katastrophe von New Orleans, 2005, ist ebenso wenig Terrorismus wie die Epidemien mit den Namen AIDS oder SARS. Terrorismus wäre es, eine solche Katastrophe bewusst herbeizuführen. Terrorismus ist die politische Verursachung und die politische Steuerung des Schreckens.

Die Präventivwirkung, die auch mit dem Gewaltmonopol des demokratischen Rechtsstaates verbunden ist, „schreckt ab", soll auch abschrecken, ist also mit Angst und Schrecken verbunden - und dennoch macht es keinen Sinn, sie mit dem Terrorismus in Verbindung zu bringen. Denn diese Gewalt des demokratischen Rechtsstaates ist auch in ihrer Verhältnismäßigkeit zu sehen und zu rechtfertigen: Der Schrecken, den der demokratische Rechtsstaat auch verbreitet, ist das - für alle einsichtig - geringere Übel gegenüber dem, was mit dem Fehlen des staatlichen Gewaltmonopols verbunden wäre.

Es gilt also, immer abzuwägen, zu vergleichen; es gilt, immer das Konzept der Verhältnismäßigkeit im Auge zu haben.

1.3. Terror ist als Begriff nur sinnvoll für substaatliche Gewaltanwendung: Staatliche Gewalt, auch wenn sie ethisch nicht rechtfertigbar ist, z. B. die Gewaltanwendung totalitärer Systeme, ist mit dem Begriff „Terror" nicht sinnvoll zu erfassen.

Der Begriff „Staatsterror" ist daher als sprachliche Verirrung, Folge einer propagandistischen Nutzung eines negativ besetzen Begriffs zu verstehen. Das heißt natürlich nicht, dass die Zurückweisung des Begriffes „Staatsterror" für bestimmte staatliche Handlungen diese Handlungen damit rechtfertigt - weder die russische Politik in Tschetschenien, noch die indische in Kaschmir, noch die Israels in den besetzten Gebieten sind deshalb schon legitim, wenn sie nicht unter „Terror" subsumiert werden. Donatella della Porta definiert: „What is normally called ‚terrorism' is carried out by small secret groups." (Porta, 208)

Deshalb ist es zumindest problematisch, die Terrorherrschaft der Jakobiner, am Höhepunkt der Französischen Revolution, mit dem Begriff „Terrorismus" erfassen zu wollen. Ein Unrechtsregime mag sich ganz bewusst der Verbreitung von Angst und Schrecken bedienen, um eine bestimmte Ordnung mit Gewalt durchzusetzen. Aber ein staatliches Unrechtsregime muss - unbeschadet seines Ausmaßes an Repression - mit anderen Kategorien analysiert werden, damit der Begriff des Terrorismus nicht ins Uferlose zerrinnt.

Terroristische Gewalt ist substaatlich - und sie ist antistaatlich. Sie wird, politisch motiviert, gegen eine gegebene politische Ordnung eingesetzt. Staatliches Übel, staatliches Unrecht - verdeutlicht an den beiden großen totalitären Regimen des 20. Jahrhunderts, am Nationalsozialismus und am Stalinismus - kann in ethischer Hinsicht schlimmer als alle bekannten Formen des Terrorismus sein. Aber es macht keinen Sinn, das Spezifische etwa des Holocaust dadurch zu verdecken, indem man den Holocaust in die Kategorie „Terrorismus" einreiht.

1.4. Terror ist als Begriff auch nicht sinnvoll für Handlungen, die ohne Bezug zur politischen Ordnung substaatlich gesetzt werden. Kriminalität kann in großem Umfang Angst und Schecken verbreiten, wenn dieser aber die politischen Motive fehlen, ist der Begriff des Terrorismus fehl am Platz.

Mafiose Strukturen verbreiten gezielt Angst und Schrecken, um die Gesellschaft einzuschüchtern. Aber wenn die Mafia - ob in Italien oder in Bulgarien, in den USA oder in Kolumbien oder in Japan - mit dem Begriff Terrorismus umfasst wird, verliert dieser Begriff weiter an Trennschärfe.

Gewaltexplosionen als Folge des Zusammenbruches staatlicher Ordnung („failed states") sollten ebenso wenig als „Terrorismus" gewertet werden. Die Entwicklung in Somalia, in den letzten zwei Jahrzehnten, hat zwar die Möglichkeit eröffnet, dass sich terroristische Zellen in der anarchisch-gewaltsamen Gesellschaft Somalias einnisten. Aber die anarchisch-gewalttätige Situation in Somalia, einschließlich der organisierten Kriminalität der Piraterie, ist für sich allein nicht Terrorismus.

1.5. Terror und Terrorismus ist, damit der Begriff nicht ins Uferlose zerrinnt, als gezielte Aktionen substaatlicher Akteure gegen staatliche Strukturen zu sehen.

Terrorismus, das ist New York City 2001; das ist Moskau 2002; das ist Madrid 2004, London 2005, Mumbai 2009. Terrorismus, das sind Selbstmordanschläge in Jerusalem und Colombo, in Bagdad und Kabul.

Terrorismus, das war die Rote Armee Fraktion im Deutschland der 1970er und 1980er Jahre, die italienischen Brigate Rosse zur selben Zeit. Sie richteten sich gegen eine gegebene politische Ordnung, die sie durch den Ersatz von Gewalt gegen Personen, das heißt durch das Mittel des Mordes zerstören wollten. Und sie setzten bewusst auf die mediale Verstärkung - auf die Multiplikation des Schreckens durch die Medien.

Terrorismus, das waren oder sind die Methoden der irischen IRA und der baskischen ETA. Dass diese ihre Gewaltmittel als Befreiungskampf gegen eine Fremdherrschaft rechtfertigten, bzw. im Fall der ETA noch immer tun, eröffnet die Debatte über die konkrete Rechtfertigbarkeit dieses Kampfes und seiner Methoden. Und die Methoden, mit denen die britische und die spanische Staatsgewalt zurückschlagen, sind ebenfalls in ihrer Legitimität diskutierbar - aber der Begriff des Terrorismus greift bezüglich der staatlichen Anti-Terrormethode nicht - auch wenn diese als rechtsstaatlich oft problematisch, ja als mit dem demokratischen Rechtsstaat unvereinbar angesehen werden.

1.6. Dennoch - die Grenzen zwischen terroristischer und anderer Gewalt sind in der politischen Realität nicht immer ganz eindeutig.

Mit der Klärung der Begriffe wird natürlich nicht immer eine eindeutige Abgrenzung erreicht. Der Terror, den die Seepiraten vor der Küste Somalias einsetzen - ist dieser nur Ausdruck organisierter Kriminalität, oder nicht auch ein Instrument zur Beeinflussung der internationalen Staatengemeinschaft, also Terrorismus?

Trotz dieser Abgrenzungsprobleme: Terrorismus ist Gewalt gegen eine staatliche Ordnung. Und die Frage der Rechtfertigung der staatlichen Ordnung ist damit ebenso wenig automatisch beantwortet wie die Frage nach einer ethischen Rechtfertigung des Terrors - siehe das Beispiel Stauffenberg.

Der „klassische" Anarchismus des 19. und frühen 20.Jahrhunderts hatte sich bewusst auf eine terroristische Position gestellt: durch individuelle Gewalttaten sollte die staatliche Unordnung, die aus der Sicht des Anarchismus eine zutiefst ungerechte war, ausgehöhlt und schließlich zerstört werden. Mit dieser Einstellung zerstörte etwa Michael Bakunin die ursprüngliche Gemeinsamkeit, die ihn und den Anarchismus mit Karl Marx und dem Sozialismus verband.

Der Terrorismus des beginnenden 21. Jahrhunderts entspricht in einer Hinsicht grundsätzlich diesem Denkansatz: gegen eine gegebene Ordnung Mitteln der Gewalt einzusetzen. Dass freilich dem Terrorismus unserer Tage nicht eine herrschaftsfreie Gesellschaftsform vor Augen schwebt, sondern entweder eine alternative Staatlichkeit, oder aber ein totalitäres System der absoluten Diktatur einer Meinung, einer Religion, einer Partei über alle anderen - das unterscheidet den aktuellen vom historischen Terrorismus.

1.7. Bei der Beurteilung des Terrorismus, gerade bei einer ethischen Bewertung desselben kommen wir um die Kernfrage nicht herum, um die Frage nach der Verhältnismäßigkeit:

- In welchem Verhältnis stehen Weg und Ziel, wie bewerte ich die denkmögliche Rechtfertigung terroristischer Methoden vor dem Hintergrund des Ziels (wieder: Stauffenberg)?
- Und die Kernfrage: Wie ist das das System staatlicher Ordnung zu bewerten, gegen das sich terroristische Gewalt richtet - auch und gerade im Vergleich mit der Ordnungsvorstellung, die mit terroristischen Methoden erreicht werden soll?

Die ethische Verurteilung terroristischer Methoden allein greift zu kurz. Im juristischen, insbesondere im völkerrechtlichen Denken gibt es den Begriff der Verhältnismäßigkeit - der Proportionalität. Kann ich, darf ich ein aus nachvollziehbaren Gründen ethisch nicht akzeptables Ordnungssystem mit terroristischer Gewalt zu beseitigen versuchen?

Darauf gibt es keine fertige Antwort - weder abstrakt, noch in konkreten Fällen. Aber ein Hinweis auf die im Einzelfall notwendige Antwort ist die Verhältnismäßigkeit. Stauffenbergs Antwort war, dass die Beendigung des Krieges und des Holocausts ein Ziel ist, die den Einsatz einer Bombe, die den Mord an Menschen rechtfertigt. Gemessen an der Größe des Unrechts, das den Namen Hitler trug, war der Mordanschlag auf diesen und einige andere aus seiner Führungsschicht ein ethisch rechtfertigbares, weil verhältnismäßiges Mittel - auch wenn es Terrorismus war.

Diese Antwort ist relativ einfach nachzuvollziehen. Aber wie steht es mit dem Antwortversuch von Hamas und Hezbollah, die ihre Gewalt - die Raketen auf israelische Städte etwa - mit dem Hinweis auf das Unrecht der Besetzung Palästinas begründen? Und wie steht es mit dem Antwortversuch der tamilischen „Befreiungstiger", die ihre Selbstmordattentate mit dem Unrecht der singhalesischen Vorherrschaft in Sri Lanka begründen?

Wir haben keine fertigen Antworten, wir müssen uns den Antwortversuchen aber stellen. Und dafür brauchen wir, versteckt hinter dem Begriff der Verhältnismäßigkeit, den Vergleich - den zwischen Ziel und Mittel; und den zwischen Ziel und Ziel: wofür steht die Ordnung, die zerstört werden soll; und wie soll die Ordnung aussehen, die an ihre Stelle tritt.

2. Der Begriff Terror und Terrorismus hat durch die faktische (nicht im Rahmen der verfassungsrechtlichen Bestimmungen erfolgende) „Kriegserklärung" der USA an „den Terror" (2001) einen besonderen Stellenwert in der Analyse internationaler Beziehungen gefunden.

2.1. Krieg gegen Nicht-Staaten?

Kriege sind am Beginn des 21.Jahrhunderts kaum noch nach den Standards des Kriegsvölkerrechts als Kriege zwischen souveränen Staaten geführt. Kriege werden vor allem unterhalb der staatlichen Ebene - also subkonventionell geführt: Die permanenten Kriege im Ost-Kongo, der Krieg in Darfur, der Bürgerkrieg in Sri Lanka und in den Philippinen, die militärischen Konflikte in und um Israel, der immer wieder auch militärisch ausgetragene Kaschmir-Konflikt, der de facto Kriegszustand in Afghanistan, die Gewalt in Tschetschenien und viele andere Beispiele belegen dies.

Dass die Regierung Bush für ihren Kampf gegen den Terrorismus 2001 ausgerechnet den Begriff des Krieges gewählt hat, ist aus mehreren Gründen beachtlich, bedenklich, kritisierbar:

- George W. Bush hat damit den Terrorismus aufgewertet. Osama Bin Laden und seine Terrororganisation hat dadurch eine Quasi-Legitimität erhalten. Den Begriff des Krieges auf ein Terror-Netzwerk anzuwenden, hebt dieses scheinbar in eine Liga, die sonst Akteuren vorbehalten ist, die den Merkmalen von Staatlichkeit entsprechen. Al Khaida ist damit wohl ein Gefallen getan worden. Der Begriff des Krieges kommt den Organisatoren der Terroranschläge des 11. Septembers wohl entgegen. Bush hat dem politischen Kampf gegen den Terrorismus durch die Nutzung des Begriffes „Krieg" einen schlechten Dienst erwiesen.
- Bush hat damit auch dem verfassungs- und rechtsstaatlichen Charakter der USA einen schlechten Dienst erwiesen. Denn die Rhetorik vom Krieg wurde nicht durch ein der US-Verfassung entsprechendes Prozedere begleitet: Als Japan im Dezember 1941 die USA überfiel, erklärte - in Übereinstimmung mit der Verfassung - der US-Kongress dem Kaiserreich Japan den Krieg. Als Al Khaida im September 2001 die Anschläge auf New York und Washington verübte, erklärte der

Präsident der USA „dem Terrorismus“ den Krieg, ohne dass der für eine Kriegserklärung allein zuständige Kongress eine entsprechende Erklärung folgen ließ. Gewiss, auch vor Bush haben Präsidenten den Begriff „Krieg“ verwendet, ohne dass es sich um einen Krieg im Sinne der US-Verfassung gehandelt hätte. Aber Lyndon Johnson's „Krieg gegen die Armut“ unterschied sich von der Kriegsrhetorik Bushs allein schon durch den gewaltfreien Charakter dieser sozialpolitischen Konzeption.

- Bush hat damit auch den USA langfristig einen schlechten Dienst erwiesen. Wie sollte dieser „Krieg gegen den Terrorismus“ auch beendet werden? Wer sollte kapitulieren? Es ist aussagestark, dass im Gefolge dieses Dilemmas einer rhetorischen Kriegserklärung gegen einen Staat eine faktische Kriegserklärung gegen einen Staat folgte - der Krieg im Irak, 2003. Und Bushs „mission accomplished“ ist auch als Versuch zu sehen, einer unlösbaren Situation zu entkommen: Welcher US-Präsident kann sich politisch erlauben, ein „mission accomplished“ bezüglich des Krieges gegen den Terrorismus auszurufen? Ein Krieg ohne Kriegsrecht ist letztlich auch ein Krieg ohne dessen an sich logisches Ende. Ein solcher Krieg kennt keinen Frieden.

2.2. Im Hintergrund: Der generelle Rückgang von Staatlichkeit

Bushs Verhalten muss aber auch vor dem Hintergrund des zunehmenden Politikverlustes des Staates schlechthin gesehen werden:

- Globalisierung: Deren Merkmal ist die schrittweise Aushöhlung und Aufhebung von Grenzen - von Grenzen ökonomischer, kultureller, politischer Natur. Damit geht aber ein zentrales Prinzip staatlicher Qualität verloren - der Grundsatz der Territorialität.
- Lokalisierung: Deren Merkmale können am Beispiel britische „devolution“, des spanischen asymmetrischen Föderalismus und des belgischer Regionalismu ebenso beobachtet werden wie an der Realität afghanische „War Lords“ und weitgehend souveräner pakistanische Stammesgebiete.

Der Verlierer dieser Entwicklung ist der traditionelle Staat, definiert durch:

- ein abgegrenztes Territorium,
- souveräne Staatsgewalt und

- ein eindeutig definiertes Staatsvolk.

Ergänzt wird diese Entwicklung, die gegen das klassische Konzept von Staatlichkeit geht, durch Fälle mit unklarer Staatlichkeit - wie Taiwan, der Türkischen Republik Nord-Zypern, Kosovo, Süd-Ossetien und Abchasien. Slche Fälle umstrittener Staatlichkeit hat es wohl immer gegeben. Aber sei dem späten 20.Jahrhundert sind neue Phänomene zu beobachten:

- Transnationale, d. h. transstaatliche, von der Staatsgewalt nicht mehr kontrollierbare Wirtschaftsmacht
- Transnationale, d. h. transstaatliche, von der Staatsgewalt nicht mehr kontrollierbare Kommunikation

Begleiterscheinungen dieser Entwicklungen sind, dass auch die Eindeutigkeit des Staatsvolkes verloren geht. Viele, ja dutzende, vielleicht hunderte Millionen rechtlich oder faktisch Staatenloser (Migranten ohne Papiere, „illegale" Arbeitskräfte, Flüchtlinge vor Naturkatastrophen, Kriegen, etc.) leben in der Welt von heute in einem Status weitgehender Rechtlosigkeit. Auch die wachsende Zahl von Doppelstaatsbürgerschaften deutet an, dass die Eindeutigkeit, von der das traditionelle Verständnis der Staatlichkeit ausgeht, verloren geht.

2.3. Die Folge ist, dass das Gewaltmonopol des Staates bedroht ist:

- Dieses war freilich immer nur Fiktion eines eurozentristischen normativen Denkens. Beispiele wie die der Seepiraten in der Karibik und im Mittelmeer bis ins frühe 19. Jahrhundert hinein, aber auch „Räuberbanden" in weiten Teilen Europas, oft auch mit politischen Agenda - wie die italienischen Carbonari zeigen, wie durchlöchert auch in der Vergangenheit das Prinzip des staatlichen Gewaltmonopols war.
- Aber die Staaten waren im 19. und 20. Jahrhundert doch noch in der Lage, die dominanten gesellschaftlichen Konflikte weitgehend zu kanalisieren und zu kontrollieren. Das Ende der Seepiraten in der Karibik und im Mittelmeer und das Ende anarchischer, sich selbst regierender Banden war ja auch - aus europäischer Sicht und bezogen auf Europa - ein Sieg des Prinzips der Staatlichkeit.

Am Beginn des 21. Jahrhunderts haben wir neue Phänomene:

- Der islamische Fundamentalismus ist kein Staat - aber er beherrscht bestimmte Staaten.

- Der ethnischer Fundamentalismus ist staatlich kaum zu bändigen (Tschetschenien, Darfur, Bosnien-Herzegowina, Sri Lanka) und kaum in staatliche Formen zu gießen, wie die Grenzen nationaler Selbstbestimmung am Beispiel Jugoslawiens zeigen.
- Eine transnationale Zivilgesellschaft ist im Entstehen (Beispiel: Die Weltsozialforen als Gegenveranstaltung zum Weltwirtschaftsforum) und entzieht sich jeder staatlichen Zuordnung

Die Konsequenz all dieser Entwicklung ist, dass der Staat insgesamt und damit auch sein Gewaltmonopol zunehmend relativiert und damit herausgefordert werden.

Das Feindbild des aktuellen Terrorismus ist nicht immer ein bestimmter Staat - der islamische, gewaltbereite Fundamentalismus richtet sich nicht gegen „die USA", sondern gegen die „westliche Zivilisation" im Sinne Huntingtons. Der Staat ist für den Terrorismus auch nicht mehr das Feindbild Nummer - anders als beim klassischen Anarchismus. Der Terrorismus des islamischen Fundamentalismus richtet sich ja nicht gegen das Prinzip von Staatlichkeit - er will einen fundamentalistischen Staat.

3. Der Begriff des Terrors erfährt dabei auch eine propagandistischen Instrumentierung.

3.1. Wer für eine Konfliktseite Freiheitskämpfer ist, ist für die andere Terrorist. Und aus Terroristen wurden oft Staatsmänner:

Eamon De Valera wurde als einer der Führer der terroristischen Sinn Fein 1916 von einem britischen Gericht zum Tode verurteilt. Durch eine Zufälligkeit - seine US-Staatsbürgerschaft - begnadigt, wurde er zum ersten Präsidenten der Republik Irland, anerkannt von der Staatengemeinschaft.

Menachem Begin war ein Aktivist der terroristischen Irgun, die mit den Mitteln der Gewalt den Staat Israel errichten wollte. Gestützt auf freie und demokratische Wahlen wurde er zum Premierminister Israels - und für seinen Friedensschluss mit Ägypten mit dem Friedensnobelpreis ausgezeichnet.

Yassir Arafat durfte als Repräsentant der terroristischen PLO nicht in die USA einreisen - bis er 1993 mit Itzach Rabin vor dem Weißen Haus ein Friedensabkommen unterzeichnete und dafür den Friedensnobelpreis erhielt.

Diesen Beispielen können noch viele angefügt werden: Die Wahrnehmung dessen, was ein Terrorist ist, und was konkret einen Terroristen ausmacht, ist einem historischen Wandel unterworfen. Die Geschichte hat schon vielen Terroristen den Terrorismus verziehen.

3.2. Um ein Verständnis von dem zu bekommen, was unter der Etikette Terrorismus geschieht, brauchen wir auch ein Verständnis von der Instrumentierbarkeit der Etikette.

Ebene deshalb müssen wir jede Analyse unter den Gesichtspunkt Historizität der beobachteten Phänomene stellen. Ein Beispiel liefern die von der mexikanischen Regierung in den späten 1920er und frühen 1930er Jahren als „terroristisch" eingestufte Christ-Königs-Bewegung (wie etwa Graham Greens „Die Kraft und die Herrlichkeit" beschrieben). Aus der Sicht der Katholischen Kirche handelte es sich bei den „Cristeros" um einen legitimen Widerstand gegen ein zumindest latent totalitär agierendes, antireligiöses Regime.

Heute ist es möglich, dies nüchtern zu analysieren - die historische Verbindung der Kirche in Mexico mit den vorrevolutionären Kräften der vor allem feudalen Eliten; die vom russischen Modell teilweise beeinflussten sozialistischen Revolutionäre, die ihr Verständnis von Säkularismus der Gesellschaft aufzwingen wollten etc.

4. Die Notwendigkeit der Analyse des Terrorismus umfasst auch die Notwendigkeit der Analyse seiner Voraussetzungen.

Dazu ist eine Vorbemerkung notwendig: Den Terrorismus und seine Ursachen verstehen heißt natürlich nicht, den Terrorismus zu relativieren, zu entschuldigen, zu rechtfertigen. Aber jede Auseinandersetzung mit dem, auch und gerade jeder politische Kampf gegen den Terrorismus braucht die Einsicht in die Wurzeln, aus denen er kommt.

Donatella della Porta unterscheidet zwischen

- der Mikro-Dynamik: Diese weist in die Individual- und Sozialpsychologie - der auf den „Typus" des Terroristen, wie ihn etwa John Updike in seinem Roman zeichnet: schwankend zwischen verschiedenen Identitätsangeboten.

- der Meso-Dynamik: Diese betrifft die terroristische Organisation als Milieu, auch als Ersatzfamilie - und damit verbunden ist die Schwierigkeit des Aufhörens, des Ausstiegs.
- der Makro-Dynamik: Diese bezieht sich auf die gesellschaftlichen Voraussetzungen - z.B. der Generationenbruch, der wesentlich die terroristische Gewalt in Deutschland, Italien und Japan in den 1970er und 1980er Jahren ausgelöst hat.

Es ist offenbar aber zu kurz greifend, die Ursachen für den Terrorismus vor allem in der Struktur der Gesellschaft zu suchen, in der sich Terrorismus entwickelt. Beispiele liefern der deutsche, italienische, japanische Terrorismus der 1970er und 1980er Jahre - aus guten Gründen kann behauptet werden, dass die gesellschaftliche Ordnung in diesen drei Staaten zu dieser Zeit die gerade auch nach den Maßstäben der Terroristen relativ gerechteste, ethisch am besten rechtfertigbare der Geschichte war

5. Hobbes oder Kant?

Robert Kagan hat 2003, kurz vor dem Beginn des Irak-Krieges, die Unterschiede zwischen Amerika (das heißt: USA) und Europa analysiert. Für Kagan lebt Europa auf dem Planeten Venus - und träumt vom ewigen Frieden, wie ihn Immanuel Kant gedacht hat. Amerika hingegen lebt auf dem Planeten Mars - und sieht die Realität dieser Welt als eine nur durch friedliche Phasen kurz unterbrochenen Kriegszustand, ganz im Sinne von Thomas Hobbes.

Aus dieser Differenz ergibt sich eine Erklärung für das Verhalten der USA ab 2001: Die USA als Leviathan, als Autorität, die den Terrorismus niederzwingt. Eben dieser Leviathan ist aber auch die Autorität, gegen den sich die terroristische Energie richtet.

Die Schlussfolgerung aus dieser Gegenüberstellung ist nicht ein Entweder - Oder, sondern ein Sowohl - Als auch: Hobbes und Kant! Der Leviathan hat sich ja gewandelt. Der demokratische Rechtsstaat ist nicht der absolutistische Staat, der bei Hobbes noch Pate gestanden ist. Der Staat, in dem - Resultat eines demokratischen Vorgangs - Barack Obama Präsident wird, ist nicht der Staat der Stuart-Monarchie, der Hobbes vor Augen gestanden ist.

Wenn allerdings der traditionelle demokratische Rechtsstaat an Stärke verliert (Stichworte: Globalisierung, Lokalisierung), dann braucht es das Design und die Konstruktion einer transnationalen, demokratischen, rechtsstaatlichen Ordnung, dann braucht es „Global Governance". Diese gibt es nur in Ansätzen - und sie kann in einem Versuchslaboratorium beobachtet werden: In Form der Europäischen Union.

Der Staat ist nicht mehr der Staat von gestern. Wie sich der Terrorismus wandelt, so kann, wird und muss sich die Gegenmacht wandeln, die der Staat dem Terrorismus entgegenstellt. Das wichtigste Merkmal einer solchen, aktuellen Gegenmacht ist, dass sie - wie der Terrorismus auch - die Grenzen traditioneller Staatlichkeit übersteigt.

Der politische und - nötigenfalls - militärische Kampf gegen den Terrorismus setzt eine Vernetzung, eine Verdichtung von Staatlichkeit voraus. Nicht die USA und nicht Deutschland, nicht Russland und nicht Großbritannien sind herausgefordert - herausgefordert durch den aktuellen Terrorismus ist eine Gemeinschaft von Staaten, die sich allerdings erst in Ansätzen als Gemeinschaft versteht.

Der demokratische Leviathan ist, will er wirksam sein, ein transnationaler. Und auch wenn er den ewigen Frieden nicht garantieren kann - er kann in die Richtung einer Friedensordnung wirken.

Literatur

Bader, Erwin (Hg.): *Terrorismus. Eine Herausforderung unserer Zeit.* Peter Lang (Frankfurt am Main), 2007.

Della Porta, Donatella: *Terror Against the State.* In: Kate Nash, Alan Scott (eds.), The Blackwell Companion to Political Sociology. Blackwell (Malden, Oxford), 2001, 208 - 216.

Huntington, Samuel P., *The Clash of Civilization and the Remaking if World Order.* Simon & Schuster (New York), 1996.

Kagan, Robert: Of Paradise and Power. America and Europe in the New World Order. Alfred A. Knopf (New York), 2003.

Richardson, Louise: What Terrorists Want. Understanding the Enemy, Containing the Threat. Random House (New York), 2007.

Terrorismus - Versuch einer Verortung im Zusammenhang von Politik und Gewalt

von Stefan Lakonig

1. Vom schillernden Wort zur Suche nach einem Begriff

Das Wort Terrorismus ist schillernd. Die Literatur zu dem Thema füllt mittlerweile schon ganze Bibliotheken - ohne aber eine überall anerkannte Definition liefern zu können. Wir sprechen von Ökoterror, Staatsterrorismus, islamischen und Zicken-Terror. Schon diese kleine Aufzählung erweist die Notwendigkeit einer begrifflichen Definition. Der Terrorismus ist keineswegs ein neues Phänomen, aber er hat in der Moderne eine ganz neue Qualität bekommen: er ist zu einem politischen Mittel der Anti-Moderne geworden.

Von welchem Standpunkt aus, können wir uns einen Begriff „Terrorismus" erarbeiten? Sinnvoll, kann von Terrorismus nur in einem politischen Zusammenhang gesprochen werden. Es wird daher nötig sein, diesen Begriff systematisch im Zusammenhang mit einem Verständnis von Politik zu entwickeln und ihn gegen andere Formen politischer Gewalt und gegenüber dem Krieg abzugrenzen. Dabei werden wir auch einen Blick auf die geschichtliche Entwicklung werfen, der aber nicht nur eine interessante Aufzählung von menschlicher Grausamkeit sein soll, sondern uns den Begriff in seiner geschichtlichen Entwicklung - weil Geschichte immer gedeutet und mit Sinn versehen wird - näher bringen wird. Dadurch wollen wir zum Kern des Begriffes vorstoßen und versuchen, einige Fragen zum Terrorismus beantworten: Wie kommt er auf? Wie funktioniert er? Was sind seine Beweggründe und Ziele?

2. Ein etymologischer Versuch

Zu Beginn, wollen wir uns dem Wort Terrorismus einmal etymologisch nähern, um zu einer ersten Festlegung zu gelangen. Wie alle „Ismen" ist er zuerst einmal eine Ideologie, d. h. eine geistige Weltanschauung, die etwas rechtfertig und zu verwirklichen sucht: den Terror. Dieses Wort wiederum leitet sich aus dem Lateinischen ab. Schlägt man den Stowasser auf, so findet man zwei relevante Einträge. Zuerst das Verb „terreo“ mit den Bedeutungen schrecken, erschrecken, in Schrecken versetzen und scheuchen, jagen. Sodann das Nomen *„terror“*, welches so viel bedeutet wie Schrecken, Schreckliches oder Schreckensnachricht.

Terrorismus bedeutet also jene Einstellung, die Gewalt und den damit verbundenen Schrecken als ein legitimes Mittel des menschlichen Handelns betrachtet.

Neben dem physischen Gewaltakt selbst, ist die Bedeutung von Schreckensnachricht nicht zu vernachlässigen. Denn damit der Terror, der Schrecken, wirkt, muss er bekannt werden. Er ist eine „Methode der Inszenierung und Mythologisierung, die sich die Öffentlichkeit zunutze macht“[1] und ohne die modernen Massenmedien gar nicht möglich wäre. Nicht umsonst heißt es „bad news are good news“, denn etwas Aufregendes wie Terror verkauft sich gut, ist eine Titelseite wert. In Goethes Faust spricht ein Bürger zum anderen die wohl bekannten Worte: „Nichts Besseres weiß ich mir an Sonn- und Feiertagen, als ein Gespräch von Krieg und Kriegsgeschrei, wenn hinten weit, in der Türkei, die Völker aufeinander schlagen.“ Das aufeinander schlagen soll sich möglichst weit weg abspielen. Das besondere Interesse des Publikums, auf welches terroristische Anschläge rechnen dürfen, liegt nicht zuletzt wesentlich darin begründet, dass man selbst auch betroffen sein könnte. Indem er Öffentlichkeit erhält, erzeugt der Terrorismus Angst. Und mit Angst macht man Politik.

Nachdem wir also ein erstes Verständnis dieses schwer definierbaren Begriffs[2] haben, wollen wir versuchen, den Terrorismus in einem umfassenden System einzuordnen.

3. Politik und Ordnung

Politik ist die Gestaltung des menschlichen Zusammenlebens durch eine konkrete Ordnung. Ein einzelner Mensch ist nicht vorstellbar, der Mensch ist denkbar nur von der Gemeinschaft der Menschen her. Das ist auch der eigentliche Inhalt der aristotelischen Definition des Menschen als zoon politikon.

1 Bader, Terror und Terrorismus als Thema, In: Terrorismus: Eine Herausforderung unserer Zeit. Frankfurt am Main, 2007, 13-34, hier 17.

2 Sowohl in der Wissenschaft, als auch in juristisch relevanten Texten (etwa UN-Resolution, etc.) gibt es, wie gesagt, keine allgemein anerkannte Definition.

Wo Menschen zusammenleben, gibt es zwischen ihnen auch eine Ordnung dieses Zusammenlebens. Politik und Ordnung des Gemeinschaftslebens gehören genauso zum Wesen des Menschen selbst wie die Bedürfnisse der Lebenserhaltung (Essen, trinken, schlafen und Fortpflanzung).

Politik, als die bewusste Gestaltung der menschlichen Ordnung, beruht auf einer Vorstellung vom Begriff des Menschen. Aus dem jeweiligen Begriff dessen, was der Mensch ist, folgt auch eine bestimmte Form der Politik und der geforderten Ordnung. Eine politische Ordnung ist umso stabiler, je mehr sie dem wahren Begriff des Menschen (dem Naturrecht) entspricht. Wenn Hegel gesagt hat, dass das Wirkliche vernünftig ist, so ist damit nichts anderes gesagt, als dass nur das Wahre wirklich sein kann. Nur was wahr - und daher letztendlich auch vernünftig - ist, kann sich in der Welt behaupten. Was unwahr - und daher letztendlich unvernünftig - ist, kann langfristig keinen Bestand haben. Freilich hat Hegel auch deutlich gemacht, dass nur das Ganze das Wahre sei. Solange die Menschheit also in der Geschichte weiterbesteht, das Ganze noch nicht erreicht ist, kann man sich zwar der Wahrheit annähern (einmal mehr, einmal weniger), aber man kann sie nicht vollkommen erreichen. Es liegt darin aber auch die philosophisch begründete Hoffnung, dass letztendlich alles, auch das Schlechte, zum Guten (als dem Wahren) gereichen muss.

Auch der Mensch ist auf das Wahre hin geordnet und verwirklicht in seinem Leben, was er als Möglichkeit nach ist. Der Mensch ist weder gut noch böse, er ist der Möglichkeit nach beides, er kann sich frei entscheiden, welchen Weg er in seinem Leben einschlagen will. Der Mensch ist Freiheit. Der griechische Dichter Pindar hat diesen menschlichen Imperativ treffend so formuliert: Werde, was du bist! Der Mensch ist zuerst einmal Wirklichkeit als subjektiver Geist: das Ich, der einzelne Mensch als Individuum. Hierbei kann aber nicht stehen geblieben werden. In seinen Handlungen schafft der Mensch sich seine Welt: Familie, Gesellschaft und Staat. Das Ich objektiviert sich in der Gemeinschaft. Der objektive Geist ist nicht mehr meine individuelle Willkür, sondern eine allgemeingültige Verwirklichung der Freiheit. Durch seine Arbeit, durch sein Tätig sein, verwirklicht er sich selbst, macht er sich zu dem, was er dem Begriff nach schon ist: Freiheit. Aber der Mensch entspricht seinem Begriff nur unvollkommen, er ist gebrochene Freiheit, Ebenbild Gottes (d. h. durch Gott bewegtes), aber nicht Gott selbst. Damit stehen wir bei der höchsten Stufe: dem, was Hegel den absoluten Geist genannt hat: dem Unendlichen, der Wahrheit. Der Mensch müht sich ab nach der Wahrheit, kann aber nur aus sich selbst heraus nicht zu ihr gelangen, d. h. der Mensch kann sich selbst nicht erlösen. Erst durch Gott wird der Mensch (als Mensch) überhaupt möglich.

Dadurch wird auch verständlich, dass der Staat, als wirklich gewordene Freiheitsordnung, als Ordnung des menschlichen Zusammenlebens, sich letztlich auf Gott als dem Höchsten, auf das Wahre beziehen muss. Der Mensch muss über seinen natürlichen, moralischen und sittlichen Bestimmungen, die er selbst setzt, die er handelnd verwirklicht, zur Erkenntnis der Freiheit und zu ihrem Grund, dem Wissen um das Absolute, um das Ewige (auf das der Mensch hingeordnet ist), kommen. Die Erkenntnis der Voraussetzungen von Wahrheit und Freiheit bedingen auch die Organisation politischer Ordnung. Alle echte staatliche Gemeinschaft setzt daher die Achtung vor der Würde des Menschen voraus. Dies kann aber nicht aus dem Einzel-Menschen, sondern nur aus dem Wesen des Menschen, begründet werden. Ohne Achtung vor der Würde des Menschen können wir nur den Kampf aller gegen alle, wie ihn die Gesellschaft darstellt, verwirklichen, nicht aber einen gerechten Frieden nach Innen wie nach Außen (als Ziel aller Politik).

Politik steht daher in der Spannung zwischen Sein und Sollen, also der Frage, ob das was ist, auch sein soll (und sein kann). Die Entfaltung des Begriffs des Menschen in verschiedenen politischen Ordnungen (und damit in bestimmten konkreten historischen Zeitpunkten) ist die Weltgeschichte. Die Menschheit ringt in ihrer Geschichte um ihren Begriff von sich selbst und sie hat dies in den wenigsten Epochen friedlich getan. Kulturen, Staaten, Gesellschaften sind verschiedene Interpretationen auf die Frage, nach dem Wesen der Welt und des Menschen. Diese Vorstellungen sind es, die sich politisch verwirklichen und in Konflikt miteinander geraten können.

Die verwirklichte Politik nennt man Herrschaft. Diese beruht nicht, wie oft angenommen wird, auf Gewalt. Vielmehr ist die Gewalt, die Macht, eine Folge der Herrschaft.

Echte Herrschaft gründet sich immer auf öffentlicher Meinung. Der Staat ist das Gleichgewicht der Meinungen, Herrschaft folglich Vorherrschaft einer Meinung, einer Geisteshaltung. Der Mensch lebt immer, ob er will oder nicht, in einer sozialen und vergesellschafteten Welt. Darin gibt es natürlich auch Druck, der auf ihn wirkt: Gewohnheiten, Bräuche, die geltenden Normen usw. Auch der Staat ist ein solcher sozialer Druck. In diesem Zusammenhang fällt oft das Wort von der strukturellen Gewalt. Der Begriff, den die Politikwissenschaft Johan Galtung verdankt, bezeichnet jene Macht, die den Menschen daran hindert, sich frei zu entfalten. Herrschaft wird hier ganz negativ gesehen, als etwas Unnatürliches. Aber Freiheit ist immer in irgendeiner Weise vermittelt. Die Frage ist nur, wie sich das Zusammenspiel des natürlichen Zwanges des Staates und des Individuums, wie sich Gesellschaft und Gemeinschaft gestalten. Nicht von der Staatsform oder von der Art und Form des Druckes hängt es ab, ob wir uns frei fühlen oder nicht, sondern nur von der Übereinstimmung der speziellen Freiheit, die der Staat ist, und dem Begriff der Freiheit, den die Menschen verwirklichen wollen. Freiheit und Zwang sind nicht notwendig Gegensätze. „Gewisse Völker haben zu gewissen Zeiten diesem Zwang aus freien Stücken die institutionelle Form gegeben, die sie vorzogen, sie haben den Staat ihren Lebensbedürfnissen angepasst. Das und nichts anderes ist das Leben als Freiheit.“[3] So Ortega y Gasset, der berühmte spanische Kulturphilosoph.

Es ist gar nicht so wichtig, wie sich der Staat bzw. die staatlichen Institutionen gestalten, sondern, ob sich diese ganz besondere politische Ordnung, dieses System, im Einklang befindet mit dem, was man idealistisch Willen des Volkes nennen könnte, also den Begriff, den das Volk von sich selbst hat. Die Macht kommt den Herrschenden immer nur durch die Zustimmung der Beherrschten zu. Für einen Staat ist es entscheidend, Übereinstimmung darin zu erzielen, wer befehlen soll. „Wie in ihr geherrscht und gehorcht wird, ist entscheidend für jede Gesellschaft“[4].

Der Staat ist ja nicht einfach da, sondern er ist wirklich in seinen Bürgern, nicht nur in seinen Institutionen. Weil ich aber als Staatsbürger der Staat bin, ist der (wahre) Staat nicht etwas gegen mich, sondern er ist mit mir. Die Ausgestaltung von Macht und Machtverteilung ist immer an den Willen des Volkes gebunden.

Wo sich die Herrschaft nicht im Einklang mit ihrer Zeit befindet, kommt es zu Änderungen. Darauf beruht auch die Entstehung der Demokratie: Durch gesteigertes Bewusstsein der eigenen Freiheit und Bedeutung, drängen immer weitere Schichten zur Teilnahme an der sie betreffenden Herrschaft: aus

3 Ortega y Gasset, Über das römische Imperium, Werke IV, Stuttgart, 1996, 418.
4 Ortega y Gasset, Über das römische Imperium, Werke IV, Stuttgart, 1996, 397.

den erleidenden Objekten von Politik werden die handelnden Subjekte[5]. Die moderne Demokratietheorie zieht es vor, diesen Vorgang nach der Art des Verstandes zu erklären: Die Kosten, die Menschen von der Herrschaft auszuschließen, sind höher, als die Kosten, die Menschen an der Herrschaft zu beteiligen.

In der Geschichte sehen wir, unter diesem Gesichtspunkt, die Veränderungen der Vorstellungen, wer herrschen soll und wie sich diese Herrschaft als Ordnung gestaltet. Wenn sich der Wille des Volkes (oder das Bewusstsein) in Bezug darauf, wer herrschen soll, ändert, kommt es früher oder später zu einer Änderung der politischen Verhältnisse. Sie geht vom einfachen Regierungswechsel, über die Revolution bis hin zum Bürger- und letztlich auch zum Staatenkrieg.

4. Ordnungskonflikte: Friede und Krieg

Wenn verschiedene Vorstellungen von gerechter Herrschaft aufeinander stoßen, tun sie das nicht nur im intellektuellen Diskurs. Die Abschaffung der Sklaverei etwa, war alles andere als eine rein akademische Debatte. Politik ist, um die berühmte Definition Clausewitzs leicht abzuwandeln, möglich als Frieden und als Krieg. Beide sind Pole auf der Skala politischer Verhältnisse[6].

Von Frieden sprechen wir, wenn die Ordnung stabil ist, in einem Zustand der Ruhe, so dass sie im Inneren und Äußeren keinen Gegner hat, der über die Macht verfügt, sie durch eine andere Ordnung zu ersetzen, und der dies tatsächlich auch versucht. Krieg ist der Versuch, eine Ordnung gewaltsam zu verändern. Die Anwendung von physischer Gewalt, sei sie regulär oder irregulär (diese Unterscheidung wird für unser Thema noch wichtig werden), ist die Grenze zwischen Frieden und Krieg.

---

5 Die moderne Demokratietheorie zieht es vor, diesen Vorgang nach der Art des Verstandes zu erklären: Die Kosten, die Menschen von der Herrschaft auszuschließen, sind höher, als die Kosten, die Menschen an der Herrschaft zu beteiligen.

6 Zum Wesen des Krieges vgl. Frank, Theorie einer internationalen Politik, Armis et Litteris 13, Militärakademie Wiener Neustadt, 2001, 13-54, Pesendorfer, Staat und äußere Sicherheit, Armis et Litteris 13, Militärakademie Wiener Neustadt, 2001, 55-74, Pesendorfer, Der Staat als Garant der Freiheit gegen ihre Bedrohung durch die totalisierende Gewalt der modernen Gesellschaft, Armis et Litteris 13, Militärakademie Wiener Neustadt, 2001, 75-94.

Je nachdem, ob die Änderung der Ordnung als eine Handlung innerhalb einer bestehenden, oder zwischen verschiedenen Ordnungen geschieht, ergeben sich verschiedene Konfliktsituationen und mögliche Lösungen. Im Grunde haben wir es in all diesen Fällen damit zu tun, dass verschiedene Ordnungsvorstellungen mit einander konkurrieren und ob diese Konkurrenz gewaltfrei oder gewalttätig ausgetragen wird.

Betrachten wir zunächst den Konflikt und die Lösung innerhalb einer Ordnung. Die Ordnung eines Gemeinschafswesens verändert sich und diese Veränderungen können auf mehr oder weniger gewalttätige Weise vor sich gehen. Sie können evolutionär oder revolutionär sein. Als wesentlicher Vorteil der Demokratie hat sich erwiesen, dass eine Ordnung langfristig gewahrt werden kann und dabei funktional soweit offen ist, dass Änderungen innerhalb des Rahmens, den wir als Verfassung bezeichnen, möglich sind. In der Politik des Friedens wird mit gewaltfreien Mitteln versucht, die Ordnung zu gestalten. Es hat viele blutige Kämpfe gebraucht, bis der Streit um die Ordnung nicht mehr in Revolutionen und Bürgerkriegen, sondern in Parlamenten, als dem Fechtboden der Ideen, ausgetragen wurde.

Es gibt aber auch Ordnungen menschlichen Zusammenlebens, die innerhalb ihres Systems keine oder kaum Entwicklungen und Wandlungen zulassen. Dort steigt der Druck solange an, bis er sich revolutionär entlädt. Auf Dauer kann keine Ordnung gegen den Willen der ihr Unterworfenen aufrecht erhalten werden. Kann die Revolution die bestehende Ordnung nicht durch eine neue ersetzen, kommt es zu einem Bürgerkrieg, bis eine der konkurrierenden Richtungen so mächtig ist, wieder eine durchsetzungsfähige Ordnung zu installieren.

Ähnlich verhält es sich, wenn staatliche Ordnungen aufeinander stoßen. Internationale Konflikte können durch Verhandlungen, durch internationale Gerichtshöfe oder ähnliches innerhalb der Ordnung des Völkerrechts friedlich gelöst werden. Gelingt das nicht, sprechen wir von Krieg.

Clausewitz verstand den Krieg als jene bewaffnete Auseinandersetzung, die dazu führen sollte, dem anderen den eigenen Willen aufzuzwingen. Der klassische Kriegsbegriff geht daher von mit einander kriegsführenden Staaten (in unsere Diktion: staatlichen Ordnungen) aus. Ein geistreicher Mann hat den Krieg einmal beschrieben als „eine Veranstaltung, bei der sich Leute, die sich nicht kennen und nichts gegeneinander haben, töten, und zwar auf Veranlassung von Leuten, die sich sehr wohl kennen und sehr wohl etwas gegeneinander haben, sich aber nicht töten."[7]

Aber der Krieg im Sinne von Clausewitz ist keineswegs der Endpunkt der Skala politischer Verhältnisse. Auf der einen Seite hatten wir den relativ größtmöglichen Frieden, also eine Ordnung, die stabil, also in sich gefestigt ist. Auf dem anderen Ende der Skala steht der totale Krieg, der auf der Negation des anderen Seins gegründet ist. Die Ordnung soll nicht einfach geändert oder ersetzt werden, sondern sie soll vernichtet werden. Diese größtmögliche Gegnerschaft ist existentielle Feindschaft, weil nämlich nicht nur die Erscheinung der politischen Ordnung, sondern die Existenzberechtigung der sie tragenden Menschen selbst bestritten wird. Carl Schmitt hat die Entscheidung zwischen Freund und Feind, als die grundlegende Entscheidung der Politik gedeutet. Er versucht, von einer extremen Ausnahmesituation her, das Streben nach Ordnung zu verstehen. Es ist zwar richtig, dass Politik eine Entscheidung ist, nämlich die Entscheidung nach dem Begriff des Menschen, den man ihr zugrunde legt. Aber Politik ist nicht ausgerichtet auf die Ausnahmesituation und den Feind, sie ist ausgerichtet auf ihren wahren Begriff, der nichts anderes ist, als das bonum commune. Wenn Politik die Gestaltung des menschlichen Zusammenlebens ist, so ist sie auf das Wohl aller gerichtet, wenn sie wahre, richtige Politik sein will. Das heißt aber nichts anderes, als jenes Menschenbild zu verwirklichen, dass auf Freiheit und der Würde des Menschen gegründet it. Das will und kann Carl Schmitt nicht sehen, weswegen ihm das Wesen der Politik letztendlich verschlossen bleibt.

Für uns wird es jetzt darauf ankommen, den Begriff des Krieges weiter zu differenzieren. Grundsätzlich verstehen wir unter Krieg jeden Ordnungskonflikt, der unter anderem mit Mitteln physischer Gewalt ausgetragen wird[8]. Die Anwendung von Gewalt kann regulär (d. h. innerhalb einer gemeinsam anerkannten höheren Ordnung, also reguliert) oder irregulär (ohne eine anerkannte gemeinsame Ordnung, unreguliert) verlaufen.

---

7 Zitiert bei Haffner, Der neue Krieg, Berlin, 2000, 39.

8 Kein Konflikt, auch kein militärischer beschränkt sich auf einen rein physischen Akt.

5. Von der regulären Gewalt zum Gewaltverzicht

5.1. Eine kleine Geschichte des Krieges

Die Geschichte dessen, was wir umgangssprachlich als „Krieg“ bezeichnen, läuft - zumindest in Europa - auf eine Regulierung dieser physischen Gewalt und schlussendliche auf Gewaltverzicht hinaus. Die Geschichte der Kriege beginnt bei den Raubzügen der Stammesgesellschaften. Mit den ersten staatsähnlichen Organisationen erscheint der Krieg als ein Duell zwischen Herrschern, auch hier geht es Großteils noch um Raub und Macht (und das wird sich in der Geschichte wenig ändern). In einem eroberten Gebiet wurden die Bewohner ermordet, versklavt, verschleppt oder zumindest tributpflichtig. Der Krieg war etwas, was jeden anging, denn es ging tatsächlich um das Leben jedes einzelnen. Denken wir an die Berichte aus dem Buch Josua oder an die Eroberung Trojas (um nur die literarisch bedeutendsten Beispiele zu nennen).

Im Laufe der Antike vollzieht sich eine entscheidende Entwicklung im Wesen des Krieges. Der Krieg wird vom Volkskrieg, bei dem die ganze Bevölkerung das Heer stellte (man denke an die Polisstruktur des Kleisthenes: die Phyle hatte keinen anderen Sinn, als die ganze Polis militärisch durchzustrukturieren), zu einem Krieg von speziell ausgebildeten Fachleuten: Soldaten als den Spezialisten des Kampfes. An die Stelle des Krieges, der das ganze Volk angeht, wurde er zur Sache einer eigenen Kaste (Arbeitsteilung). In entwickelten Gesellschaften kann nicht mehr das ganze Volk zum Kriegsdienst eingezogen werden, denn auch während des Krieges müssen Felder bestellt und Waren produziert werden. Das zivile Leben läuft auch während des Krieges relativ normal weiter. Der Krieg wird aus dem Volk ins Heer ausgelagert. Wird aber das Heer vom Volk gänzlich abgekoppelt, gelingt es dem Militärapparat, sich selbstständig zu machen, so gerät das Land bald unter dessen Herrschaft.

Das römische Reich zerbrach nicht zuletzt deshalb, weil man sich statt auf aus der Bevölkerung rekrutierten Soldaten, schließlich nur mehr auf fremde Söldner verlassen hatte. Ein Volk kann aber die Verteidigung der eigenen Freiheit nicht einem anderem überlassen. Die letzten Kaiser Roms waren Soldatenkaiser: von der Armee (meist den Prätorianern) eingesetzt und im Bedarfsfall ermordet. Der germanische Söldnerführer Odoaker setze schließlich den letzen römischen Kaiser - mit dem Spottnamen Romulus Augustulus - einfach ab, ohne einen neuen Kaiser einzusetzen. Die Pax Romana, die schon zuvor eine leere Hülle geworden war, war damit zu Ende. Auf die Völkerwanderung folgten das Mittelalter und die Zeit der Ritter. Der Krieg war immer noch eine Sache von Feldschlachten, Belagerungen und Plünderungen. Und er wurde im Wesentlichen auch weiterhin als eine Art Duell zwischen einzelnen Gruppen aufgefasst. Der Ritter war im Grunde ein Einzelkämpfer, der, mit der Erfindung des Schießpulvers und Etablierung von in größeren Einheiten kämpfenden Linientruppen, schließlich technisch erledigt war.

Ein entscheidender Schritt in der Regulierung des Krieges kommt im Zuge der Religionskriege, welche die relativ stabile Ordnung des Mittelalters beendeten. Mit dem Dreißigjährigen Krieg (1618-1648) erlebte Europa eine Epoche größter Grausamkeiten. Der Krieg kennt keinerlei Schonung mehr, es ist ein großflächiger und totaler Krieg, bei dem die Religion nur einen schwachen Vorwand für Massaker, Plünderung und Raub bietet. Besonders berüchtigt ist die Eroberung Magdeburgs durch kaiserliche Truppen 1631: über 20.000 Bürger fanden den Tod. Während die Stadt vor dem Krieg noch über 34.000 Bewohner gehabt hatte, lebten 1639 nur mehr um die vierhundert in der einst blühenden Metropole. Am Ende dieses Krieges war Europa (vor allem Mitteleuropa) ausgeblutet.

Die Erlebnisse dieses dreißigjährigen Schlachtens brachten aber die ersten Versuche, den Krieg als solchen zu begrenzen, nicht zu Letzt durch die Trennung von Politik und Religion. Mit Hugo Grotius beginnt die Ära des Völkerrechts, die von Samuel von Pufendorf, Christian Wolff und anderen fortgeführt wird. Der Westfälische Friede von 1648 bildet einen der Meilensteine des positiven Völkerrechts.

Die Kriege des Absolutismus werden von Staaten mit stehenden Armeen geführt. Eine solche Armee war eine teure Angelegenheit und man ließ sich so etwas nicht gerne kaputt machen. So hat etwa der als Militarist verschriene Soldatenkönig Friedrich Wilhelm I., König von Preußen, der aus seinem kleinen Land die viertstärkste Militärmacht Europas machte, nie einen Krieg geführt. Hochrüstung konnte also durchaus auch friedenserhalten sein.

Die Kriege, welche zwischen dem 17. und 19. Jahrhundert geführt wurden, waren Kriege, die von hochausgebildeten Armeen in Feldschlachten geführt wurden und die kriegsführenden Länder relativ wenig berührten. Sofern nicht der eigene Landstrich Austragungsort einer Schlacht war, bemerkte man vom

Krieg in erster Linie etwas durch höhere Steuern. Solche bewaffneten Auseinandersetzungen, die immer noch als gesteigerte Duelle der Herrscher aufgefasst werden konnten, blieben aber nur eine Episode in der Geschichte der Kriegsführung. Denn sie entsprangen einer sehr bestimmten historischen Situation: Die Kriege in Europa spielten sich zwischen gleichrangigen Partnern ab, sie waren Auseinandersetzungen zwischen dem Wesen nach gleichartigen Gegner. Es ging um die Vormachtstellung in einer gemeinsamen Ordnung, dem europäischen Konzert der Großmächte. Sie waren lokal und zeitlich begrenzt und nie auf die totale Vernichtung des Gegners gerichtet. Es waren immer noch ritterliche Kriege, Konflikte ohne totale Zerstörung der Gesamtordnung, innerhalb eines Systems, ein Kampf zwischen verfeindeten, aber doch zwischen Brüdern auf derselben Stufe.

Mit der Französischen Revolution und Napoleon wurden aus den „Armee-Kriegen" schließlich wieder Volkskriege, in denen sich nicht mehr nur die einzelnen Armeen, sondern Völker und vor allem Ideen gegenüberstanden. Die Revolutions- und Befreiungskriege sind hoch ideologisierte Kriege. Ging es bisher um Vergrößerung des eigenen Landes, um Erbforderungen zwischen Herrschern oder ähnliches, so ging es hier um den Kampf zwischen den Ideen von 1789 (Gleichheit, Freiheit und Brüderlichkeit) und den Ideen von Thron und Altar. Es ist kein Zufall, dass Napoleon überall neue Staaten gründete und seine Verwandten als Herrscher einsetzte. Wo die Franzosen siegten, wurde auch der Code Napoléon in Geltung gesetzt. Dieser Krieg ist nicht ein Konflikt zwischen Staaten, sondern zwischen Ideen. Ein solcher Kampf wird mit einer ganz anderen Leidenschaft ausgefochten, als ein bloßer Kampf um ein paar Quadratmeilen Landes. Man lese die Gedichte Körners, die Reden Fichtes oder man gehe den Text der Marseillese durch: Nicht mehr ein ritterliches Duell wird hier ausgemacht, sondern es ist der Kampf zwischen Gut und Böse, zwischen den Mächten des Lichts und denen der Finsternis. „Schlachtfeld, wo der Todesengel würgte, / heil'ger Boden, dich grüßt mein Gesang!" dichtet etwa Körner. Nicht weniger Kampf verherrlichend sind die Schriften Ernst Moritz Arndts. Man denke nur an das Lied: „Der Gott der Eisen wachsen ließ, der wollte keine Knechte." Der Kampf ist heilig, denn es geht um die vermeintlich höchsten Rechte.

Soviel Leidenschaft war den alten Mächten freilich nicht geheuer. Der Wiener Kongress stellt das klassische Kriegsrecht wieder her. Der Krieg ist ein Krieg zwischen Staaten mit einer regulären staatlichen Armee. Man respektiert den Feind und stempelt sich nicht gegenseitig zum Verbrecher. Dadurch bleibt auch ein Friedensschluss als Ende des Krieges möglich.

Denn dieser Punkt darf nicht vergessen werden: das Ziel des Krieges war der Frieden. Ein Krieg konnte durch einen Friedensschluss, durch einen Kompromiss beendet werden. Er wurde geführt, um bei Verhandlungen die besseren Karten zu haben, nicht um den Feind zu vernichten.

Nicht nur auf Grund der hohen Kosten der Kriege, sondern auch auf Grund der Erkenntnis, dass der Krieg etwas zutiefst Unmenschliches an sich hat, kommt es zu immer weiter gehenden Versuchen, bewaffnete Konflikte zu regulieren. Es etablierte sich ein modernes Kriegs- und Völkerrecht. Den Höhepunkt findet die Entwicklung mit der Genfer Konvention (1863), den Haager Friedenskonferenzen (1899 bis 1907) und der Haager Landkriegsordnung. In dieser steht der bemerkenswerte Satz des Art. 22: „Die Staaten haben kein unbegrenztes Recht in der Wahl der Mittel zur Schädigung des Feindes." Man glaubte, so wie das Duellwesen, auch den Krieg regeln zu können. Und so, wie es auch bei Duellen Schieds- und Ehrengerichte gab, ersann man etwas Ähnliches zur Verhinderung von Kriegen.

Kaum war der Friedenspalast in Den Haag, das Gebäude des ständigen Schiedsgerichthofes, der fortan alle politischen Streitigkeiten zwischen Staaten lösen sollte, fertig gestellt, brach 1914 der Erste Weltkrieg aus. Das in Genf errichtete Palais des Nations, der Völkerbundpalast, wurde 1937 fertig, immerhin zwei Jahre vor Ausbruch des Zweiten Weltkrieges. Mit schönen Gebäuden, wohl formulierten Reden und hehren Zielen macht man leider nicht immer auch eine erfolgreiche Politik.

Beide Weltkriege sind für unser Thema von besonderem Interesse, denn in beiden wurde die sogenannte Hegung des Krieges Stück für Stück aufgelöst. Der Krieg wird hochstilisiert zum Kampf zwischen dekadenter westlicher Zivilisation gegen deutsche Kultur auf der einen, zum Kampf gegen das moderne Hunnentum auf der anderen Seite. Solche Vorstellungen bleiben nicht auf Zeitungen und die Propaganda beschränkt. Es gehört zum Wesen des Menschen, dass Geist und Handeln sich gegenseitig durchdringen: Modernen Waffen (etwa Gas im Ersten Weltkrieg) und der bewusste Angriff auf zivile

Ziele (etwa die Bombardierung von Städten) verdanken wir ein neues Gesicht des Krieges: Der Krieg als Massenvernichtung, wie wir ihn, damals aber technisch beschränkt, schon im Dreißigjährigen Krieg angetroffen hatten.

5.2. Reguläre Gewalt nach dem Zweiten Weltkrieg

Diesmal schien es, als habe die Menschheit ihre Lektion besser gelernt. Der Zweite Weltkrieg endet in Europa mit den Nürnberger Kriegsverbrecher Prozessen, die den Angriffskrieg endgültig als Verbrechen ächten. Damit wird ein Prozess zum Abschluss gebracht, der mit dem ersten Weltkrieg begonnen hatte. Bis dahin hatte man sich begnügt, die Grausamkeiten des Krieges zu beschränken und die Zivilbevölkerung zu schützen. Mit dem Briand-Kellogg-Pakt war der Krieg als solches geächtet worden, aber es hatte noch die Schrecknisse eines weiteren Krieges gebraucht, dieses Bekenntnis auch in die Tat umzusetzen. Mit dem Völkerbund und den Vereinten Nationen wurde eine ständige internationale Basis geschaffen, die Angriffs-Kriege in Zukunft verhindern sollte.

Der Zweite Weltkrieg endet aber auch mit dem Abwurf der Atombombe auf Nagasaki und Hiroshima. Mit dieser Waffe beginnt der Kalte Krieg im Gegensatz zum Heißen, aus der einfachen Erkenntnis, dass man zwar die ganze Welt zerstören kann, dass aber ein solcher Sieg (wenn alle tot sind) nur ein sehr schaler Sieg ist.

Europa, genauer gesagt seiner Bevölkerung, wurde der Krieg durch die Erfahrungen der ersten Hälfte des 20. Jahrhunderts ausgetrieben. Die Geschichte des Krieges in Europa geht auf seine Begrenzung und schlussendlich seine Ausschaltung. Es ist nicht, dass es nichts mehr gebe, wofür es sich zu kämpfen lohnen würde. Aber der Mensch in Europa hat erkannt - was im Übrigen die Katholische Soziallehre immer schon bekannt hat –, dass es die Achtung vor der Würde und dem Wesen des Menschen nicht zulässt, seinen Mitmenschen zu morden. Die Kämpfe die man führt, führt man um die Köpfe der Menschen, es sind Kämpfe auf dem Fechtboden des Geistes. Nicht physische Gewalt, sondern Überzeugung ist das Mittel, das wir einsetzen. Nicht die Faust, sondern die Vernunft soll triumphieren, weil man nur auf diese Weise eine dem Wesen des Menschen gerechte Ordnung verwirklichen kann. Durch die Schrecknisse der Geschichte haben wir gelernt, dass man durch Krieg und Gewalt keine bessere Welt bauen kann.

Aber die Menschen außerhalb Europas führten weiter Kriege als militärische Auseinandersetzungen (nicht zu Letzt gegen die Europäer als Kolonialherren). Da Krieg zwischen Atommächten als höchst unvernünftig erschien, wurden zwischen den Großmächten nunmehr Stellvertreterkriege geführt. Um nur einige Beispiele zu nennen: Korea (1950-53), Vietnam (1964-1975), der erste Afghanistankrieg (1979-1989), die Bürgerkriege in Angola (1975-2002) oder Nicaragua (1977-1982). Diese Kriege zeichneten sich, vor allem im Verhältnis zu den europäischen Kriegen des 19. Jahrhunderts, durch ihre unglaubliche Brutalität und hohe zivile Opferzahlen aus.

Mit dem Ende des Ost- / West-Gegensatzes schien zwar nicht das Ende der Geschichte, aber zumindest das Ende von Krieg und Gewalt gekommen zu sein. Aber außerhalb der Universitätsseminare wurde sehr bald deutlich, dass dem nicht so sein würde. In Israel begann Mitte der 80iger Jahre die Intifada, 1990 kam es zum zweiten Golfkrieg, 1991 begann der Jugoslawienkrieg, 1994 gab es die Massaker in Ruanda. Nein, die Welt war nicht über Nacht friedlich geworden. Dennoch nimmt die Zahl der klassischen Kriege seit Mitte der neunziger Jahre kontinuierlich ab. Denn im 20. Jahrhundert etablierte sich neben dem klassisch militärischen, ein neuer Krieg.

Wenn wir zusammenfassend die Geschichte des regulären Krieges überblicken, so steht vor uns eine bewaffnete Auseinandersetzung zwischen regulären Armeen, d. h. von Staaten unterhaltenen Heeresorganisationen, wobei es für den Begriff nicht weiter relevant ist, ob es sich um ein reines Berufs-, ein Söldnerheer oder ein Heer auf der Grundlage der allgemeinen Wehrpflicht handelt. Es ist ein symmetrischer Konflikt zwischen Gruppen der gleichen Ebene innerhalb eines durch Kriegs-(Gewohnheits-)Recht und später durch das positive Völkerrecht regulierten Rahmens. Die Hauptakteure des klassischen Kriegsbegriffes sind die Staaten, ihre politischen Lenker und ihre militärischen Organisationen.

Diesem Kriegsbegriff steht der irreguläre Krieg gegenüber. Die reguläre Gewalt, das ist der regulierte Krieg des Völkerrechts, der Krieg zwischen Staaten, der mit einer Kriegserklärung beginnt und mit einem Friedensschluss endet, wird ersetzt durch einen Krieg, dessen Träger nicht länger militärische Einheiten sind, sondern paramilitärische und terroristische Organisationen und dessen Opfer immer öfter Zivilisten sind.

6. Irreguläre Gewalt als Ergänzung der regulären

Neben der durch reguläre Soldaten ausgeübten Gewalt, gab es freilich immer auch schon eine irreguläre Gewaltanwendung im Zusammenhang mit Krieg. Diese Gewaltanwendung, die sich nicht auf Schlachtfelder und auf militärische Operationen beschränkt, erweitert unsere erste Definition von Krieg, der regulär verläuft, also innerhalb der Grenzen des Kriegs- und des Völkerrechts, um den irregulären Krieg, der alle physische Gewalt außerhalb des klassischen Krieges bezeichnet. Beides fällt unter den übergeordneten Begriff des Krieges, als eines politischen Konfliktes, der wesentlich durch physische Gewalt bestimmt wird.

Hatte sich der klassische Krieg als ein symmetrisches Verhältnis zwischen den Kriegsteilnehmern dargestellt, d. h. es handelte sich dabei um gleichartige Parteien, stehen wir nun bei einem asymmetrischen Krieg. Bei ersterem führen Staaten gegen Staaten Krieg, im Bürgerkrieg eine Gruppe von Bürgern gegen eine andere Gruppe von Bürgern. Im Gegensatz dazu steht der asymmetrische Konflikt. Es handelt sich um eine staatliche Autorität, um Herrschaft auf der einen und um nicht staatlich organisierte Gruppen auf der anderen Seite. Es kämpft also staatliche mit nicht-staatlicher Macht. Im Allgemeinen wird die nicht-staatliche Gewalt die auf den ersten Blick schwächere Seite darstellen. Die asymmetrische Verteilung von Macht führt auf der schwächeren Seite zu einer eigenen Taktik, nämlich, sich der Staatsmacht nicht in einer offenen Feldschlacht zu stellen, wie es etwa die Bauern in den deutschen Bauernkriegen getan haben, sondern ihn auf jenes Feld zu führen, auf dem man die scheinbar überlegene Macht schlagen kann. Die irreguläre Gewalt hat daher nichts von einem ritterlichen Duell, sondern orientiert sich eher am kriminellen Überfall. War das in geschlossenen Reihen auf einander zu Marschieren das klassische Bild für den Kabinettskrieg, so ist es der Hinterhalt für den asymmetrischen Konflikt. Erinnern wir uns hier auch noch unserer etymologischen Herangehensweise: der Verbindung von Gewalt und Schrecken. Werde ich von vorne angegriffen, ist mir die Gefahr im wahrsten Sinn des Wortes „vor Augen“, ich kann damit rechnen. Werde ich aber von hinten angegriffen, so liegt der Vorteil deutlich auf Seiten des Angreifers. Durch List, um nicht zusagen Hinterlist, kann somit der schwächere Gegner seine Nachteile ausgleichen. Denken wir aber auch an den Kampf David gegen Goliath. Der taktische Vorteil Davids lag darin, sich nicht Goliaths Waffe, nicht seinen Kampfplatz aufdrängen zu lassen, sondern ihn mit der (aus Sicht des Kriegers irregulären) Waffe anzugreifen, mit welcher er ihn schlagen konnte - und geschlagen hat. Für den an Kraft schwächeren Teil ist die Wahl von Kampfmittel, Zeit und Ort entscheidend.

Mit der Feststellung der Irregularität ist hier nicht mehr gesagt, als dass sich die Gewaltanwendung außerhalb des Kriegsbrauches, später des Kriegsrechts, bewegt, in das einige Erscheinungsformen jedoch später auch eingebaut wurden. Damit ist noch keine grundsätzliche moralische Bewertung verbunden. Eine solche muss die konkreten Umstände berücksichtigen. Um bei dem Beispiel Davids zu bleiben: dass er nicht mit dem Schwert gegen den übermächtigen Gegner angetreten ist, kann ihm nicht als unethisch vorgeworfen werden, obwohl es zweifellos gegen die Sitte des Zweikampfes verstoßen hat. Ebenso wenig kann etwa der französischen Résistance oder Widerstandsbewegungen wie jener um den Grafen Stauffenberg ein unmoralisches Verhalten per se vorgeworfen werden, nur weil ihr Verhalten illegal (also nicht der Legalität der bekämpften Ordnung entsprechend), oder durch positive völkerrechtliche Bestimmungen nicht legitimiert war.

Die Entscheidung, ob eine irreguläre Gewaltanwendung legitim, gerecht und rechtens war oder ist, hängt von einem höheren Recht ab. Dies kann nicht das nachträglich feststellbare Recht des Stärkeren sein, sondern kann nur in der Übereinstimmung der Handlungen mit dem Wesen des Menschen gefunden werden. Stärker, als jede rechtliche Satzung, ist das Natur- und Vernunftrecht, vor ihm muss sich auch die irreguläre Gewalt verantworten. Im Einzelnen mögen die Bestimmungen vielleicht zweifelhaft sein, aber „die Arbeit von Jahrhunderten hat doch einen festen Bestand herausgearbeitet und in den sogenannten Erklärungen der Menschen- und Bürgerrechte mit so weitreichender Übereinstimmung gesammelt, dass in Hinsicht auf manche von ihnen nur gewollte Skepsis den Zweifel aufrechterhalten kann.“[9]

Als die heiligsten Menschenrechte können wir „Leben, Freiheit, Ehre“[10] betrachten.

---

9 Radbruch, Fünf Minuten Rechtsphilosophie, Gesamtausgabe Band 3, Heidelberg, 1990, 70.

10 Radbruch, Die Erneuerung des Rechts, Gesamtausgabe Band 3, Heidelberg 1990, 107.

7. Auf dem Weg zum Terrorismus: Eine kleine Geschichte der irregulären Gewalt

Wenn wir bei der Geschichte der sogenannten regulären Gewalt feststellen konnten, dass steigende Einsicht - und auch steigende technische Möglichkeiten zur Vernichtung der ganzen Menschheit - dazu geführt haben, dass der physischen Gewaltanwendung immer engere Grenzen gezogen worden waren, bis hin zur grundsätzlichen Verurteilung des Krieges[11], so müssen wir bei der Geschichte der irregulären Gewalt die gegenteilige Entwicklung feststellen. Bei diesen asymmetrischen Konflikten führt nicht ein Staat mit einem anderen, nicht eine Herrschaftsordnung mit einer anderen Krieg. Der Kampf spielt sich zwischen unterschiedlichen politischen Ebenen ab: Der Autorität der legalen Regierung, oder zumindest der Militärmacht, auf der einen und Teilen der Bevölkerung, welche dieser die Legitimität abspricht, auf der anderen Seite. Es ist letztendlich der Widerstreit zwischen legaler und legitimer Macht, der Kampf zwischen unterschiedlichen Vorstellungen von dem, was legitim und legal ist. Der Mord wird gerechtfertigt, wird legitim durch ein politisches Ziel, sei es die Wahrheit des Glaubens oder die Freiheit des Volkes. Gewalt herrscht nicht nur zwischen regulären Truppen, sondern zwischen allen, die sich der Verwirklichung einer bestimmten Ordnung entziehen. Der unbeteiligte Zivilist wird dabei immer öfter Ziel irregulärer Gewalt.

Irreguläre Gewalt ist nicht immer gleichbedeutend mit Terrorismus, aber der folgende - keineswegs vollständige - Überblick über die historischen Verwirklichungen irregulärer Gewalt, zeigt uns doch auch wesentliche Elemente des modernen Terrorismus auf.

---

11 Die Entwicklung ist sowohl zwischen Staaten, als auch innerhalb der Staaten die gleiche gewesen. Mit dem Gewaltmonopol des modernen Staates geht auch die Einschränkung der staatlichen Gewalt einher. Wenn früher Folter und Tötung als durchaus angemessene staatliche Gewaltanwendung gesehen worden sind, könnte eine solche Einstellung heute auf keine Zustimmung mehr rechnen. Gewaltenteilung, Menschen- und Bürgerrechte schränken den Staat in der Anwendung seiner Staatsgewalt ein. [Auf den - rechtsphilosophisch relevanten - Unterschied zwischen Selbstbindung des Staates durch von ihm gesetztes oder Bindung des Staates durch überpositives Recht kann hier nur hingewiesen werden.] Diese Entwicklung innerhalb des Staates hat sich analog zwischen den Staaten vollzogen: von der grenzenlosen zur begrenzten Macht. Dieser Fortschritt wurde freilich mit viel Blut erkauft.

7.1. Religiös motivierte Gewalt

Beginnen wir unsere Darstellung mit den religiös motivierten Gewaltakten. Im Wesentlichen geht es bei solchen Taten immer um den vorgeblich reinen Glauben, der gegen Abweichler und Andersgläubige verteidigt werden muss.

Als um 167 v. Chr. der seleukidische König Antiochus IV. den Tempel von Jerusalem dem Zeus weihte, begann unter Judas Makkabäus ein Aufstand. Der Beiname leitet sich von dem aramäischen Wort makkaba her, was so viel wie Hammer bedeutet. Und wie ein Hammer zerschlug er nicht nur kleinere seleukidsche Armeen, sondern auch jene Menschen, die sich mit der Vorgehensweise des Königs einverstanden erklärten und die fremden Götter anbeteten (für den Jüdischen Staat im Alten Testament ein immer wieder auftauchendes Problem und steter Anlass für Gottes Zorn). 164 v. Chr. eroberte Judas Makkabäus schließlich Jerusalem. In Erinnerung daran wird heute noch das Chanukkafest begangen. Doch soll dieses Familienfest nicht darüber hinwegtäuschen, dass nach der Errichtung eines Gottesstaates (unter seinem Neffen) aktive Eroberungspolitik und Zwangsbekehrungen durchgeführt wurden. Zwar eroberte Pompeius 64 v. Chr. Israel, doch zur Ruhe kam die Region nicht: es kommt zu den Aufständen der Zeloten. Der Name leitet sich von dem Priester Pinhas her, der sich so sehr für Gott ereiferte (vgl. Num, 25,10), dass er einen sündigenden Israeliten mit dem Speer tötete. Diese gottgefällige Tat rettete das Volk Israel vor der Vernichtung. Die sich auf diesen Priester berufenden Zeloten besaßen einen radikalen militanten Arm, ihre eigene Terrorgruppe: die Sikarier (übersetzt „Messerschwinger"). Durch deren Attentate und weitere Aufstände veranlasst, begann die römische Staatsmacht einen neuen Krieg. Im Jahre 70 nach Christus wird der herodianische Tempel durch Tiberius zerstört. Durch die Zerstörung dieses Symbols hofften die Römer, den Widerstandswillen der Juden zu brechen. Damit erreichte man aber nur das Gegenteil, die Aufstände konnten zwar eine Zeit lang gewaltsam niedergehalten werden, brachen aber schon wenige Jahrzehnte später in unverminderter Heftigkeit wieder aus. 132 bis 135 n. Ch. kam es unter der Führung von Simon bar Kochba wieder zu Aufruhren, die sich nicht nur gegen die römischen Besatzer, sondern auch gegen die Christen richteten (wie Justin in der Apologie berichtet).

Religiös motivierte Gewalt war aber keineswegs auf das Volk Israel beschränkt. In diesen Zusammenhang gehören auch die Assassinen, welche, ab etwa 1080 zweihundert Jahre lang, durch eine Reihe spektakulärer Attentate die

Aufmerksamkeit auf sich zogen. Vor allem richteten sich ihre Anschläge gegen - ihrer Meinung nach - korrupte Herrscher (vor allem Sunniten), später ermordeten sich auch verstärkt Christen. Ihr Ziel war es, das Reich Gottes auf Erden wiederherstellen. In den romanischen Sprachen, aber auch im Englischen, wurde Assassin das Wort für politischen Mord. Diese Attentäter haben in der Gegenwart Nachfolger gefunden: die palästinensischen Fedajin, die „sich Opfernden", beziehen sich auf die Geschichte der Assassinen, denn sie nehmen, wie diese, den eigenen Tod bei ihren Anschlägen in Kauf. Sie sind jedoch weniger religiös als politisch motiviert. Unter anderem waren sie maßgeblich für den Beginn des Bürgerkriegs im Libanon in den 1970igern verantwortlich, der mit ihrer Vertreibung aus dem Libanon endete.

Aber auch in Europa kennen wir Beispiele religiös motivierter Gewalt - vor allem aus der Zeit der Religionskriege. Bekannt sind besonders die Ausrottung der Katharer im 14. Jahrhundert, die Ermordung der Katholiken im England Heinrichs VIII., sowie die Taboriten, jener militante Flügel der Hussiten, die sich auf apokalyptische Visionen beriefen und unter Jan Žižka (gestorben 1424) vor Gewalt und Überfällen nicht zurück schreckten. In Darstellungen des Terrorismus bleibt in diesem Zusammenhang der Terror der sogenannten Inquisition selten unerwähnt. Darunter versteht man das blutige Vorgehen der katholischen Kirche gegen Andersgläubige. Zum einen muss dem erwidert werden, dass die Inquisition zu ihrer Zeit ein sehr fortschrittliches Verfahren war, denn eine Verurteilung ohne Geständnis oder Zeugen war dabei nicht möglich (und wurde keineswegs immer durch Folter erzwungen). Auch die Opferzahlen sind verhältnismäßig niedrig, selbst die der berüchtigten spanischen Inquisition. Man geht heute davon aus, dass nur in unter 2% aller vor Inquisitionsgerichten behandelten Fälle ein Todesurteil gefällt wurde.[12] Und selbst diese wurden nicht alle vollstreckt, sondern „in effigie" symbolisch an einer Strohpuppe vollzogen.

Auf religiöse und politische Differenzen kann die Pariser Bluthochzeit von 24. August 1572 zurück geführt werden. Die Ermordung führender Hugenotten auf Befehl Katharinas von Medici führte zu einem regelrechten Blutrausch, der fast ganz Frankreich erfasste.

---

12 vgl. bs. Die Arbeit von Gerd Schwerhoff: Die Inquisition: Ketzerverfolgung in Mittelalter und Neuzeit. München, 2004.

Diese Mischung aus religiösen und politischen Aspekten finden wir auch im Freiheitskampf der spanischen Niederlande unter Wilhelm von Oranien. Diesem war die Unterdrückung durch Philipp von Spanien und durch seinen Statthalter, den Herzog von Alba, voraus gegangen.

Die Religion wurde im Laufe der Zeit zu einem bloßen Vorwand um politische Auseinandersetzungen zu legitimieren. Der Dreißigjährige Krieg, der als echter Religionskrieg begonnen hatte, endete als ein reiner Machtkampf der europäischen Großmächte (bei dem, das von einem katholischen Kardinal regierte, Frankreich auf Seiten der Protestanten gegen den katholischen Kaiser stand).

7.2. Der Partisan: Vom Freiheitskämpfer zu Maos Theorie des Partisanen

Mit dem Zurückgehen der religiösen Begründungen von Krieg und Gewalt (auch die Vertreibungen Andersgläubiger kann man hierunter einordnen), werden verstärkt politische und soziale Gründe ausschlaggebend. Sozial bedingt waren etwa die Aufstände unter José Gabriel Tupaq Amaru II. (als Anspielung auf den letzen Inkakönig Tupac Amaru) Ende des 18. Jahrhunderts in Südamerika. Hunger, Unterdrückung und Ausbeutung können ebenso ein Grund für Revolten sein, wie religiöse Unterdrückung.

Freiheitskämpfer können sich, wenn sie erfolg haben wollen, nicht allein der Taktik regulärer Kriegsführung bedienen.

Im amerikanischen Unabhängigkeitskrieg finden wir, in den Aktionen der Rifleman gegen die englische Armee, ein Vorspiel des Partisanenkampfes. Der moderne Partisan entsteht Anfang des 19. Jahrhunderts in Spanien. Die Guerilla (Kleinkrieg) des spanischen Volkes von 1807 bis 1814 gegen die französischen Besatzer wurde vor allem von Bauern und der niedrigen Geistlichkeit getragen. Es gelang weniger als 50.000 Mann die halbe französische Armee von fast 260.000 Soldaten in Spanien zu binden. Die spanischen Eliten waren franzosenfreundlich, waren afrancesados, aber der kleine Mann war es nicht. Der Guerillero war „ein armer Teufel, ein erster typischer Fall des irregulären Kanonenfutters weltpolitischer Auseinandersetzungen“[13], wie Carl Schmitt schreibt. Die Partisanen suchten keine Feldschlacht, sondern schlugen dort zu, wo sie gewinnen konnten. Sie überfielen Transporte, kleinere Einheiten

13 Schmitt, Theorie des Partisanen. Berlin, 1968, 14.

und machten den Franzosen das Leben in Spanien zu einer gefährlichen Hölle. Der Partisan hat, was betont werden muss, einen defensiven Charakter, er verteidigt seine Heimat, ist letztendlich ein Freiheitskämpfer gegen eine fremde Besatzungs- und Eroberungsmacht.

Der spanische Kampf war Vorbild für den Tiroleraufstand von 1809. Nicht zufällig wurden spanische Schriften ins Deutsche übersetzt und betätigen sich berühmte Publizisten, wie Friedrich Genz oder Friedrich Schlegel, als Propagandisten dieses Kampfes.

Während des Russlandfeldzugs schließlich wurden die Truppen Napoleons immer wieder - allerdings nicht in regulären Schlachten - angegriffen und schließlich auf dem Rückzug von Bauern einfach erschlagen. Der Partisan bleibt in diesen Kriegen nur eine Randerscheinung, aber seine Bedeutung sollte im 20. Jahrhundert stetig zunehmen. Der Krieg des alten Europas ist, um ein Wort Carl Schmitts zu verwenden, gehegt, der Partisan aber steht außerhalb dieser Hegung: „Der moderne Partisan erwartet vom Feind weder Recht noch Gnade. Er hat sich von der konventionellen Feindschaft des gezähmten und gehegten Krieges abgewandt und in den Bereich einer anderen, der wirklichen Feindschaft begeben, die sich durch Terror und Gegen-Terror bis zur Vernichtung steigert“[14].

Mao verdanken wir nicht nur die praktische, sondern auch die theoretische Weiterentwicklung des Partisanenkampfes zum, wie Sebastian Haffner es nennt, „Totalguerilla“[15]: dem totalen Kleinkrieg. Seine Schriften sind ein „Rezept für den sozialen und nationalen Befreiungs- oder Unabhängigkeitskrieg „unterentwickelter“ Länder“[16]. Um seine Theorie zu verstehen, müssen wir uns die konkrete Situation, in der sie entstanden ist, vergegenwärtigen. Mao musste seine Theorie der Kriegsführung während des Krieges neu erfinden, nicht nur Befehle, sondern gleichzeitig auch das Programm eines ganz neuen Krieges geben.

Bis 1927 kämpften die Kuomintang gemeinsam mit den Kommunisten gegen die „war lords“, bis schließlich Tschiang Kai-Scheck die ehemaligen Verbündeten plötzlich entwaffnete und ihre Anführer töten ließ. Damit begann die Zeit Maos, der in der Provinz die Säuberungsaktionen überlebte. Er erkannte,

---

14 Vgl. Schmitt, Theorie des Partisanen. Berlin, 1968, 17.

15 Haffner, Der neue Krieg. Berlin, 2000, 19.

16 Haffner, Der neue Krieg. Berlin, 2000, 12.

dass die Staatsmacht nur in den Großstädten uneingeschränkt war, dass sie im Hinterland aber leichter angegriffen und sogar besiegt werden konnte, wenn die Masse der Landbevölkerung auf seiner Seite wäre. So gelang es Mao, gestützt auf Bauern eine Gegenstaatsgewalt zu etablieren. Dies zog militärische Maßnahmen der Staatsmacht nach sich, wobei ihr brutales Vorgehen wiederum die ländlichen Kreise stärker an Mao band. Die Revolution wurde plötzlich Voraussetzung von Ruhe und Ordnung. Der Kampf zwischen den beiden Parteien war ein asymmetrischer: „der Krieg sozusagen zwischen einem Insektenschwarm und einem Großraubtier“[17], zwischen getarnten Partisanen und einer regulären Armee.

Mao erkannte, dass „eine revolutionär erregte, total durchorganisierte und vom Feinde auf den nötigen Grad von Verzweiflung gebrachte Bevölkerung, die auf ihrem eigenen Gebiet und um ihr eigenes Gebiet kämpft, einer in dieses Gebiet eindringenden Armee auf die Dauer immer überlegen ist, wenn sie sich nicht auf die Kampfregeln des Feindes einlässt, sondern ihm ihre eigenen aufzwingt.“[18] Letzteres nicht getan zu haben, war der große Fehler der deutschen Bauerkriege gewesen, in denen sich die Bauern den waffentechnisch und taktisch überlegenen Söldnerheeren in offener Feldschlacht stellten und abgeschlachtet wurden.

Der Kampf um die Vorherrschaft in China konnte vorerst aber von keiner der beiden Seiten entschieden werden. Es stand nicht gut um Mao, der einen großen Teil seiner Männer verloren hatte, als es ihm gelang, aus dem sozialrevolutionären einen nationalrevolutionären Kampf zu machen. Er zwang Tschiang Kai-Scheck, sich mit ihm gegen die Japaner zu verbünden. Dadurch gewann er viele Sympathien - auch bei ehemaligen Klassenfeinden. Dies zeigt auch, dass ein Konflikt nicht allein durch physische Gewalt, sondern auch durch geistige Waffen entschieden wird. Wer den Kampf um die Köpfe gewinnt, wird früher oder später auch militärisch siegreich sein. Mao gelang es, im Laufe des Bürgerkrieges nicht nur die Bauern, sondern auch breitere Schichten der chinesischen Bevölkerung auf seine Seite zu ziehen, erst dadurch wurde sein endgültiger Sieg möglich. Während die japanischen Truppen mit den Kuomintang einen regulären Krieg führten, konnte Mao seine Guerillataktik voll und ganz gegen die Eroberer einsetzten und ihnen große

17 Haffner, Der neue Krieg. Berlin, 2000, 28.
18 Haffner, Der neue Krieg. Berlin, 2000, 28.

Verluste zufügen. 1945 war - bis auf einige Großstädte - fast ganz China in der Hand Maos. Die Japaner hatten Tschiang Kai-Scheck zwar aus einem Großteil Chinas verdrängt, aber nur, um das Land dann an Mao zu verlieren.

Aus den Erfahrungen dieses Kampfes entspringen Maos eindrückliche Allegorien. Angefangen von den Guerillas, die sich im Ozean des Krieges bewegen, die in der Volksmasse schwimmen, wie Fische im Wasser, bis hin zu jenem Bild, dass man im Land ein riesiges Meer schaffen muss, in dem der Feind ertrinkt. Mao hatte erkannt, dass die „Verschmelzung von Truppe und Zivilbevölkerung"[19] dazu führt, dass der Feind nur die Alternative hat „wahllos auszurotten oder ins Leere zu stoßen"[20]. Die Guerilla ist am stärksten im eigenen Land, wo der Kämpfer leicht untertauchen kann und, in Einheit mit den Interessen der Gesamtbevölkerung, der Feind immer als Eroberer erscheint, nicht als Befreier. Der Konflikt in China dauerte viele Jahre und auch dieser zeitliche Faktor ist nicht zu unterschätzen. Staaten werden durch den Krieg erschöpft, Widerstandskämpfer aber zumeist stärker, da sie im Lauf der Zeit immer mehr Unterstützung erhalten. Es gilt, der Entscheidung solange ausweichen, bis der Feind schwächer ist. Genauso haben wir es schon im Russlandfeldzug Napoleons gesehen. Oder wie Mao treffend meinte: statt Dauerfeldzug und Blitzkrieg, Dauerkrieg und Blitzfeldzug. Hierin liegt auch das militärische Problem der USA und ihrer Verbündeten im Afghanistan- und Irakkrieg: dass sie sich auf einen Konflikt eingelassen haben, der militärisch nicht zu gewinnen ist. Man kann ein Land zwar erobern, aber um es zu befrieden, bedarf es anderer Mittel als der militärischen Gewalt.

Der klassische Krieg sollte, so Clausewitz, den Gegner zur Erfüllung des eigenen Willens zwingen. Der Krieg den Mao führte, ging hingegen um die Frage der Selbsterhaltung und schließlich um die Vernichtung des Feindes. Bei Clausewitz haben wie ein begrenztes Ziel, der Gegner darf nicht vernichtet werden, denn er soll ja den Willen des anderen erfüllen. Mao will aber nichts anderes, als den totalen Sieg.

Der Partisan ist eine defensive Erscheinung, er verteidigt seine Heimat gegen Eroberer, bzw. - wie im Falle Maos - auch gegen Feinde aus dem eigenen Volk. Sehen wir uns die Theorie des Partisanenkampfes noch etwas näher an. Haffner nennt einige Punkte als Voraussetzungen[21] des erfolgreichen Terrorismus

19 Haffner, Der neue Krieg. Berlin, 2000, 54.
20 Haffner, Der neue Krieg. Berlin, 2000, 55.
21 Vgl. Haffner, Der neue Krieg. Berlin, 2000, 86.

(als Freiheitskampf) im eigenen Land: Er bedarf einer armen, verzweifelten Bevölkerung die nichts zu verlieren hat, bei der sich Dauerkrieg und Leben in der Ordnung wenig unterscheiden, eine weitgehend selbstversorgenden Agrarwirtschaft, sowie ein verkehrsmäßig nicht voll erschlossenes und in weiten Teil unzugängliches Land. In einem unerschlossenen Land erweist sich der Ortskundige dem Ortsunkundigen immer als überlegen. Zum Punkt der Unterentwicklung des Landes gilt es, noch einige Bemerkungen zu machen. In hochentwickelten und zivilisierten Gesellschaften, wie sie in der sogenannten Westlichen Kultur vorherrschen, wird es kaum zu einem, dem chinesischen Bürgerkrieg ähnlichen, Szenario kommen. Eine städtische Revolution ist bei uns kaum möglich, weil sowohl die Versorgung, als auch das Verstecken vor der Staatmacht schwer sind. Auch kann keine Großstadt ohne hoch komplexe Lebensmittelversorgung überleben. Das Leben in der modernen Welt ist von so vielen Dingen abhängig, dass mit einem gewaltsamen Konflikt innerhalb des Systems schon allein technisch nicht zu rechnen ist. Andererseits ist, wie die Entwicklung gezeigt hat, ein hochentwickeltes Land gegenüber terroristischen Angriffen verletzlicher, da seine Funktionstüchtigkeit durch gezielte Anschläge (Kraftwerke, Wasserversorgung etc.) leicht lahmgelegt werden kann.

7.3. Staatlicher und politischer Terror

Eine Geschichte des Terrors wäre höchst unvollständig, würde man den Tugend-Terror der französischen Revolution verschweigen. In den Jahren 1793 und 1794 wütet das tribunal révolutionnaire, das Revolutionsgericht. Auf die Hinrichtungen, von im Sinne der Revolution unzuverlässigen und nicht tugendhaften Menschen, trifft die Schreckensvorstellung, die man sich von der sogenannten Inquisition macht, eher zu, als auf diese selbst. Von dem Tribunal würden über 15.000 Todesurteile erlassen, die Zahl der ohne ordentlichen Prozess Ermordeten soll zwischen 20.000 und 40.000 liegen. Auch sonst sind die „Erfolge“ des „terreur“, wie man diese Phase der Revolution nannte, beachtlich: allein bei den Aufständen in der Vendée starben über 150.000 Menschen. Bei der Strafexpedition der Republik gegen Lyon wurden Menschen zu etwa 50 zusammengebunden und dann mit Kanonen in diese Gruppen geschossen, die Überleben mit Macheten abgeschlachtet, um Kugeln zu sparen. Als einer der Letzten fiel schließlich Robbespiere, der Initiator des terreur, selbst unter der Guillotine. Diese Gewalttaten dienten einem höheren, quasi religiösen Sinn: die Volksfeinde sollten vernichtet werden, wer sich der Tugend des neuen Staates entzog, war ein Feind des Volkes und ein solcher verdiente das Leben nicht. Mit diesen Gewalttaten beginnt eine Ära ideologischer Gewalt, die an die Grausamkeiten der Religionskriege erinnert.

Im 19. Jahrhundert entsteht der Anarchismus als eine neue Ideologie des Terrors. In den 1890 Jahren gab es zahlreiche anarchistische Morde, man denke an die Ermordung der Kaiserin Elisabeth von Österreich, andere Beispiele sind die Attentate auf die Könige von Serbien und Portugal. Diese Attentate verwirklichen einen wesentlichen Punkt unserer Terrorismusdefinition: Terror als Schreckensnachricht. Die meisten anarchistischen Morde hatten nur einen sehr geringen politischen Erfolgswert, aber als Demonstration der Ohnmacht des Staates, der nicht einmal seine Herrscher schützen konnte, waren sie sehr effektiv. Eine ähnliche Strategie verfolgten auch die Terroristen der RAF in Deutschland. Ihr Ziel war es, durch ihre Gewalt eine verstärkte Gewalt des Staates zu provozieren und so dessen Verlogenheit und Unterdrückungsmechanismen offen zu legen. Funktioniert hat das allerdings nicht.

Als Säulenheiliger der anarchistischen Bewegung gilt Michail Alexandrowitsch Bakunin, der behauptete, eine neue Welt könne nur aus der Zerstörung der alten entstehen, und daraus eine Legitimität terroristischer Anschläge ableitete. So, wie Robbespiere die Feinde der Freiheit vernichten wollte, strebte Bakunin nach der Vernichtung des Staates und des Eigentums. Die Tötung von Menschen lehnte er aber ab. Schuldig konnten Politiker und Herrscher nur auf Grund der ungerechten Strukturen der gegenwärtigen Gesellschaft sein, sie waren nur Produkte des Gesellschaftszustandes und nur dieser sollte durch Gewalt geändert werden. Bakunin schrieb: „Man muss das Eigentum und den Staat zerstören, dann wird man nicht nötig haben, Menschen zu zerstören und sich zu der unfehlbaren, unvermeidlichen Reaktion zu verurteilen, die in jeder Gesellschaft das Massaker von Menschen stets herbeiführte und stets herbeiführen wird.“ Auch wenn man die politischen Ziele Bakunins nicht unterstützt, so muss man doch anerkennen, dass er mit der Absage an den politischen Mord, ein mutiges Bekenntnis gegen jene Form der physischen Gewalt gegeben hat, welche uns hier leider am meisten beschäftig: die massenhafte Ermordung von Menschen.

7.4. Terror im 20. Jahrhundert

Neben dem Terrorismus unter dem Schlagwort der nationalen und sozialen Selbstbestimmung steigt im 20. Jahrhundert auch die Zahl ethnischer Gewalt stark an. Das beginnt etwa mit der Unterdrückung deutscher Minderheiten in Italien und der Tschechoslowakei und reicht bis zu den Konflikten am Balkan in den 90iger Jahren.

Im Spanischen Bürgerkrieg stehen einigen zehntausend Ermordeten von Links, die etwa 200.000 Opfer der Franquisten gegenüber. Im griechischen Bürgerkrieg der Jahre 1944 bis 1949 kam es von Seiten der kommunistischen DSE zu Vertreibungen und zur Entführung von Kindern, die zum Teil in der DDR zu Kommunisten erzogen werden sollten. Die Griechen erinnerte das, nicht zu Unrecht, an die Zeit der Janitscharen, als christliche Kinder entführt und zu islamischen Soldaten ausgebildet wurden. Aber all das scheint zu verblassen, angesichts des Schreckens des Nationalsozialismus und des Terrors in der Geschichte der Sowjetunion. Diesen beiden Regimen sollte es vorbehalten sein, die Opferzahlen schließlich in den Millionenbereich zu steigern. Von besonderer Bedeutung ist auch Mao, auf dessen Theorie der Partisanen wir schon eingegangen sind. Die Schätzungen der Toten des chinesischen Bürgerkrieges und der Kulturrevolution liegen zwischen 40 und 80 Millionen und sind nach oben offen.

Man hatte im Zweiten Weltkrieg unter dem Banner von Freiheit und Selbstbestimmung gegen die faschistischen Regierungen Deutschlands, Italiens und Japans Krieg geführt, doch dachte man nicht daran, dies auch den Kolonialvölkern zu gewähren. Die Zeit der Dekolonisation war geprägt von teils brutalen Unterdrückungsversuchen der Kolonialherren und terroristischen Maßnahmen seitens der nach Unabhängigkeit strebenden Völker Asiens und Afrikas (Indochina, Malaya, Philippinen, Algerien...). Ende 1960 waren die meisten Kolonien frei, doch begann damit keineswegs eine Zeit des Friedens und des Wohlstandes für diese neuen Staaten: Bürgerkriege, ethnische Konflikte und diktatorische Regime prägen in vielen Länder die ersten Jahrzehnte der Freiheit.

Seit den 1960 Jahren finden sich terroristische Aktionen in vielen europäischen Ländern: islamischen Terror in Frankreich (islamische Gruppen), linken in Deutschland (RAF), Italien (Rote Brigaden) und der Türkei (u.a.

Kurden), und auch Terror selbsternannter Freiheitskämpfer in Großbritannien (IRA), Spanien (Basken) und Russland (Tschetschenien) müssen hier genannt werden.

In den 1970 und 80iger Jahren wurde Terror von Seiten des Staates in Südamerika systematisch eingesetzt, um Regimegegner massenhaft zu entführen, zu foltern und zu töten.

7.5. Auf dem Weg zum modernen Terrorismus

Bisher haben wir von irregulärer Gewalt nur im Zusammenhang mit kriegerischen Konflikten, seien es Bürger-, Freiheits- oder Staatenkriege, gesprochen. Die Gewaltanwendung hatte sich als eine Art Gegenmaßnahme gegen religiöse und politische Unterdrückung dargestellt. Sie spielte sich im Wesentlichen in den unterdrückten Ländern selbst ab und richtete sich vornehmlich gegen militärische (Besatzungstruppen) und politische Ziele (Politiker, Diplomaten, Botschaften, ...). Die Anwendung irregulärer Gewalt ist in diesem Sinn die Antwort auf eine - als solche empfundene - politische Ungerechtigkeit. Als solches ist sie defensiv und lokal verortet. Dem Kämpfer kommt es darauf an, dem Gegner seine Kampfmittel und seinen Kampfplatz aufzudrängen. Wesentliches Moment des Kampfes ist die Tarnung: Der Angreifer ist bis zum Angriff nicht erkennbar, er taucht im Land, in der Zivilbevölkerung unter.

Ende der 60iger Jahre beginnt eine entscheidende Phase in der Entwicklung des Terrorismus. Die Gewalt wird mobil und verlässt ihre Heimatländer, ihr Schlachtfeld wird die ganze Welt. Neben der Erweiterung des direkten Aktionsgebietes, ändern sich auch die Ziele: Die neue irreguläre Gewalt sucht ihre Opfer vornehmlich unter der Zivilbevölkerung. Es geht verstärkt um die Schreckensnachricht: aus der bloß irregulären Gewalt wir der moderne Terrorismus, aus dem Kampf um etwas, der Terror gegen etwas. Angst und Schrecken sollen erzeugt werden, die Gewalttat als solche wird vom Ziel zum Mittel. Eine nationale Befreiungs- oder Widerstandsbewegung ist zumeist militärisch raumgreifend, der Terrorismus dagegen versucht, mit seinen Gewaltakten möglichst große Aufmerksamkeit über den Aktionsraum hinaus zu erlangen, um geschlossene Machtstrukturen zu untergraben und die Angreifbarkeit solcher Strukturen zu exemplifizieren und der Bevölkerung öffentlich zu erschließen.

Die Wandlung von der defensiven zur aggressiven Anwendung von Gewalt bezeichnen die Flugzeugentführungen. Von 1967 bis 1967 belief sich ihre Anzahl auf über 700.

Die meisten davon wurden von Palästinenser ausgeführt, um als politisches Druckmittel zu dienen. Zum einen, sollten ihre Anliegen öffentlich bekannt gemacht werden und anderseits die israelische Regierung unter Druck gesetzt werden, palästinensische Gefangene freizulassen. Hier liegt das Hauptaugenmerk nicht auf dem Gewaltakt als solchem (der Entführung des Flugzeuges), sondern auf dessen medialer Wirkung.

Mit der Zeit wurden auch diese Entführungen und Geiselnahmen immer blutiger. Am 27. Dezember 1985 wurde in Wien ein Anschlag auf den Flughafen, bei dem vier Menschen getötet und über 30 schwer verletzt wurden, ausgeführt. 1988 löste die Zerstörung der PanAm Maschine über dem schottischen Ort Lockerbie große Bestürzung aus.

Einen Markstein in der Geschichte des Terrorismus bildet die Geiselnahme von elf israelischen Athleten bei den Olympischen Sommerspielen in München 1972. Schließlich starben 17 Menschen. Die ganze Welt hielt in diesen dramatischen Stunden den Atem an. Mit den Olympischen Spielen wurde auch ein Symbol getroffen, galt doch gerade bei diesen schon in der Antike ein Kriegsverbot für deren Dauer.

Neben Israel, wo der Terror bald zum Alltag gehörte, wurden die USA ab 1980 verstärkt Opfer des Terrorismus. Sei es, dass Diplomaten entführt, Botschaften zerstört, Soldaten ermordet wurden (1983 allein im Libanon fast 250). 1993 wurde das World Trade Center in New York erstmals Schauplatz eines Bombenanschlages. Den Höhepunkt, der neuen Welle des Terrorismus, wurde mit den Anschlägen auf das World-Trade-Center am 11. September 2001, dem Anschlag in Madrid am 11. März 2004 und den Explosionen in London am 7. Juli 2005 erreicht. Der symbolische Wert der Ziele kann nicht hoch genug veranschlagt werden. Sie sollten nicht nur die zivilen Opfer töten, sondern die westlichen Gesellschaften im Innersten treffen: der Terror war im Alltag, im täglichen Leben der Menschen angekommen. Das war für die Menschen eine wesentlich neue Erfahrung.

Bei dem modernen Terror handelt es sich insgesamt um „Aktionen, die darauf abzielen, den Tod oder schwere Verletzungen von Personen herbeizuführen, die nicht aktiv in bewaffnete Konflikte involviert sind, um damit die Öffentlichkeit, eine Regierung oder eine internationale Organisation aus politischen Gründen einzuschüchtern."[22]

Es geht nicht mehr darum, eine Besatzungsmacht im eigenen Land zu bekämpfen, der Kampflatz ist nicht mehr länger ein Land, es ist die ganze Welt, und es kann jeden einzelnen betreffen. Ein Soldat ist sich der Gefahr für sein Leben bewusst, wenn er in den Krieg zieht, aber ein Zivilist geht davon aus, dass er in relativer Sicherheit lebt. Sicherheit, Ruhe und Ordnung sind die Hauptleistungen des modernen Staates, für Hobbes das Wesen des Staates selbst (nämlich, dass er den Bürgkrieg, die Gewaltanwendung zwischen Gruppen innerhalb des Staates, unterbindet). In dem der Terrorismus die bürgerlicher Sekurität - und die damit verbunden liberal-westlichen Lebensentwürfe - ihrer Sicherheit beraubt, unterminiert er die Grundlagen der Gesellschaft. Niemand kennt den Tag oder die Stunde, an dem der nächste Anschlag passiert und vielleicht einen selbst trifft.

Dass die ganze Menschheit plötzlich zum möglichen Ziel geworden ist, ist wohl die entscheidend neue Qualität des modernen Terrorismus.

8. Der moderne Terrorismus: irreguläre Gewalt als Selbstzweck

So, wie wir einen weiten und einen engen Kriegsbegriff verwendet hatten (eng: Staatenkrieg; weit: alle gewalttätigen politischen Konflikte), so können wir auch den Begriff der irregulären Gewalt in einen engen und einen weiten differenzieren. Der weite Begriff umfasst dabei alle irreguläre Gewaltanwendung in politischen Konflikten, er beinhaltet den Partisanen- und Freiheitskampf, aber auch politische Attentate und Anschläge. Man kann hier durchaus auch schon von einem weitgefassten Terrorismus sprechen, was mir insofern gerechtfertigt scheint, als alle diese Gewaltanwendungen auch darauf gerichtet sind, Schrecken zu verbreiten. Es ist ein wesentlicher Bestandteil der Gewaltanwendung, der mit einberechnet wird. Es geht nicht nur um den Erfolg der Gewalttat selbst (Zerstörung, Tod, etc.), sondern auch um die Wirkung, die

22 Klein, Die Herausforderung durch den internationalen Terrorismus. In: Der Terror, der Staat und das Recht. Berlin, 2004, 11.

dadurch erzeugt wird. Wenn ein Assassine einen korrupten Herrscher ermordete, so hat er nicht nur einen korrupten Herrscher beseitigt, sondern konnte auch hoffen, dass dessen Nachfolger - aus Angst selbst einem solchen Attentat zum Opfer zu fallen - versuchen würde, ein besserer Herrscher zu sein. Die Partisanen haben nicht nur einzelne Versorgungslinien und kleinere Einheiten angegriffen, um diese zu zerstören, sondern auch, um den Gegner grundsätzlich zu verängstigen und seine Kräfte zu binden. Auch konnte etwa Mao damit rechnen, dass die nationale Regierung den Druck auf die Landbevölkerung, in der sich die Partisanen versteckten, erhöhen würde und dass die Gewalttaten der Regierung den Partisanen neue Kämpfer zuführen würden. Die Schreckensnachricht, die der Gewalt folgt, ist ein Bestandteil der Gewalt selbst.

Terrorismus ist eine sehr alte Sache, aber erhält in der Moderne eine neue Qualität. Wenden wir uns jetzt dem Wesensunterschied zum modernen Terrorismus zu, den wir als engeren Begriff verstehen wollen. Dieser liegt im Verhältnis von Gewaltanwendung und Schrecken. Ist der Schrecken beim weiten Begriff nur eine Folge des eigentlichen Zieles, nämlich dem Erfolg der Gewalttat selbst, so kehrt sich dieses Verhältnis von Gewalt und Schrecken nun um. Aus einer Folgeerscheinung wird das Wesentliche: War Gewalt und Schrecken nur ein Mittel zum Zweck gewesen, wird es plötzlich selbst zum Zweck, wird es Selbstzweck. Der Wandel des Ziels bedingt auch einen Wandel des Objekts irregulärer Gewalt. Nicht mehr militärische und politische, sondern vor allem symbolische Ziele werden ausgesucht. Das zivile Opfer ist nicht mehr ein bestimmtes Opfer des Terrors, sondern wird nur mehr als eine statistische Zahl betrachtet: je mehr, desto besser, desto größer der Schrecken. Es ist nicht mehr wichtig, wer getötet wird, sondern nur noch, dass getötet wird. Statt Vernichtung von etwas, nur mehr Vernichtung als solches.

Trotz dieses nihilistischen Zuges, trotz aller Berufung auf einen religiösen Grund, kann der Terrorismus instrumentell[23] verstanden werden. Er ist von einem bestimmten Standpunkt aus, quasi innersystematisch, vernünftig. Er ist ein rational einsetzbares Mittel, das man benutzen kann, wenn es angebracht erscheint. Liegt der wahrscheinliche Nutzen einer terroristischen Gewaltanwendung über den Kosten, ist für einen - auf dieser Basis - rational kalkulierenden Akteur, Gewalt eine sinnvolle Option. Die Geschichte hat auch über Jahrhunderte den Erfolg von Gewalt nicht unbedingt wiederlegt. Vor allem für asymmetrische Konflikte, liegt, wie oben gezeigt, die Vernünftigkeit in

23 Die Idee der instrumentellen Vernunft verdanken wir Max Weber.

der Anwendung irregulärer Gewalt. Eine Organisation wie die Al-Qaida ist eine - für ihr Ziel, der Destabilisierung der westlichen Gesellschaft - optimal ausgerichtete Organisation, die sich des Terrorismus gegen den Westen ebenso bedient, wie der Propaganda ihrer Ideologie bei ihren Zielgruppen. Übersetzt bedeutet ihr Name „Die Basis" und genau das ist sie: sie ist eine Basis, die sich um die Finanzierung von Anschlägen und Terroristen, deren Rekrutierung und Ausbildung und ideologische Fortbildung kümmert. Ihr ist es wesentlich zu verdanken, dass sich der moderne Terrorismus entwickelt hat.

Die innere Rationalität des Terrors verändert sich mit dem Übergang von dem weiten, zum engen Terrorismusbegriff: von Handlungen mit direktem Wert (Gewalt zur Beseitigung von bestimmten Personen, Gruppen, Systemen) zu Handlungen mit symbolischen Wert, als Hinweise, um Aufmerksam zu erregen, um Angst zu verbreiten, um die Schwäche des Staates aufzuzeigen, um Rache für die Ungerechtigkeit der Welt zu nehmen, und so weiter. Von der Ausrichtung auf ein konkretes Opfer, ist der Terrorismus heute auf eine bloße Maximierung der Opfer ausgerichtet. Waren die Ziele des früheren Terrorismus begrenzte Ziele (nationale Unabhängigkeit, ethische Autonomie…) werden die Ziele jetzt unbegrenzt, ebenso wird die räumliche Gebundenheit aufgelöst, der Terrorismus wird entgrenzt, er wird zum grenzenlosen Konflikt.

Der Kampf um die letzten Werte, rechtfertigt auch den totalen Einsatz von Gewalt. Gegen den Totalen Feind gibt es keine Schonung. Der Feindbegriff wird, wie Carl Schmitt betont hat, absolut. Der Kämpfer ist nicht länger defensiv, er ist Kämpfer mit einem weltaggressiven Ziel. „Die Menschen, die jene Mittel gegen andere Menschen anwenden, sehen sich gezwungen, diese anderen Menschen, d. h. ihre Opfer und Objekte, auch moralisch zu vernichten. Sie müssen die Gegenseite als Ganzes für verbrecherisch und unmenschlich erklären, für einen totalen Unwert. … Die Logik von Wert und Unwert entfaltet ihre ganze vernichtende Konsequenz und erzwingt immer neue, immer tiefere Diskriminierungen, Kriminalisierungen und Abwertungen bis zur Vernichtung allen lebensunwerten Lebens. […] Die Vernichtung wird dann ganz abstrakt und ganz absolut. Sie richtet sich überhaupt nicht mehr gegen einen Feind, sondern dient nur noch einer angeblich objektiven Durchsetzung höchster Werte, für die bekanntlich kein Preis zu hoch ist. [Das; Anm.d.Aut.] … macht die Bahn frei für das Vernichtungswerk einer absoluten Feindschaft."[24]

24 Schmitt, Theorie des Partisanen. Berlin, 1968, 95f.

9. Begründung des Terrorismus

9.1. Subjektive Gründe: Wie wird man Terrorist?

Im Folgenden geht es jetzt darum, mögliche Begründungen und Rechtfertigungen des Terrorismus aufzuzeigen.

Terrorismus kann von Einzeltätern oder von organisierten Gruppen ausgeübt werden. Aber in beiden Fällen sind es Menschen, die zu Terroristen werden. Die Frage ist, wie wird man Terrorist? Was sind mögliche Gründe, warum jemand physische Gewalt in extremem Ausmaß als ein legitimes Mittel der politischen Auseinandersetzung betrachtet oder zumindest übt?

Gewalt kann etwa rassistisch gegen Minderheiten oder politisch gegen Kolonialherren, Eroberer und Unterdrücker gerechtfertigt werden. Beim modernen Terrorismus kommen aber vor allem andere Gründe in Betracht.

Zum einen kann es psychologische Gründe geben.[25] Terroristen können z.B. Einzeltäter mit psychischen Störungen sein. Man denke an die Briefbombenattentate durch Franz Fuchs in Österreich. Als Begründung werden dann traumatische Erfahrungen in der Jugend, zuwenig Liebe oder Missbrauch etc. herangezogen. Bei vielen Terroristen der RAF wurden etwa sexuelle Störungen diagnostiziert (besonders die extrem gewalttätigen weiblichen Täter hatten ein gestörtes Verhältnis zu ihrer Sexualität).

Zwar können solche Störungen auftreten, doch sind sie im Wesentlichen auf Einzel- und Kleingruppentäter beschränkt. Die Mehrheit der modernen Terroristen können im Grunde als normal bezeichnet werden. Wir verlassen daher die psychischen Krankheiten und kommen zu sozialpsychologischen Erklärungen. Soziale Missstände, Elend, Ungerechtigkeit, wirtschaftliche Ausbeutung, all das können Zustände sein, aus denen der Terrorismus einen scheinbaren Ausweg anbietet. Man denke nur daran, dass sich die Bevölkerung der islamischen Welt seit 1950 verdreifacht hat, dass die Hälfte der Bevölkerung unter 25 Jahren alt ist und dass es eine extrem niedrige Akademikerquote gibt. Es handelt sich vielfach um Gesellschaften, in denen es keine ausgeprägte Lesekultur und Bildung gibt, wo man nur den Koran lesen darf. Infrastruktur und Sozialnetz sind kaum entwickelt.

25 Vgl. auch Viotti, Paul / Kauppi, Mark: international Relations and World Politics, Security, Economy, Identity. 3. Auflage. Longman, 2001 (zum Terrorismus: 275-307).

Junge Menschen, die nichts zu verlieren haben, erhalten durch terroristische Organisation nicht nur eine Aufgabe. Ihr Leben (und Ableben) erhält einen Sinn. Terrorismus kann ein Nervenkitzel, eine Mutprobe sein. Er führt zu einem gesteigerten Selbstbewusstsein als Kämpfer für Gerechtigkeit und gegen das Böse, zu Gemeinschaft in der Gruppe; man kann Stolz und Würde erobern. Oft führt eine Mitgliedschaft in einer terroristischen Organisation aber auch zu etwas so prosaischem wie Geldverdienen.

Aber nicht nur in Ländern der sogenannten Dritten Welt werden Terroristen rekrutiert. Es geschieht ebenso in den wirtschaftlich starken Ländern des Westens. Denken wir an junge Immigranten, die voller Hoffnung auf ein besseres Leben in den Westen kommen und sich dort als fremd und ausgeschlossen erfahren. Für sie haben sich keineswegs die goldenen Töpfe geöffnet. Stattdessen geraten sie in Parallel-Gesellschaften, in denen ihnen Heimatgefühle und Sicherheit geboten werden. Oft sind Moscheen ein Treffpunkt solcher Parallelgesellschaften, wo radikale Ansichten gepredigt werden und auf fruchtbaren Boden treffen.

Aber auch diese sozialen Gründe können nicht restlos überzeugen. Gerade der Umstand, dass auch oft (scheinbar) gut integrierte Menschen zu Terroristen werden (sowohl die Attentäter von New York 2001 und London 2005 passen in diese Gruppe), dass sogenannte Schläfer, die ein ganz normales Leben mitten unter uns führen, eines Tages für ihre Mitwelt überraschend zum Terroristen werden, dass sich Terroristen auch aus sozial gut gestellten Familien rekrutieren (Osama bin Laden etwa ist Milliardär), muss uns zu denken geben.

Wir stehen jetzt bei den gefährlichsten Terroristen, den Fanatikern, seien es religiöse oder politische. Religion und quasireligiöse Ideologien bezeugen die Kraft der Ideen. Wie viel Großes ist in der Welt geschehen, weil die Menschen an eine Idee geglaubt haben und daran, dass sich etwas ändern kann. Aber von der Kraft der Ideen kann auch der Terrorismus profitieren. Ideologien, wie der Marxismus vor allem aber religiöser Fundamentalismus, dürfen nicht unterschätzt und auf bloß soziale Unterschiede zurückgeführt werden. Die beiden größten Massenselbstmorde der Gesichte waren rein ideologisch bedingt: Massada 70 n. Ch, wo ungefähr 900 von den Römern eingeschlossene jüdische Freiheitskämpfer und ihre Familien lieber als freie Menschen sterben wollten und sich selbst den Tod gaben, und Jonestown 1978, als sich fast die gleich Anzahl von Menschen freiwillig (teils auch unter Zwang) töteten bzw. getötet wurden, sie folgten dabei dem Befehl ihres Gurus Jim Jones. Geistige

Ideen sind viel mächtiger als soziale Umstände, und sie sind „resistent gegen physische Gewalt"[26], dass heißt, ich kann Ideen nicht mit bloßer Gewalt vernichten (außer man vernichtet alle möglichen Träger einer solchen Ideologie).

Im Zusammenhang mit Religion muss darauf hingewiesen werden, dass zwar der Islam nicht mit dem Islamismus gleichgesetzt werden kann, dass er aber eben eine Basis religiös motivierten Terrorismus sein kann. Im Gegensatz dazu steht der christliche Märtyrer, der nicht das Leben anderer, sondern nur sein eigenes Leben zu opfern bereit ist. In der Offenbarung des Johannes (Off 13,10) kann man lesen: „So jemand in das Gefängnis führet, der wird in das Gefängnis gehen; so jemand mit dem Schwert tötet, der muss mit dem Schwert getötet werden. Hier ist Geduld und Glaube der Heiligen."

9.2. Objektive Gründe: Clash of civilizations?

Heute können fast 90% aller terroristischen Anschläge dem islamisch-fundamentalistischem Spektrum zugeordnet werden, wie aber ist es dazu gekommen? In den 60iger und 70iger Jahren würde als Begründung des Terrorismus vor allem die Existenz Israels, dessen Vorgehen gegen die Palästinenser und die westliche Unterstützung für diesen Staat, vorgebracht. Mit den 80iger und 90iger Jahren ändert sich das, jetzt tritt der angebliche Kulturkampf des Westens gegen den Islam als Rechtfertigung auf. Gegen den Vorwurf, die christlichen Kreuzfahrer und die extrem brutalen Kreuzzüge gegen den Islam hätten mit der Spirale der Gewalt begonnen - und selbst heute noch wären die westlichen Staaten von einer solchen Kreuzfahrermentalität erfasst -, weiß der Europäer kaum etwas zu erwidern. Denkt man bei den christlichen Kreuzfahrern doch sofort an einen Haufen gewaltbereiter Schläger, die brennend und mordend in arabischen Ländern einfallen, nebenbei auch noch Konstantinopel, dem sie ja helfen sollten, erobern und plündern, ethnische Säuberungen durchführen und überhaupt als ein dunkles Kapitel europäischer Geschichte erscheinen. (Der Europäer zeichnet sich überhaupt durch ein schlechtes Gewissen, was weite Teile seiner Geschichte betrifft, aus. Ein solches ist aber nur gerechtfertigt, wenn man die Lehre aus der Gesichte nicht zieht.) Dass der amerikanische Präsident George Bush von einem Kreuzzug gegen den Terrorismus sprach, macht die Anknüpfung an dieses Kapitel der Geschichte noch plausibler. Aber verändern wir ein wenig die Perspektive und erweitern den Blick über den ersten Kreuzzug von 1096 und den siebenten Kreuzzug von

26 Isensee, Nachwort. In: Der Terror, der Staat und das Recht. Berlin, 2004,99.

1272 hinaus. Die Länder, die wir heute als Kernländer des Islam bezeichnen, waren im Ausgang der Antike vielfach christliche Länder gewesen. So wurden etwa in Ägypten, heute einem unbestreitbar muslimischen Land, wenn man von der Unterdrückung der dort lebenden arabischen Christen (Kopten) absieht, die ersten klosterähnlichen Gemeinschaften kurz vor 70 n. Ch. errichtet. Verlassen wir den Bereich der Kulturgeschichte und sehen wir uns nun zwei bedeutende militärische Ereignisse an: 732 besiegte Karl Martell (ein Ahne Karls des Großen) die Araber in der Schlacht von Tours und Poitiers und stoppte damit die, seit ca. 630 andauernde, islamische Expansion im Westen. 1683 wurde diese Expansion im Osten mit der erfolglosen zweiten Türkenbelagerung Wiens aufgehalten. Beide Schlachtfelder sind nicht unbedingt als muslimisches Kernland oder Siedlungsgebiet bekannt (oder waren es zumindest bis vor kurzem nicht). Die Kreuzzüge sind in diesem weit gesteckten Rahmen nur eine verhältnismäßige kurze, und keineswegs die gewalttätigste, Phase. Viel eher, als von einem christlichen Expansionismus, könnte man von einer ständigen islamischen Expansion sprechen, die nur durch die Kreuzzüge und die Geschichte des Kolonialismus (im 19. und der ersten Hälfte des 20. Jahrhunderts) unterbrochen war. Wenn also ein Kulturkampf, so kommt, historisch gesehen, dem Westen eher die defensive Rolle zu. Aber was wird überhaupt unter einem solchem verstanden?

Bernard Lewis prägte 1991 den Begriff „clash of civilisations". Berühmt wurde die Formel aber erst mit dem gleichnamigen Buch Huntingtons. Im Deutschen als „Kampf der Kulturen" bezeichnet, meint es im Englischen eher einen Zusammenprall an klar vorgegebenen geografischen Grenzen[27]. Anstelle des Konflikts von westlicher Demokratie und Kommunismus (die ja beide demokratische Theorien sind, die eine von einem individualistischen, der andere von einem überindividualistischen Standpunkt aus entwickelt), tritt nach dessen Ende, ein Konflikt zwischen den großen Kulturkreisen. Soweit die Theorie Huntingtons.

27 Man darf nicht vergessen, auch einen Blick auf die Folgerung zu werfen. So fordert er die Ausrichtung der Politik auf eine multipolare Welt mittels eines Minimalkonsens und die Umstrukturierung des UN-Sicherheitsrates, in dem die Kernstaaten der Kulturkreise einen ständigen Sitz haben sollten. Das ist im Grunde nichts anderes als was Carl Schmitt mit der Großraumordnung meinte, die er Anfang der 40iger Jahre entwickelte um den deutschen Einflussbereich gegenüber dem Einflussbereich anderer Mächte abzugrenzen. In der Aufteilung der Welt in Ost und West, wurde oft eine reale Fortführung dieser Ideen gesehen. Insofern ist der Lösungsansatz Huntingtons wenig neu und wenig erfolgversprechend.

Otfried Höffe setzt gegen den Kampf der Kulturen und Religionen, den Konflikt zwischen Gruppen, die schon in der (säkularisierten) Moderne angekommen sind, und jenen, die sich der Modernisierung verweigern. Dabei muss man freilich davon ausgehen, dass die Moderne ein unwiderlegbares Ziel aller Kulturen ist, ein Fortschrittsoptimismus, der erst begründet werden müsste.

Grundsätzlich ist aber Höffe insofern zu zustimmen, dass es sich beim modernen Terrorismus nicht um einen Konflikt zwischen zwei Religionen, dem Islam und dem Christentum, sondern zwischen Moderne und Antimoderne handelt. Die religiöse Verortung des Konflikts ist schon deswegen unzutreffend, weil das Wesentliche an der Westlichen Welt nicht mehr das Christentum, sondern die Moderne ist. Die Moderne hat vielleicht, wie alle Ideologien (politische Weltsicht), quasireligiöse Ansätze, aber sie ist eine Weltanschauung, die auf alle Transzendenz verzichtet. Die Moderne ist eine politische Ordnung, die auf Relativismus beruht, also auf der Vorstellung, dass wahre Erkenntnis nicht möglich ist. Als Wesensmerkmal der Moderne kann Karl Poppers Diktum gelten, man könne Hypothesen nur falsifizieren, aber niemals verifizieren. Dass Wissenschaft nie so gearbeitet hat (und vielleicht nie so arbeiten wird können), tut dem Wesentlichen dieser Aussage keinen Abbruch: Wahrheit gibt es nicht. An ihre Stelle ist die Wahrscheinlichkeit gerückt. Selbst die Naturgesetze, die dem 19. Jahrhundert als die Wahrheit schlecht hin erschienen waren, gelten mit der Quantenmechanik nicht mehr absolut und unabänderlich. An sich eine begrüßenswerte Erkenntnis, würde man sie in ein, die empirischen Wissenschaften umfassendes, universal-philosophisches System einordnen. Ein solches wird aber nicht nur von vielen Wissenschaftlern, es wird vor allem auch politisch abgelehnt.

Man wird dem Konflikt nicht gerecht, wenn man die Moderne einseitig, als die einzige positive Weltordnung postuliert und alles was ihr widerspricht, als Modernisierungsverweigerung und potentiellen Fundamentalismus und Terrorismus brandmarkt. Die Moderne ist keine perfekte gesellschaftliche Ordnung, denn trotz aller zweifellos vorhandenen Vorteile, bietet sie auch genug Ansatzpunkte für eine Kritik.

Die Moderne ist etwa eine individualistische Ordnung, die zu transpersonalen Werten, zu Gemeinschaft, nicht ohne Weiteres fähig ist. Überhaupt ist es zumindest zweifelhaft, ob wir hier überhaupt von Ordnung sprechen können, wo es doch nur um eine Summierung von Einzelnen gehen kann. Der Mensch wird nicht als Teil der Menschheit, sondern als ein Atom betrachtet, zwar durch seine Biologie, durch sein soziales Umfeld vielfach beeinflusst, letztendlich also ein determiniertes unfreies Wesen, aber dabei vollkommen allein. Politisch äußert sich das in jener Form der Demokratie, die, da ein volonté générale gar nicht möglich ist, sich mit dem volonté der Vielen begnügen. Die Summierung der Einzelstimmen ist die höchste Wahrheit, die möglich ist. Das andere Vorstellungen von Demokratie möglich sind, erweisen die Lehren Radbruchs oder Hermann Hellers. Demokratie kann nicht ohne Einsicht in das Wesen des Menschen, in die fundamentalen Prinzipien des Naturrechts, aufgebaut werden.

Auch in anderen Punkten ist die Moderne nicht so geradlinig, wie sie erscheint. Ein konsequent relativistischer Standpunkt müsste prinzipiell auch jene politischen Ordnungsvorstellungen, die von der Möglichkeit einer Wahrheit durchdrungen sind, respektieren, solange er nicht die Ordnung als solche beeinträchtigt. Das geschieht aber oft genug nicht: wer sich z. B. gegen Abtreibung äußert, will nicht ungeborenes Leben retten, sondern die Rechte der Frauen beschneiden, wer die Ansicht vertritt, dass die Integration ehemals ausländischer Mitbürger nicht immer gut gelungen ist, wird schnell zum Rechtsradikalen abgestempelt.

Es ist der Moderne bis heute nicht gelungen, ein vernünftiges Verhältnis zur Religion zu entwickeln. Deutlich zeigt dies etwa die Entscheidung des Europäischen Gerichtshofes für Menschenrechte, das Kreuz in Schulen betreffend. Die Moderne scheint geradezu eine Angst vor Religion zu haben. Religiöse Werte werden marginalisiert, Menschen mit religiöser Gesinnung verunglimpft und als Spinner und religiöse Fanatiker hingestellt. Religionsfreiheit wird zu einem aggressiven Laizismus uminterpretiert. Damit gräbt sich der moderne Staat aber selbst seine Grundlagen ab. Religion ist nicht notwendig Zeichen der sozialen Rückständigkeit, sondern hat sich, gerade in Europa und den USA, über lange Phasen als ein Motor des Fortschritts gezeigt. Auch stammen die Menschen- und Bürgerrechte aus der Sphäre der religiös vermittelten Einsicht in die Würde des Menschen. Gerade was die Erfüllung des menschlichen Lebens mit Sinn betrifft, hat die Moderne außer Hedonismus und Konsum, bisher wenig geleistet und stellt sich kaum als das paradiesische Endziel dar. Die Moderne ist, bei allen positiven Errungenschaften, kein sich selbst genügendes (d. h. dauerhaft stabiles) System. Wir wollen nicht zu kulturpessimistisch klingen, aber Drogenmissbrauch, steigende Gewalt (besonders unter Jugendlichen), enorme Scheidungsraten, zuletzt auch die Wirtschaftskrise, sollten uns offenbart haben, dass die Moderne an einer Sinnkrise leidet. Dabei stellt die Religion weniger ein Symptom der Krankheit, als einen möglichen Ansatz der Heilung dar. Den sich der Modernisierung bisher verweigernden Kulturen bietet die Moderne aus all diesen Gründen nicht das beste Bild.

Wenn wir hier auch der Ansicht sind, dass einige der Grundlagen des modernen Staates der Aufklärung durch eine universelle Philosophie bedürftig sind, dürfen wir darüber nicht die großen Errungenschaften der Moderne vergessen. Nach den Religionskriegen, nach blutigen Bürgerkriegen, sah man sich gezwungen, die politische Macht einzuschränken. Die politische Herrschaft sollte nicht mehr für alle ihr Unterworfenen bestimmen, was Wahrheit sei, sondern sich auf die Herstellung von Frieden beschränken. Auctoritas, non veritas facit legem. So lautet die Formulierung, die Hobbes dieser Ansicht gegeben hat. Nicht mehr im blutigen Aufeinanderprallen der Ideen, sondern in der Diskussion sollte schließlich entschieden werden. Die Moderne macht aus den erleidenden Objekten der Herrschaft, die handelnden Subjekte aktiver politischer Gestaltung. Die theoretische Allmacht des Staates wird durch die Menschen- und Bürgerrechte eingeschränkt. Der absolute Wert des menschlichen Lebens erobert sich sein Recht in der politischen Ordnung[28].

Ein Selbstbewusstsein, wie es in Europa etwa vor dem ersten Weltkrieg herrschte, sucht man heute vergeblich. Aber genau dieses übersteigerte Selbstbewusstsein Europas, im 19. und der ersten Hälfte des 20. Jahrhunderts, hat zu der Erscheinung des islamischen Fundamentalismus geführt. Die Kolonialherren kamen nicht als die Befreier von der Unterdrückung, sondern sie kamen als Eroberer mit dem Bewusstsein, zu weit unter ihnen stehenden, zu primitiven Völkern zu kommen, denen man gnädig die Segnungen der eigenen Kultur bringt (und die man wirtschaftlich ausbeuten kann). Man kann jenes berühmte Wort Geibels abwandeln: und es mag an unserm Wesen, einmal noch die Welt genesen. Hier kann man, nun allerdings berechtig, von westlichen Missionierungsversuchen sprechen, nicht im Namen des Christentums, sondern im Namen des Hedonismus und der sogenannten Demokratie[29], die verkannt hat, dass für ein funktionierendes demokratisches System auch eine entwickel-

28 Das ist konsequenter Individualismus: vom absoluten Werte jedes Einzelnen zur universellen Einheit aller Menschen fortzuschreiten. Das Individuum wird im dreifachen Sinn transpersonal aufgehoben: es wird durch eine höhere Einheit ersetzt, durch diese zur Wahrheit erhoben und dadurch auch als Moment des Höheren bewahrt.

29 Vgl. Isensee, Nachwort. In: Der Terror, der Staat und das Recht. Berlin, 2004, 98.

te bürgerliche Gesellschaft vorhanden sein muss. Ohne die gesellschaftlichen, die sozialen und sozialpsychologischen Voraussetzungen, kann eine liberale Rechtsordnung nicht verwirklicht werden, wie das Beispiel Deutschlands in der ersten Hälfte des 20. Jahrhunderts vor Augen geführt hat. Überheblichkeit und Ausbeutung haben das Verhalten der Moderne gegenüber nicht modernen Gesellschaften lange geprägt.

Eine solche Einstellung macht natürlich nicht beliebt. Der Fundamentalismus speist sich aus jenen sozialpsychologischen Einstellungen, die aus Unterdrückung, dem Gefühl des Unterlegen-Seins und dem Wunsch nach Rache geboren werden. Gegen den dekadenten Westen, der sich als Verkünder des Glücks und der Freiheit der Menschheit ausgibt, der aber nur Unterdrückung und Leid gebracht hat, gegen diesen Feind stellt der Fundamentalismus ein ganz anderes Weltbild. Und er hat den Vorteil eine scheinbar tragfähige Basis zu besitzen: den Islam. Der Islam ist weniger eine transzendente Religion, der es um Gotteserfahrung geht, als vielmehr eine politische Ordnungsvorstellung. Diese wird extremistisch überformt und zur Gegenposition zur Moderne aufgebaut. Der Fundamentalismus ist eine anti-moderne, aber nichts desto weniger eine an die Moderne gekoppelte Erscheinung. Er ist eine totalitäre Ideologie, die sich zwar aus einer vormodernen Religion entwickelt hat, aber auch über diese hinaus geht. Die Fundamentalisten - als Modernisierungsverweigerer - lehnen die Demokratie als dekadent ab. Sie hegen einen Hass auf die westliche Lebensform und den dortigen Wohlstand, der ihnen anscheinend vorenthalten wird. Moslemische Gruppen wenden sich daher auch gegen moderne Momente in ihren eigenen Staaten. Der Kampf gegen die eigenen demokratischen und nicht religiösen Regierungen, die immer wieder laut werdende Forderung nach der Einführung der Sharia, all das beruht auf dem Glauben, dass westliche Werte den Islam korrumpieren.

9.3. Quasireligiöse Gründe: politische Religion

Der Kampf zwischen Moderne und Anti-Moderne ist ein Kampf zwischen Ideen. Er ist daher ein totaler Kampf, der auf absoluter Gegnerschaft beruht. Was wir oben schon feststellen konnten, wird hier ganz deutlich. Der neue Krieg lässt die alten Formen der Gegnerschaft hinter sich zurück. Der andere ist nicht mehr nur Gegner, er ist Feind und zwar existentieller Feind. Mit einem solchen kann man nicht mehr verhandeln, einen solchen kann man nur mehr vernichten. Der andere ist das grundsätzlich Böse. Mit dem Bösen, mit dem Teufel gibt es keinen Kompromiss, es gibt nur die totale Vernichtung, will man das (vermeintlich) Wahre und Gute herstellen. Darin zeigt sich auch der utopisch-ideologische Charakter des Fundamentalismus: Man versucht gar nicht, die Welt heute schon im Kleinen zu verbessern. Erst wenn der Feind ganz vernichtet ist, erst dann wird das wahre Reich des Friedens anbrechen, erst in einem soweit in die Zukunft verlagerten Diesseits, dass es schon ein Jenseits ist, wird alles gut sein. Das gleiche hatte ja der Kommunismus gepredigt: erst nach der Weltrevolution, erst wenn die ganze Welt kommunistisch wäre, wenn der Kapitalismus gänzlich beseitigt wäre, dann erst wird die sozialistische Gesellschaft verwirklicht und Friede und Glück zwischen den Menschen sein. Das Hauptmoment aller Ideologien, dass der Mensch sich selbst erlösen und zum höchsten Glück gelangen kann, wenn er nur das Böse und den Feind vernichtet, tritt uns im modernen Fundamentalismus deutlich zu Tage.

Religion kann zur Politik werden, wenn sie Ideologie wird. Eric Voegelin verdanken wir diesen Begriff politischer Analyse. Während Zivilreligion im Sinne Rousseaus aus der Religion eine Stütze bürgerlicher Herrschaft macht (Du sollst dich moralisch gut verhalten), dient die politische Religion der Legitimierung und Verabsolutierung politischer Ziele autoritärer Ideologien. Die Erlösung wird vom Jenseits ins Diesseits verlagert. Gewalt ist ein legitimes Mittel, um das innerweltliche Heil zu erreichen, da das höchste Ziel ja auch die weitestgehenden Mittel rechtfertigt. Als ein gutes Beispiel kann uns (außer natürlich dem Nationalsozialismus mit seiner rassistischen Heilserwartung) der real existierende Sozialismus dienen. Denken wir an das Lied der Partei: „Sie hat uns alles gegeben. / Sonne und Wind und sie geizte nie. / Wo sie war, war das Leben. / Was wir sind, sind wir durch sie. / Sie hat uns niemals verlassen. / Fror auch die Welt, uns war warm. / [...] Die Partei, die Partei, die hat immer Recht! / Und, Genossen, es bleibe dabei; / Denn wer kämpft für das Recht, / Der hat immer recht. / Gegen Lüge und Ausbeuterei. / Wer das Leben beleidigt, / Ist dumm oder schlecht. / Wer die Menschheit verteidigt, / Hat immer recht."

Wer behauptet, dass er für die Menschheit gegen das Böse kämpfe, der hat es nicht schwer, auch zu glauben, er hätte immer recht. Quasireligiös wird hier ein politisches Bekenntnis überhöht. Wer bei Religion nur an die bei uns vorhandenen kirchlichen Gemeinschaften denkt, an jenes Kulturchristentum, das einer Zivilreligion ähnlich geworden ist, der hat keinen Blick für die revolutionären Möglichkeiten der Religion. Religion ist ihrem Begriff nach die

Auseinandersetzung des Menschen mit dem Absoluten, dem nicht weiter Ableitbaren, dem Höchsten, dem ersten und letzen Grund allen Seins. Von diesem Begriff aus wird klar, dass er auch missbräuchlich verwendet werden kann, indem man ihn nicht auf das Wahre (als dem Absoluten), sondern auf etwas anderes bezieht, nämlich eine politische Meinung, eine politische Ideologie.

Wahre politische Ordnung muss immer auf das Absolute, auf das Wahre hin geordnet sein, weil sie auf dem Wesen des Menschen beruht. Was das Wesen den Menschen ist, das ist freilich eine schwer zu beantwortende Frage, die wir hier stellen, die wir aber zu beantworten uns nicht anmaßen wollen. Wir können aber feststellen, dass wahre Religion etwas Transzendentes ist, das über unsere bloße Wirklichkeit hinausgeht, ideologische (also politische) Religion hingegen, sucht das Heil des Menschen allein in dieser Welt.

9.4. Absolute Gründe: Gott will es?

Wir haben subjektive (individuelle), objektive (gesellschaftliche) und quasireligiöse Gründe für Terrorismus aufgeführt, aber die Frage muss gestellt werden, wie weit diese Rechtfertigungen (denn das sind sie), die Anwendung von Gewalt wirklich begründen können. Kann es eine philosophische, d. h. systematisch begründbare Rechtfertigung geben? Hier kann nicht mehr gesagt werden, die Antwort hänge davon ab, welche Vorstellung man in Bezug auf das Absolute habe, ob man einer politischen Religion anhänge, ob man an das Recht des Stärkeren glaube oder ob man von der Würde und Freiheit des menschlichen Individuums ausgehe. Man kann hier nicht bei einem Wahrheitsskeptizismus stehen bleiben, der alle Meinungen für gleich berechtigt hält und bei den wichtigen Fragen der Menschheit jede Antwort verweigert. Philosophie bedeutet, begründet zu wissen. Wir haben zu Beginn unserer Auseinandersetzung mit dem Terrorismus, einen Begriff der Politik gegeben, der sich am bonum commune, an der Idee des Wahren und Absoluten, an der Idee des Wesens des Menschen orientiert. Von diesem festen Standpunkt aus, kann man - und muss man – versuchen, die Frage zu stellen und die Antwort zu finden. Die Frage ist also: Kann es eine absolute Rechtfertigung des Terrorismus geben? Die Antwort muss lauten: Nein, denn physische Gewalt widerspricht dem Wesen des Menschen. Gewalt, die in einem so unerträglichen Maß die Würde und Freiheit des Menschen verletzt, die im Menschen nicht den Menschen, sondern nur Mittel zum Zweck sieht, ist nicht nur objektives (d. h. von einer bestimmten Ordnung ausgehendes), sondern absolutes

Unrecht. Was der Natur des Menschen widerspricht, kann nicht Recht sein. Alle Anschauungen, die den Menschen als bloßes Mittel und Zweck betrachten, müssen zurück gewiesen werden. Kant hat in der zweiten Bestimmung des kategorischen Imperativs dieser Erkenntnis folgende Wendung gegeben: „Handle so, dass du die Menschheit sowohl in deiner Person, als in der Person eines jeden anderen jederzeit zugleich als Zweck, niemals bloß als Mittel brauchst." Der Mensch ist kein Mittel zum Zweck, er ist Selbstzweckt weil er Würde besitzt und Freiheit ist.

Selbst im Kampf gegen das sogenannte Böse, gegen das Unrecht, kann nicht auf Mittel zurückgegriffen werden, die selbst größtes Unrecht sind. Nichts anderes hat die katholische Soziallehre, als Lehre vom Wesen den Menschen, immer bekannt und wissenschaftlich begründet[30].

10. Kann Terror und Gegen-Gewalt erfolgreich sein?

Wenn man eine absolute Rechtfertigung der Gewalt ablehnt, muss man sich doch die Frage stellen, ob denn der Terrorismus nicht doch innerhalb des Rahmens seiner eigenen Vernunft erfolgreich sein kann. Kann man durch Gewalt und Gegengewalt nicht vielleicht doch eine - vom eigenen Standpunkt aus betrachtet - bessere Welt aufbauen? Könnte die Praxis der Theorie widersprechen? Gewalt hat sich in der Geschichte schon oft als ein Beschleuniger der Entwicklung erwiesen. Die Französische Revolution wurde nicht nur in Debatten im Ballhaus, sondern auf der Straße und schließlich auf den Schlachtfeldern durchgefochten. Im Zweiten Weltkrieg wurde Hitler nicht mit Appeasement Politik, sondern militärisch besiegt. Diese Beispiele ließen sich beliebig fortführen, und könnten zu der Annahme verleiten, mit Gewalt ließen sich Probleme tatsächlich effizient lösen. Wenn die Geschichte der Menschheit aber bisher etwas bewiesen hat, dann, dass auf Gewalt keine dauerhafte Ordnung begründet werden kann. Denn darin liegt die wesentliche Erkenntnis des ersten Abschnittes unserer Arbeit. Gegen den Willen der Herrschaftsunterworfenen kann man keinen Staat gründen und mit physischer Gewalt kann man auf Dauer kein Volk der Welt nieder halten. Nicht durch Krieg, sondern durch Frieden, nicht durch Gewalt, sondern durch gerechte Herrschaft (im zu Beginn dieses Aufsatzes entwickelten Sinn von Übereinstimmung von Bewusstsein und Verwirklichung des Begriffes des Menschen),

---

30 Vgl. Pribyl, Terrorismus und katholische Sozialethik. In: Terrorismus: Eine Herausforderung unserer Zeit. Frankfurt am Main, 2007, 193-204.

die auf der Natur des Menschen beruht, kann eine politische Friedensordnung gestaltet werden. Gerechte Ordnung, nicht Un-Ordnung (Krieg ist ja die Abwesenheit einer Friedens-Ordnung) und nicht Gewalt, können dauernden Frieden schaffen. Das gilt für den Terrorismus wie für den Kampf gegen ihn gleichermaßen.

Sehen wir uns dazu zwei bereits erwähnte Beispiele an. Denken wir zuerst an die Zerstörung des Tempels von Jerusalem durch die Römer im Jahre 70. n. Chr. Verweilen wir einen Moment bei der symbolischen Bedeutung des Tempels. Es wird immer wieder als ein typischer Aspekt des modernen Terrorismus bezeichnet, sich symbolische Ziele auszusuchen, denken wir etwa an das World Trade Center. Dies ist aber keineswegs eine sehr neue Taktik. Es war den Römern bewusst, dass sie nicht einfach einen Tempel, sondern den Tempel zerstörten. Gerade bei einem Volk, bei dem Religion und Politik (Ordnung der Lebenswelt) so eng verknüpft sind, wie beim Volk Israel, hätte die Zerstörung des Tempels auch zur Auflösung führen können. Dass sie es nicht getan hat, erweist den Geist als stärker als das Schwert. Nur mit Gewalt kann kein Konflikt gelöst werden (außer er wird so endgültig gelöst, dass am Ende nur mehr eine Partei existiert und die andere gänzlich vernichtet ist). Gewalt erzeugt nur wieder Gewalt. Indem man sich symbolisch aufgeladene Ziele aussucht, erschwert man nur die Möglichkeit eines Friedens zwischen beiden Seiten. Aber sehen wir uns ein Beispiel an, welches scheinbar den Triumph der militärisch Macht bezeugt: Deutschland nach 1945. Wie es aussieht, wurde durch den Zweiten Weltkrieg, durch die anschließende bedingungslose Kapitulation und Auslöschung des Deutschen Reiches, der Frieden erst möglich. Zweifellos wäre ohne die totale Niederlage, ein Wiederaufbau nicht möglich gewesen. Aber nicht die Niederlage, nicht die zerstörten Städte, nicht die Jahre des Leids haben ein neues und demokratisches Deutschland möglich gemacht. Es war nicht die Erfahrung von Gewalt, sondern die Erfahrungen des Wiederaufbaus, nicht Morgenthau- sondern Marschallplan, die eine neue Geisteshaltung geschaffen haben. Die Demokratie wurde zwar von außen eingeführt, aber sie ist durch ihre Erfolge, welche sie in der Weimarer Republik nicht erringen konnte, in die Herzen der Bevölkerung hineingewachsen. Der Friede wurde nicht durch den Krieg, sondern durch die anschließende Friedensordnung selbst erreicht. Was Goethe mit Blick auf das Eigentum sagt, gilt auch vom Frieden: Was du ererbt von deinen Vätern hast, erwirb es, um es zu besitzen. Frieden wird nicht erobert, nicht geschenkt oder aufgedrängt, sondern erarbeitet.

Wir betonen es noch einmal: eine absolute Rechtfertigung der Gewalt und des Terrorismus kann es nicht geben. Sie widerspräche dem Wesen des Menschen ebenso wie der historischen Erfahrung. Terrorismus ist nicht deshalb ein Verbrechen, weil er eine bestimmte politische Ordnung angreift, sondern weil er sich dabei eines Mittels bedient, das als solches Unrecht darstellt. Genauso wichtig ist aber die Feststellung, dass jede Form einer Auseinandersetzung letztlich nicht durch Gewalt sondern durch Frieden beendet wird. Aber daraus folgt auch, dass ein Krieg, der nicht auf den möglichen Frieden hingeordnet ist, nicht einfach gewonnen werden kann.

11. Krieg gegen den Terror

Wenn wir den Terrorismus im letzten Schritt als ein Verbrechen erkannt haben, bleibt uns jetzt noch zu fragen, wie ihm begegnet werden kann.

Die UN, hat seit den 1960iger Jahren zahlreiche Anti-Terrorismus-Konventionen und Resolution ratifiziert. Die offizielle Homepage der UN gegen Terrorismus, nennt nicht weniger als 16 „universal instruments“, die von ihr ausgearbeitet worden seien. Dazu zählen unter anderen die Aircraft Convention (1963), die Civil Aviation Convention (1971), die Plastic Explosives Convetnion (1991), die Terrorist Bombing Convention (1997), die wichtige Terrorist Financing Convention (1999) und die Nuclear Terrorism Convention (2005). Im September 2006 wurde eine Globale Strategie gegen den Terrorismus erarbeitet, die eine Basis aller Mitglieder der UN bieten soll, gemeinsam zu arbeiten. In der Resolution 1368 und der Resolution 1373, die auf die Attentate des 11. Septembers folgten, findet sich dann (in letzterer) die hochinteressante Formulierung: „in Bekräftigung des naturgegebenen Rechts zur individuellen oder kollektiven Selbstverteidigung, … in Bekräftigung der Notwendigkeit, durch terroristische Handlungen verursachte Bedrohung des Weltfriedens und der internationalen Sicherheit mit allen Mitteln, im Einklang mit der Charta der Vereinten Nationen, zu bekämpfen…“[31]. Dies wurde von einigen als Legitimation für ein militärisches Vorgehen gedeutet, welches uns nun beschäftigen wird.

---

31 UN-Resolution 1373 (2001) vom 28. September 2001: http//usa.usembassy.de/gemeinsam/resolutionen.htm (12. Jänner 2010).

Ungeachtet, dass die Zeit der Nationalstaatlichkeit regelmäßig als beendet erklärt wird, bleibt dennoch der Nationalstaat Hauptakteur im Kampf gegen den Terror. An erster Stelle stehen hier natürlich die USA. Nach den Anschlägen vom 11. September wurde der Krieg gegen den Terrorismus erklärt. Dieser Erklärung folgten der Krieg in Afghanistan 2001 und der Krieg im Irak 2003. Man veröffentlichte eine Liste der meistgesuchten Terroristen, versuchte terroristische Gruppen zu infiltrieren und von innen heraus zu zerstören (was sich als schwierig bis unmöglich erweisen hatte), auch betrieb man die Bombardierung vermeintlicher Terroristenverstecke - und tötete dabei nicht selten auch eine erhebliche Zahl von Zivilisten, was die Friedenbereitschaft der dortigen Bevölkerung wohl nicht erhöht haben dürfte. Die Operation „Dauerhafter Frieden" sollte die Bedrohung durch Schurkenstaaten verringern. Der Irakkrieg wurde als Präventivkrieg dargestellt. Bis heute sind kriegsbedingt und durch Terroranschläge über eine 1 Million Iraker gestorben. Dem Frieden ist die Region bisher nicht näher gekommen. Erwiesen sich schon die militärischen Operationen in jenen Ländern, die man als eine terroristische Gefahr sehen wollte, als wenig zufrieden stellend, so können auch die Anti-Terror Gesetze nicht grundsätzlich als positiv bewertet werden. In den USA brachte der Patriot Act Einschränkung der amerikanischen Bürgerrechte. 2004 erklärte ein Bundesrichter Teile des Gesetzes für verfassungswidrig. Am Fragwürdigsten etwa sind die Bestimmungen, dass Menschen ohne US-amerikanische Staatsbürgerschaft, die unter Terrorismusverdacht stehen, ohne Gerichtsverfahren auf Anweisung eines Attorney General für unbestimmte Zeit festgehalten werden dürfen. Die vom Standpunkt des Völkerrechts als problematisch zu sehenden Zustände in der Guantanamo Bay Naval Base, der Umstand, dass Folter manchen plötzlich wieder als ein legitimes Mittel erscheinen will, schließlich, dass unter dem Schutzmantel des Krieges gegen den Terrorismus die Bürgerrechte auch in Europa aufgeweicht werden, dass ein rechtsfreier Raum geschaffen wird, dies sind alles Punkte, die uns mit größter Sorge erfüllen sollten. Umso mehr, als sich bisher nicht gezeigt hat, dass diese Maßnahmen besonders erfolgreich gewesen wären. Wir müssen uns im Gegenteil fragen, ob wir nicht, wenn wir gerade Errungenschaften wie Menschen- und Bürgerrechte, aufgeben, wenn wir in ein neues Kolonialzeitalter eintreten, gerade den Terrorismus bestärken?

Neben diesen Krieg gegen den Terror, gibt es freilich auch die Möglichkeit, die Ursachen des Terrors und nicht nur seine Symptome zu bekämpfen. Eine Lösung könnte die Überwindung der Religion sein: ohne Religionen wäre gleichsam ein paradiesischer Zustand ohne Sündenfall erreicht, da man ja kein Konfliktpotential mehr hätte. Wes Geistes Kind diese Forderungen sind, erhellt sich freilich schon daraus, dass ihre bekanntesten Vorreiter, wie etwa Christopher Hitchens oder Sam Harris, nicht nur den Irakkrieg aufs heftigste befürworteten, sondern sich auch für die Anwendung von Folter aussprachen.

Die These verkennt außerdem, dass von einer christlichen (christlich fundamentalistischen) Kultur ja gar nicht gesprochen werden kann, wenn in Europa etwa 10% der Katholiken und 2% der Protestanten den Sonntagsgottesdienst besuchen. Das verbreitete modern-säkularisierte Christentum beschränkt sich ja im Wesentlichen auf Weihnachten (das ist die Feier mit den Geschenken) und Ostern (die Feier mit den bunten Eiern), sowie Taufe und Hochzeit als kulturelles Feierangebot. Das moderne Christentum kann also nicht sosehr das Problem sein. Fragt sich, ob es so leicht wäre, auch den Muslimen ihre Religion auszureden. Europa hat immerhin fast 500 Jahre gebraucht, um die Religion fast zum Verschwinden zu bringen (und es ist zum Glück noch immer nicht ganz gelungen). Es ist auch fraglich, ob eine fundamentalistische Bewegung, die den Westen für dekadent[32] und verkommen hält, sich durch die Idee hemmungslosen Konsums und Hedonismus verführen lässt. Die Moderne ist ja keineswegs die sinnstiftende Idee, als die sie gerne dargestellt wird. Würde eine Welt ohne Religion eine friedliche Welt sein? Abgesehen davon, dass die Religionen nicht so einfach ausgeschaltet werden können, würde ein Verschwinden der Religion das soziale und politische Konfliktpotential keineswegs beseitigen. Die wirtschaftlichen und zivilisatorischen Unterschiede blieben ja vorerst bestehen. Gerade diese zu beseitigen, könnte nun allerdings eine mögliche Lösung unseres Problems sein. Wenn alle Menschen plötzlich in Wohlstand und ausgestattet mit den Segnungen der Wegwerfgesellschaft leben würden - was schon allein durch die beschränkten Ressourcen der Erde und durch die folgende, ins Unermässliche gesteigerte Umweltverschmutzung nicht durchführbar wäre –, könnte selbst damit die Sinnkrise der modernen, wie der fundamentalistischen, Gesellschaft nicht beseitigt werden. Viele Terroristen rekrutierten sich ja schon bisher aus sozial keineswegs unterdrückten oder armen Schichten. Dennoch liegt gerade in der Bekämpfung der Armut eine der wenigen Möglichkeiten, an einer friedlichen Welt mitzuschaffen.

32 Eine Gesellschaft, in der Kinder verhungern, kann eine andere, in der es über ein Dutzend verschiedene Sorten von Hundefutter gibt, wohl kaum anders als dekadent betrachten.

Wenn die USA überlegen 30.000 Soldaten zusätzlich nach Afghanistan zu schicken, so wird das, nach unserem bisherigen Kenntnisstand, keinen Frieden bringen. Mit den Kosten, die ein solches Kontingent verursacht, könnte man Schulen, Bewässerungsanlangen oder ähnliches bauen. Es kann nicht oft genug betont werden, dass der Kampf gegen die Gewalt, nicht mit physischer Gewalt gewonnen wird, sondern in den Herzen und Köpfen der Menschen. Die Menschen in Afghanistan brauchen kein modernes Spital, das komplizierte Herztransplantationen durchführen kann, sie brauchen keine Verwaltung, die auf europäische Maßstäbe zugeschnitten ist, was sie brauchen, sind die elementarsten sozialen Errungenschaften, Schulen, Wasserversorgung, Infrastruktur ... alles Dinge, die nicht sehr teuer sind. Es gilt, ein der historischen Entwicklungsstufe entsprechendes Förderprogramm zu entwickeln, Hilfe zur Selbsthilfe anzubieten, die auch das Selbstbewusstsein der Einheimischen stärkt. Nur auf diese Weise kann man langsam, sehr langsam, auf Fortschritte hoffen. Es geht vorerst darum sich mit Respekt und Achtung zu begegnen (nicht den Terroristen, sondern den Gesellschaften aus denen sie entspringen). Dann kommt es darauf an, langfristig, die Asymmetrie zwischen den menschlichen Gesellschaften, sowohl in politischer als auch in sozialer Hinsicht, etwas auszugleichen. Und schließlich wird es darauf ankommen, an einer sinnvollen Weltsicht zu arbeiten, die den Menschen als soziales, aber auch als spirituelles Wesen, würdigt, und eine lebenswerte, weil menschengerechte Welt möglich macht.

12. Überwindung des Terrorismus

Der Konflikt zwischen Moderne und Fundamentalismus kann auf dreierlei Arten entschieden werden: Einerseits könnte es der Moderne gelingen, den Fundamentalismus auszurotten, sei es, dass die Ursachen des Terrors oder alle möglichen gegenwärtigen und zukünftigen Terroristen beseitigt würden. Eine totale Auslöschung der fundamentalistischen Gesellschaften ist aber ebenso wenig möglich - noch rechtfertigbar –, wie eine gänzliche Unterdrückung, die ein neues Kolonialzeitalter bedeuten würde. Dazu fehlt nicht nur die technische Machbarkeit, sondern auch der erforderliche Wille, große Teile der Erde zu erobern und zu besetzen. Schon jetzt können weder im Irak, noch in Afghanistan, geordnete Zustände aufrecht erhalten werden. Überhaupt zeigt sich, dass die USA und ihre Verbündeten, was eine zukünftige Friedensordnung betrifft, gänzlich planlos sind.

Voraussetzung einer modernen Gesellschaft ist ein gewisses Maß an Wohlstand und Wohlleben, das in den sogenannten unterentwickelten Ländern auf absehbarer Zeit nicht verwirklichbar ist. Selbst wenn wir davon ausgehen würden, dass die Welt über unbeschränkte Ressourcen verfügen würde, was ja bekanntlich nicht der Fall ist, sollten uns die Beispiele scheinbar optimal integrierter Terroristen gezeigt haben, dass Wohlstand keinen Schutz vor fundamentalistischen Überzeugungen bietet. Würde die Welt es überhaupt verkraften, wenn sich der westliche Lebensstandard über die ganze Welt erstrecken würde?[33] Stellen wir uns die Umweltbelastung vor, wenn jeder Chinese über ein Auto verfügen würde. Und wäre Luxus ein Garant für Demokratie, Frieden und Glück der Menschen? Heute ist längst bekannt, dass die westlichen Gesellschaften durch den Wohlstand keineswegs glücklicher geworden sind, eher trifft das Gegenteil zu[34]. Wohlstand kann nicht der Sinn des Lebens sein, nur ein menschenwürdiges, ein menschliches Leben, das dem sozialen Wesen des Menschen gerecht wird, kann sinnvoll sein. Und dazu gehört wesentlich auch die spirituelle Dimension den Menschen, welche die Moderne so gerne übersieht.

Andererseits könnte es dem Fundamentalismus gelingen die moderne Gesellschaft soweit zu destabilisieren, dass sie früher oder später zusammenbricht und im Zuge einer neuen Völkerwanderung schlicht überrannt wird. Dies erscheint auch in Anbetracht der demographischen Entwicklung, als nicht ganz von der Hand zu weisen. Muammar al-Gaddafi, Staatsoberhaupt Lybiens, sagte in diesem Zusammenhang: „There are signs that Allah will grant victory to Islam in Europe without swords, without guns, without conquest. We don't need terrorists, we don't need homicide bombers. The 50+ million Muslims in Europe will turn it into a Muslim continent within a few decades." In fünf bis sieben Jahren wird der Islam die meist verbreitete Religion der Erde sein.

Nun ist aber weder die geringe Fruchtbarkeitsrate der sogenannten Westlichen Länder, noch das starke Anwachsen der muslimischen Bevölkerung als solches, schon ein Grund, in Kulturpessimismus, Kulturkampfhysterie oder Verzweiflung zu verfallen. Statistiken können sich jederzeit wieder ändern. Sie sind nicht Ausdruck einer unumkehrbaren Notwendigkeit der Geschichte,

---

33 Stellen wir uns die Umweltbelastung vor, wenn jeder Chinese über ein Auto verfügen würde.

34 vgl. Layard, Die glückliche Gesellschaft. Kurswechsel für Politik und Wirtschaft., Frankfurt / New York, 2005.

sondern lediglich querschnittartige Prognosen. Sie stellen eine Möglichkeit dar, die gestaltbar bleibt. Gestaltbar ist die Welt aber nicht durch Gewalt, sondern nur durch Ideen.

Nur eine Wissenschaft, die sich im Klaren über Wesen und Würde des Menschen ist, kann angemessen auf die Bedrohungen des Terrorismus reagieren. Ein angebliches Naturrecht des Stärkeren kann den Terrorismus nicht verurteilen, sondern ihn nur als ein adäquates oder inadäquates Mittel der Politik beschreiben, sie kann ihn vielleicht noch von einem individuell-moralischen Standpunkt aus zurück weisen, aber sie kann ihn nicht überwinden.

Wenn wir auf Gewalt und Schrecken immer nur mit Schrecken und Gewalt reagieren, können wir diesen Kampf nicht gewinnen. Nur eine echte Alternative zu dieser Ordnung von Gewalt kann uns helfen. Diese Alternative und den Weg dorthin zu erarbeiten, der Kultur des Todes eine Kultur des Lebens entgegen zusetzen, bedarf eines Europas, dass sich seiner Wurzeln, die auch die Wurzeln der Menschen- und Bürgerrechte sind, bewusst wird, eines Europas, das der Welt wieder etwas zu geben hat: einen Sinn des Lebens außerhalb des Konsums. Nur ein geistiges Europa kann diesen Schritt tun und eine positive Gegenordnung schaffen. Gelingt uns das nicht, geraten wir in Gefahr, dem Terror tatsächlich zu erliegen.

Terrorismus aus US-Perspektive

Überzogene Reaktionen auf eine unberechenbare Bedrohung

VON BERNHARD ADAMEC

Die Bürger der Vereinigten Staaten von Amerika haben zu Terrorismus einen sehr emotionalen Bezug. Neben Pearl Habor 1944 und einigen kleineren terroristischen Attacken war der Anschlag auf die beiden Türme des World Trade Centers in New York City am 11. September 2009 (fortan 9/11) eine der ganz wenigen gewalttätigen Einwirkungen von einer äußeren Macht im Staatsgebiet der USA in den vergangenen 100 Jahren. Kriegerische Auseinandersetzungen mögen zwar etwas sein, mit dem das amerikanische Volk sehr vertraut ist, jedoch nur durch die militärischen Aktivitäten des eigenen Landes in Übersee. Der Angriff auf eigenem Grund und Boden, noch dazu auf eines der Wahrzeichen der Wirtschaftskraft des Landes, hat die Amerikaner tief in ihrer Seele verletzt. Obwohl sie über ein übermächtiges Militär und die besten militärischen und zivilen Geheimdienste verfügen, war es ihnen dennoch nicht gelungen, diese Tragödie zu verhindern. Dieses kollektive Gefühl der Ohnmacht ist wohl eine der notwendigsten Voraussetzungen für alle Reaktionen und Maßnahmen, die als Antwort auf die verheerende Katastrophe von 9/11 gesetzt wurden.

Grundsätzlich sind die Amerikaner ja bekanntermaßen ein sehr freiheitsliebendes Volk. Sich berufend auf ihre *Founding Fathers*, die in der Revolution ihre Unabhängigkeit von einem despotischen König in Großbritannien erklärt haben und einen Staat schufen, der allen Bürgern ein Höchstmaß an individueller Freiheit zusicherte, sind auch heute noch viele Amerikanerinnen und Amerikaner von diesen Grundideen überzeugt. In mancherlei Hinsicht scheinen sich aber die Prinzipien der Gründungsväter in der heutigen Gesellschaft verändert zu haben. Die Autoren der Verfassung der USA waren entschieden gegen ein stehendes Heer in Friedenszeiten, da sie befürchteten, dass eine solche Einrichtung eine Gefährdung für das eigene Volk ist, sollte die Macht des Militärs missbraucht werden. Sie entschieden sich hingegen für eine bewaffnete Bevölkerung, die sich selbst und ihr Land verteidigen kann und in Form von Miliztruppen organisiert ist. Erst nach dem 2. Weltkrieg kam es zur militärischen Aufrüstung der Vereinigten Staaten, wie wir sie heute kennen. Heute stellen diese Entwicklungen die wenigsten in Frage. In Bezug auf Landesverteidigung und Sicherheit sind die Amerikaner heute viel mehr bereit Kompromisse einzugehen, Freiheiten aufzugeben und Handlungsspielräume für die Regierung zu schaffen, als sich das ihre Founding Fathers je vorstellen hätten können.

1. Terroristische Strategien

Einige Wochen nach dem Angriff von 9/11 wurde eine Rede von Osama bin Laden im arabischen Nachrichtensender Al Jazeera ausgestrahlt, in dem der Terrorist folgendes Statement verlautbarte: „Ich sage euch, Freiheit und Menschenrechte in Amerika sind verloren. Die US Regierung wird das amerikanische Volk - und den Westen generell - in eine unerträgliche Hölle und ein erstickendes Leben führen.“[1] Diese Prophezeiung offenbart auch die eigentlichen Absichten und Strategien hinter terroristischen Aktionen wie sie von terroristischen Gruppierungen wie Al Qaida ausgeführt werden. Was weltweit meist auch als terroristische Angriffe eingestuft wird, nämlich die Aktionen gegen militärische und zivile Einrichtungen in einem von einer fremden Macht besetzten Gebiet, sind meist paramilitärische Strategien, die auf eine Zermürbung der Besetzungsmacht abzielen. Angriffe, wie auf das World Trade Center hingegen, zielen nicht nur auf den unmittelbaren Schaden ab sondern vor allem auch auf die Folgewirkungen. Das Oxford English Dictionary gibt für Terrorismus folgende Definition an: „Der systematische Einsatz von Gewalt und Einschüchterung, um eine Regierung oder eine Gemeinschaft dazu zu zwingen bestimmte politischen Forderungen nachzugeben.“[2].

In weiterer Folge untersucht dieser Artikel einerseits die direkten Kosten und Auswirkungen der Angriffe von 9/11. Der Fokus liegt dann aber vor allem auf den ökonomischen und nicht-ökonomischen Kosten, die durch die Reaktionen und Strategien entstehen, um zukünftigen terroristischen Akten vorzubeugen und in wie fern die „politischen Forderungen“, wie es das Oxford English Dictionary beschreibt, der Terroristen dadurch gerade erst erfüllt werden.

1 BBC News, „Networks row over Bin Laden tape,“ February 1, 2002, available at http: / / news.bbc.co.uk / 1 / hi / world / middle_east / 1795531.stm.

2 The New Shorter Oxford English Dictionary, 1993.

2. Grundlagen

Eine der Grundintentionen der Autoren der amerikanischen Verfassung war es eine „more perfect union“ zu schaffen, wie es in der Einleitung des Gründungsdokumentes geschrieben steht. Es gibt unterschiedliche Sichtweisen über die Absolutheit des Begriffs „perfect“. Akhil Amar, einer der gegenwärtig wichtigsten Interpreten der amerikanischen Verfassung, weist in seiner Auslegung dieser Stelle der Verfassung vor allem auf die ersten neun *Federalist Papers* hin, von Alexander Hamilton, James Madison und John Jay verfasste Kurzessays, die in der Debatte rund um die Ratifizierung nach dem Verfassungskonvent in Philadelphia eine wichtige Rolle spielten, um die Bevölkerung in den einzelnen Staaten von den Vorteilen eines starken *Federal Government* zu überzeugen. Nach Akhil Amar ist die geostrategische Bedeutung der Union eines der wichtigsten Argumente in den ersten neun *Federalist Papers* und damit auch in der gesamten Debatte gewesen. Die Union würde also nicht die Bevölkerung des Staates von Virgina vor ihrer eigenen Regierung beschützen, sondern vor dem Einwirken und der Gefahr von fremden Mächten. Auch die Demilitarisierung der Grenzen der Staaten innerhalb der Union war von großer Bedeutung. Gerade in der Zeit der *Articles of Confederation*, die zwischen der Unabhängigkeitserklärung und der Ratifizierung der Verfassung galten, hat sich die Ineffizienz gezeigt, die herrschen würde, wenn die einzelnen Staaten, die ja gerade erst aus den ehemaligen Kolonien hervorgegangen waren, ihre eigenen Grenzen besichern müssten.[3] Aus diesen Überlegungen heraus entstand der Auftrag an die Union „to provide for the common defense“, der ebenfalls in der Einleitung der amerikanischen Verfassung festgeschrieben ist.

Nun stellt sich aber natürlich die Frage, wie umfassend dieser Auftrag auszulegen ist. Wie bereits erwähnt, war diese Aufgabe in der Gründungszeit der Vereinigten Staaten sehr begrenzt gesehen. So wurde als einzige und auch wichtigste gemeinsame Verteidigungseinrichtung eine Marine aufgebaut, um das Landen fremder Soldaten auf dem eigenen Kontinent so früh wie möglich abzuwehren. Seit Ende des Zweiten Weltkrieges hat sich diese Strategie ohnehin grundlegend geändert und womit sich dieser Artikel beschäftigt, ist vor allem die Angemessenheit der militärischen Reaktionen, die mit einer Gefahr gerechtfertigt werden, die viel diffuser ist, als die militärische Bedrohung

3 Akhil Reed Amar: *America's Constitution. A Biography*. New York: Random House Trade Paperback Edition 2006 S. 44.

eines fremden Staates. An dieser Stelle sei aber festgehalten, dass die geostrategischen Absichten der vielbeschworenen *Founding Fathers* keineswegs interventionistischer Prägung waren, sondern vielmehr der Garantie des eigenen Friedens und die Gewährleistung der Neutralität der Vereinigten Staaten, um dem europäischen Schicksal der andauernden kriegerischen Auseinandersetzungen am eigenen Kontinent entgehen zu können.

In diesem Zusammenhang muss man vor allem berücksichtigen, dass die Aufgabe der Verteidigung natürlich in Zusammenhang steht mit anderen wichtigen Teilen der Verfassung, vor allem jenen, die die zivilen Freiheiten betreffen. Es gibt keinen absoluten Anspruch auf diese zivilen Freiheiten, da sie eine Sammlung an Prinzipien sind (von denen einige in der *Bill of Rights*[4] explizit festgehalten sind) und auch miteinander in Konflikt sein können. Es ist schwierig eine ausgewogene Balance geben zwischen dem Auftrag die eigene Bevölkerung zu beschützen und andererseits die zivilen Rechte nicht zu stark einzuschränken. Aber man muss klar den qualitativen Unterschied hervor streichen, der zwischen dem Recht auf Leben, Freiheit und dem persönlichen Glücksstreben[5] und dem Verlangen danach vom Staat vor Terroristen beschützt zu werden. Das eine sind Grundrechte, die der Mensch von Natur aus besitzt und die vom Staat nur abgesichert und respektiert werden müssen. Der Schutz vor terroristischen Angriffen hingegen ist eine Verantwortung, die der Staat gegenüber seinen Bürgern hat, aber kein Grundrecht jedes einzelnen Bürgers. Mit dieser Verantwortung wurden allerdings in der Vergangenheit enorme Einschränkungen der zivilen Freiheiten argumentiert und große Summen des US-Haushaltes für die aktive Kriegsführung zur Terrorismusprävention aufgewendet.

Das ökonomische System auf dem die Vereinigten Staaten fußen und das ihnen auch zum Aufstieg zur Weltmacht verholfen hat, ist Ayn Rand zudem zufolge das einzige, das sich in seinen Prinzipien fundamental gegen einen interventionistischen Ansatz in der Kriegsführung wehrt. In ihrem Essay *the Roots of War* argumentiert Rand, dass der lassez-faire Kapitalismus der Welt die längste Zeit des Friedens bescherte - von 1815 bis 1914 gab es keinen Krieg, der die gesamte Bevölkerung der zivilisierten Welt involvierte. Ihrer Ansicht nach ist Kapitalismus „basierend auf der Anerkennung von individuellen

4 Die ersten zehn Verfassungszusätze werden generell als *Bill of Rights* bezeichnet.

5 In der Unabhängigkeitserklärung der USA wurden diese drei Rechte stellvertretend für alle unveräußerlichen Rechte des Menschen genannt.

Rechten daher das einzige System ohne Zwang in sozialen Beziehungen“[6]. Allerdings waren der Krieger und der Händler grundlegende Gegner in der Menschheitsgeschichte. Handel wurde als selbstsüchtig denunziert, während Eroberung als ehrenvoll galt. Der Mythos des kapitalistischen Imperialismus ist sehr oberflächlich, da die Außenpolitik des Kapitalismus freier Handel ist und Unternehmer und Arbeiter keinen Krieg starten können. Die meisten, die sich für Frieden einsetzen, argumentieren nur leider nicht auch für eine Einschränkung der Staatsgewalt. Aber man sollte bedenken, dass ein unilateraler Pazifismus wohl kaum eine Einladung zur Aggression ist. Ayn Rand ist der Überzeugung, dass ein Land wohl seine Grenzen verteidigen sollte, aber dass bei einem Angriff es auch sicher nie an Freiwilligen mangeln würde, die bereit wären das eigene Land zu verteidigen. Dieser grundsätzlichen Auffassung, wenn auch nicht in der vollen theoretischen Reinheit eines philosophischen Systems, waren ebenfalls die Gründungsväter der Vereinigten Staaten. Um sich zu verteidigen, haben sie gut organisierte Milizen vorgesehen.

Die Zeiten, gerade in Bezug auf die Kriegsführung, haben sich fundamental verändert und ein Milizsystem ist heute sicher nicht mehr denkbar, um eine Landesverteidigung zu organisieren. Dennoch ist es wert diese Grundprinzipien der Vereinigten Staaten in Erinnerung zu rufen, wenn man die ausufernden kriegerischen Aktivitäten und Heimatschutzmaßnahmen der USA genauer betrachtet.

Aus einer volkswirtschaftlichen Perspektive kann die Landesverteidigung als ein öffentliches Gut bezeichnet werden. Paul Samuelson und Francis Bator haben dafür vier Kriterien definiert: (1) es gibt keinen Wettbewerb in der Konsumation, (2) gleichzeitige Konsumation ist möglich, (3) Konsumenten zeigen trügerisches Eigeninteresse (geringer als ihr tatsächlich Bedarf) und (4) privatwirtschaftlich organisiert könnten „Trittbrettfahrer“ nicht wirtschaftlich sinnvoll ausgeschlossen werden.[7] Auch Robert Nozick argumentiert in *Anarchy, State and Utopia*, dass ein kapitalistisches System im Zustand der Anarchie unausweichlich in einen Minimalstaat übergeführt wird, ohne dabei seine Prinzipien zu verletzen durch das Entstehen einer einzigen, räumlich-begrenzt dominanten, privaten Verteidigungs- und Rechtsentität. Es ist im

6 Ayn Rand: *Capitalism: The Uknown Ideal.* New York: Penguin Group S. 33.

7 Paul A. Samuelson: „The Pure Theory of Public Expenditure“ in *Review of Economics and Statistics XXXVI* (November 1954), pp. 387-390. Francis Bator: „Anatomy of Market Failure“ in *Quarterly Journal of Economics* 1958.

Interesse jedes Einzelnen Teil dieses Systems zu sein, da andere Entitäten nicht effektiv in der Lage wären im Wettbewerb zu jener Entität zu stehen, die ein bestimmtes Gebiet mehrheitlich abdeckt.[8]

Diese Argumente für die Landesverteidigung als öffentliches Gut und erste Staatsaufgabe sind nur notwendige Rechtfertigungen gegen eine Fundamentalopposition des Anarchismus. Es handelt sich dabei jedoch keineswegs um eine hinreichende Rechtfertigung für jeden beliebigen Umfang und Aufwand für die Landesverteidigung. Politiker und Bürokraten können willkürlich eine öffentliche Nachfrage nach Sicherheit annehmen und diese durch verschiedene Maßnahmen auch tatsächlich stimulieren (wie das im Bezug auf die Bedrohung durch terroristische Angriffe bestens vorgeführt wird) und rechtfertigen damit alle Maßnahmen, die sie zur Organisation der Landesverteidigung durchführen wollen. Im Konflikt mit fremden Nationen kann das zu einem internationalen Gefangenen-Dilemma[9] und zu einer Ausweitung der militärischen Streitkräfte als politisches Mittel führen, das in einem Eskalations-Spiel mündet (wie das zum Beispiel im Kalten Krieg zum Teil der Fall war). Aber fremde Nationen haben Personen, die sie repräsentieren und mit denen Verhandlungen möglich sind. So kann durch Entstehen einer Kooperation das Gefangenen-Dilemma gegebenenfalls doch gelöst werden. Terroristische Organisationen hingegen werden nicht von offiziellen Repräsentanten vertreten. Verhandlungen werden grundsätzlich abgelehnt und nachdem keine Verträge und Abkommen unterzeichnet werden können, ist die Lösung des Gefangenen-Dilemmas in dieser Situation bedeutend schwieriger. Die folgenden Analysen sollen die Hintergründe zeigen, die Anreize für Politiker, Staatsbedienstete und die Medien mit der Maschinerie der Antiterrorismus-Industrie ordentliches politisches und wirtschaftliches Kapital zu verdienen.

3. Zivile Freiheiten in einer Ära des Massenterrorismus[10]

Russel Hardin nimmt in seinem Essay über die Bedrohung ziviler Freiheiten durch Terrorismus Bezug auf James Madison und Wilhelm von Humboldt. Beide dachten, dass ein starker Staat notwendig ist, um Freiheiten zu

8 Robert Nozick: *Anarchy, State, And Utopia.* Basic Books Perseus Books Group 2006.

9 Ein Begriff aus der Spieltheorie, der den Zusammenhang von individuellen rationalen Entscheidungen und ihren kollektiven Auswirklungen beschreibt.

10 Russell Hardin: „Civil Liberties in the Era of Mass Terrorism“ in *The Journal of Ethics, Vol. 8, No. 1,* Terrorism (2004), S. 77-95.

beschützen und das individuelle Glücksstreben zu ermöglichen. Aber ein starker Staat bedeutet nicht auch gleichzeitig ein überbordender Staat. Hardin formuliert das berühmte Zitat von James Madison aus Federalist No. 51 um und beschreibt damit das Problem, mit dem wir durch den modernen Terrorismus konfrontiert sind: „wie können wir einen Staat aufbauen, der uns gegen Terrorismus beschützt und uns gleichzeitig auch gegen die Staatsgewalt selbst schützt“[11].

Er definiert zwei verschiedene Arten des Terrorismus: (1) *1-on-1 Aktionen*, die grundsätzlich wie normale Verbrechen behandelt und Terroristen auch dementsprechend verurteilt werden. (2) Die meisten Toten durch Terrorismus wurden aber durch *gut-organisierte Angriffe* verursacht. Überwachung kann diese Attacken verhindern und Hardin konzentriert sich deshalb in seiner Analyse auf diese Problematik.

Er zeigt, dass das Sampling der Terroristen sehr problematisch ist - selbst bei einer Genauigkeit von 95% gäbe es immer noch einen sehr großen Anteil an falschen positiven Verdachten und damit könnte es zu einer Stereotypisierung in den Untersuchungsmethoden kommen und jungen männlichen Arabern könnte es bald so gehen, wie früher Afro-Amerikanern.

Hardin geht weiter in seiner Analyse und stellt fest, dass Abstriche zwischen Sicherheit und Freiheit gemacht werden müssen. Ein absoluter Anspruch auf zivile Freiheiten ist per se falsch, da es sich um eine Sammlung von Rechten handelt, die miteinander in Konflikt sein können. Er versucht also eine vernünftige Argumentation zu finden, um entscheiden zu können, welche Abstriche bei den zivilen Freiheiten gemacht werden sollten.

In dem er zu den Madison'schen Prinzipien zurückkehrt, argumentiert er: „Dem Staat Anti-Terroristische Verfügungsgewalt zu geben läuft den Madison'schen Prinzipien des Misstrauens in den Staat und dem Montesqieu'schen Prinzip der Gewaltentrennung zuwider.“[12] Hardin weist darauf hin, dass das Ziel von Strafgesetzen die Vorbeugung, aber nicht die Vorverurteilung von jenen ist, die vielleicht ein Verbrechen begehen könnten. Er nennt vor allem die tausenden Amerikaner mit japanischem Ursprung, die in den westlichen Wüstengefängnissen während des zweiten Weltkrieges eingesperrt wurden. Er unterstreicht, dass wir üblicherweise keine Einschränkung einer Freiheit, die

11 Hardin S. 78.

12 Hardin S. 90.

der Regierung gewährt wurde, irgendwann einmal wieder zurücknehmen. In seiner Zusammenfassung meint Hardin, dass es im Jahr 2004 vielleicht noch ein wenig zu früh ist, um über die Auswirkungen von 2001 auf die zivilen Freiheiten zu schreiben, aber er nimmt an, dass die Fortschritte in der Überwachungstechnik sicher schneller sein werden, als die Fortschritte in der Kontrolle von Überwachungstechniken.

4. Versteckte Kosten der Landessicherheit[13]

Benjamin Friedman untersucht in seiner Analyse die sichtbaren und die versteckten Kosten der Landessicherheit. Er startet seine Argumentation, dass obwohl die Kosten der Landessicherheit (Homeland Security) gegenüber der Landesverteidigung (Defense) erblassen, es bei der Landessicherheit auch viele versteckte Kosten gibt. Friedman stellt die Gefahr durch Terrorismus in Kontext mit allergischen Reaktionen auf Erdnüsse, Rehe auf der Straße und Blitzeinschlag, durch die in den meisten Jahren ungefähr gleich viele Menschen sterben, wie durch terroristische Angriffe. Im Ausnahmejahr 2001 starben immer noch 12-mal mehr Menschen an der Grippe und 15-mal mehr Menschen bei Autounfällen.[14]

Er meint auch, dass Terrorismus viel schwieriger ist, als wir uns das eigentlich vorstellen. Zuerst müssen die Terroristen in die Vereinigten Staaten gelangen - dafür braucht es verlässliche Personen deren Namen nicht auf den Listen der Fluglinien-Sicherheitsdienste stehen. Chemische oder biologische Massenvernichtungs-Waffen zu benutzen, ist alles andere als einfach, weil man dazu spezielle Laboratorien benötigt und Experten, die diese Waffen produzieren.[15]

Friedman argumentiert, dass die Gefahr des Terrorismus ernst, aber weit davon entfernt ist, existenziell zu sein. Es ist die menschliche Psyche, die uns dazu verleitet die Gefahr von Bedrohungen, die wir nicht kontrollieren können, zu überschätzen. Er zieht die Prospect-Theorie heran und zeigt daran, dass Menschen dazu tendieren gegenwärtigen Besitz mit irrationalem Wert zu belegen, mögliche Verluste zu über- und Gewinne zu unterschätzen. Ein zweiter Grund für die Übertreibung der Terrorismusgefahr ist die Politik. Friedman glaubt, dass Gefahr sich auszahlt für Bürokraten, um ihre Budgets zu

---

13 Benjamin H. Friedman: „The Hidden Cost of Homeland Defense," MIT Center for International Studies Audit of the Conventional Wisdom, 05-12 (November 2005). S. 1.

14 Franklin S. 2.

15 Franklin S. 3.

vergrößern, für Firmen um ihre Technologien an die Regierung zu verkaufen und für Politiker um wiedergewählt zu werden. Aber auch die Zeitungen sind involviert. Reporter schreiben über Gefahr und nicht über ihre Abwesenheit und Karriere-Analysten in Think Tanks und an den Universitäten bekommen Finanzmittel und Einladungen auf Capitol Hill, wenn sie Bedrohungen und die Verteidigung dagegen hinausposaunen und nicht, wenn sie den Amerikanern erklären, dass sie sich weniger Sorgen machen sollen.

Friedman zeigt, dass das nationale Heimatsicherheitsbudget von $ 32 Milliarden im FY2001 auf $ 49,9 Milliarden im FY2006 gestiegen ist - die gesamten Vereinigten Staaten (die Bundesstaaten und private Ausgaben mit eingerechnet) geben insgesamt $ 60 Milliarden im FY2006 aus.[16]

Aber es sind nicht nur die tatsächlichen volkswirtschaftlichen Kosten, die berücksichtigt werden müssen, sondern auch versteckte, wie Opportunitätskosten. Handel an den Grenzen und Häfen funktioniert langsamer, Einwanderung ist schwieriger und schadet damit der Industrie und dem Handel in dem ihnen Arbeitskraft vorenthalten wird. Und nach Friedman sind all die Vorbereitungspläne, Notfallrouten und Sicherheitspakete, die überall promotet werden, nichts als Show, weil die Amerikaner ohnehin sicher sind.[17]

5. Kostenanalyse des Terrorismus[18]

Peter Navarro und Aron Spencer schätzen in ihrem Artikel, der einige Monate nach dem Anschlag auf das World Trade Center erschienen ist, die kurzfristigen Kosten und die möglichen langfristigen Kosten durch ein langsameres Wirtschaftswachstum, falls der Präsident, der Congress und die Federal Reserve unkluge Entscheidungen treffen.

Sie starten mit den Sachschäden, die durch den Anschlag von 9/11 entstanden sind. Die großen Posten sind die vier zivilen Luftfahrzeuge mit einem Wert von $ 385 Millionen, die Zerstörung des World Trade Centers (WTC) mit geschätzten Wiederherstellungskosten von $ 3 bis $ 4,5 Milliarden, die Schäden am Pentagon in der Höhe von $ 1 Milliarde und die Aufräumkosten in der Höhe von etwa $ 1,3 Milliarden. Der Schaden an öffentlichen Einrichtungen

---

16 Franklin S. 3.

17 Franklin S. 3.

18 Peter Navarro, Aron Spencer: „Assessing the Costs of Terrorism", *Milken Institute Review* 04 / 2001 S. 18.

und dem U-Bahn-System wird mit $ 2 Milliarden geschätzt. Die weiteren $ 3,2 Milliarden für Computer Hardware und Software im WTC ergeben eine Gesamtsumme von $ 10 bis $ 13 Milliarden.[19]

Im nächsten Schritt wagen sich Navarro und Spencer an die Einschätzung des Verlustes an menschlichem Leben heran. Die terroristischen Attacken kosteten ca. 6.000 Leben. Sie sind sich bewusst, dass das Leben einen unschätzbaren Wert hat und versuchen daher, die Wertbemessung aus einer subjektiven Perspektive anzugehen (wie viel Verlust an Lebenseinkommen ist jemand bereit einzugehen, um Sicherheit zu erhöhen) und sie verwenden Werte, die üblicherweise auch von der Regierung verwendet werden, um zusätzliche Sicherheitserfordnisse in Flugzeugen zu argumentieren. Sie schätzen die 6.000 Toten mit einem Verlust von $ 40 Milliarden.[20]

Weiters erfassen Navarro und Spencer den Wert des Wohlstandes der nicht entsteht, weil die Menschen Angst haben und die Nation geschockt war. Sie berechnen verlorene Transportaufwendungen, nicht getätigte Hotelnächtigungen, eingeschränkte Werbeaktivitäten (vor allem während der werbefreien Zeit in den Tagen nach dem Anschlag), den teilweise Arbeits-Stopp und die geringeren Verkaufszahlen im Handel. Ihre Gesamtschätzung des Verlusts in der direkten Nachwirkung des Ereignisses beläuft sich auf $ 47 Milliarden.[21]

Sie setzen ihre Analyse fort mit dem was sie „mikroökonomische Auswirkungen der Terroristen-Steuer" und das Verteidigungsverhalten nennen. Zum Zeitpunkt als der Artikel geschrieben wurde, war es nicht ganz einfach, eine gute Schätzung dieser Kosten abzugeben, da viele von politischen Entscheidungen abhingen, aber sie wagten eine grobe Schätzung von $ 41 Milliarden für zusätzliche Sicherheitsbeamte in Flugzeugen, die Verstaatlichung der Flughafensicherheit und zusätzliche Flugzeugverspätungen.[22]

Das Fazit des Artikels sieht so aus, dass die unmittelbaren Kosten des Anschlags von 9/11 enorm sind und die Zahl von $ 100 Milliarden bei weitem übersteigt. Sollten aber die Verantwortlichen in Washington von den Ereignissen beeindruckt überreagieren, könnten unkluge Entscheidungen

19 Navarro, Spencer S. 18f.
20 Navarro, Spencer S. 20.
21 Navarro, Spencer S. 22.
22 Navarro, Spencer S. 24.

das Wirtschaftswachstum einschränken und so bis zu $ 2 oder $ 3 Billionen an Wertschöpfung verloren gehen. Dann hätten die Terroristen ihren Krieg wirklich gewonnen, schließt der Artikel.[23]

6. Überzogen

John Mueller schreibt in seinem Buch *Overblown* (überzogen) über die Überreaktion gegenüber Terrorismus und die Terrorismus Industrie: „Die meisten Kosten von Terrorismus entstehen nicht durch den Schaden, den die Terroristen anrichten, sondern durch das was die Angegriffenen sich selbst und anderen antun als Antwort darauf."[24]

Auch er wagt eine Analyse der Kosten von den Anschlägen von 9/11 in seinem Buch. Der wirtschaftliche Schaden für die Tourismus- und die Flugbranche war monumental. 1,6 Millionen Jobs gingen vor allem im Tourismus in 2001 verloren. Die USA geben $ 4 Milliarden für die Passagierkontrolle und $ 4,7 Milliarden für die Gepäckskontrolle aus. Mueller schätzt die Kosten für die Notwendigkeit des früheren Erscheinens am Flughafen auf zwischen $ 8 und $ 15 Milliarden Dollar. Er argumentiert außerdem, dass in 2006, als das Öl für 70 Dollar pro Barrel gehandelt wurde, 7-10 Dollar auf Grund von Angst vor weiteren terroristischen Anschlägen waren, wenn man darauf hört, was Marktexperten sagen. Die Kriege in Irak und Afghanistan werden bald die Kosten von $ 1-2 Billionen überschreiten. Eine Veränderung in der Forschungsfinanzierung hat stattgefunden - von Pathogenen mit hohem Wert für die öffentliche Gesundheit hin zu obskuren Organismen für die Bio-Verteidigung. 67 Prozent der Gelder des FBI wurden der Terrorismus-Bekämpfung gewidmet. Aber auch die nicht-ökonomischen Kosten sind dramatisch - sollte nur ein kleiner Prozentsatz der hunderttausenden von Toten auf Amerika's Straßen begründet sein, weil Menschen Angst haben zu fliegen und lieber mit dem Auto fahren, könnte die Anzahl ganz leicht die Anzahl der Menschen übersteigen, die bei 9/11 ums Leben gekommen sind.[25]

Verstärkt wurde diese Überreaktion durch etwas, das Mueller „Terrorismusindustrie" nennt. Diese umfasst bestimmte Unternehmen, eine Großzahl der Beamten und fast alle Politiker.

---

23 Navarro, Spencer S. 31.

24 John Mueller: Overblown : how politicians and the terrorism industry inflate national security threats, and why we believe them, New York : Free Press, 2006 S. 29.

25 Mueller S. 29ff.

Der Anreiz für Politiker ist die Unterstützung der Bevölkerung. In seinen Nachforschungen hat John Mueller eine Studie entdeckt, die die direkte Korrelation zwischen Terrorwarnungen der Regierung und einer Steigerung der Zustimmungsrate zum Präsidenten feststellt. Der Höhepunkt dieser Steigerung in der Zustimmungsrate für einen Präsidenten in der Geschichte war für Präsident George Bush nach den Anschlägen von 9/11.

Mueller weist auch darauf hin, dass viele der schnellen Ausgaben als so genannte „pork barrel legislation" endeten (Projekte, die finanziert werden, um die Spezialinteressen einzelner Gruppierungen zu befriedigen, die Politiker in ihren Wahlbewegungen unterstützen). Er gibt viele verschiedene Beispiele an, wie $ 180.000 für einen Hafen, der weniger als 20 Schiffe im Jahr abfertigt, $ 30.000 für einen Defibrilator für die Verwendung bei einem Oberstufen-Basketball-Turnier und vieles mehr. Er weist auch auf ein Phänomen hin, das man „Doom-Boom" nennt und die unverhältnismäßige Verteilung der Gelder auf die Umgebung um Washington DC bezeichnet.[26]

Mueller denkt auch, dass die Regierungsbeamten übertreiben, was die Bedrohung betrifft, um sich vor Kritik zu schützen, sollte es doch zu einem Anschlag kommen. In seinen Augen handelt das FBI nach dem Motto: „Ich denke, also sind sie", wenn Führungskräfte des Geheimdienstes vor dem Congress aussagen, dass die größte Bedrohung von Al Qaida Zellen in den USA ausgehen und bis heute keine einzige gefunden wurde.[27]

Ein weiteres Problem der Überreaktion sieht Mueller bei den Medien. Ein zynischer Aphorismus im Zeitungsgeschäft sagt, „was blutet verkauft sich gut (if it bleeds it leads)". Er untermauert seine These, dass in der Zeit von 2001 bis 2004 23 Terrorwarnungen offiziell ausgesprochen wurden und alle waren Titelgeschichten in den Abendnachrichten. Nur 13 Prozent der nachfolgenden Entwarnungen haben die entsprechende Aufmerksamkeit erregt.[28]

Mueller zufolge sind das die wichtigsten Elemente der Terrorismusindustrie und durch ihr Zusammenwirken und ihre gegenseitigen Anreizsysteme heizen sie die Überreaktionen auf die Gefahr durch Terrorismus massiv an.

---

26 Mueller S. 31ff.

27 Mueller 37f.

28 Mueller 40.

7. Verteidigungsbudget

Nachdem die vorangehenden Studien und Analysen die wirtschaftlichen und sonstigen Kosten des Terrorismus versuchen zu erfassen, sollen hier nun noch ein paar Daten zusammengefasst werden, die das Ausmaß eines der überzogensten Reaktionen auf die Bedrohung durch Terrorismus vor Augen führen: die Kriege in Afghanistan und Irak. Die Kosten und der gesamte Anstieg der Ausgaben im Verteidigungsbudget übersteigt das Steuergeld, das für Landessicherheit ausgegeben wird bei weitem.

Das Verteidigungsbudget der USA hat sich zwischen 2001 und 2008 von $ 311 Milliarden auf $ 623 Milliarden mehr als verdoppelt. 22,7% des Budgets wird für den globalen Krieg gegen den Terror aufgewendet. Aber auch die restlichen 77,3% unterstützen zu einem gewissen Teil die antiterroristischen Aktivitäten, da ein Großteil der Mittel für die Erneuerung der Militärstreitkräfte eingesetzt wird.[29]

Für 2009 wird das Verteidigungsbudget ohne der Ausgaben für den globalen Krieg gegen den Terror erneut höher sein: „Das Budget sieht einen Betrag von $ 515,4 Milliarden Dollar von frei verfügbarem Geld für das Verteidigungsministerium vor, was einer Steigerung um $ 35,9 Milliarden oder 7,5 Prozent gegenüber dem Finanzjahr 2008 entspricht."[30] Der einzige Grund, warum über die letzten Jahrzehnte das Verteidigungsbudget einen rückläufigen Anteil am Gesamtbudget der USA hat, sind die steigenden Kosten für Sozial- und Gesundheitsausgaben.

8. Zusammenfassung

Benjamin Franklin, einer der Gründungsväter der Vereinigten Staaten, schreib einst: „Jene, die essentielle Freiheiten aufgeben, um sich damit ein wenig zeitlich begrenzte Sicherheit zu erkaufen, verdienen weder Freiheit noch Sicherheit."[31] Er formulierte diese Gedanken zu einer Zeit, wo er sich noch nicht einmal vorstellen konnte, wie die Mechanismen des modernen Nationalstaates funktionieren.

---

29 Department of Defense Budget Request Financial Year 2009.

30 Press release Department of Defense on the Budget for FY2009, siehe: http://comptroller.defense.gov/defbudget/fy2009/2009_Budget_Rollout_Release.pdf.

31 *Memoirs of the life of Benjamin Franklin*, London : J. M. Dent ; New York : E. P. Dutton, c1908 S. 270.

Es gibt viele Sichtweisen, um die öffentlichen Reaktionen auf die Anschläge von 9/11 zu erklären und die meisten rechtfertigen die massiven zusätzlichen Ausgaben für Heimatsicherheit und Landesverteidigung. Sie argumentieren meist mit psychologischem oder ideologischem Hintergrund, warum die Einschränkung von Freiheit sinnvoll und notwendig ist. Gerade wenn es um die nationale Verteidigung geht, scheinen die Bürger der Vereinigten Staaten wichtige volkswirtschaftliche Grundsätze außer Acht zu lassen, die Frédéric Bastiat bereits in seinem Essay „Was man sehen und was man nicht sehen kann“[32] skizziert hat. Es gibt nichtbeabsichtigte Folgeerscheinungen, wenn Steuergeld ausgegeben wird. Das Preissystem wird gestört, verschiedene Anreize werden geschaffen und es ist in jedem Fall eine Umverteilung von Wohlstand, die das Geld in die Hände jener legt, die Teil der Terrorismusindustrie sind.

Die Zahlen, Daten und Fakten zeigen deutlich die massive Überreaktion der Vereinigten Staaten auf die Gefahr eines erneuten terroristischen Anschlags. Die Studien zeigen, was die Public Choice Theorie grundsätzlich annimmt: Beamte und Bürokraten möchten ihre Budgets ausweiten und Politiker wollen wiedergewählt werden. In Sachen Terrorismus werden diese auch noch in ihrer unheiligen Allianz gegen das amerikanische Volk von den Medien unterstützt.

Die Konsequenzen sind fatal und noch nicht absehbar. Rechte, die über 200 Jahre für selbstverständlich gehalten wurden, können ganz einfach von der Politik eingeschränkt oder aufgehoben werden und es scheint beinahe keine Obergrenze zu geben, was die Ausgaben für die Landesverteidigung betrifft.

Der einzige Weg, wie man den Kampf gegen den Terrorismus wirklich gewinnen kann, ist zur Normalität zurück zu kehren. Das ist natürlich alles andere als einfach, vor allem weil Fürsprechern einer eingeschränkten Antiterrorismus-Strategie oftmals mangelnde Führungsstärke vorgehalten wird. Es ist schwierig ein richtiges Ausmaß der Landesverteidigung anzugeben, vor allem auch weil der Bedarf der Bevölkerung nach Sicherheit und Schutz durch den Staat sehr unterschiedlich ist. Wie auf den vorangehenden Seiten gezeigt, ist eine Reduktion der Ausgaben und Maßnahmen bitter notwendig, damit die Terroristen am Ende nicht doch noch ihren Krieg gewinnen und das Leben in der westlichen Welt zu einer unerträglichen Hölle wird.

32 Frédéric Bastiat: „What is Seen and What is Unseen“ in Selected Essays on Political Economy S. 1-50

Literaturverzeichnis

Amar, Akhil Reed: *America's Constitution. A Biography*. New York: Random House Trade Paperback Edition 2006.

Bastiat, Frédéric: „What is Seen and What is Unseen" in Selected Essays on Political Economy.

Bator, Francis: „Anatomy of Market Failure" in *Quarterly Journal of Economics* 1958.

Department of Defense Budget Request FY2009.

Friedman, Benjamin H.: „The Hidden Cost of Homeland Defense," MIT Center for International Studies Audit of the Conventional Wisdom, 05-12 (November 2005). S. 1.

Hardin, Russell: „Civil Liberties in the Era of Mass Terrorism" in *The Journal of Ethics, Vol. 8, No. 1*, Terrorism (2004), S. 77-95.

Mueller, John: Overblown : how politicians and the terrorism industry inflate national security threats, and why we believe them, New York : Free Press, 2006.

Navarro, Peter; Spencer, Aron: „Assessing the Costs of Terrorism", *Milken Institute Review* 04 / 2001.

Nozick, Robert: *Anarchy, State, And Utopia*. Basic Books Perseus Books Group 2006.

Rand, Ayn: *Capitalism: The Uknown Ideal*. New York: Penguin Group.

Press Release Department of Defense on the Budget for FY2009.

Samuelson, Paul A.: „The Pure Theory of Public Expenditure" in *Review of Economics and Statistics XXXVI* (November 1954), pp. 387-390.

Transnationaler Terrorismus und Internationale Beziehungen

VON PETER MAYER

1. Neue internationale Beziehungen - alte Internationale Beziehungen?

Mit den dramatischen Ereignissen des 11. September 2001 ist der transnationale Terrorismus als internationales Sicherheitsproblem schlagartig ins allgemeine Bewusstsein getreten. Unter dem unmittelbaren Eindruck des ebenso entsetzlichen wie präzedenzlosen Geschehens, das Millionen von Menschen in Echtzeit an den Bildschirmen mitverfolgten, galt es vielen als ausgemacht, dass nun nichts mehr sein würde wie zuvor. Zum ersten Mal seit dem frühen 19. Jahrhundert wurden die Vereinigten Staaten auf dem Festland attackiert. Dieser Angriff wurde nicht von der Armee eines anderen Staates geführt, sondern von einer kleinen Gruppe politisch und religiös motivierter Selbstmordattentäter, die im Auftrag einer privaten Organisation - des islamistischen Terrornetzwerks Al-Qaida - Zivilflugzeuge zu tödlichen Waffen umfunktioniert und so die Verwundbarkeit der einzigen verbliebenen Supermacht offen gelegt hatten. Tatsächlich waren und sind die weltpolitischen Auswirkungen der Anschläge von New York und Washington bis heute enorm. Die erste Dekade des 21. Jahrhunderts stand weitgehend im Zeichen des „Krieges gegen den Terror", den die USA nach kurzem Zögern ausriefen und in dessen Verlauf nicht nur in Afghanistan und im Irak, die der Zusammenarbeit mit dem transnationalen Terrorismus geziehen wurden, mit militärischer Gewalt „Regimewechsel" erzwungen, sondern auch die innerwestlichen Beziehungen zeitweilig starken Belastungen ausgesetzt wurden (Mayer et al. 2003).

Angesichts von so viel Neuem und Unerhörtem ist es bemerkenswert, dass in den Internationalen Beziehungen, der politikwissenschaftlichen Teildisziplin, die sich mit Außen- und internationaler Politik befasst, ein Paradigmenwechsel ausgeblieben zu sein scheint. Nach wie vor dominieren dieselben theoretischen Zugänge das Feld: Realisten untersuchen die Auswirkungen der internationalen Machtverteilung auf die Stabilität des internationalen Systems, Liberale und Institutionalisten forschen über die friedens- und kooperationsförderlichen Effekte von Demokratie und internationalen Institutionen, und Konstruktivisten analysieren die Bedeutung immaterieller Strukturen wie Weltanschauungen, Normen und Identitäten für die internationalen Beziehungen (Snyder 2004, Walt 1998).[1] In diesem kurzen Beitrag möchte ich einige Überlegungen dazu anstellen, woher diese Kontinuität der Theorie inmitten einer Praxis, die einem tief greifenden Wandel unterworfen zu sein scheint, rühren könnte.

2. Mission (bereits) erfüllt?

Ein erster Erklärungsversuch könnte darauf verweisen, dass die Herausforderung durch den transnationalen Terrorismus nicht ganz so neu- und einzigartig ist, wie es auf den ersten Blick erscheint, so dass das irritierende *business as usual* der Internationalen Beziehungen seinen Grund und seine Berechtigung darin finden könnte, dass die Anpassung der Theorie an die neuen weltpolitischen Realitäten bereits im Wesentlichen vollzogen war, als der Wandel durch die Anschläge des 11. September (und die vielen nicht mehr so spektakulären, aber dennoch tausendfach todbringenden, die ihnen noch folgen sollten) der Öffentlichkeit vor Augen geführt wurde. So hatte es grenzüberschreitenden Terrorismus lange vorher schon gegeben, und auch der transnationale, islamistische Terror war zuvor schon wiederholt blutig in Erscheinung getreten (Schneckener 2006).[2] Bereits 1993 hatte Al-Qaida einen ersten Anschlag auf

1 Einer weit verbreiteten Konvention entsprechend schreibe ich „*I*nternationale Beziehungen", wenn ich mich auf die Teildisziplin, und „*i*nternationale Beziehungen", wenn ich mich auf deren Untersuchungsgegenstand beziehe.

2 Generell handelt es sich bei Terrorismus um eine asymmetrische Strategie, in der militärisch schwache Akteure einen überlegenen Gegner - einen Staat oder eine Staatengruppe - herausfordern, indem sie ihn oder seine Schutzbefohlenen auf unkonventionelle Weise attackieren. Im Vordergrund steht die beabsichtigte psychologische Wirkung: Der Gegner soll verunsichert und eingeschüchtert und in seiner Hilflosigkeit bloßgestellt werden. Ein unmittelbares Ziel der Terroristen besteht häufig darin, den Gegner zu extremen Reaktionen zu veranlassen, die ihn in den Augen eines Dritten (der Bevölkerung, den Muslimen weltweit etc.) delegitimieren bzw. in seinem „wahren" (faschistischen, islamfeindlichen etc.) Charakter sichtbar werden lassen sollen. Der „neue", transnationale Terrorismus, der von Al-Qaida repräsentiert wird, ist gegenüber dem traditionellen Terrorismus durch mehrere „Entgrenzungen" gekennzeichnet (vgl. Müller 2004b). Dies betrifft zunächst seine Reichweite. Al-Qaida operiert als transnationales Netzwerk mit tendenziell globalem Handlungsradius (und nicht lediglich als loses Bündnis nationaler Terrorgruppen, die nationale Ziele verfolgen). Seine Mitglieder beanspruchen, im Namen und im Interesse einer sich über viele Staaten hinweg erstreckenden Glaubensgemeinschaft

das World Trade Center verübt. Später folgten weitere Anschläge mit zum Teil verheerenden Folgen wie insbesondere die zeitgleichen Bombenattentate auf die amerikanischen Botschaften in Kenia und Tansania im Jahr 1998. Vor allem aber fügt sich der transnationale Terrorismus selbst in einen umfassenderen Trend ein, der schon länger bestanden hatte und (wie der Terrorismus selbst) wiederholt zum Gegenstand von wissenschaftlichen Untersuchungen gemacht worden war: die Transnationalisierung der Sicherheitsprobleme und die Privatisierung des Krieges (Cha 2000, Münkler 2003, Zangl / Zürn 2003).[3]

Dieser Trend hat zwei Gesichter. Auf der einen Seite ist die Zahl der zwischenstaatlichen Kriege seit Ende des Zweiten Weltkriegs permanent rückläufig, so dass Herfried Münkler den klassischen Krieg bereits als „Auslaufmodell" bezeichnet hat. Auf der anderen Seite haben neue Formen grenzüberschreitender Gewalt, die von privaten Akteuren getragen werden oder an denen Private maßgeblich beteiligt sind, an Bedeutung gewonnen - ein Trend, der durch das Ende des Kalten Krieges noch einmal intensiviert wurde. Neben dem internationalen Terrorismus und der internationalen organisierten Kriminalität

---

zu handeln, und ihre Aktionen richten sich gegen die Regierungen von arabischen und anderen muslimischen Staaten, vor allem aber gegen westliche Ziele, allen voran die USA. Sodann machen die Vorgehensweise und die Rhetorik des transnationalen Terrorismus klar, dass er Grenzen nicht mehr respektiert, an denen sich nationale Terrorgruppen wie die sozialrevolutionäre RAF oder die separatistische ETA aus taktischen und ideologischen Gründen noch weitgehend orientiert hatten. Bei den Anschlägen wird zwischen Vertretern des Staates und der einfachen Bevölkerung nicht unterschieden. Alle Ungläubigen sind legitime Ziele, und auch die Bereitschaft, Kollateralschäden unter den Glaubensgenossen in Kauf zu nehmen, scheint grenzenlos. Schließlich könnte man sagen, dass der transnationale Terrorismus in der Maßlosigkeit seines Zerstörungswillens damit begonnen hat, die Grenzen des Terrorismusbegriffs selbst zu verschieben, insofern es zum Wesen des Terrorismus gehört, dass seine maßgeblichen Effekte politisch-psychischer und nicht unmittelbar materiell-physischer Art sind. Angesichts von fast 3000 Toten, aber auch den gravierenden ökonomischen Auswirkungen der Anschläge vom 11. September fällt es jedenfalls schwer, weiterhin von primär psychischen Effekten oder „Nadelstichen" zu reden (Brück / Schumacher 2004). Erst recht würde diese Grenze überschritten, wenn es Al-Qaida oder einem anderen Terrornetzwerk gelänge, ihr erklärtes Ziel zu erreichen, in den Besitz von Massenvernichtungswaffen zu kommen.

3 In den Internationalen Beziehungen wird der Ausdruck „transnational" verwendet, um Bereiche und Phänomene der internationalen Beziehungen zu kennzeichnen, die zumindest nicht mehr ausschließlich von staatlichen Akteuren bestimmt werden. „Transnationalisierung" steht daher für den Bedeutungsgewinn privater Akteure und Institutionen, der im Extremfall bis zur Verdrängung oder Ersetzung des staatlichen Elements führen kann (Cutler et al. 1999).

steht insbesondere ein neuartiger Bürgerkrieg, der in der Literatur meist als „neuer Krieg" firmiert (Kaldor 2000, Münkler 2002),[4] für diese transnationalen Sicherheitsprobleme, die seit Beginn der 1990er Jahre zunehmend auch die Aufmerksamkeit von westlichen Regierungen und internationalen Organisationen gefunden haben. Ähnlich wie im Fall des transnationalen Terrorismus (vgl. Anm. 2) wird häufig der Begriff der Entgrenzung herangezogen, um diese neuen (Bürger-)Kriege zu charakterisieren.

Erstens missachten die staatlichen und nicht-staatlichen Bürgerkriegsakteure häufig und mitunter systematisch die durch das humanitäre Kriegsvölkerrecht gezogenen Grenzen der legitimen Kriegsführung. Die Zivilbevölkerung trägt die Hauptlast des Krieges, ja die gewaltsame Auseinandersetzung stellt sich oft dar als ein Krieg gegen die Zivilbevölkerung. Die Konflikte auf dem Balkan und der Völkermord in Ruanda bilden Anschauungsbeispiele. Zweitens verwischen in den neuen Kriegen die Grenzen zwischen politischen, kommerziellen und kriminellen Aktivitäten. Bürgerkriegsakteure treten als „Gewaltunternehmer" auf. Sie finanzieren ihre Kriege durch den Handel mit Drogen, Waffen, Rohstoffen und Menschen, und sie führen diese Kriege zumindest teilweise, um diesen Handel betreiben zu können. Anhand der Bürgerkriege in Angola, Sierra Leone und Afghanistan ließen sich diese Erscheinungen besonders gut studieren. Drittens sprengen die neuen Kriege die territorialen Grenzen, die Bürgerkriegen begrifflich vorgegeben sind. Zum einen sind sie typischerweise in regionale oder subregionale Konfliktsysteme eingebunden; zum andern haben sie Auswirkungen auf andere Weltregionen, insbesondere die entwickelten, westlichen Länder, die die neuen Kriege in vielen Fällen als moralisches und / oder sicherheitspolitisches Problem (vermittelt über z.B. Drogenhandel oder Flüchtlingsströme) wahrnehmen, dem sie mit (abgestuften) Interventionen zu begegnen suchen.

Der Sicherheitsaspekt der neuen Kriege liegt nicht zuletzt darin begründet, dass der Staatszerfall, der mit der Privatisierung von Gewalt in den globalen „Unruhezonen" einhergeht, auch für transnational agierende Terroristen Freiräume schafft, die sie zur Vorbereitung und Planung von Anschlägen - auch und gerade in den westlichen „Friedenszonen" - und als Rückzugsgebiete nutzen können (vgl. Singer / Wildavsky 1993). Das wichtigste Beispiel ist die symbiotische Beziehung, die Al-Qaida und die Taliban in Afghanistan in

4 Die These vom „Formenwandel des Krieges" und die Rede von den „neuen Kriegen" sind jedoch nicht unwidersprochen geblieben, vgl. z.B. Müller (2004b).

der zweiten Hälfte der 90er Jahre eingegangen waren. Sie beruhte auf einem durch ideologische Gemeinsamkeiten begünstigten Tauschgeschäft: die Taliban boten Al-Qaida eine territoriale Operationsbasis und erhielten dafür als Gegenleistung Unterstützung im Kampf gegen die „Nordallianz", die sich der umfassenden Kontrolle des Landes durch die Taliban widersetzte. Noch ein zweiter Zusammenhang besteht zwischen Staatlichkeit und Terrorismus, zumindest in den Augen einiger Regierungen und eines Teils der Sicherheitsexperten: sog. „Schurkenstaaten", die sich nach innen repressiv verhalten und denen die Neigung zugeschrieben wird, ihren Nachbarn gegenüber aggressiv aufzutreten, stehen im Verdacht, nicht nur nach Massenvernichtungswaffen zu streben, sondern auch mit Terroristen zu kooperieren, um ihre geostrategischen oder ideologischen Ziele zu befördern.

Man kann sogar noch einen Schritt weiter gehen und darauf hinweisen, dass auch die Transnationalisierung der Sicherheitspolitik (in die sich der „neue" Terrorismus einfügt) nur ein Element einer umfassenderen Transformation der Weltpolitik ist, die seit längerem in den Internationalen Beziehungen beobachtet und analysiert wird. Bernhard Zangl und Michael Zürn bezeichnen diesen Wandel im Anschluss an Jürgen Habermas als den durch Globalisierungsprozesse getriebenen Übergang zu einer „postnationalen Konstellation" der Politik (Zangl / Zürn 2003; vgl. Habermas 1998). Andere sprechen von der „Privatisierung der Weltpolitik" (Brühl et al. 2001) oder einer epochalen „Machtverlagerung" (Mathews 1997) - weg von den Staaten hin zu unterschiedlich gearteten privaten Akteuren wie z.B. Nicht-Regierungsorganisationen (NGOs) und transnationalen Unternehmen.

Mussten sich die Internationalen Beziehungen also nicht erneuern, weil das vermeintlich Neue so neu gar nicht ist? Doch diese Erklärung für den ausgebliebenen Paradigmenwechsel - die zugleich eine Rechtfertigung der disziplinären Kontinuität seit dem 11. September beinhalten würde - kann offensichtlich nur dann überzeugen, wenn die Anpassung der Theorie(n) an die neue weltpolitische Konstellation tatsächlich zuvor bereits vollzogen worden wäre. Kompetente Beobachter haben aber genau dies unlängst in Frage gestellt. So argumentieren Zangl und Zürn in ihrer Untersuchung zu Theorien über „Frieden und Krieg", die zugleich eine Bestandsaufnahme der Theorie der internationalen Beziehungen im Übergang zur postnationalen Konstellation darstellt, dass dieser grundlegende Wandel sich bisher kaum in den führenden Theorien der Internationalen Beziehungen widerspiegelt. Diese Theorien, zu denen sie den Realismus, den Liberalismus, den Institutionalismus und den Konstruktivismus zählen, sind unter den Bedingungen der nationalen Konstellation entstanden, in der die Problemstellungen, die Ressourcen und die Legitimation des Regierens wie das Regieren selbst auf der nationalen Ebene konzentriert waren, und sie alle haben dieses Erbe, das sich vor allem in einem mehr oder minder stark ausgeprägten Etatismus (Staatszentrismus) ausdrückt, noch längst nicht überwunden, auch wenn sie dafür unterschiedlich gut aufgestellt zu sein scheinen (Zangl / Zürn 2003: Kap. 10).

3. Warum ein Paradigmenwechsel nicht zu erwarten war…

Wenn in diesem Fall die Praxis der Theorie der internationalen Beziehungen vorauseilt, so sollte dies aus zwei Gründen nicht überraschen. Der erste Grund ist allgemeiner Art und nicht für das Fach spezifisch. Paradigmen - Konglomerate von Ideen und Praktiken, die das Forschen anleiten und selbst noch die Wahrnehmung der Realität prägen - sind zählebig, weil sie eine Tendenz zur Selbstbestätigung haben und es überdies großer intellektueller Anstrengungen bedarf, sie zu ersetzen (Hollis / Smith 1990: 57-61, Kuhn 1976). Der zweite Grund hat etwas mit den Charakteristika der Internationalen Beziehungen zu tun. Es gibt kein und gab vermutlich nie ein alles beherrschendes Paradigma, sondern stets eine Vielfalt von konkurrierenden ontologischen und epistemologischen Vorstellungen darüber, wie internationale Beziehungen zum Gegenstand wissenschaftlicher Untersuchungen gemacht werden können und sollen (Smith 1995). Auch die oft beschworene Hegemonie des Realismus (Realpolitikschule) war nie vollkommen und stets mit alternativen Theorietraditionen konfrontiert, die zugleich halfen, die Beschränktheiten jedes einzelnen Paradigmas im Bewusstsein zu halten (Doyle 1997). Dieser Theorienpluralismus (der durch kein „Metaparadigma" überwölbt wird) verleiht der Disziplin als ganzer eine erhebliche Flexibilität im Umgang mit neuen bzw. zu einem bestimmten Zeitpunkt verstärkt in Erscheinung tretenden weltpolitischen Phänomenen. Insbesondere stattet er sie mit einem großen analytischen „Werkzeugkasten" aus, der sich auf Unvorhergesehenes anwenden lässt, auch wenn diese Erklärungskraft nicht mit einer entsprechenden Prognosefähigkeit einhergeht (vgl. Risse 2004). Viel wahrscheinlicher als ein Paradigmenwechsel, wie er in reiferen und daher homogeneren Wissenschaftsdisziplinen vorkommen mag, ist in den Internationalen Beziehungen daher eine Verschiebung der Gewichte zwischen (koexistierenden) Paradigmen.

4. ...und warum er vielleicht gar nicht angebracht war

Damit wären zwei mögliche Ursachen dafür benannt, weshalb es in den Internationalen Beziehungen zu keinen tiefen Einschnitten gekommen ist, obwohl es den Anschein hat, dass ihr Untersuchungsgegenstand, die Weltpolitik, sich grundlegend geändert hat. Gibt es daneben auch noch gute Gründe dafür, dass die Disziplin darauf verzichtet hat, sich neu zu erfinden? Wie wir gesehen haben, neigen die Anhänger der These vom Übergang zu einer postnationalen Konstellation der Politik dazu, dies zu verneinen und im Festhalten an und inkrementellen Weiterentwickeln von hergebrachten Theorien einen Mangel zu sehen, den es baldmöglichst zu beheben gilt (auch wenn sich nicht für eine *tabula rasa* plädieren). Man *muss* sich dieser Auffassung aber nicht anschließen, und es scheint mir in der Tat einige gute Argumente dafür zu geben, dass die Forderung nach einer Runderneuerung des Fachs verfrüht sein könnte - und zwar auch mit Blick auf den transnationalen Terrorismus und seine Folgen (Kupchan 2004, Müller 2004a).

Zum einen ist darauf hinzuweisen, dass die Akteure, Konflikte und Dynamiken, die die internationale Politik bisher bestimmt haben, keineswegs obsolet geworden sind und folglich auch die Analyseinstrumente, die zu ihrer Deutung und Erklärung entwickelt wurden, ihren Wert behalten haben. Das offenkundigste Beispiel ist das sich abzeichnende Ende der US-amerikanischen Hegemonie und der Aufstieg neuer Mächte wie China und Indien (Kagan 2008). Wird sich die realistische Hypothese bewahrheiten, dass in der Phase des Machtübergangs (*power transition*), in der sich der alte Hegemon mit einem oder mehreren Herausforderern auseinandersetzen muss, die größten (Welt-)Kriegsgefahren lauern? Oder können diese Gefahren eingehegt werden, wenn es gelingt, die aufstrebenden Mächte zu demokratisieren (Liberalismus), in globale Institutionen einzubinden (Institutionalismus) oder an bestimmte Sicherheitsgemeinschaften heranzuführen (Konstruktivismus)?

Zum anderen ist keineswegs ausgeschlossen, dass die überkommenen Theorien auch den Schlüssel zur Erklärung von Phänomenen bergen, für die sie nicht gedacht waren. So mögen die gängigen Theorien explizit oder implizit dem Staat eine Sonderstellung in den internationalen Beziehungen einräumen. Daraus folgt aber nicht, dass die Variablen und Kausalmechanismen, die sie jeweils heranziehen, um Weltpolitik zu erklären, nicht auch auf andere Akteure und Handlungskontexte anwendbar sind. So spricht vorderhand mehr dafür als dagegen, dass auch transnationale Beziehungen, also grenzüberschreitende politische Interaktionen von Privaten oder unter Beteiligung von Privaten, von der situationsspezifischen Ausprägung und Verteilung von Macht, Ideen und Institutionen maßgeblich beeinflusst sind.

Auch die Phänomene, die sich hinter der Transnationalisierung von Sicherheit verbergen, lassen sich zumindest teilweise mit den Instrumentarien der Theorien der nationalen Konstellation untersuchen. Zwei Beispiele, in denen die realistische Logik zum Tragen kommt - Annahmen jener Theorie also, die am stärksten dem Obsoleszenzverdacht ausgesetzt ist - mögen dies illustrieren. So hat Barry Posen das Theorem des Sicherheitsdilemmas herangezogen, um die Dynamik von Bürgerkriegen zu erklären: Ähnlich wie in der klassischen Staatenwelt kann anarchiebedingte Unsicherheit in zerfallenden Staaten zu einer Eskalationsspirale führen, selbst wenn die beteiligten ethnischen Gruppen defensiv motiviert sind. Darüber hinaus wirken die Faktoren, die in der internationalen Politik dazu führen, dass das Sicherheitsdilemma zugespitzt oder abgemildert wird (wie z.B. die relativen Vorzüge von Offensive und Defensive), wirken auch hier und helfen unterschiedliche Verläufe von Konflikten zu erklären (Posen 1993, vgl. Herz 1950). Ein anderer Autor, Robert Pape, hat gezeigt, dass die zweckrationale Handlungslogik der Konsequentialität, die nicht nur von Realisten, sondern auch von Liberalen und Institutionalisten unterstellt wird, paradoxerweise fruchtbar gemacht werden kann, um das vermeintlich irrationale Verhalten par excellence, das Selbstmordattentäter in der internationalen Politik an den Tag legen, (in Teilen) zu erklären. So hat er empirisch aufgewiesen, dass Erfolg - gemeint ist der diesseitige Erfolg der Organisation, die die „Märtyrer“ entsendet - die Verteilung von Selbstmordattentaten besser und schlüssiger erklärt als sozioökonomische oder religiöse Variablen (Pape 2003). In beiden Fällen, sowohl bei Posen als auch bei Pape, werden althergebrachte realistische Deutungsmuster wieder in Geltung gebracht, indem lediglich von ihrem ursprünglichen - zwischenstaatlichen - Anwendungskontext abstrahiert wird, ein Verfahren, das sicherlich eher als Erweiterung denn als Ersetzung eines Paradigmas zu beschreiben ist.

Es gibt zuletzt noch einen weiteren - ganz anders gelagerten - Grund, weshalb die Internationalen Beziehungen gut daran getan haben könnten, auf den 11. September und seine Folgen vergleichsweise konservativ zu reagieren. Hier geht es nicht darum, dass sie keinen Paradigmenwechsel vollziehen müssen, sondern darum, dass sie das nicht *sollen*. Wie die kritische Theorie der internationalen Beziehungen schon immer betont hatte, haben Theorien, auch wenn es ihnen nur um Beschreibung und Erklärung des Vorgefundenen zu tun ist, wie immer vermittelte potentielle Effekte auf ihren Gegenstand, die normativ wünschenswert oder schädlich sein können (Cox 1986). Gerade dem Realismus ist immer wieder vorgehalten worden, ein pessimistisches Bild der internationalen Politik zu zeichnen, das Gefahr läuft, zu einer *self-fulfilling prophecy* zu werden (und dasselbe ließ sich mutatis mutandis für die optimistischere Sicht des klassischen Liberalismus sagen). Eine ähnliche Gefahr bestand (und besteht) nun aber auch angesichts des transnationalen Terrorismus und des „Krieges", der gegen ihn geführt wird. Die Wissenschaft ist gut beraten, wenn sie die revolutionäre und zu Extremen neigende Rhetorik beider Parteien nicht gedankenlos übernimmt und die Visionen, mit deren Hilfe Anhänger mobilisiert und Reihen geschlossen werden, nicht voreilig zu Tatsachen über die neue Weltpolitik erklärt - eben weil sie damit helfen würde, diese neue Weltpolitik mitsamt ihrer Geringschätzung bisher für unabdingbar erachteter völker- und verfassungsrechtliche Regeln erst herbeizuführen (Kupchan 2004, Müller 2004b).[5]

Bibliographie

Brück, Tilman / Schumacher, Dieter (2004): Die wirtschaftlichen Folgen des internationalen Terrorismus. In: *Aus Politik und Zeitgeschichte,* (B 3-4), 41-46.

Brühl, Tanja / Debiel, Tobias / Hamm, Brigitte / Hummel, Hartwig / Martens, Jens (Hg.) (2001): *Die Privatisierung der Weltpolitik: Entstaatlichung und Kommerzialisierung im Globalisierungskontext.* Bonn: Dietz Verlag.

Cha, Victor D. (2000): Globalization and the Study of International Security: A Review Essay. In: *Journal of Peace Research,* 37 (3), 391-403.

Cox, Robert W. (1986): Social Forces, States and World Orders: Beyond International Relations Theory. In: Keohane, Robert O. (Hg.): *Neorealism and Its Critics.* New York: Columbia University Press, 204-255.

5 Nicht alle kritischen Theoretiker haben in diesem Sinne die verhaltene Reaktion der Internationalen Beziehungen auf den transnationalen Terrorismus begrüßt. So hat Steve Smith als Präsident der *International Studies Association* ein eindringliches Plädoyer an die Disziplin gehalten, sich ihrer eigenen Komplizenschaft mit dem 11. September (durch die systematische Vernachlässigung nicht-westlicher Perspektiven und Interessen) bewusst zu werden und daraus Konsequenzen zu ziehen (Smith 2004).

Cutler, A. Claire / Haufler, Virginia / Porter, Tony (Hg.) (1999): *Private Authority and International Affairs.* Albany, N.Y.: State University of New York Press.

Doyle, Michael W. (1997): Ways of War and Peace: Realism, Liberalism, and Socialism. New York: Norton.

Habermas, Jürgen (1998): Die postnationale Konstellation: Politische Essays. Frankfurt a.M.: Suhrkamp.

Herz, John H. (1950): Idealist Internationalism and the Security Dilemma. In: *World Politics,* 2 (2), 157-180.

Hollis, Martin / Smith, Steve (1990): *Explaining and Understanding International Relations.* Oxford: Clarendon Press.

Kagan, Robert (2008): Die Demokratie und ihre Feinde: Wer gestaltet die neue Weltordnung? München: Siedler.

Kaldor, Mary (2000): Neue und alte Kriege: Organisierte Gewalt im Zeitalter der Globalisierung. Frankfurt am Main: Suhrkamp.

Kuhn, Thomas S. (1976): *Die Struktur wissenschaftlicher Revolutionen.* 2. Aufl. Frankfurt a.M.: Suhrkamp.

Kupchan, Charles A. (2004): New Research Agenda? Yes. New Paradigm? No. In: *Zeitschrift für Internationale Beziehungen,* 11 (1), 101-109.

Mathews, Jessica T. (1997): Power Shift. In: *Foreign Affairs,* 76 (1), 50-66.

Müller, Harald (2004a): Think Big! Der 11. September und seine Konsequenzen für die Internationalen Beziehungen. In: *Zeitschrift für Internationale Beziehungen,* 11 (1), 123-134.

Müller, Harald (2004b): Aufstand gegen den Westen: Transnationaler Terrorismus und seine Bekämpfung als „Weltkrieg". In: Rittberger, Volker (Hg.): *Weltpolitik heute: Grundlagen und Perspektiven.* Baden-Baden: Nomos, 193-209.

Münkler, Herfried (2003): Die Privatisierung des Krieges: Warlords, Terrornetzwerke und die Reaktion des Westens. In: *Zeitschrift für Politikwissenschaft,* 13 (1), 7-23.

Münkler, Herfried (2002): *Die neuen Kriege.* Reinbek: Rowohlt.

Pape, Robert A. (2003): The Strategic Logic of Suicide Terrorism. In: *American Political Science Review,* 97 (3), 343-361.

Posen, Barry R. (1993): The Security Dilemma and Ethnic Conflict. In: *Survival,* 35 (1), 27-47.

Risse, Thomas (2004): Der 9.11. und der 11.9.: Folgen für das Fach Internationale Beziehungen. In: *Zeitschrift für Internationale Beziehungen,* 11 (1), 111-121.

Schneckener, Ulrich (2006): Transnationaler Terrorismus: Charakter und Hintergründe des „neuen" Terrorismus. Frankfurt a.M.: Suhrkamp.

Singer, Max / Wildavsky, Aaron (1993): *The Real World Order: Zones of Peace / Zones of Turmoil.* Chatham, NJ: Chatham House Publishers.

Smith, Steve (2004): Singing Our World into Existence: International Relations Theory and September 11. In: *International Studies Quarterly,* 48 (3), 499-515.

Smith, Steve (1995): The Self-Images of a Discipline: A Genealogy of International Relations Theory. In: Booth, Ken / Smith, Steve (Hg.): *International Relations Theory Today.* Cambridge: Polity Press, 1-37.

Snyder, Jack (2004): One World, Rival Theories. In: *Foreign Policy,* (145), 53-62.

Walt, Stephen M. (1998): International Relations: One World, Many Theories. In: *Foreign Policy,* (110), 29-47.

Zangl, Bernhard / Zürn, Michael (2003): Frieden und Krieg: Sicherheit in der nationalen und postnationalen Konstellation. Frankfurt a. M.: Suhrkamp.

9/11 und die Auswirkungen auf die Terrorismusbekämpfung

Die Sicht eines Praktikers

von Peter Gridling

Der 11. September 2001 ist ein Datum, das in den Köpfen von Millionen von Menschen unvergesslich verankert ist. Eine menschliche Tragödie für viele Familien, ein Trauma für die westliche Gesellschaft und ein Akt von unfassbarer Symbolik, der weitreichende Auswirkungen auf unsere Gesellschaft und die von ihr gelebten Werte und Freiheiten hat. Aufgrund der Dimension dieses Terroraktes lässt er uns leicht vergessen, dass dies nicht eine Kriegserklärung im Sinne des Völkerrechts war, sondern eben ein Massenmord von enormem Ausmaß.

Die Reaktion der USA und die Solidarität der freien Welt führten zu massiven Änderungen in der internationalen Terrorbekämpfungspolitik die heute rückblickend durchaus kritisch beleuchtet werden kann. Unter dem Eindruck der kollabierenden Zwillingstürme und der aggressiven politischen Sprache, einer Art Kriegsrhetorik, wurden zahlreiche Maßnahmen getroffen, die sich einschränkend auf die Werte und Freiheiten des Westens auswirken und die ohne die Ereignisse des 9/11 von der Gesellschaft so nie hingenommen worden wären. Und dieses Spannungsfeld hat sich nicht normalisiert sondern polarisiert weiter. Gleichzeitig verhindert es aber auch eine sachliche Diskussion über notwendige Anpassungen aufgrund gesellschaftlicher oder technischer Veränderungen unseres Umfeldes.

1. Was wollen Terroristen eigentlich?

Der amerikanische Terrorismusforscher Bruce Hofmann hat in seinem Buch „Inside Terrorism“[1], die Ziele der Terroristen beschrieben und auch versucht, sie in eine zeitliche Abfolge zu bringen.

1 Bruce Hofmann, „Inside Terrorism“, 1998.

Da ist einmal das Ziel, *Aufmerksamkeit* zu erregen. Dies erreichen sie durch dramatische Gewaltakte mit denen sie Interesse auf sich und ihre Sache lenken. Die öffentliche Berichterstattung durch die Medien garantiert ihnen die gewünschte Aufmerksamkeit.

Als nächstes wollen sie *Bestätigung*. Die Tat soll die eigene Sache wieder auf die Tagesordnung der Politik eines Staates oder einer Internationalen Organisation bringen. Durch diese Beachtung soll Sympathie und Unterstützung in gewissen Kreisen erreicht werden und gleichzeitig das Fundament für Legitimität und Anerkennung gelegt werden.

Legitimität und *Anerkennung* stellen einen wichtigen Schritt in dieser Abfolge dar. Terroristen wollen, dass sie und ihre Organisation als einzige Stimme wahrgenommen werden und dadurch eine legitime Akzeptanz für ihre Sache erreichen.

Das logische nächste Ziel wäre dann eine entsprechende *Autorität* zu erreichen mit der Veränderungen in der Gesellschaft, der Struktur, von Grenzen oder die Anerkennung von Rechten verbunden sind.

Letztendlich zielen die Aktivitäten darauf ab, *Regierungsgewalt* zu erlangen. Damit sind vor allem Macht und Kontrolle gemeint.

Betrachtet man sich die Historie vieler Terrororganisationen so wird klar, dass die meisten von ihnen scheitern und ein Durchlaufen aller Stadien fast unmöglich ist. Dennoch gibt es Beispiele wie Organisationen, die durch Terrorakte in ihren Anfängen aufgezeigt haben und letztendlich anerkannte politische Kräfte wurden. Solche Prozesse ziehen sich meist über einen langen Zeitraum und bedingen auch oft eine Versöhnung der unterschiedlichen Lager.

Diese Komplexität der Situation in den unterschiedlichen Stadien macht aber auch klar, dass Terrorismusbekämpfung keine rein polizeiliche oder justizielle Angelegenheit ist. Sie ist eine gesamtgesellschaftliche Verantwortung die die unterschiedlichsten Teile der Gesellschaft involvieren und auf einer rechtstaatlichen Grundlage basieren muss. Durch rein repressives Vorgehen lässt sich dieser Kampf meist nicht gewinnen, vor allem dann nicht, wenn die Ursachen ethnischer Art sind.

Ursachenforschung und entsprechende Beseitigung der verantwortlichen Ursachen sind die Herausforderung für die Gesellschaft. Es bedarf einer klugen Politik im Umgang mit der Sache, um einerseits klar Position zu beziehen und mit starker Hand dort durchzugreifen wo es nötig ist, aber andererseits auch jene politischen Anpassungen durchzuführen, die einen gesellschaftlichen Ausgleich zulassen und die moderaten Kräfte des Konflikts in einen Dialog bringen. Um dies sicherzustellen sind klare politische Aufgabenzuweisungen vorzunehmen und ein passendes Instrumentarium zu schaffen, welches eine effektive Terrorismusbekämpfung auch zulässt. Dies führt in der Regel auch zu einer Diskussion über die Balance von Freiheiten und Grundrechtseingriffen.

2. Die Reaktion des Westens auf 9/11

Unter dem Schock von 9/11 war vor allem der Westen bemüht, Solidarität mit den USA zu zeigen. Dies führte zu einer intensiven politischen Diskussion und spiegelte sich in durch Unterzeichung und Ratifikation der bestehenden 16 internationalen Terrorismuskonventionen und ihrer Protokolle wieder.

Weiters wurden neue Resolutionen und Instrumente geschaffen wie die UN SR Resolutionen 1267, 1333, 1373 und 1624 oder die Schaffung neuer Organisationen wie beispielsweise das Counter Terrorism Center des UN SR welches in der Folge in ein eigenes Direktorat weiterentwickelt wurde.

Die OECD hat im Rahmen der Financial Action Task Force (FATF) neun spezielle Empfehlungen entwickelt, die speziell auf Terrorismusfinanzierung abzielen und die von den Mitgliedstaaten großteils implementiert wurden.

Der Europarat hat 2005 eine neue Konvention zur Terrorismusbekämpfung beschlossen, die die Mitgliedstaaten zur Schaffung neuer Straftatbestände zur Terrorismusbekämpfung verpflichtet. Auch in Europa besteht hier Diskussionsbedarf, und es ist eine Anpassung des EU-Rechtsrahmens zur Terrorismusbekämpfung notwendig.

In der EU haben die Ereignisse des 9/11 jedenfalls zu einer massiven Verbesserung der Rahmenbedingung für die Terrorismusbekämpfung beigetragen. Schon die Beschlüsse der Justiz- und Innenminister sowie die Entschließung des Europäischen Rates vom September 2001 waren Meilensteine für die Terrorismusbekämpfung und führten zu einer ersten gesamtheitlichen Strategie mit einer Strategie und einem Aktionsplan im Jahr 2002. Gleichzeitig gab es neue Rahmenbedingungen im Bereich der Terrorismusbekämpfung die einerseits die internationale Entwicklung berücksichtigten aber auch zu EU eigenen Bestimmungen (EU-Terrorliste) führten.

Besondere erwähnenswert sind zwei Rahmenentscheidungen die ohne diese Ereignisse nicht möglich gewesen wären. Einerseits die Rahmenentscheidung „Terrorismus“, welche zwar keine explizite Terrorismusdefinition enthält aber ein europaweit einheitliches Verständnis der Begriffe

- „terroristische Straftat“,
- „terroristische Organisation“ und
- „Terrorismusfinanzierung“

zur Folge hatte.

Dies ermöglichte auch den Beschluss der Rahmenentscheidung über den europäischen Haftbefehl, der die bisherige Praxis der Auslieferung zwischen den EU Mitgliedsstaaten deutlich beschleunigen wird, aber gleichzeitig viele Vollzugsfragen aufwirft.

Natürlich ist klar, dass mit den verschiedenen Schritten zahlreiche Detaildiskussionen entstehen werden und diese noch zu führen sind. Die Umsetzung der politischen Vorgaben in diese Rechtsinstrumente ist jedoch erfolgt und die Weiterbildung sollte die Interessen und Probleme der Mitgliedstaaten bei der Umsetzung der Rechtsnormen im richtigen Ausmaß berücksichtigen.

Die Europäische Union hat aber klar Position für eine effizientere Terrorismusbekämpfung bezogen. Dies war nicht nur in Reaktion auf die Ereignisse des 9/11 so. Der politische Wille zur Terrorismusbekämpfung findet auch seinen Ausdruck in der Madrid-Deklaration 2003, in der Installierung eines Terrorismuskoordinators (2004) sowie in der Strategie gegen „Radikalisierung und Gewaltbereitschaft“ (2004) die auf die Säulen „Prevent, Protect, Pursue and Respond“ abstellt und einen Aktionsplan für die entsprechende Umsetzung beinhaltet.

Um auf die Verletzlichkeit unserer modernen Gesellschaft und ihrer Infrastruktur zu reagierenm wurde ein Europäisches Programm zum Schutz Kritischer Infrastrukturen geschaffen (EPCIP 2005) sowie zahlreiche weitere Initiativen wie:

- Sicherheit in Bezug auf Explosiv- und Sprengstoffe 2005
- Updates der Aktionspläne und Strategien 2006 / 2007

- Austausch von Informationen über Entführungen mit terroristischem Hintergrund (2007)
- Rahmenentscheidung Terrorismus 2008 (zur Umsetzung der Europaratskonvention 2005).

Es gilt abzuwarten ob es damit gelingen wird, der gegenwärtigen Bedrohung durch den islamistischen Terrorismus, die durch Al Qaeda symbolisiert wird, Herr zu werden.

3. Al Qaeda - Ziele und Strategie

Die meisten der europäischen Muslime empfinden keine Sympathien für Terrorismus und erachten ihn auch nicht als Lösung für die bestehenden Probleme. Allerdings ist festzuhalten, dass der Islam derzeit in Europa nicht immer auf jene Toleranz trifft, die dem Recht der freien Religionsausübung immanent wäre. Dazu kommen gesellschaftliche und wirtschaftliche Probleme sowie fallweise mangelnde Integration, deren Ursache durchaus beiderseitig gesehen werden kann. Auf der einen Seite vielleicht mangelnder Integrationswille aber auf der anderen Seite auch Verständnisprobleme sowie Ablehnung oder gar Fremdenhass.

Diese Probleme begünstigen scheinbar radikale Gedanken und offerieren extremistische Lösungsansätze. Al Qaeda hat dies durchaus erfolgreich aufgegriffen und den Sprung von einer Organisation zu einer Ideologie geschafft.

In Verfolgung der Theorie von Bruce Hofmann kann man ihr jedenfalls bescheinigen, die beiden ersten Stufen genommen zu haben. Die Frage der Legitimität ist sicherlich differenzierter zu sehen.

Ihre bisherigen Erfolge wie 9/11, der seit langem anhaltende Widerstand in Afghanistan und anderen Krisenherden trotz der immensen Anstrengungen des Westens, der Übergang von der Organisation zu einer Ideologie, der Zulauf von jungen Muslimen aus dem Westen zu den Trainingslagern um nur einige Beispiele zu nennen, sind durchaus geeignet Al Qaedas Strategie zu stärken. Die Verfolgung von Zielen wie

- das Besiegen der Christlich Zionistischen Allianz
- das Einigen der moslemischen Welt in einem Kalifat dessen räumliche Ausdehnung unklar ist

- die Schaffung eines Kalifats basierend auf einer strikten Auslegung des Korans und der Hadithen (z. B. Taliban, Somalia)
- das Errichten einer Gesellschaftsform die bestimmt ist durch die Religion und in der Musik, Kunst, Bildung, öffentliche Äußerungen dieser Religion entsprechen müssen
- ein Rollenbild der Frau das mit unserem Gleichberechtigungsverständnis nicht in Einklang zu bringen ist
- die Verfolgung von Gruppen mit abweichender religiöser Einstellung

geht beharrlich weiter und zieht weiterhin Muslime aus aller Welt an.

4. Die terroristische Bedrohung Europas

Insgesamt gab es in den letzten zwei Jahren keine gravierenden Veränderungen der Bedrohung und stellt sich diese von Region zu Region verschieden dar. Einen guten Überblick bietet hier der jährliche Bericht Europols[2] zu diesem Phänomenbereich.

Die Angst der Menschen in Europa konzentriert sich meist auf islamistische Gruppierung wenngleich es in den letzten zwei Jahren keinen erfolgreichen Anschlag gab. Die Sicherheitsbehörden konnten hier durch präventive Maßnahmen einige Straftaten verhindern. Die meisten in Europa registrierten Anschläge gehen auf das Konto von nicht islamistischen Gruppierungen.

Allerdings werden diese Anschläge kaum wahrgenommen, da sie meist nicht spektakulär sind und man sich auch regional an diese Form der Kriminalität gewöhnt hat. Die Aktivitäten der ETA in Spanien und Frankreich, korsischer Nationalisten auf der Insel, der Republikanische Dissidentengruppen und der Loyalisten in Nordirland sowie die der anarchistischen Extremisten in Griechenland bilden aber das Gros der Statistik.

Neben diesen fallen aber auch außereuropäische Gruppierungen wie PKK-Kongra Gel, DHKP-C, LTTE durch Finanzierungs- oder Propaganda Aktivitäten auf.

2 TE-SAT, Europol Jahresbericht über das Phänomen Terrorismus; verfügbar auch als Download auf www.europol.europa.eu.

5. Terrorismusbekämpfung in Österreich

Österreich ist, wie manch andere europäische Staaten, vom Terrorismus derzeit nicht direkt betroffen, wodurch gerade die Anpassung des Rechtsrahmens zur Terrorismusbekämpfung langsamer vor sich geht als in anderen Ländern. Allerdings beteiligt sich Österreich aktiv an internationalen Projekten und pflegt einen intensiven Informationsaustausch mit inländischen und ausländischen Partnern, trägt aktiv bei zur Stärkung der europäischen Reaktionsfähigkeit wie beispielsweise bei Ad Hoc Teams oder sogenannten gemeinsamen Ermittlungsgruppen und einer besseren Vernetzung von Ermittlungsergebnissen.

Neben der repressiven Arbeit hat die Fortführung und der Ausbau des interkulturellen Dialogs mit anderen Ländern und Gesellschaften höchste Priorität. Dies kombiniert mit dem Abschluss von sicherheitspolitischen Kooperationsverträgen mit den Nachbarstaaten sowie ausgewählten Ländern, erhöht zweifellos die innere Sicherheit Österreichs.

Innerstaatlich steht die verbesserte interministerielle Zusammenarbeit im Blickpunkt, aber auch die Kooperation mit Finanzdienstleistern um so der Finanzierung des Terrorismus effektiver vorzubeugen. Auch die Vernetzung aller Staatsschutzdienststellen sowie die Zusammenarbeit zwischen dem Bundesamt für Verfassungsschutz und Terrorismusbekämpfung mit den Heeresdiensten bilden innerstaatliche Schwerpunkte der Terrorismusbekämpfung.

Neben diesen institutionellen Verbesserungen und Kooperationsstrategien, einer intensivierten Kooperation mit den unterschiedlichen Gemeinschaften innerhalb der Gesellschaft, bildet auch die Sensibilisierung und Fortbildung der Exekutivbeamten einen wesentlichen Aspekt der Terrorismusbekämpfung. Diese geschieht im Rahmen der Aus- und Fortbildung sowie durch vermehrte Sachbearbeitertagungen, die einen verbesserten Wissensaustausch ermöglichen.

Dem Internet und seiner Rolle hinsichtlich der Radikalisierung und Rekrutierung kommt eine besondere Bedeutung zu. Der globalen Bedeutung des Internets kann mit nationalen Anstrengungen nicht begegnet werden. Zwar gibt es durchaus ambitionierte Formen der Zusammenarbeit aber ohne einen universellen Rechtsrahmen scheinen diese Initiativen Stückwerk zu bleiben. Der Regelung des Internets kommt daher eine wichtige Bedeutung zu - nicht nur im Bereich der Terrorismusbekämpfung.

6. Das Bundesamt für Verfassungsschutz und Terrorismusbekämpfung (BVT)

Innerhalb der österreichischen Exekutive kommt dem Bundesamt für Verfassungsschutz und Terrorismusbekämpfung (BVT) besondere Bedeutung zu. Wie schon aus der Bezeichnung ersichtlich, obliegen ihm die Abwehr und Bekämpfung von Bedrohungen die den Staat betreffen. Dazu zählen insbesondere sämtliche Formen des politischen Extremismus, des Terrorismus, der nachrichtendienstlichen Bedrohung, die Bekämpfung der Verbreitung von Massenvernichtungswaffen sowie Maßnahmen gegen den illegalen internationalen Handel mit Waffen, Munition und Sprengstoffen.

Das BVT ist Teil des Bundesministeriums für Inneres und somit eine Polizeiorganisation und nicht wie immer wieder fälschlicherweise zitiert, ein Geheimdienst. Da Österreich allerdings keinen zivilen Geheimdienst besitzt, erfüllt das BVT im europäischen und internationalen Kontext die Funktion eines Ansprech- und Kooperationspartners für ausländische Sicherheits- und Nachrichtendienste.

Den Beamten des BVT stehen zur Aufgabenvollziehung die gleichen Befugnisse zu wie den Beamten des Bundeskriminalamtes oder den uniformierten Polizeibeamten.

6.1. Aufgaben

Die Aufgaben des BVT sind entweder sicherheitspolizeilicher oder kriminalpolizeilicher Natur und richten sich nach den Bestimmungen des Sicherheitspolizeigesetzes oder der Strafprozessordnung. Im Gegensatz zur Kriminalpolizei liegt die Aufgabengewichtung beim BVT eindeutig im sicherheitspolizeilichen Bereich und dabei vor allem bei der erweiterten Gefahrenerforschung, der polizeilichen Gefahrenabwehr sowie dem vorbeugenden Schutz von Rechtsgütern. Eine Aufgabe besonderer Natur ist die sogenannte Regierungsinformation gemäß § 93a Sicherheitspolizeigesetz.

Neben diesen sicherheitspolizeilichen Aufgaben wird das BVT aber auch als spezialisierte Kriminalpolizei tätig und handelt auf Grundlage der Strafprozessordnung (StPO) entweder selbständig oder über Auftrag der Staatsanwaltschaft.

6.2. Methodik

Das BVT beobachtet über offene Quellen nationale und internationale Entwicklungen im Hinblick auf Gefahren für die innere Sicherheit Österreichs. Werden solche erkannt und befinden sich diese in einem Stadium, in dem Abwehrmaßnahmen noch nicht opportun erscheinen aber dennoch zukünftige Gefahr befürchtet wird, so wird diese Gefahr nach Zustimmung durch den Rechtsschutzbeauftragten intensiver und strukturierter beobachtet. Diese Beobachtung beinhaltet auch die Gewinnung von personenbezogener Information. Sollten sich Gefahren konkretisieren, so werden zunächst unter Anwendung des Sicherheitspolizeigesetzes (SPG) polizeiliche Abwehrmaßnahmen gesetzt, sowie begleitend Schutzmaßnahmen durchgeführt. Sollten sich im Zusammenhang mit der Gefährdung auch Straftaten ereignen, so ermittelt das BVT aus eigenem oder im Auftrag der Staatsanwaltschaft auf der Grundlage der StPO.

Eine besondere Aufgabe ist die Regierungsinformation. Sie schafft die Rechtsgrundlage für Datenübermittlungen der Bundesministerin für Inneres an ihre Regierungskollegen. Dies betrifft auch die Übermittlung personenbezogener Informationen.

6.3. Befugnisse

Grundsätzlich gilt für die Anwendung von Befugnissen die Verhältnismäßigkeit. Das SPG sieht für die Vollziehung von bestimmten Aufgaben auch bestimmte Befugnisse vor. Je weiter eine Aufgabe im Vorfeld liegt, desto weniger Befugnisse stehen zu ihrer Erfüllung zur Verfügung. Die nachstehende Abbildung soll dieses System verdeutlichen, sowie Befugnisdichte und Eingriffsintensität in Relation stellen.

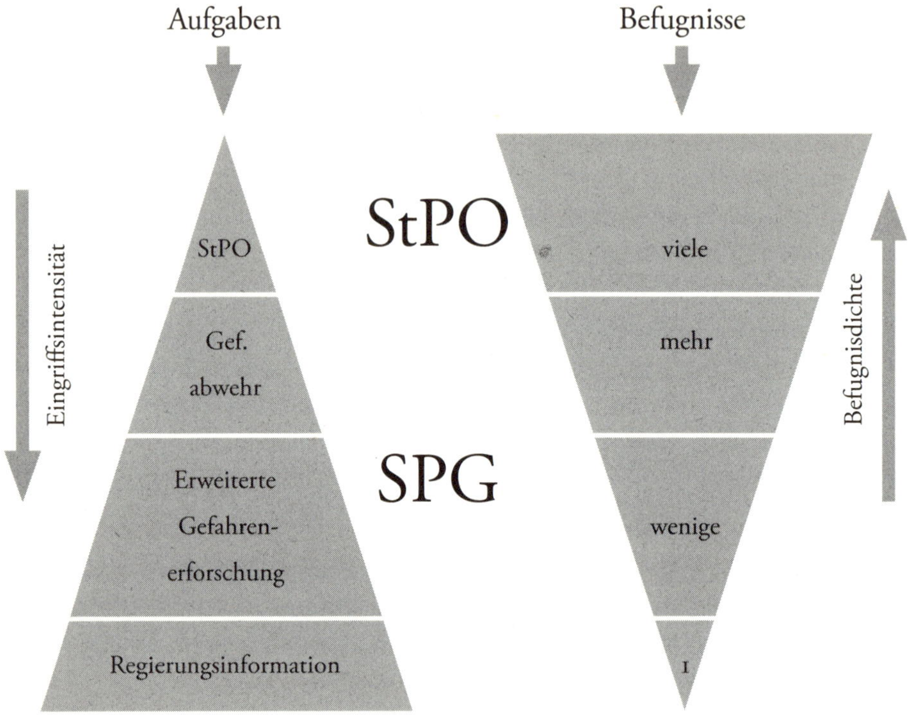

6.4. Kontrolle

Die Aufgabenerfüllung und die Tätigkeiten des BVT unterliegen einer lückenlosen Kontrolle.

Die sicherheitspolizeiliche Tätigkeit wird vom Rechtsschutzbeauftragten des SPG kontrolliert und steht teilweise sogar unter Genehmigungsvorbehalt (erweiterte Gefahrenerforschung) aber jedenfalls unter begleitender und nachprüfender Kontrolle. Daneben ist die sicherheitspolizeiliche Aufgabenerfüllung auch Gegenstand parlamentarischer Kontrolle und es existiert dafür gemäß Art 52a der österreichischen Bundesverfassung im Nationalrat ein eigener ständiger Unterausschuss des Innenausschusses.

Die kriminalpolizeiliche Tätigkeit unterliegt der begleitenden und nachprüfenden Kontrolle durch die Justiz.

Hinsichtlich der Ermittlung und Verarbeitung personenbezogener Daten obliegt die Kontrolle der Datenschutzkommission, während die wirtschaftliche und finanzielle Kontrolle dem Rechnungshof sowie der internen Kontrolle unterliegt.

Diese Rahmenbedingungen geben klare Aufgaben vor, an denen sich eine effiziente Kontrolle orientieren kann. Dies ist gerade für die Aufgabenstellung des BVT im Bereich Staatsschutz von Wichtigkeit und erlaubt, eventuellem Missbrauch durch ein umfassendes Kontrollregime vorzubeugen.

7. Schlussfolgerungen

Internationaler Terrorismus bleibt auch in den nächsten Jahren eine Bedrohung für die internationale Völkergemeinschaft und damit eine besondere Herausforderung im Hinblick auf die Vorbeugung und Abwehr der damit verbundenen Gefahren.

Der Rechtsrahmen der Europäischen Union, aber auch der Österreichs, muss im Sinne einer effizienten Terrorismusbekämpfung laufend evaluiert und - wenn notwendig - angepasst werden und dabei müssen Grundrechtsinteressen berücksichtigt und gewahrt werden. Im Einklang mit den Anpassungen des Rechtsrahmens muss auch der Ressourcenbedarf laufend evaluiert und angepasst werden.

Wie die Entführungen österreichischer Staatsbürger 2003 und 2008 in der Sahara gezeigt haben, können österreichische Sicherheitsinteressen auch im Ausland bedroht sein. Dafür ist seitens der Sicherheitsbehörden vorzusorgen und es sind Kontakte sowie Zusammenarbeit laufend auszuweiten.

Das Verständnis, dass Terrorismusbekämpfung eine gesamtgesellschaftliche Herausforderung ist, muss auch zu einer besseren und vermehrten Einbindung der Zivilgesellschaft führen.

Bleibt abschließend festzustellen, dass Terrorismus eine menschenverachtende Form von Kriminalität ist und darum auf klaren rechtlichen Grundlagen zu bekämpfen ist.

Autorenverzeichnis

ADAMEC, Bernhard, Philosoph, Diplomand am Institut für Philosophie der Fakultät für Philosophie und Bildungswissenschaft der Universität Wien, Studienaufenthalt an der Georgetown University in Washington DC, freiberuflicher Coach und Seminartrainer.

BADER, Erwin, ao. Univ.-Prof. i. R. Dr., Institut für Philosophie der Universität Wien, Philosoph und Friedensforscher.

BOREL, Pater Denis, Hochsch.-Prof., Bac. theol., Dr. phil., E. S. C. P., Internationales Theologisches Institut Trumau, Mitglied der Gemeinschaft vom Heiligen Johannes (CSJ), Philosoph und Fundamentaltheologe.

GRAF, Johannes, MMag., Wirtschaftswissenschaftler und Philosoph.

GRIDLING, Peter, Direktor Mag., Leiter des Bundesamtes für Verfassungsschutz und Terrorismusbekämpfung, Wien.

LAKONIG, Stefan, Mag., Dissertant am Institut für Politikwissenschaft der Universität Wien, Sekretär der Kath. Hochschulgemeinde 2, Wien.

MAYER, Peter, Univ.-Prof. Dr., Professor für Internationale Beziehungen an der Universität Bremen, Politikwissenschaftler.

MITTERHÖFER, Pater Jakob, em. Hochsch.-Prof. Dr., Theologische Hochschule St. Gabriel, Phil.-Theol. Hochschule Benedikt XVI. Heiligenkreuz, Mitglied der Steyler Missionare (SVD), Religionswissenschaftler und Missionstheologe.

NEUHOLD, Leopold, Univ.-Prof. Mag. Dr., Vorstand des Instituts für Ethik und Gesellschaftslehre an der Kath.-Theol. Fakultät der Universität Graz, geschäftsführender Vorsitzender des Diözesanrates der Diözese Graz-Seckau.

PELINKA, Anton, Univ.-Prof. Dr., Institut für Politikwissenschaft der Universität Innsbruck, Professor für Nationalismusstudien und Politikwissenschaft an der Central European University, Budapest, Leiter des Instituts für Konfliktforschung, Wien.

Pribyl, Herbert, Hochsch.-Prof. MMag. DDr., Ordinarius für Ethik und christliche Gesellschaftslehre, Vorstand des Instituts für Ethik und Moraltheologie an der Phil.-Theol. Hochschule Benedikt XVI. Heiligenkreuz, Leiter der Bibliothek der Wirtschaftskammer Wien, ordentliches Mitglied der Europäischen Akademie der Wissenschaften und Künste, Salzburg.

Spieker, Manfred, em. Univ.-Prof. Dipl.-Pol. Dr., Lehrstuhl für Christliche Sozialwissenschaften am Institut für Katholische Theologie der Universität Osnabrück, Mitglied der Association Internationale pour l'Enseignement Social Chrétien (AIESC), Sozialethiker und Politologe.

Spindelböck, Josef, Hochsch.-Prof. Mag. Dr., Philosophisch-Theologische Hochschule der Diözese St. Pölten, Internationales Theologisches Institut (ITI) Trumau, Moraltheologe.

Thielmann, Jörn, Dr., Geschäftsführer des Erlanger Zentrums für Islam und Recht EZIRE in Europa der Friedrich-Alexander-Universität Erlangen-Nürnberg, Islamwissenschaftler